MS엑셀2019
Microsoft Excel2019

MS엑셀2019-Microsoft Excel2019
저자 : 윤관식

발행처 : 가나출판사
발행일 : 2020. 09. 18.
출판사등록번호 : 제2020-000005호
사업자등록번호 : 680-90-01427
통신판매신고번호 : 제2020-충남예산-00133호
대표 : 윤관식
주소 : 충남 예산군 응봉면 신리길 33-4
HP : 010-6273-8185
Fax : 02-6442-8185
Home : 가나출판사.kr
Email : arm1895@naver.com

ISBN : 979-11-971790-3-7

파본은 구매처에서 교환해 드립니다.

머리말

우선 이 책은 마이크로소프트 엑셀2019 책입니다만, 엑셀을 포함한 오피스2019는 윈도우10에서만 작동을 합니다.
따라서 아직 윈7이나 윈8 사용자를 위하여 이 책의 제목은 엑셀2019입니다만, 어차피 하위 버전과 대부분 호환되므로 엑셀 이전 버전을 혼합하여 설명에 사용하도록 하겠습니다.

마이크로소프트 오피스는 모르는 사람이 없는 너무나도 유명한 프로그램입니다.
글로벌 워드 프로그램인 마이크로소프트 워드를 비롯하여 MS-엑셀, 파워포인트, 엑세스 등 여러 가지 프로그램을 통틀어서 마이크로소프트 오피스로 부르고요, 이 책에서는 MS 엑셀을 다루게 됩니다.
엑셀은 우리나라 토종 워드인 한글 프로그램에도 한셀이 있기 때문에 MS 엑셀이라고 부르는 것이 맞지만, 그냥 엑셀이라고 하면 마이크로소프트 엑셀로 통하기 때문에 이 책에서도 그냥 엑셀로 통일하겠습니다.

엑셀은 개인이나 가정은 물론 어떠한 사무실이나, 기업, 관공서, 은행 등 사용하지 않는 곳이 없기 때문에 현대인이라면 누구나 알아야 하는 필수 소프트웨의 하나입니다.
이렇게 중요한 엑셀을 대충 사용은 하면서도 정작 엑셀을 제대로 아는 사람은 드문데요, 기초부터 체계적으로 배우지 않았기 때문입니다.
이 책은 수험서는 아닙니다만, 필자는 우리나라에 컴퓨터가 처음 들어왔을 때부터 컴퓨터를 해 왔고요, 당시 그 옛날, 이미 수십 년 전에, 그 어렵다는 워드 1급과 컴활(엑셀) 2급 자격증을 비롯하여 수많은 자격증을 취득하였습니다.

필자는 강단에서 오랫동안 학생들도 많이 가르쳤고요, 학교 선생님들 교육도 해 보았는데요, 컴퓨터 자격증이 필요 없는 사람이라도 일단 컴퓨터 자격증에 도전을 해야 컴퓨터 실력이 쑥쑥 늘어납니다.
자격증을 따야 하기 때문에 자격증에 필수인 필기시험에 합격을 해야 실기에 응시할 수 있으므로 어쩔 수 없이 컴퓨터 기초 공부를 하지 않을 수가 없는 것입니다.
이 책은 수험서가 아니기 때문에 수험서에 준하지는 않겠지만, 필자의 풍부한 경험을 바탕으로 다양한 컴퓨터 관련 지식들을 이 한 권의 책으로 엮으려 합니다.
모쪼록 이 책으로 현대인이라면 누구나 사용할 줄 알아야 하는 엑셀 프로그램은 물론 기타 컴퓨터에 관한 폭넓은 지식을 얻으시기 바랍니다.

저자 윤 관식

<제목 차례>

필자의 네이버 블로그 아이디 : arm1895	8
MS Office2019 소개	8
MS Office2019 구매 및 설치	9
엑셀의 구조	12
엑셀의 기본 사용법	15
파일 메뉴	22
공유 메뉴	45
다른 이름으로 저장	50
원드라이브 설치(One Drive)	53
내보내기	57
엑셀의 [옵션]	59
홈 메뉴	60
조건부 서식	62
삽입 메뉴/피벗 테이블	63
[삽입]-[그림]	67
그래프	72
스파크라인	81
슬라이서	86
링크(하이퍼 링크-Hyper Link)	88
텍스트 상자	95
워드 아트(WordArt)	98
서명란	101
자르기(Crop)	111
수식(삽입-수식)	116
기호	122
개체(Object)	123
페이지 레이아웃	134
테마	134
페이지 나누기	137
회전	142
숨기기 및 취소	150
셀 내용 복사(복제), 줄 바꾸기	152
정렬 / 필터	159

찾기 / 바꾸기 / 찾아가기 ·· 162
수식 / 함수 / 함수 마법사 ·· 165
숨기기 / 숨기기 취소 ·· 206
매크로 ··· 240

필자의 네이버 블로그 아이디 : arm1895

필자는 이 책을 포함하여 그야말로 수십 권의 저서가 있는데요, 책은 한정된 지면이기 때문에 어떠한 책이라도 집필을 완료하고 나면 항상 아쉬움이 남게 마련입니다.
그래서 필자의 각종 저서에서 못 다 한 설명은 필자의 블로그에 보충 설명 형식으로 올려 놓는데요, 필자의 블로그에는 오늘 현재 무려 약 4,000여 개의 포스트가 있습니다.
따라서 여러분은 반드시 필자의 블로그에 오셔서 보충 설명을 보시는 것이 좋고요, 필자의 블로그에는 아주 많은 포스트가 있으므로 다른 많은 정보도 얻으실 수 있을 것입니다.
인터넷창, 웹브라우저 주소표시줄에 '가나출판사.kr' 입력하고 엔터를 쳐서 필자의 홈에 오셔도 필자의 블로그에 오실 수 있는 링크가 있습니다. (필자의 네이버 아이디 : arm1895 이고요..)
잘 모르시는 분은 전화는 하지 마시고요, 문자를 주시기 바랍니다.(010-6273-8185)

MS Office2019 소개

MS Office는 여러 버전이 존재하며 현재 마이크로소프트 오피스2019가 가장 최신 버전이며 오피스365와 다른 점은 고전적인 방식으로 프로그램을 구입할 수 있다는 점입니다.
이에 비하여 오피스365는 다른 마이크로소프트사의 프로그램 군들이 대부분 판매 방식을 바꾸었듯이 이제는 프로그램을 돈을 주고 구입을 하는 것이 아니라, 월 단위, 혹은 년 단위로 사용료를 지불하는 방식입니다.
예를 들어 오피스365 올 플랜을 구입할 경우 6대의 PC에서 사용할 수 있는 라이센스를 받을 수 있으며 매월 혹은 년 단위로 사용료를 지불하는 방식입니다.
결과적으로 프로그램의 가격이 오른 셈인데요, 이에 비하여 MS Office2019는 돈을 주고 구입하면 평생 자기 것으로 관리하며 사용할 수 있다는 점이 오피스365와 다르다면 다른 점입니다.
이 책은 엑셀2019 책입니다만, 엑셀이 포함된 오피스2019 프로그램군은 윈도우10에서만 작동을 합니다.
따라서 아직 윈7이나 윈8 사용자를 위하여 이전 버전의 엑셀을 함께 사용할 것이므로 자신의 컴퓨터에 엑셀2019보다 이전 버전이 깔려 있더라도 엑셀 공부를 하는데는 별다른 어려움은 없을 것입니다.
사실 오피스 구 버전과 신 버전의 차이는 크게 나지 않습니다.
다만, 고급 사용자를 위한 쿼리 등의 기능에 제한이 있으므로 이런 기능을 고려한다면 가급적 MS-Office 2013 이후 버전을 사용하기를 권장합니다만, 엑셀의 고급 기능인 복잡한 함수나 쿼리, 엑세스 등을 사용하지 않는 거의 대다수의 엑셀 사용자는 엑셀 초기 버전을 사용해도 상관이 없습니다.
단지 스프레드시트(쫙악 펼쳐진 표 프로그램이라는 뜻입니다.) 기능은 초기 버전이나 최신 버번이나 거의 동일하기 때문입니다.
일단 엑셀 공부를 하기 위해서는 자신의 컴퓨터에 엑셀 프로그램이 깔려 있어야 합니다.
아마도 대부분의 사람들은 알게 모르게 아마 자신의 컴퓨터에 이미 엑셀이 깔려 있을 것입니다.
엑셀은 전세계 거의 대부분의 컴퓨터 사용자가 사용하는, 거의 만국 공통의 글로벌 프로그램이기 때문입니다.
그러나 엑셀 프로그램이 없는 사람이라면 다음의 엑셀 프로그램 구입 방법을 참고하시기 바랍니다.
아래 설명은 엑셀을 포함한 다수의 프로그램에 패키지로 들어 있는 오피스 2019이고요, 윈도우10에서만 작동하므로 아직 윈7, 혹은 윈8을 사용하시는 분이라면 오피스2019를 구매하시면 안 됩니다.
이런 분은 반드시 오피스 2019 이전 버전을 구입하셔야 합니다.
어차피 이 책에서는 엑셀2019와 엑셀 이전 버전을 공통으로 사용할 것이므로 엑셀 버전에 관계없이 공부를 하실 수 있습니다.
참고하시기 바랍니다.

MS Office2019 구매 및 설치

MS Office2019를 구입하는 방법은 여러 가지가 있습니다.
여기서 프로그램을 구입하는 방법까지 기술할 수는 없고요, 필자는 정품을 구입했으므로 마이크로소프트사에서 MS Office2019를 다운로드하여 설치를 하였습니다.
(중요 : 일단 MS Office2019는 윈도우10이 아니면 인스톨되지 않습니다.)

또한 이 책에서는 엑셀 단일 프로그램을 다루는 것입니다만, MS Office2019를 구입하면 여러 프로그램이 패키지로 들어있기 때문에 MS Office라고 부르는 것이고요, 이 책은 지면이 적기 때문에 오피스 모든 프로그램을 다룰 수는 없고요, 그래서 엑셀만 다루는 것입니다.
어차피 엑셀이야말로 전 세계의 거의 모든 사람이 사용하는 거의 만국 공용 프로그램이고요, 이 외의 프로그램이라면 파워포인트 정도와 이 외에는 일부 사람들만 사용하기 때문에 엑셀만 익혀도 이 책의 가치는 충분합니다.
또한 이 책에서 부족한 설명은 위쪽의 설명 참조하여 네이버에 있는 필자의 블로그에 오시면 수 많은 포스트가 있으므로 참조하시면 됩니다.
인터넷에서 검색어 'MS Office2019구매'로 검색하여 마이크로소프트사에 접속하면 아래 화면이 나타납니다.

마이크로소프트사의 거의 모든 프로그램은 이제 돈을 주고 구입하는 방식이 아니라 대부분 월 단위 혹은 년 단위로 사용료를 지불하는 방식인데요, 위의 우측에 보이는 것과 같이 Office2019는 패키지를 직접 구입할 수 있습니다.

어느 것을 선택하든 사실 비슷하거나 사용료를 지불하는 방식이 다소 비쌉니다만,..
위의 좌측과 가운데와 같이 월 혹은 년 단위로 사용료를 지불하는 방식은 당장 프로그램을 구입하는 부담은 적지만 월 혹은 년 단위로 사용료를 지불해야 하고요, 위 우측은 돈을 주고 패키지를 영구히 구입할 수 있는 마지막 버전입니다.
어떤 방식으로 구입을 하든, 요즘은 대부분 시디로 배송 받는 방식 보다는 웹상에서 바로 다운로드하여 설치하는 방식이고요, 구입하는 과정에서 시디키(설치시 입력하는 시디키 = 암호)를 받게 되므로 일단 프로그램을 설치 후에 시디키를 입력하여 인증을 하면 됩니다.
기타 프로그램을 얻는 방법은 헤일 수 없이 많으므로 여기서 그 방법까지 알려드릴 수는 없고요, 다만, 기업이나 관공서, 은행 등의 직장에서는 반드시 보안담당자 혹은 프로그램 담당자의 지시에 따라야 하며 각 단체의 고유 라이센스가 있으므로 해당 라이센스를 사용해야 합니다.
프로그램을 다운로드하여 설치하는 방법은.. 음.. 이것까지 설명할 수는 없습니다.
화면의 안내에 따라 설치하는 것이며, 이것도 할 수 없을 정도라면 애당초에 컴퓨터 기초부터 다시 공부를 해야 합니다.
만일 실제로 그렇다면 필자의 다른 저서 '컴퓨터 기초'편을 보시기 바랍니다.
필자의 다른 저서,.. 필자의 수많은 다른 저서에서도 여러 번 언급했습니다만, 컴퓨터를 꽤 잘 하면서도 요즘 누구나 사용하는 윈도우즈 운영체제조차 단 한 번도 인스톨 작업을 해 보지 않은 사람들도 많이 있는데요,
이런 작업은 사실 현대인이라면 필수적으로 할 줄 알아야 하는 것들입니다.
MS Office2019(혹은 기타 버전)을 인스톨하면 프로그램 그룹에 MS Office2019 패키지에 들

어 있는 여러 프로그램들이 인스톨됩니다.

좌측 화면은 윈도우10 화면인데요..
어차피 MS Office2019는 윈도우10이 아니면 사용할 수 없고요..
윈도우10은 좌측 화면에 보이는 것과 같이 윈7과 달리 [시작] 클릭시 너무나 많은 프로그램이 보이기 때문에 특정 프로그램을 찾는 것이 상당히 어렵고 번거롭습니다.
그래서 윈도우10에서는 우측 화면에 보이는 것과 같이 시작 옆에 'ex' 만 입력하면 화면 우측에 Ex로 시작하는 Excel이 나타나고요, 여기를 클릭하면 엑셀 프로그램이 바로 구동됩니다.

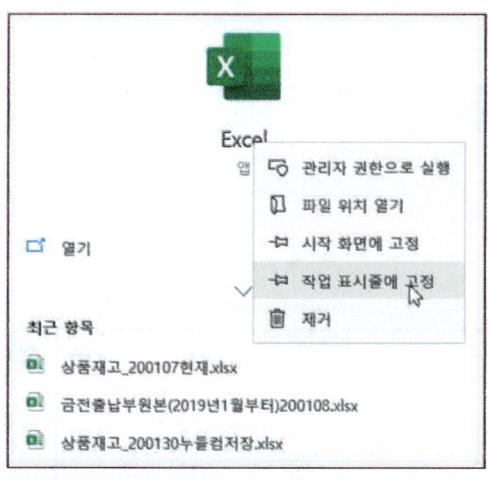
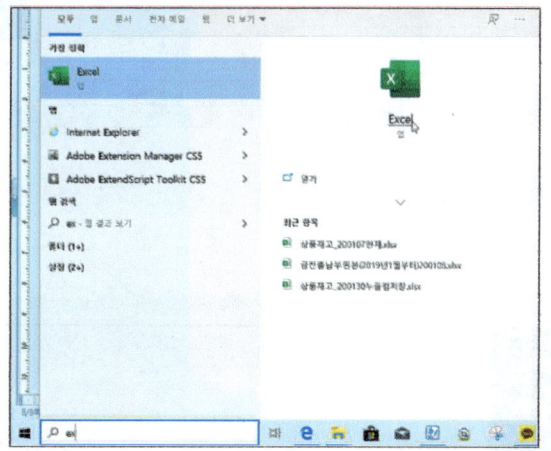

만일 엑셀 프로그램을 자주 사용한다면 좌측 화면에 보이는 것과 같이 엑셀 프로그램을 선택하고 마우스 우측 버튼을 클릭하여 나타나는 팝업 메뉴에서 [작업 표시줄에 고정]을 클릭하면 다음과 같이 됩니다.

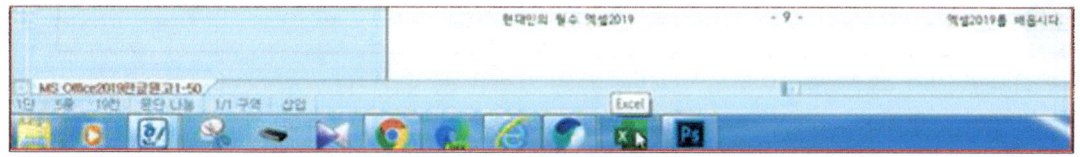

이제 위의 화면 하단 마우스 화살표가 가리키는 것과 같이 윈도우즈 바탕화면 맨 하단 작업

표시줄에 엑셀 프로그램이 등록되었습니다.
이제부터는 여기만 클릭하면 엑셀이 구동됩니다.

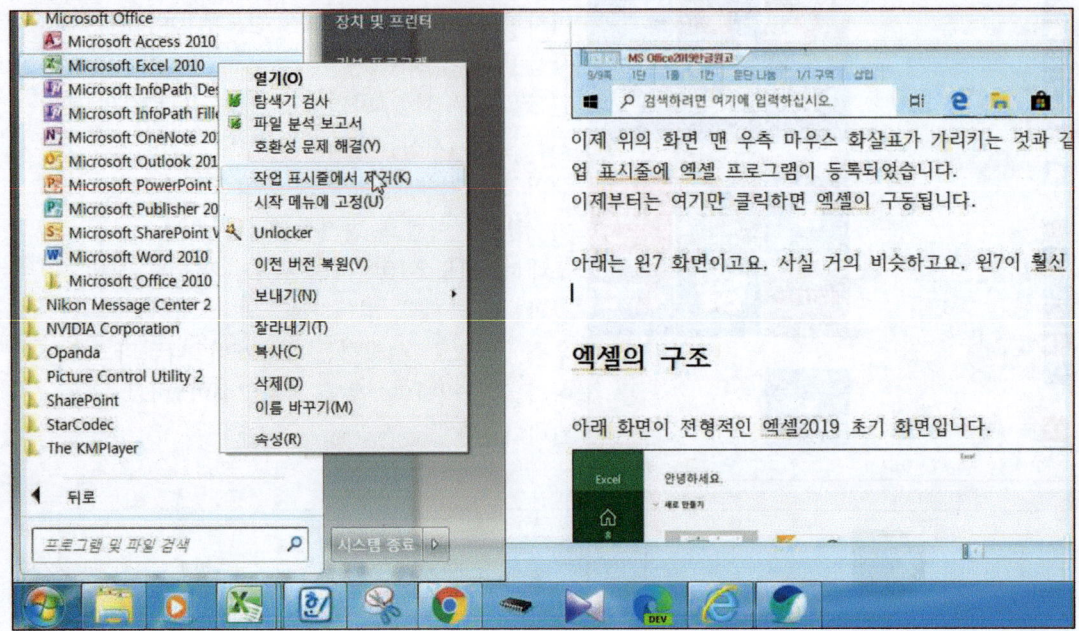

엑셀의 구조

아래 화면이 전형적인 엑셀2019 초기 화면입니다.

버전이 다르면 약간 다른 모습으로 보이지만, 기본 기능은 동일합니다.
여기서는 일반 초보자를 위하여 엑셀 화면에 대한 설명을 먼저 하겠습니다.
위에서 현재 선택된 아이콘이 새 문서 아이콘입니다.

클릭하여 엑셀 화면을 띄웁니다.

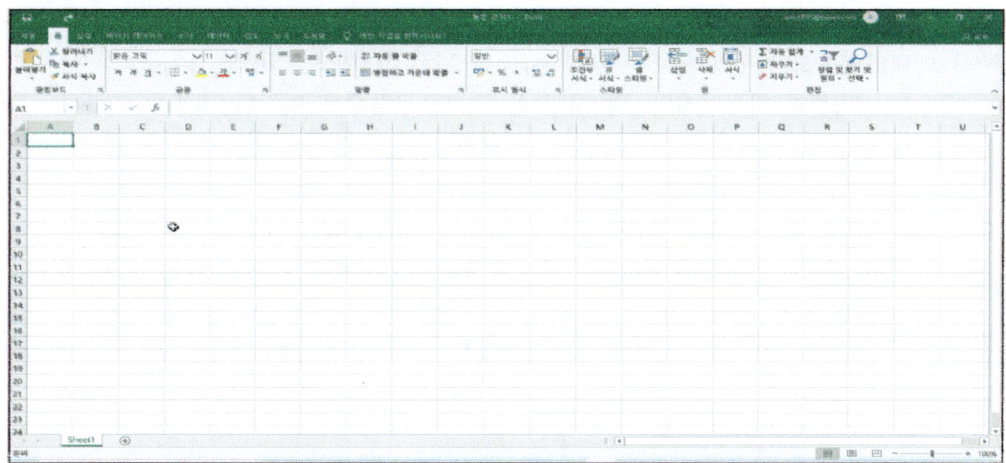

엑셀 초기 버전부터 위의 엑셀2019까지 기본 화면은 변한 것이 거의 없습니다.
엑셀은 표 프로그램이라고 부르기도 합니다.
그러나 표 프로그램이라는 말은 엄밀하게 말하면 전혀 틀리는 말이고요, 옆으로 엑셀2003은 256개, 엑셀2007이후 버전은 총 16384개의 열이 있습니다만..아래쪽 설명 반드시 참조요..
이렇게 옆으로 좌악 늘어서 있어서 좌악 펼치다의 뜻인 스프레드, 그리고 위의 화면과 같이 보이는 것을 시트(Sheets)라고 부릅니다.
그래서 스프레드시트 프로그램이라고 부르는 것이 정확한 명칭입니다.
앞에서 엑셀2003의 경우 옆으로 펼쳐진 열의 수가 256개라고 했는데요, 이후 버전에서는 이보다 훨씬 많은 16,384개의 열을 사용합니다만, 실제로는 그렇게 많은 열을 사용하는 일은 거의 없습니다.(행은 엑셀2003은 65,536개, 이후 버전은 1048676개입니다.)
실제로 그렇게 많은 열을 사용하게 되면..
음..

엑셀2003의 경우 총 256개의 열이 있으며 이후 버전은 이보다 훨씬 16,384개의 많은 열이 있지만, 가능한 적은 열을 사용해야 작업 속도가 올라가며, 사용하는 열이 많아지면 많아질수록 우선 시스템의 메모리가 많아야 하며, 시스템의 메모리가 아무리 많아도 결국은 시스템이 버벅거려서 다운되거나 작동 불능 상태가 되므로 사실상 이렇게 많은 열은 도대체 필요조차 없습니다.
엑셀의 가로.. 행..의 수 역시 엑셀2003은 65,563개(2의 16승), 이후 버전은 모두 1048676개의 행이 있지만, 이 역시 가능한 작게 작업을 하는 것이 좋습니다.
행과 열이 늘어나면 늘어날수록 컴퓨터가 버벅거리기 때문이고요, 따라서 가능한 적을 열과 행을 사용하는 것이 좋지만, 일반적으로 이렇게 많은 열과 행을 사용할 일은 거의 없습니다.

만일 엑셀의 고수가 되어 이렇게 많은 엑셀의 열과 행이 모자라게 되는 시점이 있습니다.
어차피 엑셀의 모든 열과 행을 다 쓰기도 전에 시스템이 버벅거려서 도무지 엑셀로는 감당이 안 되는 엄청난 데이터베이스가 있을 경우, 이 때는 엑셀로는 감당이 안 되므로 엑세스를 사용해야 하며, 엑세스는 엑셀과 비슷하지만, 한 차원 높은 프로그램으로 어차피 엑셀을 몰라서는 엑세스는 배울 수 없으며, 엑세스는 엑셀의 중급 사용자 이상의 실력이 있어야 다룰 수 있습니다.
마이크로소프트 오피스군을 구입을 하게 되면 해당되는 버전의 엑세스도 패키지에 들어있으므로 엑셀의 고수가 되면 엑세스 역시 필연적으로 공부를 해야 합니다만, 이 책에서는 주로 엑셀만 다룰 것이므로 참고하시기 바랍니다.
다시 엑셀 설명입니다. 앞에서 엑셀을 표 프로그램이라고도 한다고 했는데요, 물론 표와는 다른 개념이지만, 일단 표와 비슷하고요, 가로로 나타나는 부분을 '행'이라고 부르고요, 세로로 나타나는 부분을 '열'로 표현합니다.

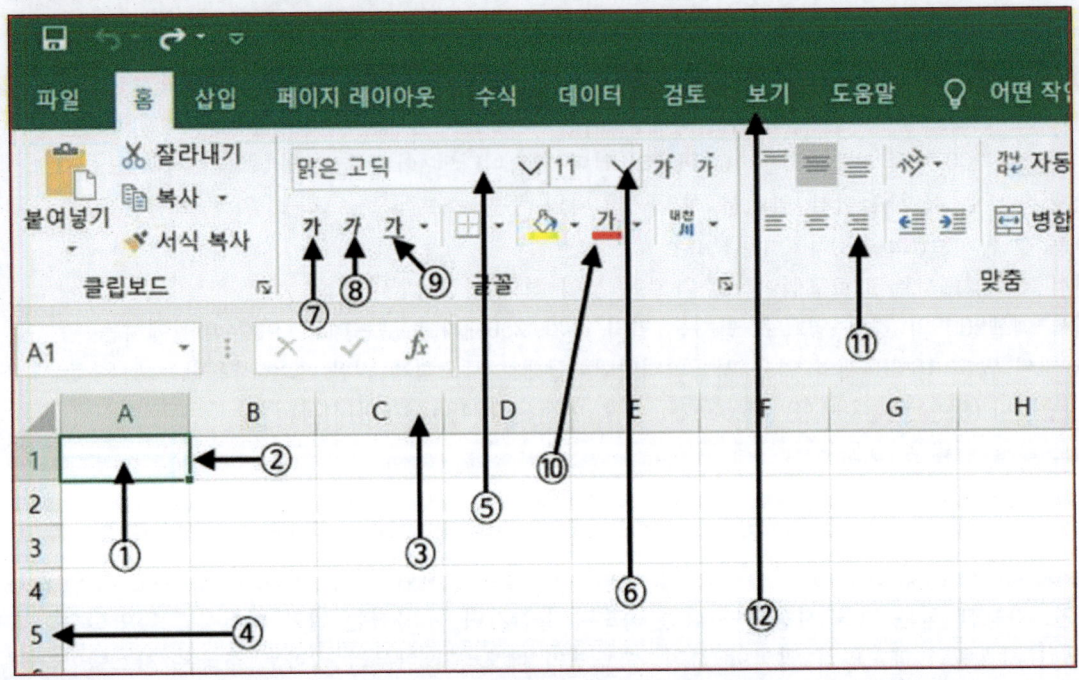

① 화면에 보이는 작은 각각의 하나의 사각형을 [셀]이라고 부릅니다.
② 현재 선택된 셀이라는 표시이고요, 여기에 굵은 사각형 모양으로 나타나며 [셀포인트]로 부르며 키보드의 방향키를 이용하여 이동할 수도 있고요, 마우스로 원하는 셀을 클릭해서 이동할 수도 있고요, 키보드의 엔터를 치면 기본적으로 밑으로 이동합니다.
③ 세로로 나타나는 [열]로 표기를 하며 엑셀에는 총 16384개의 열과 1048576개의 행이 있으며 한 번에 열 수 있는 문서의 수나 워크시트의 수는 시스템의 사양 메모리 등에 따라 달라집

니다만, 시스템이 버벅거려서 사실상 적당한 선의 제한이 있다고 보는 것이 타당합니다.
다만 나중에 엑셀의 고수가 되어 너무 데이터가 많으면 로딩 속도가 눈에 띄게 떨어지며 그래서 엑세스를 사용하는 것입니다만, 엑세스는 최소한 컴활 2급 자격증을 취득한 이후에 고려해야 할 문제이므로 아직 초보자는 언감생심 그림의 떡입니다.

④ [행]입니다.
⑤ 화면에 타자를 할 때 사용하는 글꼴(글씨 모양)입니다.
⑥ 글씨의 크기입니다.
⑦ 글씨를 크게 할 수 있습니다.
⑧ 글씨를 이탤릭체로 만들 수 있습니다.
⑨ 글씨에 밑줄을 칠 수 있습니다.
⑩ 글씨에 원하는 색상을 입힐 수 있습니다.
⑪ 글씨를 쓰면 문단이 생기며 문단을 원하는 방식으로 정렬할 수 있습니다.
⑫ 메뉴입니다. 일단 원하는 메뉴를 클릭하면 메뉴 밑으로 해당 메뉴에 해당하는 아이콘들이 나타납니다.

엑셀의 기본 사용법

엑셀의 기본 사용법은 아래와 같습니다.

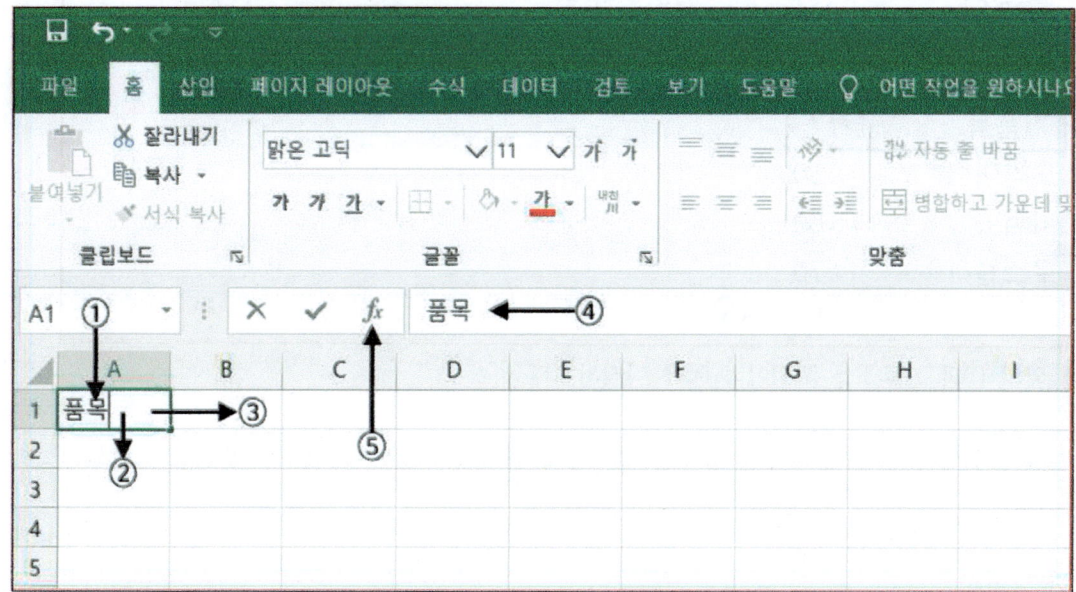

①의 셀에 타자를 하고 기본적으로 엔터를 치면 셀포인트가 ②와 같이 밑으로 내려가며, 키보드의 오른쪽 화살표키를 누르면 ③의 위치로 이동하며, ①의 셀에 입력한 내용은 ④에 나타나며, ④를 수식입력줄이라고 부르며 ⑤는 앞으로 배우게 될 함수입니다.

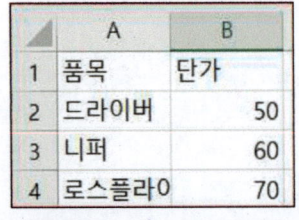

좌측과 같이 입력하고 마우스로 클릭 드래그하여 우측과 같이 품목과 단가가 입력된 2개의 셀에 블록을 씌운 다음...

아래 ①을 클릭하면 ②와 같이 가운데 정렬이 됩니다.

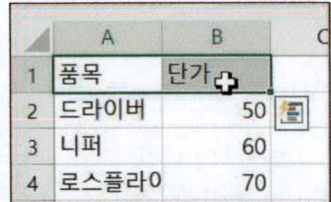

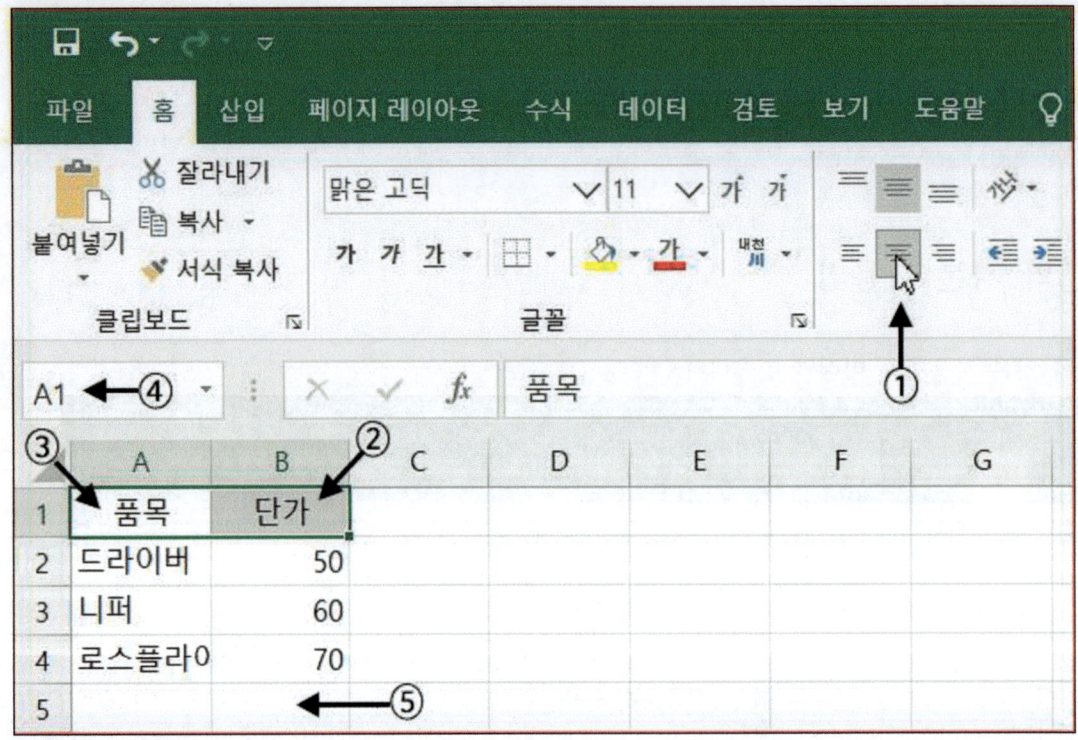

이 때 위의 ③의 셀주소는 [A1]이며 ④에 나타납니다.

즉, 위의 화면에서 ⑤를 클릭하여 셀포인트를 ⑤에 위치시키면 ④의 셀주소가 [B5]로 바뀌게 됩니다.

아래와 같이요..

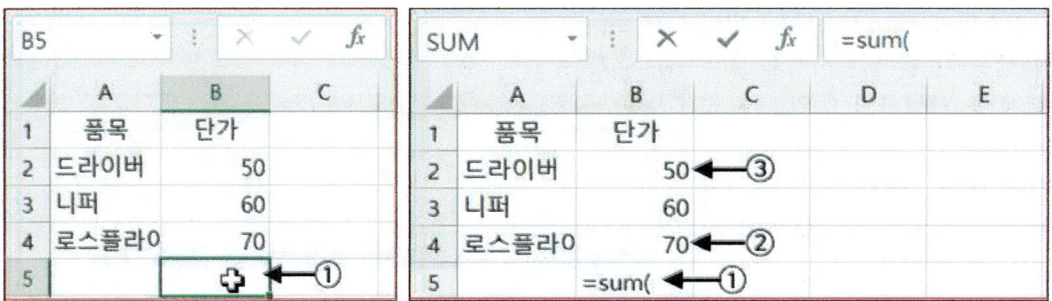

위 좌측 ①에 셀포인트가 위치하면 이곳의 주소는 [B5]가 되고요, 위 우측 화면 ①과 같이 화면에 보이는 그대로 입력합니다.

즉, =을 먼저 입력하고 '=sum(' 까지 입력하고 ②를 클릭한 다음, 키보드의 [Shift]키를 누른 채로 ③을 클릭하거나 마우스로 클릭 드래그하면 아래와 같이 입력됩니다.

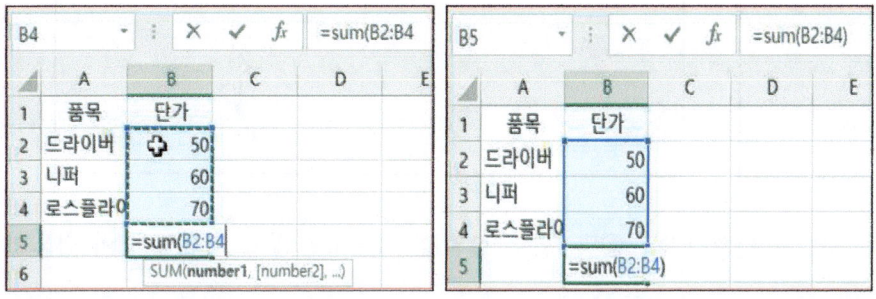

앞의 좌측과 같이 70, 60, 50에 블럭이 씌워지면 괄호를 연 다음 부분에 선택 영역이 셀 주소로 나타나며 앞의 우측 화면과 같이 셀 주소가 입력된 다음 괄호를 닫고 엔터를 치면 아래 ① 같이 합계가 구해집니다.

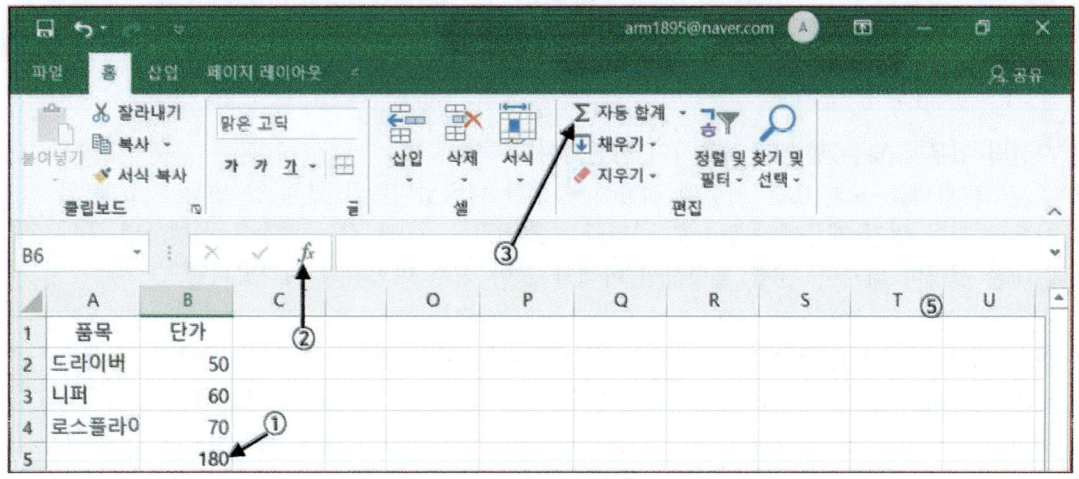

이 때 위의 ①의 합을 구하는 방법은 방금 입력한 수식을 직접 입력하는 방법과 위의 ②를 클

릭하여 함수마법사를 사용하는 방법과 ①에 셀포인트를 위치시키고 ③의 [자동 합계]를 클릭하면 동일하게 합이 구해집니다.

방금 간단하지만, 엑셀의 꽃이라 할 수 있는 함수 중에서 'sum함수'를 사용하는 실습을 한 것입니다.

이제 위의 ②를 클릭하여 함수 마법사를 사용해 보겠습니다.

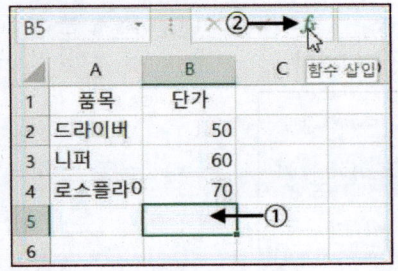
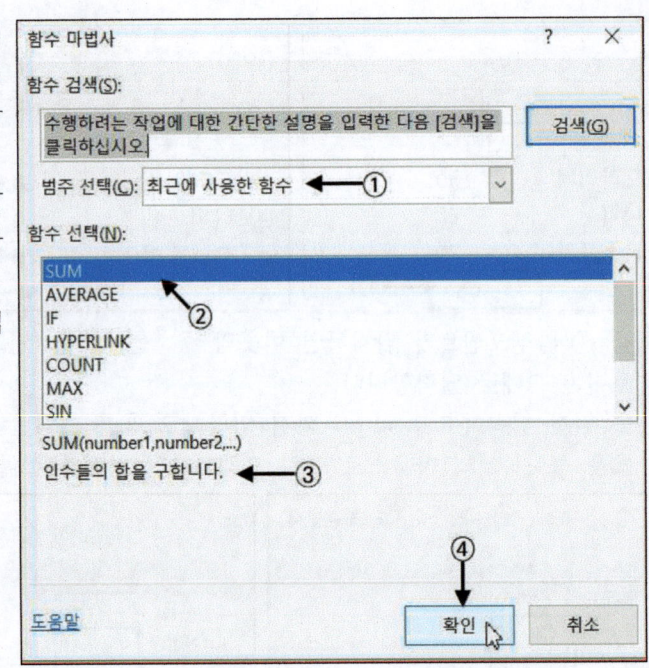

위의 ①의 [B5]셀에 셀포인트를 위치시키고 ②의 [함수 삽입]을 클릭하면 우측 화면과 같이 함수 마법사가 나타납니다.

우측 화면을 잘 읽어보시면 어떠한 경우에 어떤 함수를 사용해야 하는지 설명되어 있습니다. 초보자는 알아보기 어렵지만, 엑셀의 함수는 엄청나게 많기 때문에 어떤 책에서도 엑셀의 함수를 모두 설명해 놓은 책은 없고요, 또 어떠한 사용자라 하더라도 엑셀의 모든 함수를 다 알거나 다 사용하는 사람은 없습니다.

단지 자신의 업무에 맞는 함수만 사용하기 마련입니다.
현재 위 우측 화면을 보면 ①은 이전에 사용한 함수가 나타납니다만 현재 한 번도 이전에 함수를 사용한 적이 없기 때문에 공란으로 나타나는 것이고요, ②와 같이 함수를 선택하면 ③에 함수에 대한 설명이 나오며, ④를 클릭하면 아래와 같이 함수 마법사가 나타납니다.

다음 화면 함수 마법사 ①에 자동으로 좌측에 합을 구할 ②의 범위가 나타나며, 직접 마우스로 클릭 드래그하여 선택할 수도 있고요, 현재 ③의 sum 함수가 사용되고 있으며 이 함수는 ④와 같이 인수들의 합을 구합니다 라고 나오며, ⑤는 현재 선택된 함수 사용법이고요, ⑥과, ⑦에 결과 값이 보여지며 ⑧을 클릭하면 아까와 같이 합이 구해집니다.

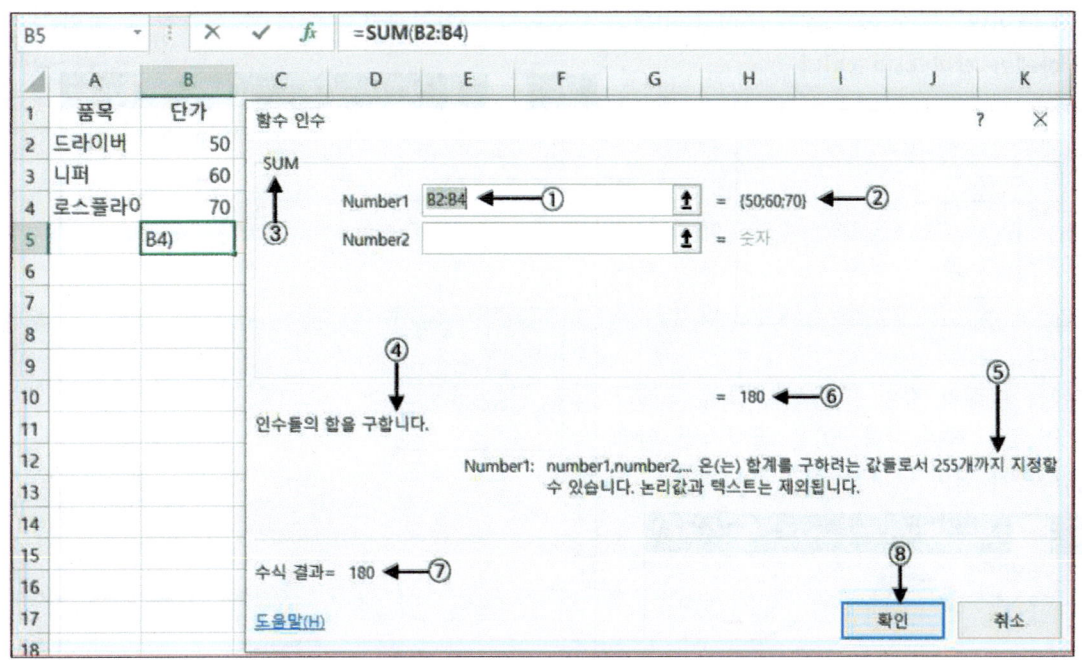

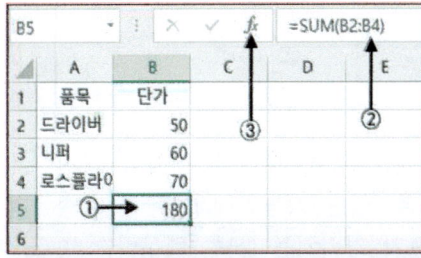

이 때 좌측과 같이 ①의 결과 값이 있는 셀을 클릭하면 ②의 수식 입력줄에 수식이 나타나며, ③을 클릭하여 수식을 수정할 수도 있습니다.
이것이 엑셀의 기본적인 사용법이며, 이번에는 자동합계 아이콘을 클릭해 보겠습니다.

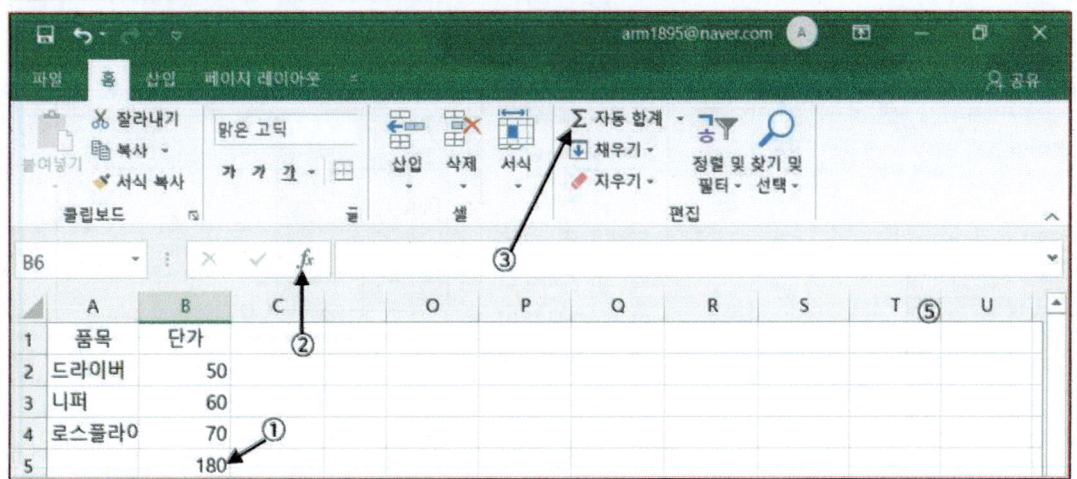

앞에서 보았던 화면이죠.. 앞의 ①의 [B5]셀에 셀포인트를 위치시키고 ③의 [자동합계]를 클릭하면 아래와 같이 나타납니다.

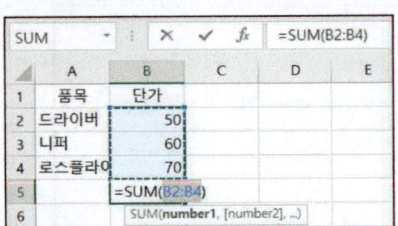

좌 측 과 같이 나 타 났 을 때 엔터 를 치면 합이 구해집니다.

이번에는 아래와 같이 마우스로 클릭 드래그하여 블록을 씌운 다음, ①을 클릭하면 아래 우측 화면과 같이 타나납니다.

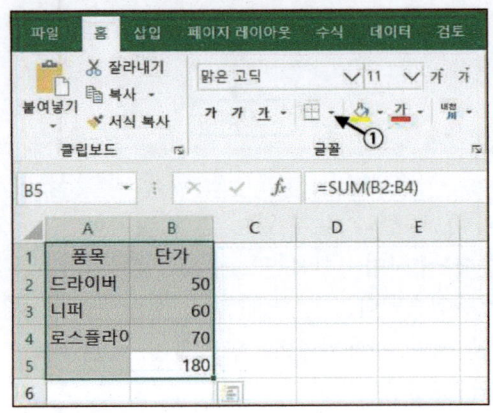

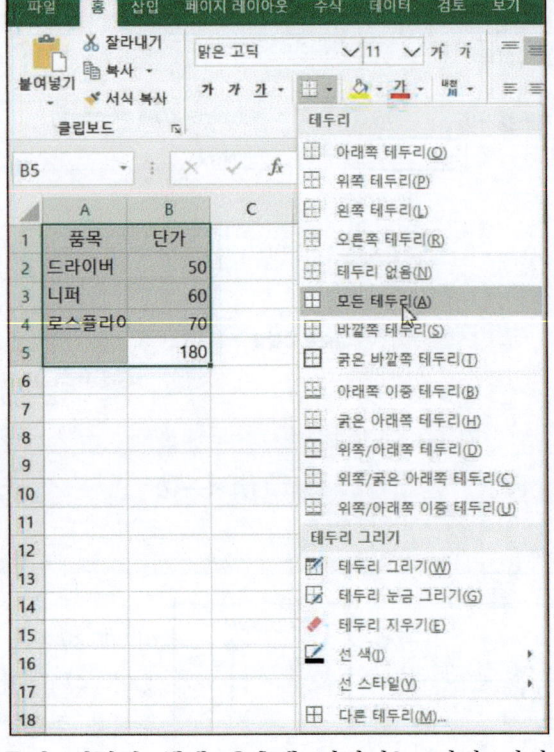

블록이 씌워진 셀에 우측에 나타나는 여러 가지 조건의 선을 그릴 수 있는 기능인데요, 우선 우측 화면 마우스 화살표가 가리키는 [모든 테두리]를 클릭하면 아래와 같이 나타납니다.

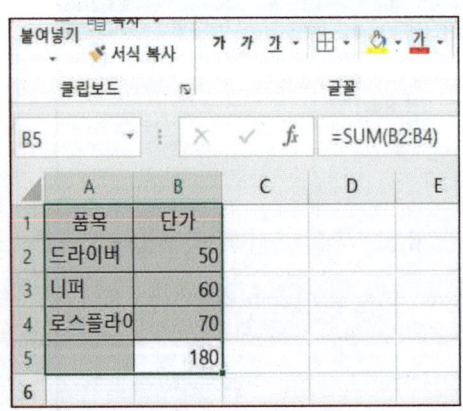

이번에는 위 우측 화면에서 [굵은 바깥쪽 테두리]를 선택하면 우측 화면과 같이 가장자리에 두꺼운 테두리가 만들어집니다.

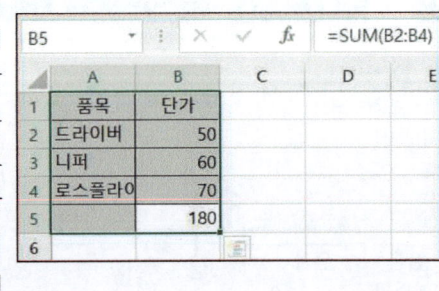

이번에는 아래 ①과 같이 마우스로 클릭 드래드하여

블륵을 씌운 다음, ②를 클릭하면 ③과 같이 글씨가 굵어집니다.

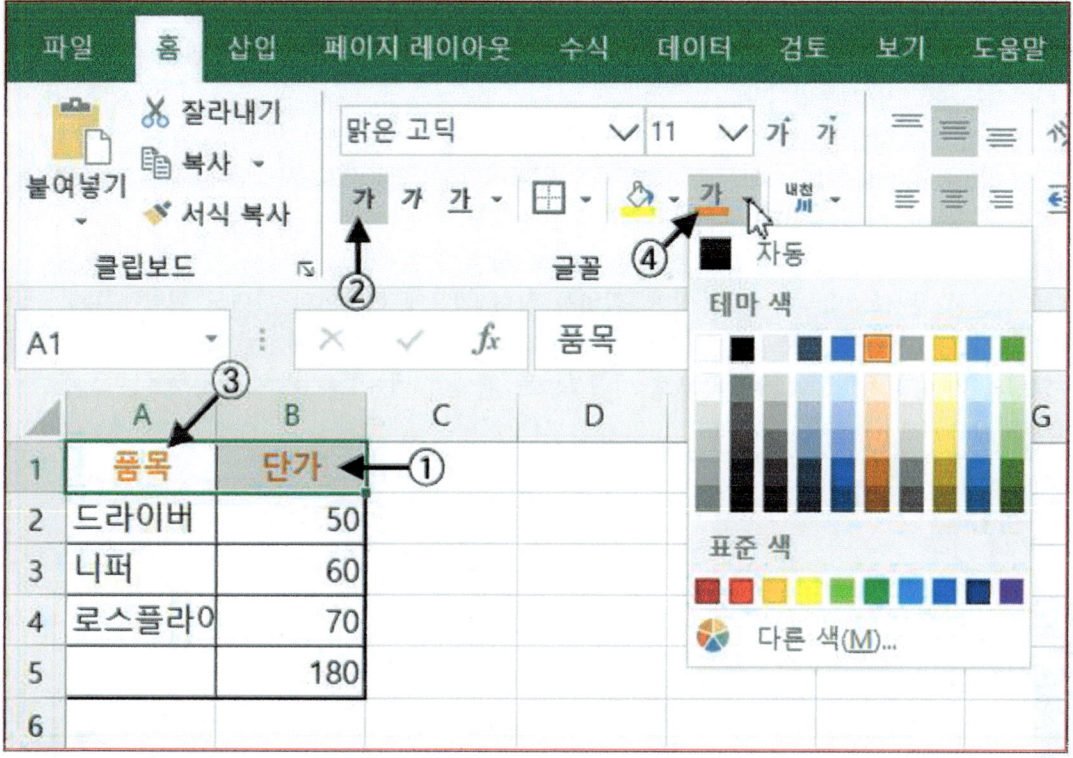

④를 클릭하고 원하는 색상을 클릭하면 역시 ③과 같이 원하는 색상으로 바뀝니다.
이상 기본적인 엑셀 사용법을 알아 보았는데요, 사실 웬만한 사람이라면 이 정도는 이미 알고 있을 것입니다만, 이 책은 엑셀 책이므로 엑셀 초보자를 상대로 설명을 하지 않을 수가 없고요, 엑셀 2003과 엑셀 2019와도 호환이 되지만, 엑셀 2003은 256개의 열과 65536개의 행을 가지고 있고요, 이후 버전은 16384개의 열과 1048576개의 행을 가지고 있다는 점만 다를 뿐 시실상 같다고 해도 과언이 아닙니다.
물론 버전별로 함수의 개수도 다르고 당연히 다른 점이 존재하지만, 실질적으로 일반적으로 본다면 90% 이상의 사용자는 사실상 엑셀 2003이나 이후 버전, 어떠한 버전이나 똑같다고 해도 될 정도로 사용법은 거의 같습니다.
어차피 엑셀로 자격증을 취득한다 하여도 컴활(컴퓨터활용능력) 2급 자격증이 최고 자격증이고요, 컴활 1급 자격증을 취득하기 위해서는 엑세스를 공부해야 하므로, 이 책에서 다루는 엑셀 공부를 하기 위해서는 엑셀의 버전은 사실상 무의미하다고 보면 됩니다.
따라서 여러분이 이 책으로 엑셀 공부를 하는데는 엑셀의 버전은 어떠한 버전을 사용해도 무방하다는 것을 아시고요, 단, 엑셀 2003의 경우 행과 열이 적기 때문에 이후 버전에서 이보다 많은 행과 열을 사용한 문서를 엑셀 2003에서 불러들일 경우(불러오기도 거의 불가능하지만),

오버되는 열과 행이 삭제된다는 점을 알고 있어야 합니다.
그러나 실제 실무에서는 이렇게 많은 열과 행을 사용하는 문서는 거의 존재하지 않습니다.
일반적인 PC에서는 제아무리 성능이 뛰어난 PC라 하더라고 이렇게 열과 행이 많은 엑셀 문서를 다루기는 어렵기 때문입니다.
엑셀은 기본적으로 대량의 데이터를 취급하는 데이터베이스 프로그램이 아니며, 단시 스프레드시트 프로그램이기 때문에 열과 행, 시트 수가 많아지만, 필연적으로 시스템에 과부하가 생겨서 결국 시스템이 버벅거리다가 다운되거나 작동 불능 상태에 빠지게 됩니다.
따라서 여러분이 자격증 시험 준비를 한다고 하여도 자격 시험에서도 절대로 이렇게 많은 열과 행을 사용한 문서는 다루지 않게 되며, 취업을 하여 실무에 적응한다 하여도 이렇게 많은 열과 행과 시트를 사용하는 문서는 거의 다룰 일이 없습니다.
일단 엑셀의 기본 사용법을 설명했으므로 이제부터는 엑셀의 메뉴를 기반으로 진행을 하도록 하겠습니다.

파일 메뉴

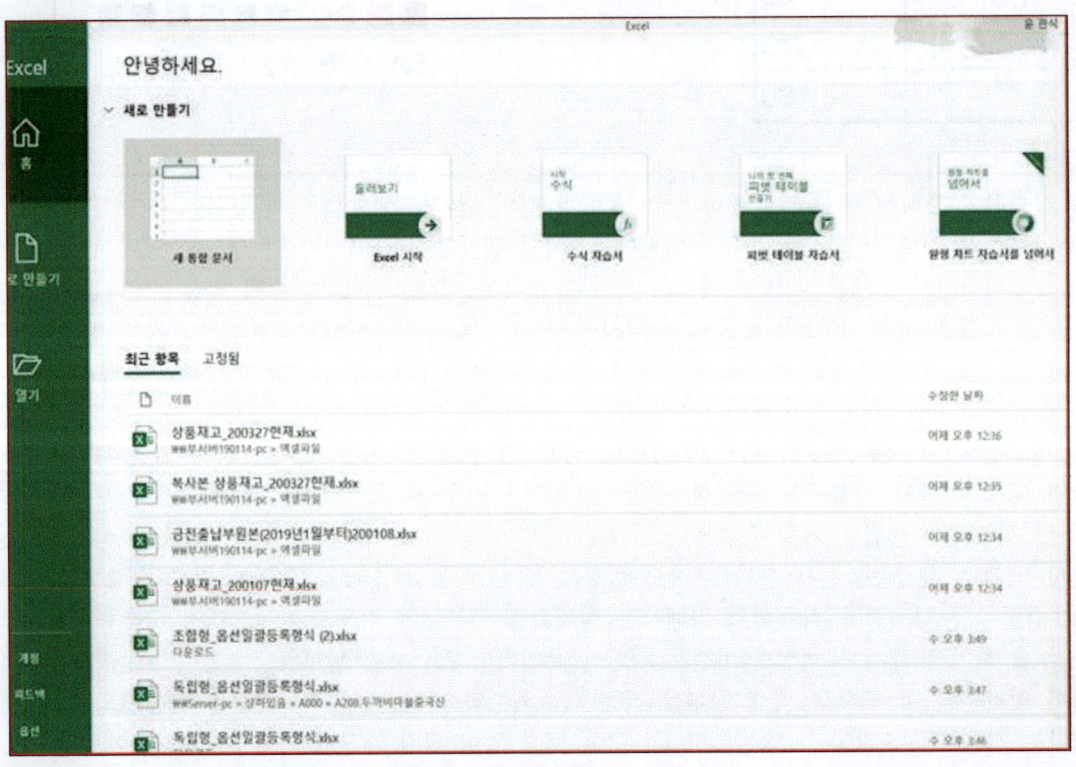

여기 보이는 것은 윈도우10에서 실행시킨 엑셀2019 화면이고요. 엑셀 2019는 기본적으로 위와 같이 열립니다만, 이것은 각 버전별 조금씩 다른 인터페이스일 뿐 기본적인 기능을 동일하며 엑셀 2019에서 작성하여 저장한 문서를 하위 버전에서 열어도 되고요, 하위 버전에서 작성한 문서를 상위 버전에서 열어도 필자의 경험상 아무 지장이 없습니다.

단, 예를 들어 필자는 한글2020을 사용하여 각종 서적을 집필하는데요, 한글2020에서는 저장할 때 '하위 문서와 호환되게 저장'을 하면 안 됩니다.
그냥 한글2020 문서로 저장을 해야 하위 버전에서 불러들여도 대체로 호환이 됩니다.
그러나 엑셀 프로그램에서는 엑셀2019에서 저장할 때는 하위 버전과 호환되게 저장을 하는 것이 좋습니다.

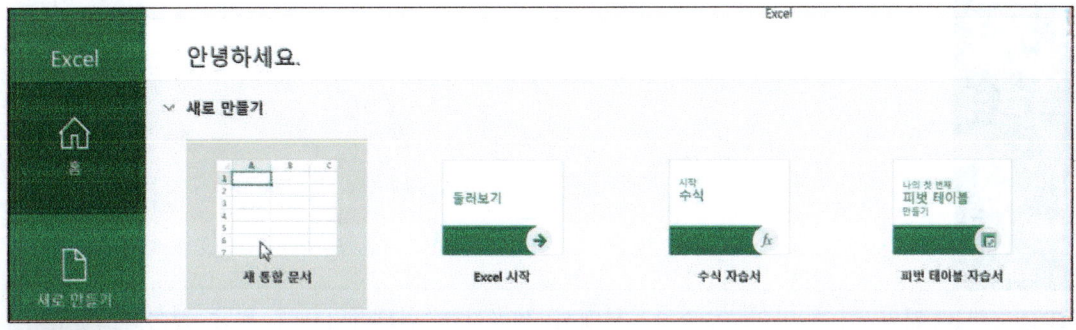

위는 윈도우10에서 실행시킨 엑셀2019 화면이고요, 아래는 윈7에서 실행시킨 엑셀 이전 버전 화면인데요, 엑셀2019의 파일.. 엑셀 파일 공유가 약간 문제가 있습니다.

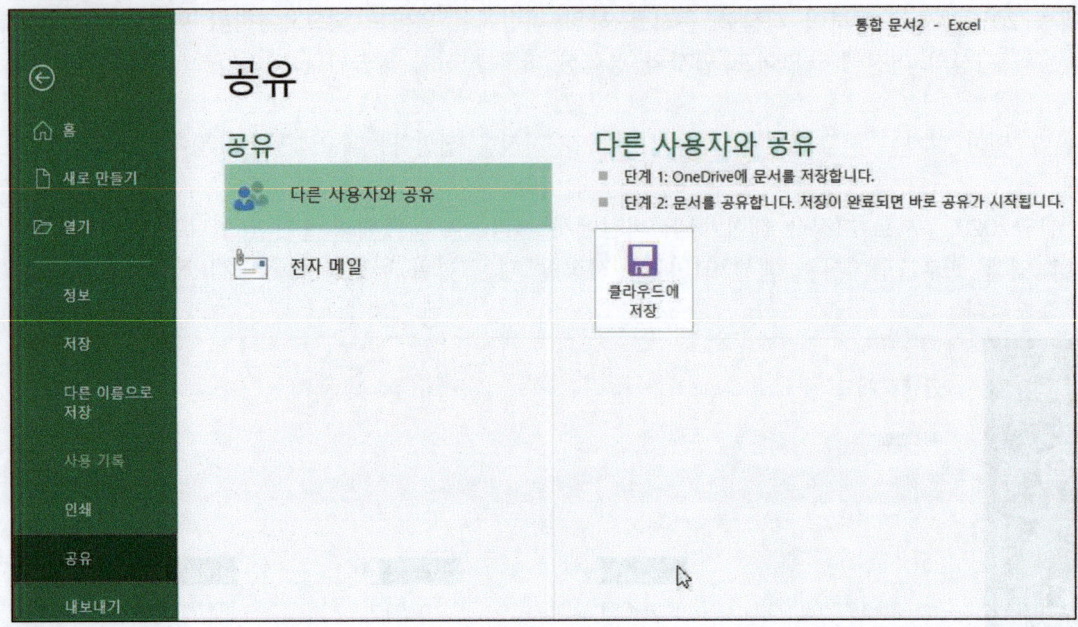

엑셀2019에서는 위와 같이 마이크로소프트사에서 제공하는 원드라이브에 일단 저장을 해야 공유가 됩니다.
물론 우회해서 공유하는 방법은 있습니다.
[파일] 메뉴 중에서 [옵션]에서 이렇게 할 수 있고요, 뒤에 가서 [옵션]메뉴를 설명할 때 다시 자세하게 설명을 하게 됩니다.

이에 대한 보다 자세한 내용 역시 필자의 블로그에 보충 설명을 올려 놓았으므로 관심 있는 분들은 이 책의 앞 부분에 있는 '네이버에 있는 필자의 블로그에 오시는 방법' 참조하여 필자의 블로그에 오셔서 해당 포스트에 있는 글을 읽어보시고요..

필자를 포함한 수많은 사람들은 윈도우10을 인스톨하면서 자동으로 설치되는 마이크로소프트 원드라이브가 너무나도 불편하여 필자는 이미 원드라이브를 삭제를 해 버렸는데요, 사용자가 삭제를 해도 위와 같이 원드라이브는 윈도우10 구석 구석에서 어김없이 나타납니다.

또한 사실상 엑셀2019나 이전 버전이라고 하더라도 그야말로 엑셀의 고급 기능을 한껏 사용하는 극소수 사용자를 제외하고는 거의 다라고 해도 과언이 아닐 정도로 어떠한 버전을 사용해도 거의 다 호환이 됩니다.

일단 아래 화면에 보이는 엑셀의 [파일]메뉴부터 차례로 살펴보도록 하겠습니다.
아래 화면은 엑셀의 메뉴 [파일]을 클릭하면 나타나는 메뉴입니다.

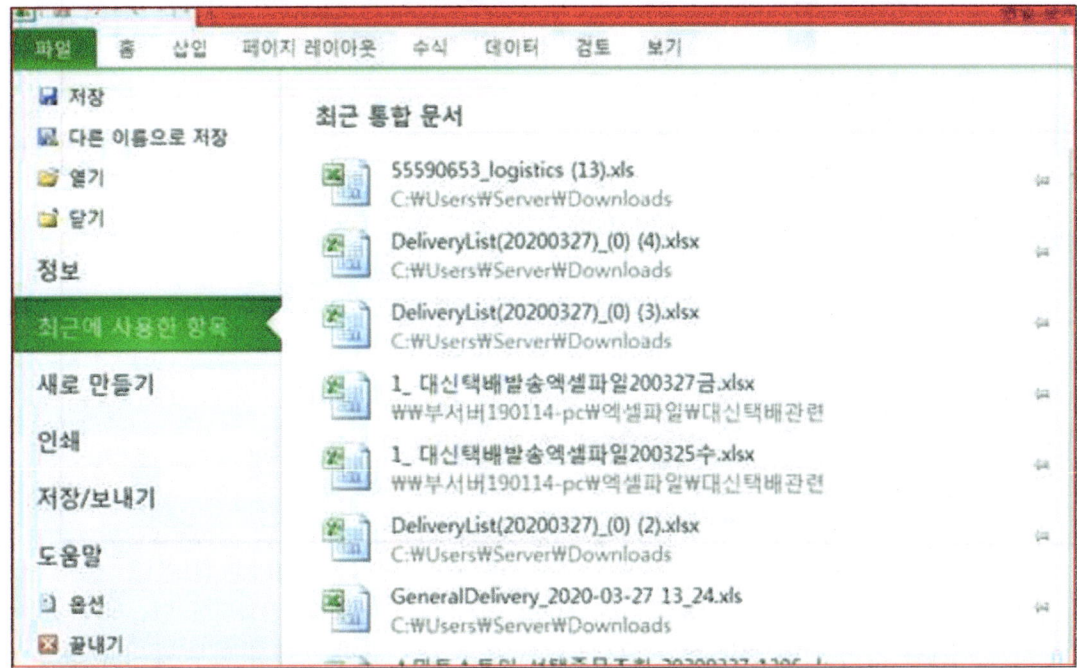

Ⓐ 저장 메뉴 : 단축키, 만국 공통, 거의 모든 프로그램의 단축키는 [Ctrl + S]입니다. 작업하는 도중 수시로 저장을 하는 것이 좋고요, 뒤에서 다시 설명하게 될 환경 설정에서 자동으로 저장되는 시간을 지정할 수 있습니다.
Ⓑ 다른 이름으로 저장 : 단축키는 [Ctrl + Shint + S]이며, 문자 그대로 현재 작성 중인 엑셀 문서를 다른 이름으로 저장을 하는 기능입니다.

이는 문서를 복제하는 기능도 있지만, 예를 들어 여러 대의 컴퓨터가 네트워크로 연결되어 있으며 서버 컴퓨터에 있는 엑셀 파일의 공유 설정을 해 놓았을 경우 다른 컴퓨터에서도 여러 사람이 동일한 하나의 엑셀 파일을 열고 동시에 작업을 할 수 있으며 이때 여러 가지 문제가 발생 할 수 있습니다.
Ⓒ 열기, Ⓓ닫기 : 생략
Ⓔ 정보 : 정품 인증 등, 설명은 생략합니다.

Ⓕ 최근에 사용한 항목 : 일종의 엑셀 사용 기록인데요, 엑셀 작업을 계속 하는 사람이라면 아주 편리한 기능이고요, 자신이 엑셀 작업을 했다는 기록을 남기지 않으려면, 위의 메뉴 하단에 보이는 [옵션]을 클릭합니다.

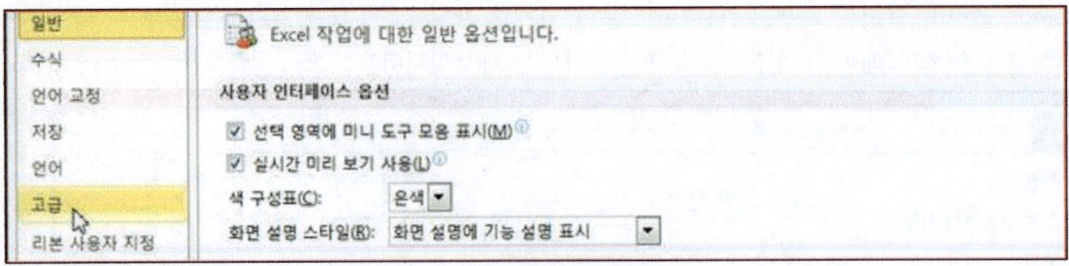

위의 좌측 마우스 화살표가 가리키는 [고급] 탭을 클릭합니다.

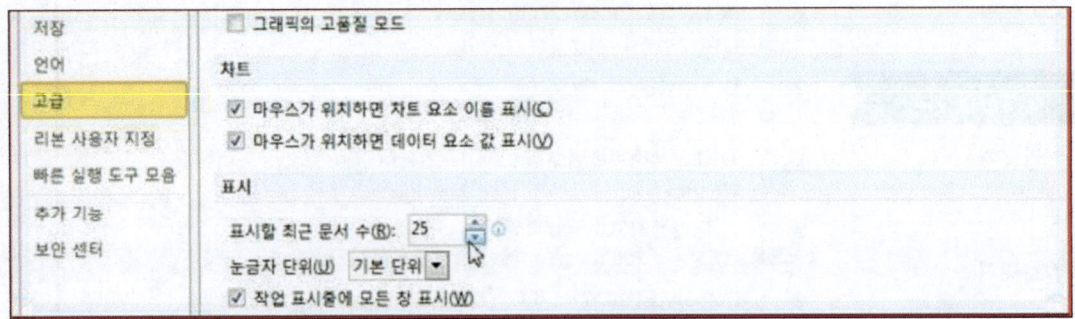

위의 마우스 화살표가 가리키는 [표시할 최근 문서 수]를 0으로 초기화 시키고 [확인]을 클릭하면 최근에 사용한 문서는 삭제가 되지만, 여전히 최근에 사용한 위치는 기억되어 있습니다. 따라서 다시 아래와 같이 아래 화면 우측 [최신 위치]에 나타난 폴더 중에서 아무 폴더나 선택하고 마우스 우측 버튼을 클릭하여 마우스 화살표기 가리키는 [고정 해제된 위치 지우기]를 클릭해야 최근 문서 및 최신 위치가 모두 삭제됩니다.

그러나 위의 2가지 방법은 자기 혼자 사용하는 컴퓨터에서는 불필요하며 오히려 자신 혼자 사용하는 컴퓨터라면 위의 정보들을 삭제하지 않아야 매번 엑셀을 실행할 때마다 일일이 저장된 경로를 찾아 들어가야 하는 불편을 없앨 수 있습니다.

ⓖ 새로 만들기 : 새 문서를 만듭니다. 단축키.. 만국 공통 거의 모든 프로그램의 새 문서 혹은 새 창의 단축키는 [Ctrl + N]입니다.

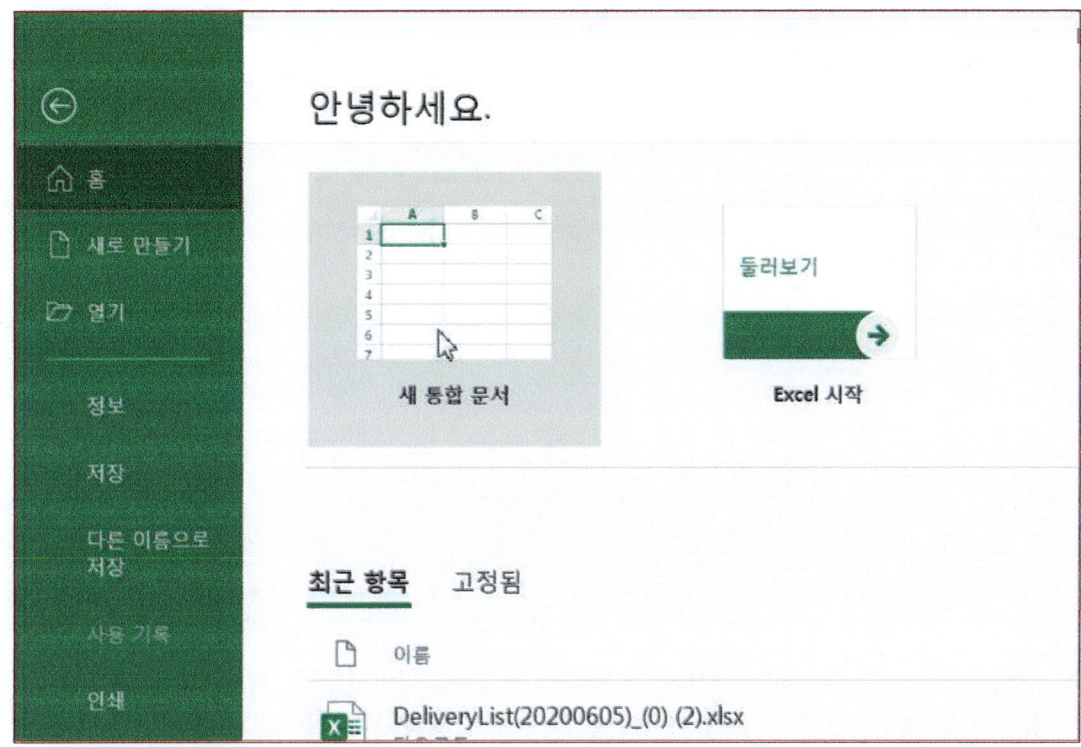

엑셀의 각 버전별로 약간씩 틀리게 보이지만, 결국은 모두 동일한 기능이며 보통 [새 통합 문서]를 클릭하여 일단 새 창을 열고 작업을 하면 됩니다만, 실제로는 다음과 같이 탐색기에서 실행하는 것이 좋습니다.

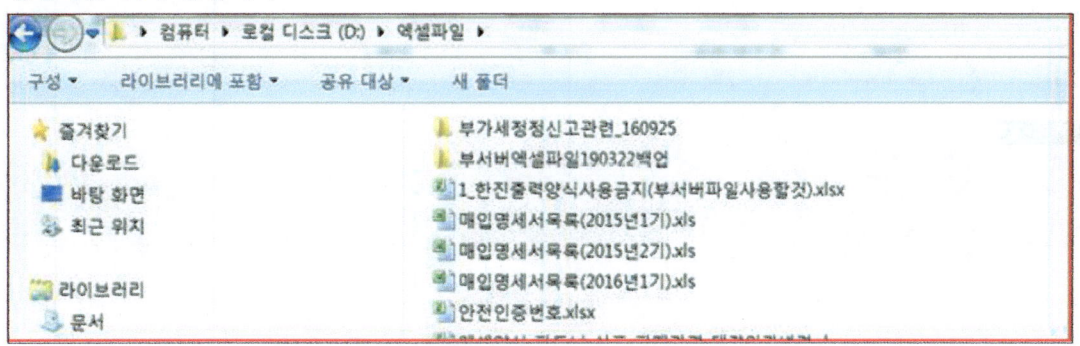

위는 필자가 사용하는 컴퓨터의 내용이므로 참고만 해 주시고요, 위와 같이 탐색기에서 엑셀 파일을 선택하고 엔터를 치면 즉시 엑셀이 실행되며 방금 선택한 엑셀 문서가 열립니다.

㉕ 인쇄 : 인쇄 명령은 단순하지만, 복잡합니다. 쉽지만 어렵습니다. 어렵지만 쉽습니다. 이렇게 헷갈리게 설명하는 것과 완전 똑같은 경험을 누구나 하게 됩니다.

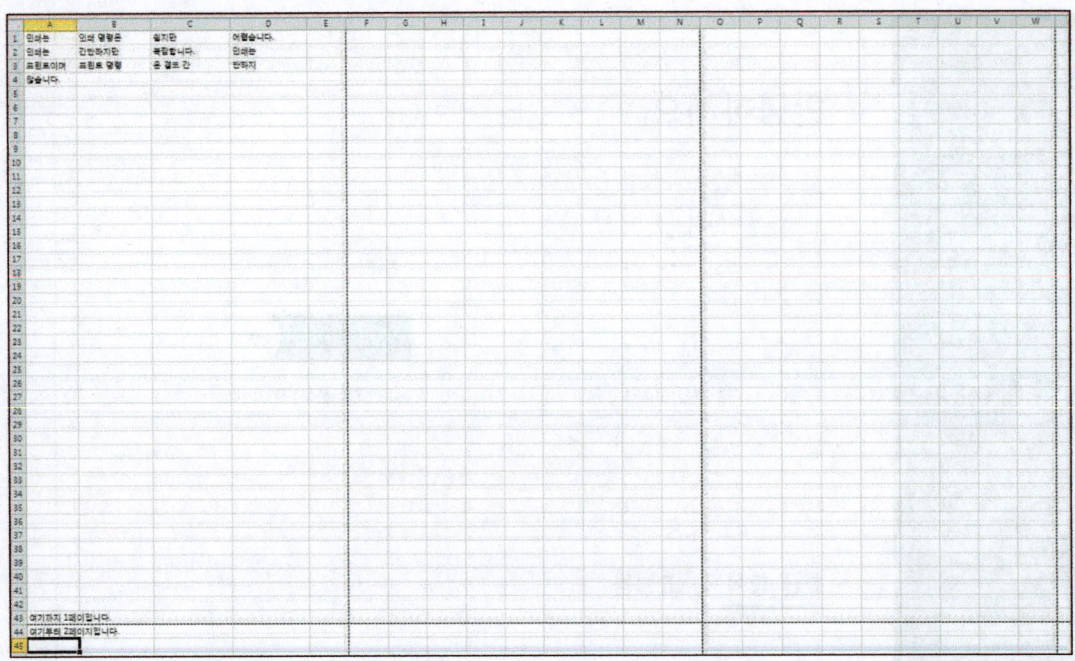

필자는 인터넷 쇼핑몰을 운영하기 때문에 주문 내역 등 엑셀 파일이 많고 페이지도 엄청나게 많습니다만, 고객 정보가 있기 때문에 여기에 올릴 수는 없고요, 위와 같이 예를 들어 입력을 했고요, 이 상태에서 <u>인쇄</u> 명령 단축키 [Ctrl + P] 명령을 내리면 다음과 같이 나타납니다.

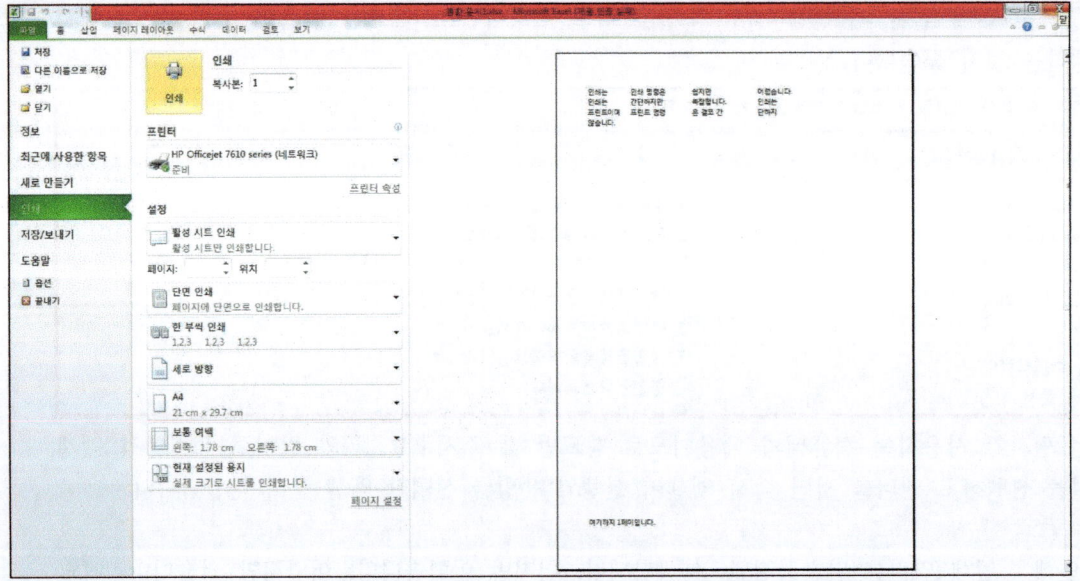

위는 현재 1페이지만 보이는 것이며, 만일 여러 페이지가 있을 경우 여러 페이지가 모두 인쇄

가 됩니다.
따라서 여러 페이지의 엑셀 문서에서 원하는 곳만 인쇄를 하기 위해서는 원하는 만큼 블럭을 씌웁니다.

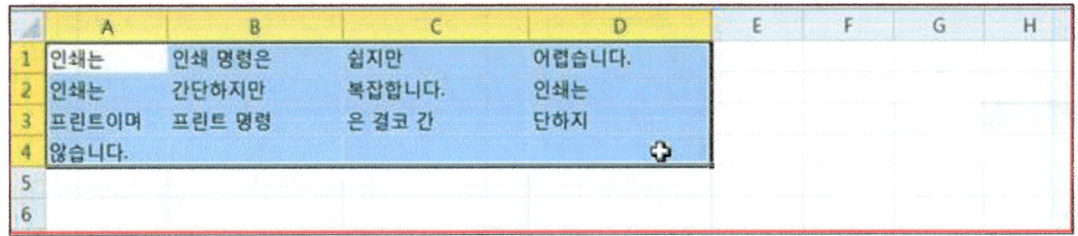

위와 같이 원하는 부분만 블럭을 씌운 다음, 인쇄 명령을 내리면 다음과 같이 나타납니다.

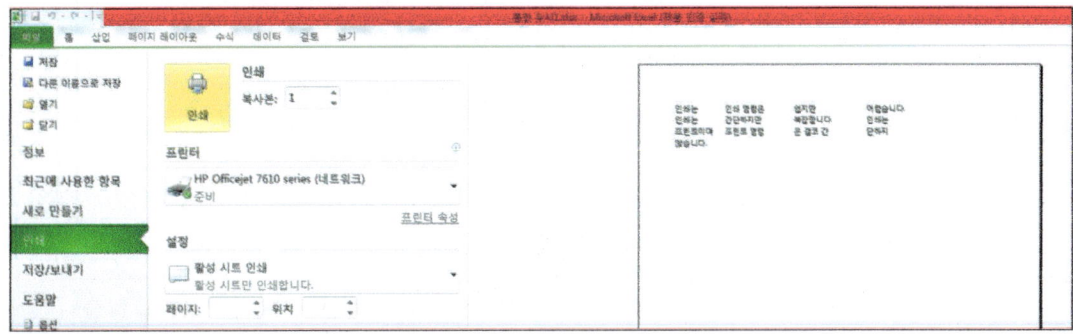

아까와 똑같이 나타납니다. 위의 화면 가운데 부분을 보면 [활성 시트 인쇄]로 되어 있기 때문입니다.

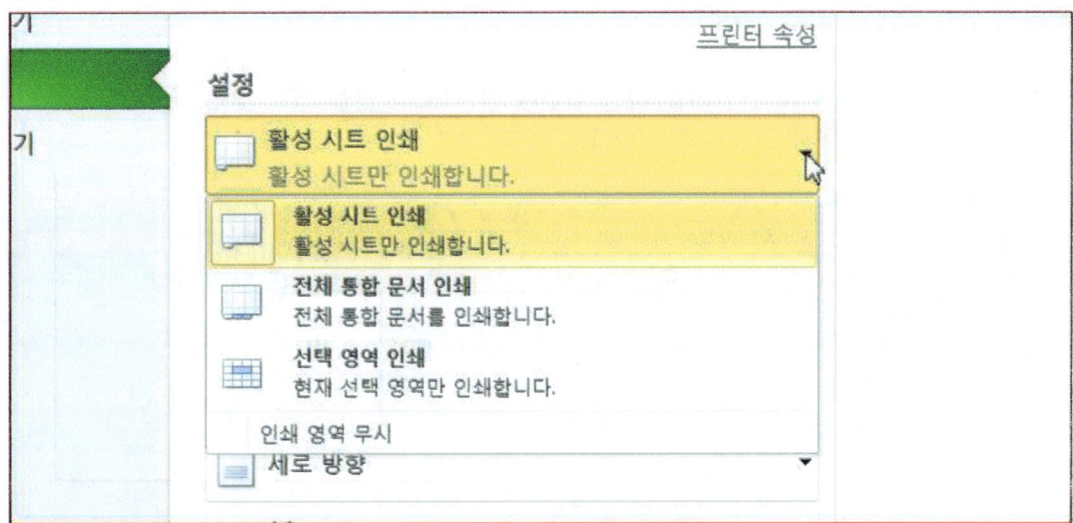

위의 마우스가 가리키는 곳을 클릭하고 [선택 영역 인쇄]를 선택하면 다음과 같이 나타납니다.

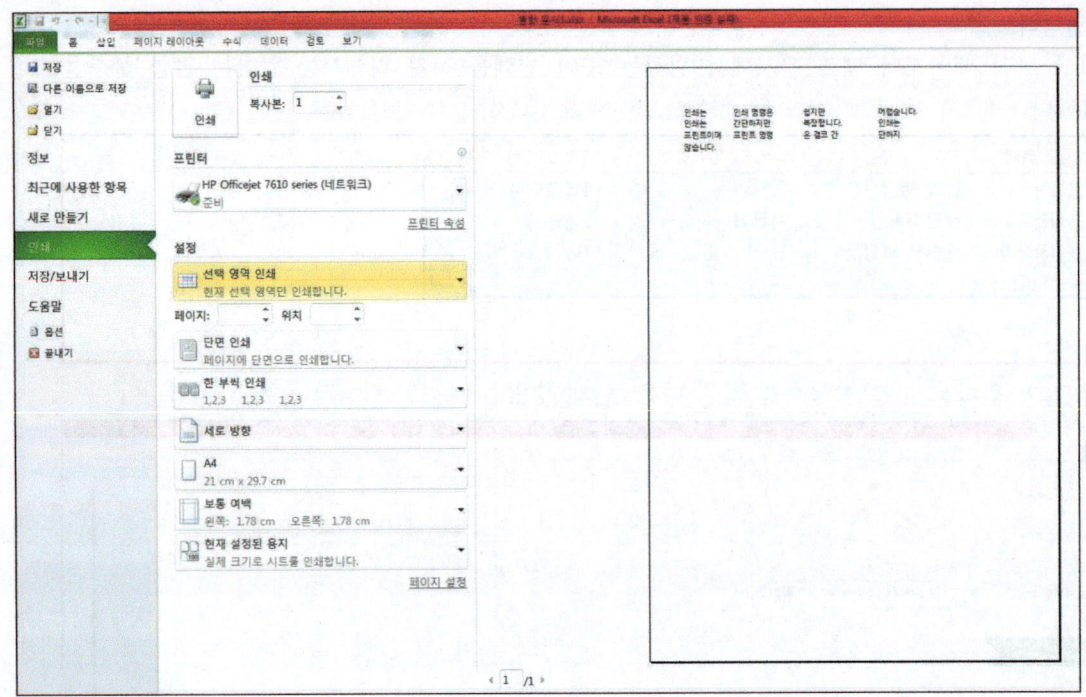

별로 달라진 것이 없어 보이지만 위의 화면 하단을 보면 아까 보이던 글씨가 보이지 않습니다.
즉 현재 블록이 씌워진 위의 화면 위쪽의 우측에 보이는 데이터만 인쇄가 되는 것입니다.
이 때 현재 위의 상태는 세로 인쇄입니다.

만일 데이터가 열이 많아서 세로 인쇄를 하면 화면에 다 나오지 않을 경우 남는 부분은 다음 페이지에 인쇄가 되어 A4용지만 버리게 됩니다.

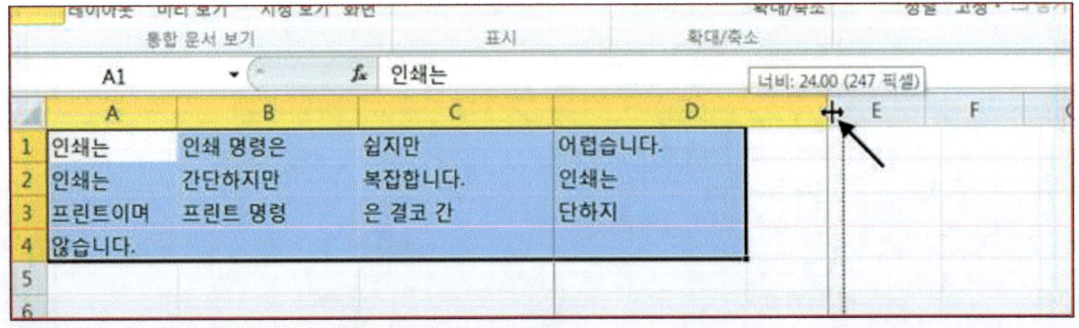

위의 화면 검정 화살표기 가리키는 곳을 잘 보세요.
현재 셀과 셀 사이의 경계에 마우스를 가져가면 위의 화살표가 가리키는 것과 같이 마우스 모

양이 변하며, 이 때 클릭하고 우측으로 끌고 가면 셀의 넓이를 조절할 수 있는데요..

위와 같은 상태에서는 위에 보이는 만큼 맨 우측의 열만 넓어집니다.
반면, 아래와 같이 열 전체에 블럭을 씌우면...

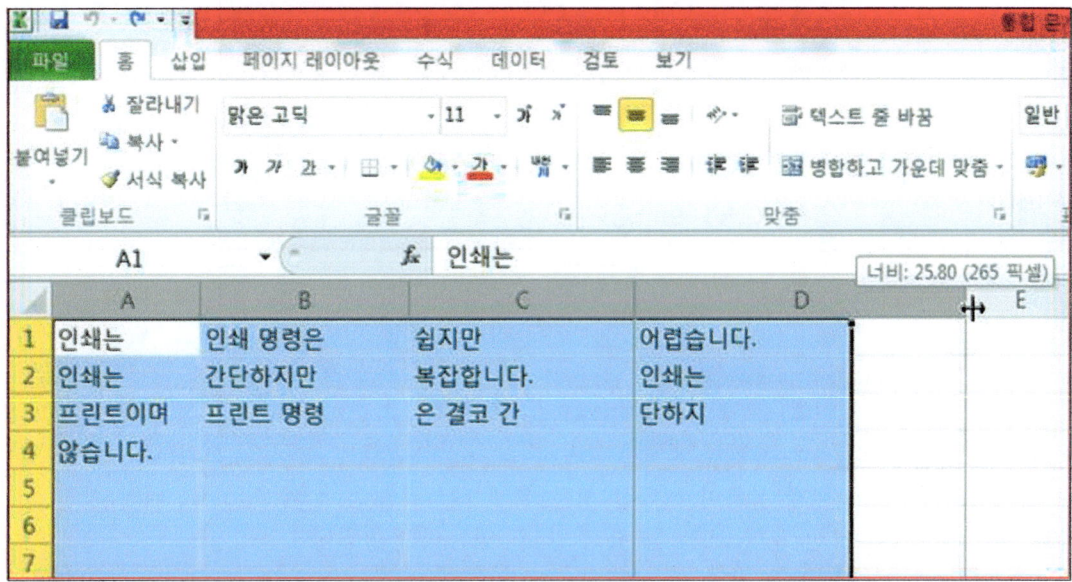

위와 같이 열 너비를 약간만 조절해도 모든 열이 넓어져서 아래와 같이 됩니다.

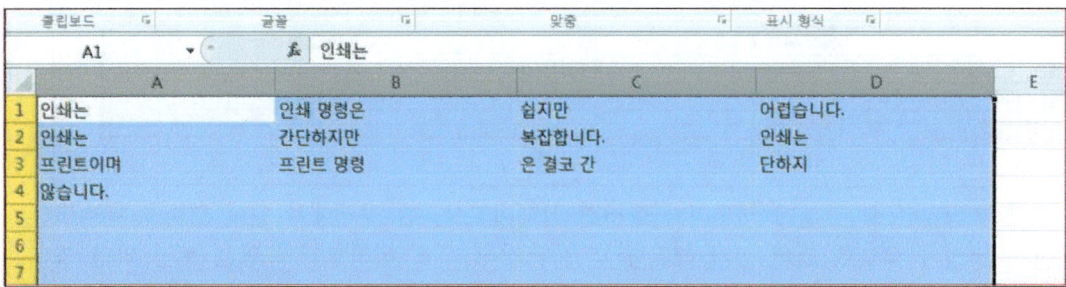

이렇게 가로가 넓어지면 인쇄 명령 화면에서 가로로 인쇄 명령을 내려야 화면에 보이는 그대로 인쇄가 됩니다.

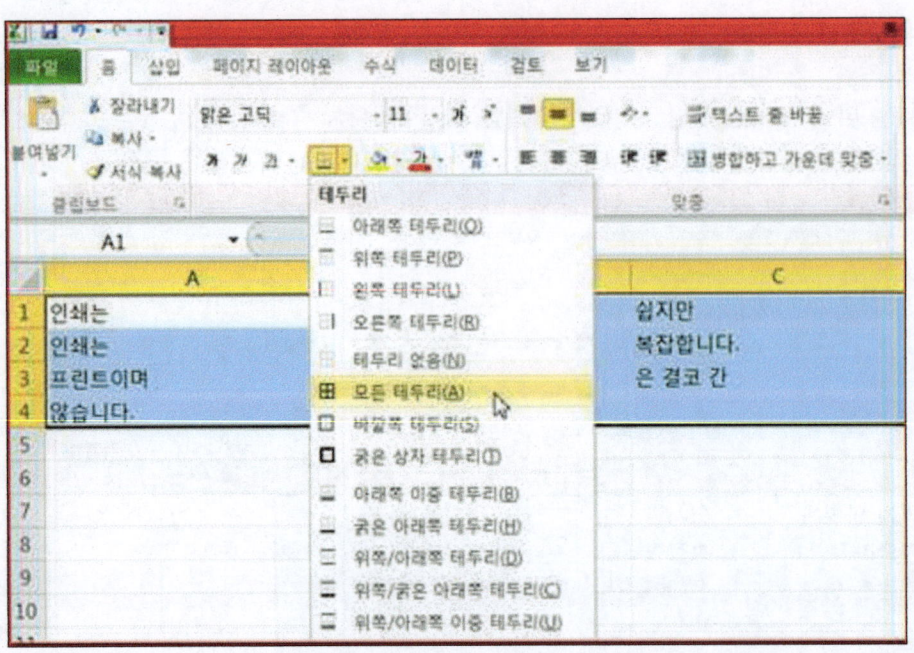

이 때 위의 화면과 같이 현재 블럭이 씌워진 모든 셀에 테두리를 넣을 수 있고요, 위의 화면은 따로 설명하지 않아도 한 눈에 보면 척 하고 알 수 있는 내용들입니다.

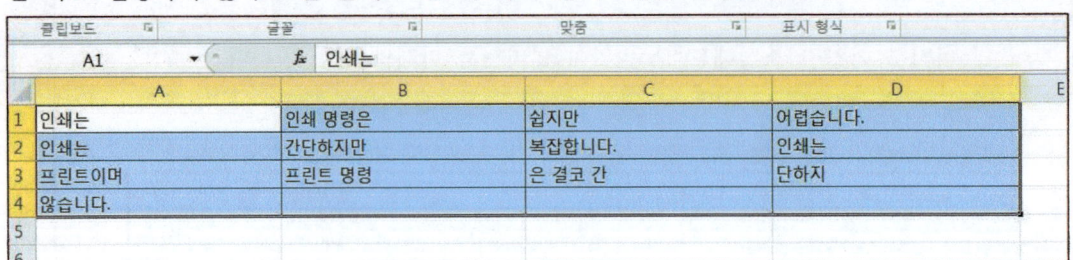

현재 블럭이 씌워진 모든 셀에 테두리가 들어간 상태이고요, 현 상태에서 인쇄 명령을 내리면 현재 용지 방향이 세로로 되어 있기 때문에 다음과 같이 우측 미리보기 화면을 보면 위의 블럭이 씌워진 우측 부분은 용지에서 벗어나서 보이지 않습니다.

이대로 인쇄를 하면 다음 화면은 인쇄되는 모습을 미리 보는 것이므로 우측 내용이 없는 상태로 인쇄가 되며 다음 화면에서 보이지 않는 우측 부분은 다음 페이지에 인쇄가 되는 불상사가 발생을 합니다.

따라서 엑셀에서 인쇄 명령을 내릴 때는 용지를 가로 방향으로 할 것인지 세로 방향으로 할 것인지 미리 보기 화면을 보면서 결정을 해야 합니다.

엑셀2019를 배웁시다.   현대인의 필수 MS Office2019

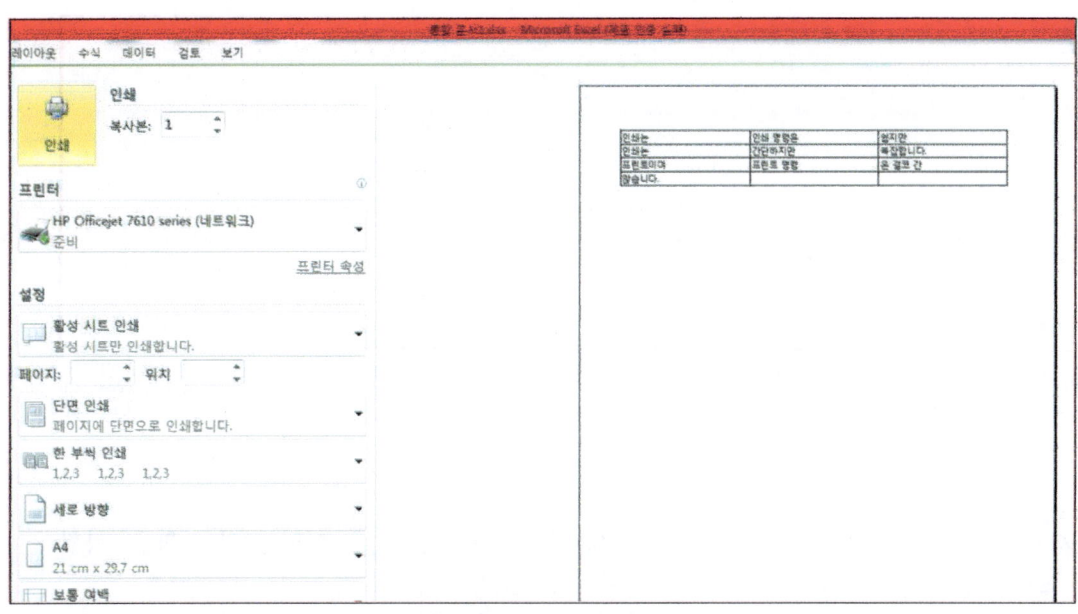

이 상태에서 인쇄를 하면 위에 보이는 페이지가 인쇄된 다음 다시 잘라져 나간 부분이 2페이지로 인쇄되어 A4용지를 낭비하는 결과를 가져오게 됩니다.

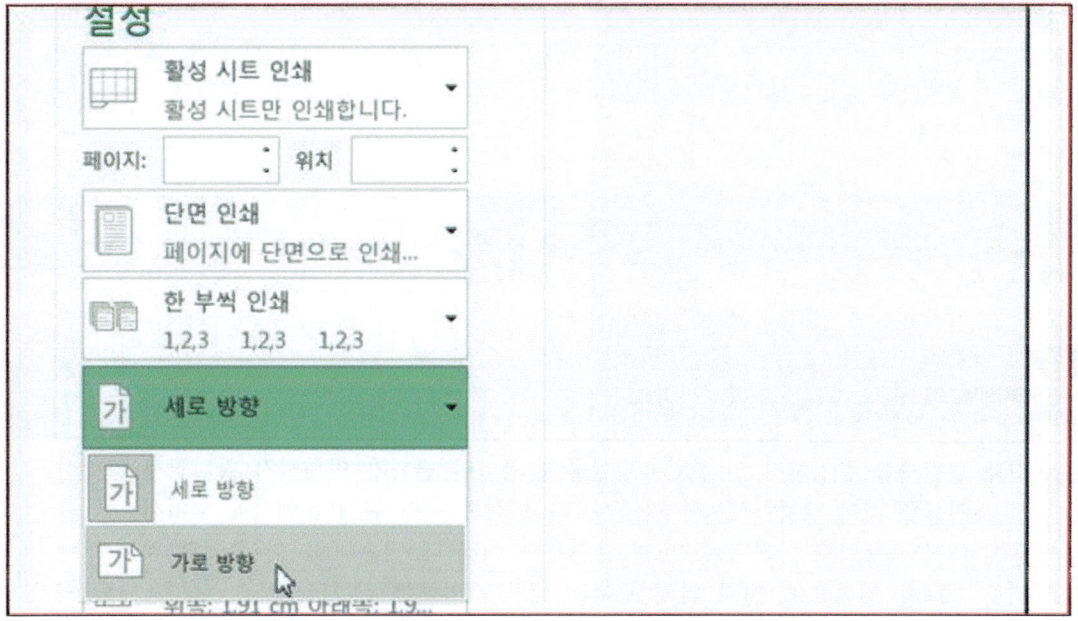

이 때 위와 같이, 위의 마우스가 가리키는 곳을 클릭하고 용지 방향을 가로 방향으로 지정하면 아래와 같이 나타납니다.

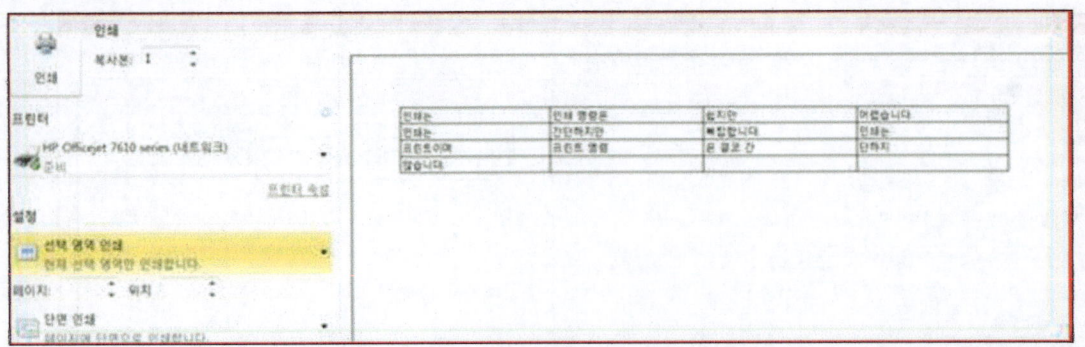

이 때 위와 같이 선택 영역 인쇄, 그리고 가로 방향 인쇄로 지정했다 하더라도 프린트에서 자동으로 가로로 인쇄가 되는 프린트가 있는 반면에 프린터에서 용지 방향을 지정해야 하는 프린터도 있습니다.

따라서 지금 설명하는 인쇄 뿐만이 아니고, 컴퓨터를 사용하는 내내, 어떤 작업을 하든, 확실하지 않으면 클릭하거나 엔터를 치는 버릇을 들이면 안 됩니다.
특히 처음 잘 모를 때에는 무조건 확실한 판단이 섰을 때만 명령을 내려야 합니다.
그렇지 않을 경우 간단한 인쇄 하나에 A4용지 수십 장 버리는 수도 있습니다.

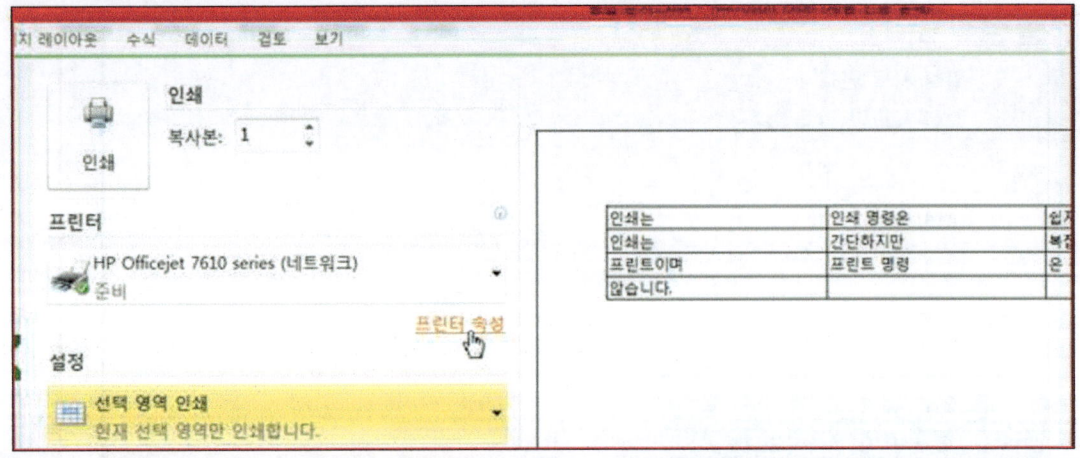

필자는 현재 출판사를 운영하며 인터넷 쇼핑몰을 운영하며 필자가 여기저기 다니면서 촬영한 각종 사진을 인쇄를 하여 대형 사진 및 족자, 그리고 각종 여러 규격의 액자에 넣어서 판매를 하기 때문에 대형 플로터도 여러대 중 소형 프린터도 여러 대 있는데요, 이 중에서 위에 보이는 프린터를 선택한 것이고요, 단지 위에 보이는 내용만 인쇄를 한다면 그냥 인쇄를 해도 되지만, 대부분의 경우 특별한 명령을 내리게 됩니다.

위의 손가락이 가리키는 [프린터 속성]을 클릭합니다.

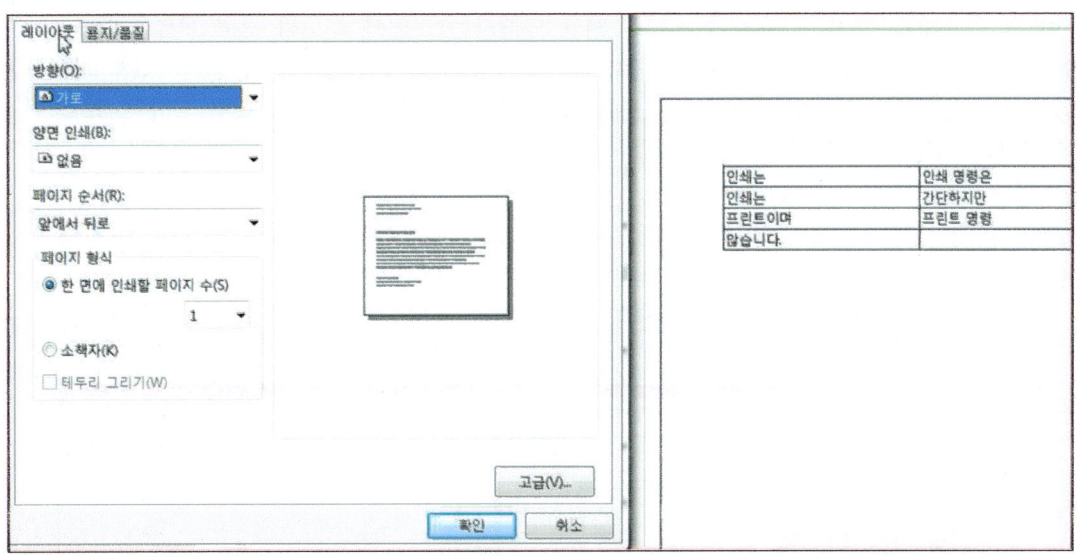

위의 화면 좌측 상단 마우스가 가리키는 [레이아웃]을 클릭하면 현재 인쇄 방향이 자동으로 가로로 되어 있습니다.

자동으로 가로, 세로 인식하는 프린터는 상관이 없지만, 자동으로 인식하지 않는 프린터도 있으므로 반드시 확인을 해야 합니다.

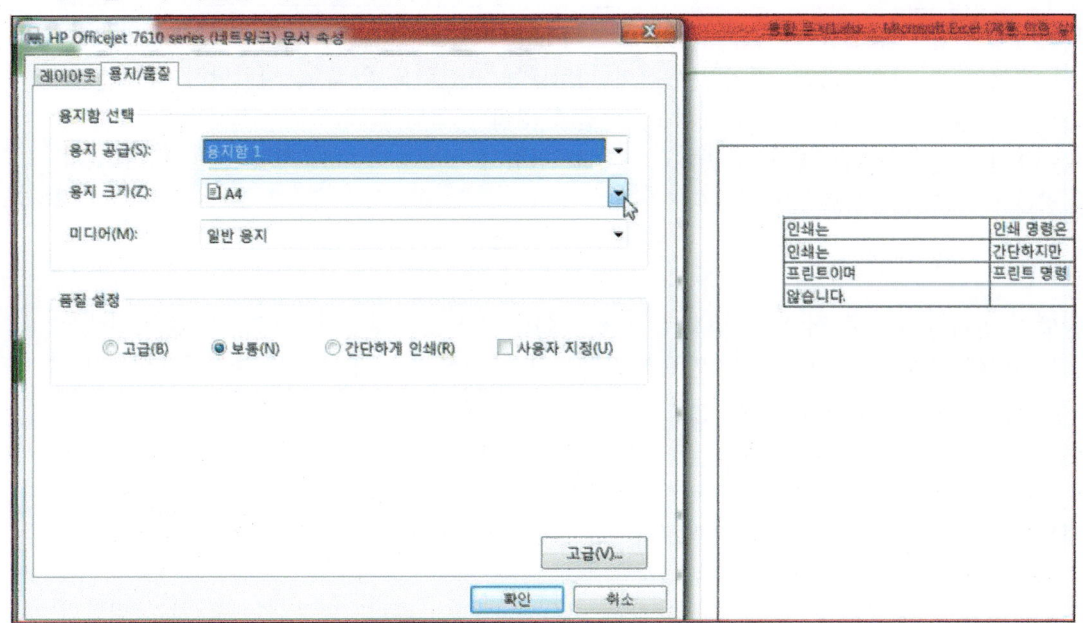

위의 화면 : 용지/품질 탭을 클릭하고 위의 마우스가 가리키는 곳을 클릭하여 원하는 용지를

선택 할 수 있는데요, 현재 A4용지에 엑셀 문서를 인쇄하는 것이므로 위와 같이 자동으로 A4가 선택되어 있는 것이고요, [미디어(용지 종류)]를 클릭하여 필자의 경우 사진 등을 인쇄하는 경우가 많으므로 위의 마우스가 가리키는 곳을 클릭하고 인화지.. 인화지도 여러 종류가 있고요, 이 중에서 원하는 인화지를 선택할 수 있습니다.
그리고 현재 위의 [품질 설정]은 기본 값으로 [보통]에 선택되어 있습니다.
현재 엑셀 문서만 인쇄를 한다면 특별한 경우가 아니면 그냥 위와 같이 인쇄를 해도 됩니다만, 용지가 특수한 용지라면 해상도(품질 설정)를 조절해야 합니다.
위의 화면에서 [품질 설정]에서 [사용자 지정]을 선택하고 우측 하단의 [고급] 탭을 클릭합니다.

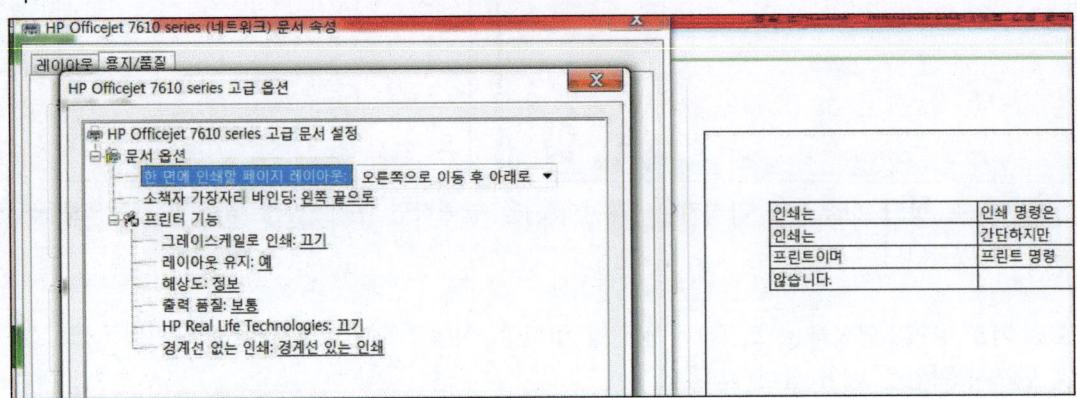

위의 화면에서 출력 품질을 선택할 수 있고요, 가장자리 여백 없이 꽉 차게 인쇄 등을 할 수 있도록 지정할 수 있습니다만, 이러한 옵션이 나타나는 프린터도 있고요, 나타나지 않는 기종도 있으므로 반드시 자신의 프린터 특성을 잘 알고 있어야 합니다.
필자는 프린터 전문 업체인데도 불구하고 프린트 명령시 실수하여 A4용지는 물론 비싼 인화지를 버리는 일도 다반사로 일어납니다.
따라서 프린트는 간단한 명령이지만, 매우 복잡하고, 쉬운 명령이지만, 매우 어렵고 까다롭습니다.
특히 양면 인쇄는 머리에 쥐가 날 정도로 어려운데요, 그래서 대부분의 사람들은 양면 인쇄를 하다가 머리에 쥐가 나서 빨리 죽지 않으려고 양면 인쇄 기능이 있는 프린터를 구입하는 것이 일반적인데요, 필자의 경험상, 양면 인쇄 기능이 있는 프린터는 그야말로 악의 축입니다.
이 책의 앞부분에 있는 '네이버에 있는 필자의 블로그에 오시는 방법' 참조하여 필자의 블로그에 오셔서 양면 인쇄에 관한 포스트를 읽어보시고요, 양면 인쇄 기능이 있는 프린터를 가급적 구입하지 않는 것이 좋고요, 필자가 사용하는 모든 프린터도 양면 인쇄 기능이 있지만, 필자는 절대로 양면 인쇄 기능을 사용하지 않습니다.
여러 페이지가 있는 문서를 양면 인쇄를 하는 이유는 양면에 페이지별로 인쇄를 하기 위함인

대요, 세상의 모든 프린터는 1, 2, 3, 4.. 이렇게 프린터가 되는 프린터는 단 한 대도 없습니다.
쉽게 생각하면 4, 2 페이지를 먼저 인쇄하고 뒤집어서 1, 3을 인쇄하면 될 것 같지만, 절대로 그렇게 되지 않고요, 이런 간단한 인쇄 방법 역시 몇 날 며칠 밤을 새도 답이 안 나옵니다.
그래서 결국 포기를 하고 양면 인쇄 기능이 있는 프린터를 구입하게 되는데요, 양면 인쇄라는 것은 일단 한쪽 면을 인쇄를 하고 잉크가 마르기를 잠시 기다린 다음, 종이가 다시 거꾸로 프린터 속으로 들어가서 프린터 속에서 뒤집어져서 반대편이 인쇄가 되는 하늘도 놀라도 땅도 놀랄 기상천외한 일이 벌어지는 것입니다.

이 과정에서 잉크가 마르는 동안 기다려야 하기 때문에 우선 전체적인 인쇄 시간이 많이 걸리고요, 인쇄되어 나온 종이가 다시 프린터 속으로 거꾸로 기어 들어가서 그 좁은 프린터 속에서 종이가 뒤집어져서 다시 인쇄가 되는 말도 안 되는 이런 동작을 반복 하다보면 필연적으로 종이가 프린터 속으로 말려 들어가게 됩니다.

그냥 간단히 종이가 말려 들어간 것은 프린터 뒤에 있는 캡을 열고 뒤에서 꺼내면 되지만 양면 인쇄를 하다가 종이가 말려 들어가서 자칫 프린터 헤드에 끼거나 프린터 헤드 우측에 종이 한 장이 메추리알 정도로 압축되어 걸리게 되면 자칫 그 비싼 프린터 망가져서 버리고 프린터를 다시 사야 합니다.

필자가 이 정도로 양면 인쇄를 비판하는 것을 결코 흘려 지나치지 마시고요, 반드시 명심하시기 바랍니다.
물론 양면 인쇄 기능을 사용하지 않고 양면 인쇄를 하는 것은 사법고시 패스 하는 것 만큼이나 어렵습니다.
그래서 양면 인쇄 기능이 있는 프린터에 인쇄를 하는 것이며 페이지가 많지 않을 경우 양면 인쇄가 있는 프린터는 상당히 유용합니다.
그러나 페이지가 많을 경우 사고가 날 확률이 아주 크므로 지금 설명하는 것을 명심해야 합니다.
그래서 인쇄를 많이 한다면 필자의 블로그에 오셔서 양면 인쇄 요령 설명을 읽어보시고요, 프린트마다 양면 인쇄가 되는 방식이 다르므로 필자의 블로그에 있는 글은 참조만 하시고요, 자신의 프린터에 맞는 명령을 개발을 해야 합니다.

크게 나눈다면 종이를 프린터 뒤로 넣는 기종과 앞으로 넣는 기종이 다르다고 할 수 있지만, 이 또한 프린터 기종마다 다르기 때문에 반드시 자신이 사용하는 프린터에 맞는 양면 인쇄 기법을 반드시 개발을 해야 합니다.

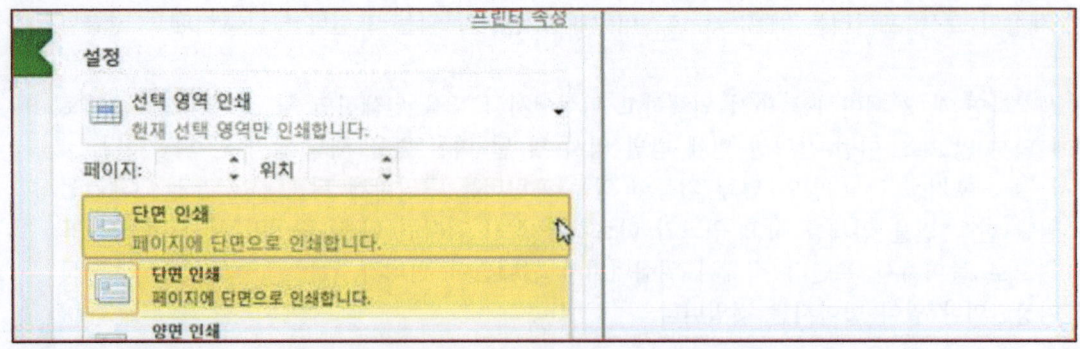

프린터가 <u>양면 인쇄</u>를 지원한다면, 위와 같이 양면 인쇄 메뉴가 나타납니다.

지금까지 설명한 내용 참조하여 페이지가 적을 경우 프린터의 양면 인쇄 기능을 사용해서 인쇄를 하면 되지만, 거듭 강조합니다만, 페이지가 많을 경우 양면 인쇄를 하면 종이가 말려 들어갈 확률이 아주 큽니다.

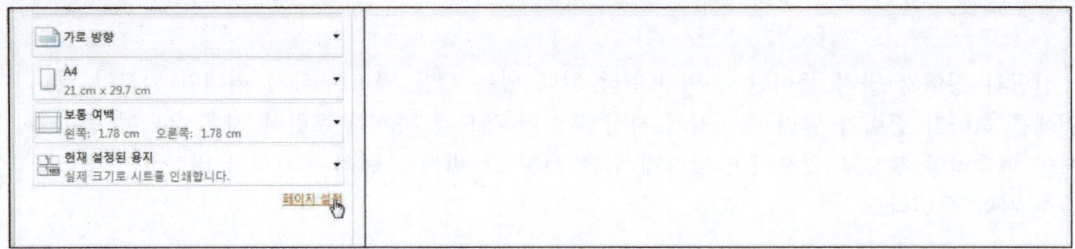

여백 역시 특별한 경우가 아니면 기본 값으로 사용하면 되고요, 현재 설정된 용지 역시 기본 값으로 사용하면 무난하고요, 위의 손가락이 가리키는 [페이지 설정]을 클릭하면 아래 화면이 나타납니다.

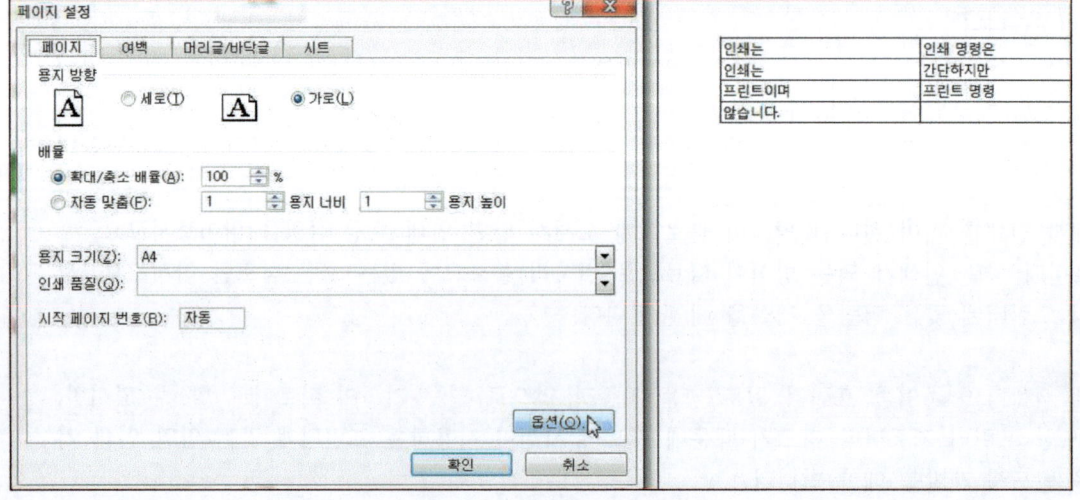

위의 화면, [페이지]탭을 보면 현재 가로 인쇄가 자동으로 선택되어 있고요, 즉 용지 방향을 자동으로 인식하고 있고요, 확대 축소 비율은 100% 실제 크기이고요, 용지는 A4용지입니다.

특별한 경우가 아니라면 대부분 위의 설정 그대로 사용하면 무난하고요, 위의 마우스가 가리키는 [옵션]을 클릭하면 앞에서 설명한 인쇄 고급 옵션이 나옵니다.

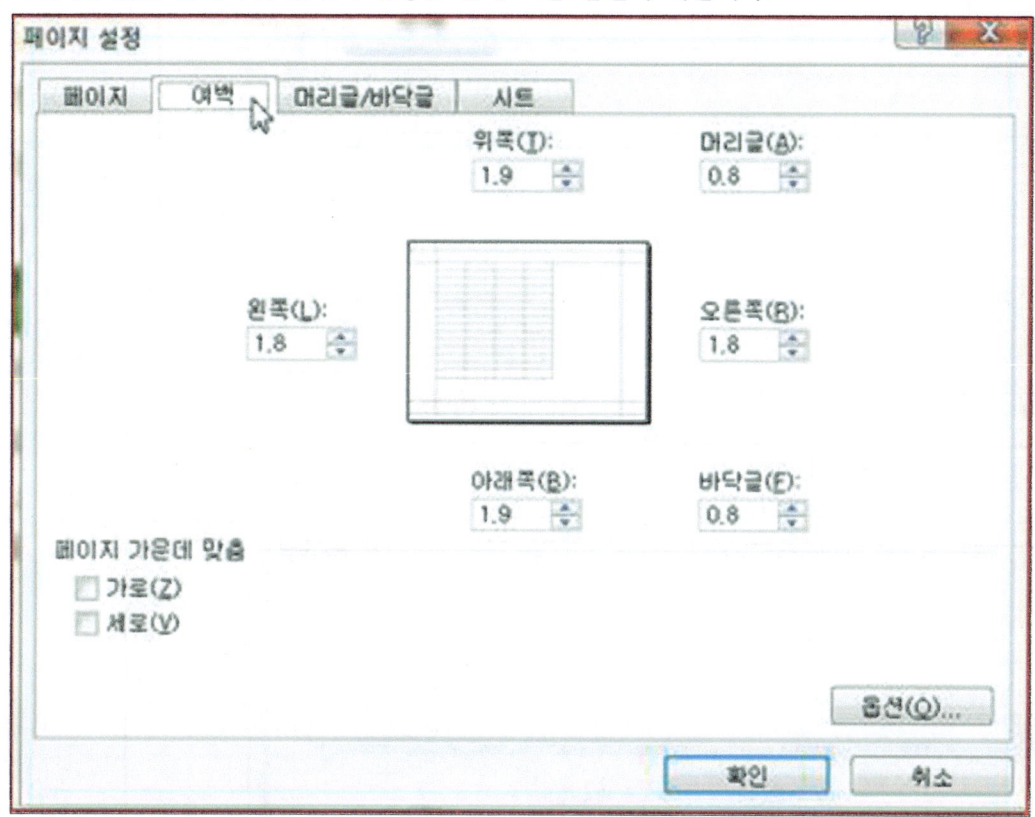

여백 탭을 클릭하면 위와 같이 나타나는데요, 대부분의 경우 기본 값으로 사용하면 무난하고요, 특별히 다르게 인쇄를 할 경우에만 여백을 조절하면 되겠습니다.

여기서 중요한 것은 [머리글/바닥글]인데요, 현재 이 책을 집필하는데 사용하는 프로그램은 한글2020 프로그램인데요, 위에 보이는 것은 마이크로소프트 엑셀 프로그램입니다.

이 책을 집필하는 한글 프로그램에서는 한글의 메뉴 [쪽] 메뉴에, 쪽번호 매기기, 머리말, 꼬리말, 새 번호로 시작 등등의 명령이 포함되어 있고요, 현재 이 책을 집필하는 도중에도 모든 머리말, 꼬리말, 쪽번호 등이 모두 보입니다.

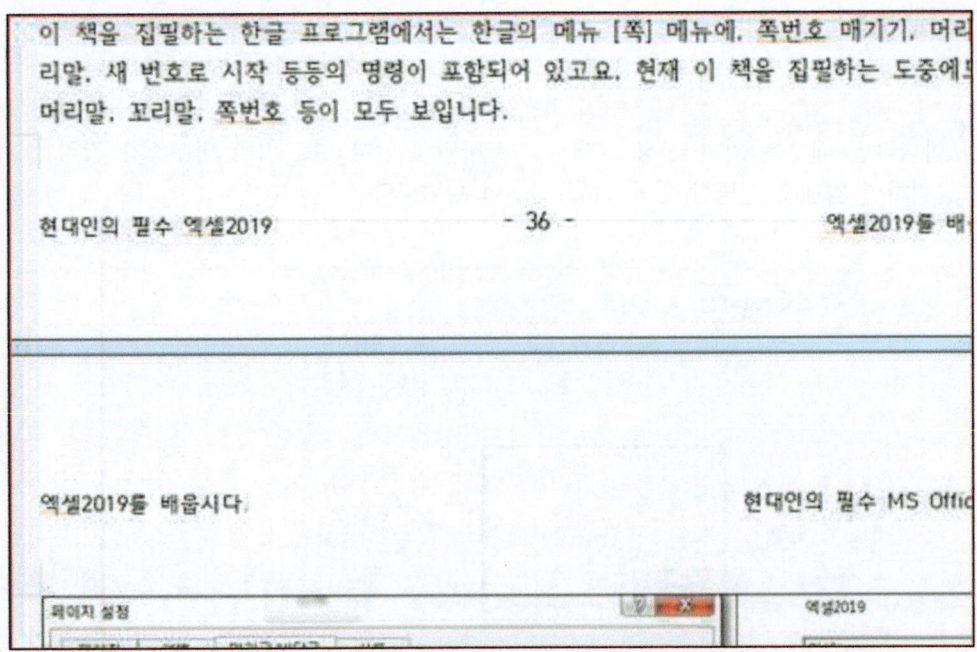

위는 현재 이 책을 집필하고 있는 한글 문서이고요, 위에 보이는 바와 같이 한글 메뉴 [쪽]메뉴에서 모든 것을 지정할 수 있지만, 엑셀은 아래와 같이 인쇄 명령에서 지정할 수 있고요,..

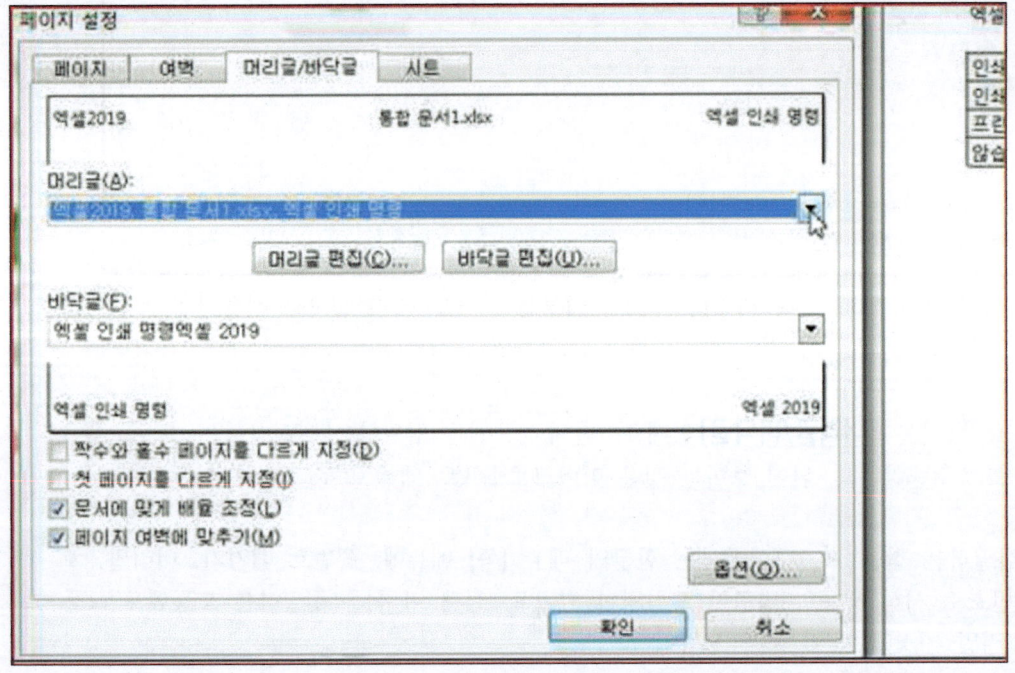

위의 엑셀 [페이지 설정]-[머리글/바닥글] 탭에서 위의 마우스가 가리키는 곳을 클릭합니다.

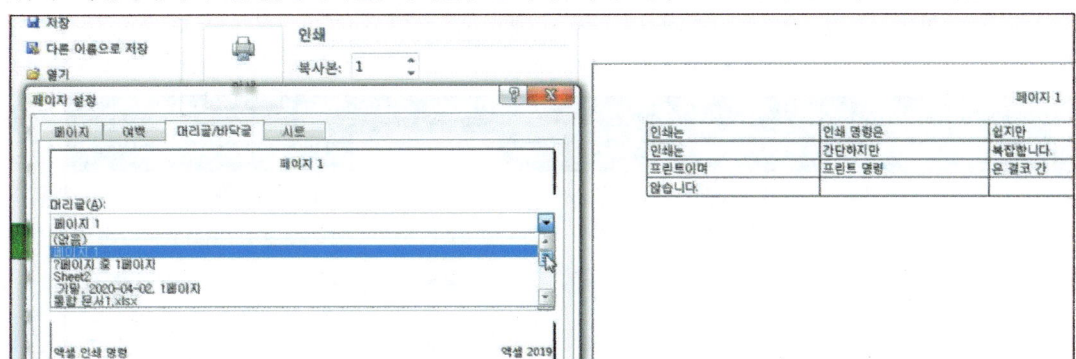

위에서 페이지를 설정할 수 있는데요, 한글에서는 필자의 경우 "-1-" 이런 식으로 페이지를 넣습니다만, 엑셀에서는 이런 페이지 설정을 매우 복잡한 과정을 거쳐서 해야 하고요, 위의 화면에서는 미리 지정된 양식 중에서 선택을 해야 하며 위와 같이 페이지1을 선택하면 중간 쯤에 '페이지1' 이렇게 페이지가 인쇄됩니다.

이 책을 집필하는 한글2020 프로그램은 원래 워드 전용 프로그램이기 때문에 책의 원고를 집필하는데 최적화된 프로그램이지만, 엑셀은 워드 프로그램이 아니라 스프레드 시트 프로그램이고요, 그럼에도 불구하고 엑셀의 고수가 되면 워드보다 오히려 엑셀로 문서를 작성하는 사람들도 많습니다.

그러나 여전히 엑셀은 한글2020에 비하여 문서를 작성하는 것은 비슷한 기능이라도 매우 복잡하고 어렵습니다.

마이크로소프트사에서 이 부분에서는 아직 한글 문서를 따라오지 못한다고 볼 수 있습니다만, 아래 방법대로 하면 되기는 됩니다.

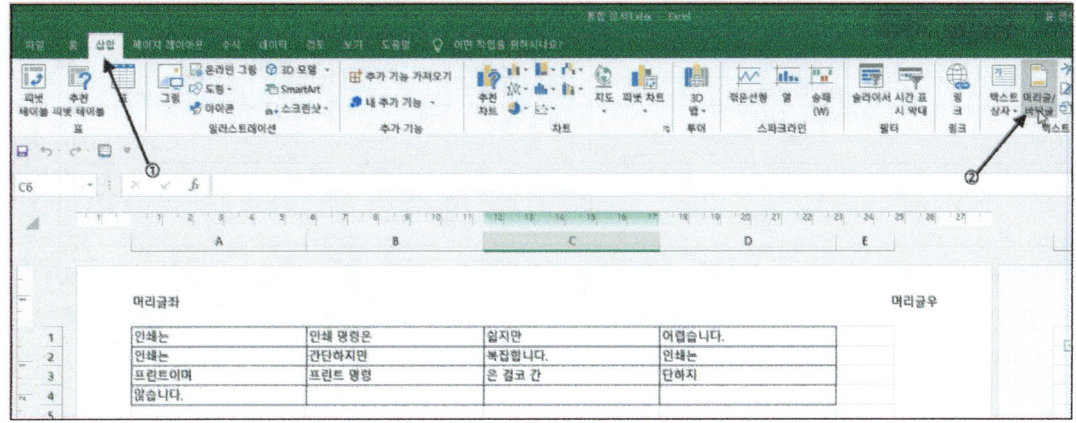

위의 ① [삽입] 메뉴를 선택하고 ②의 [머리글/바닥글]을 클릭합니다.
위는 엑셀2019 화면이고요, 이전 버전에서는 [보기]메뉴의 [페이지 레이아웃]에서도 가능합니다.

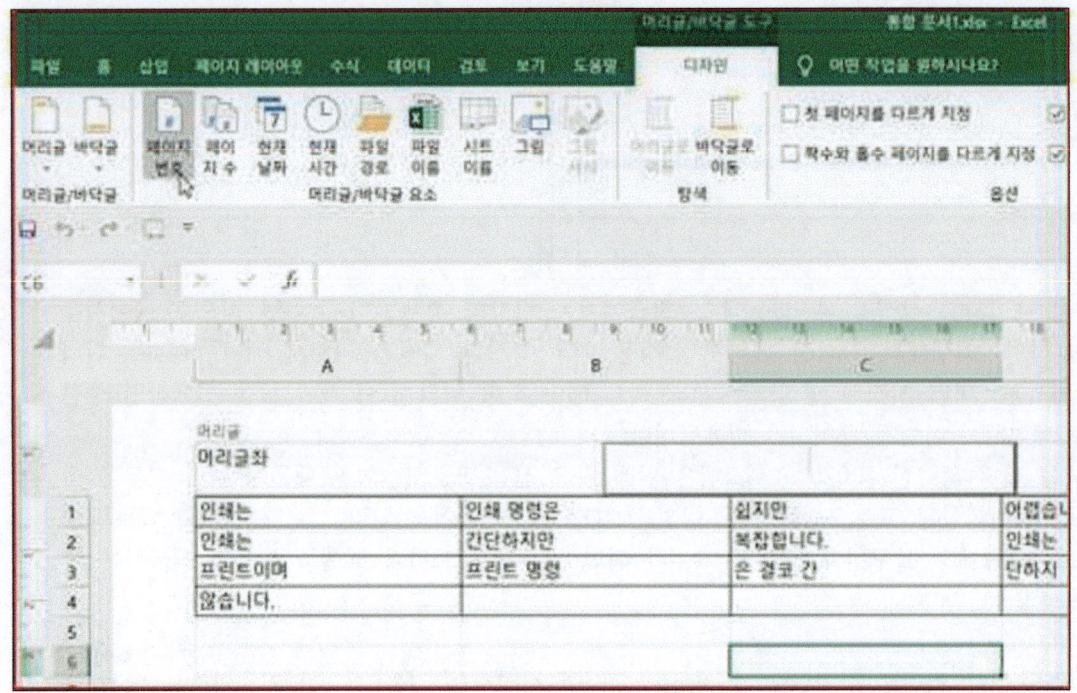

위와 같이 가운데쯤에 커서가 깜박거리는 화면이 나타나며 위의 좌측 마우스가 가리키는 [페이지 번호]를 클릭합니다.

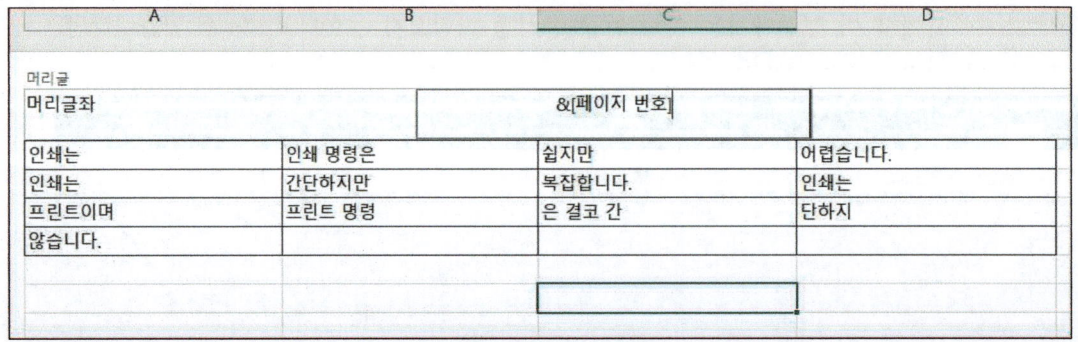

위와 같이 나타나며 여기에 페이지를 넣을 경우, 예를들어 1을 입력하면 엑셀의 기본 값으로 '페이지1' 이렇게 나타나며, 위의 글씨를 모두 지우고 그냥 1만 입력할 경우, 위의 입력칸 우측을 클릭해 보면, 아래와 같이 보이게 됩니다.

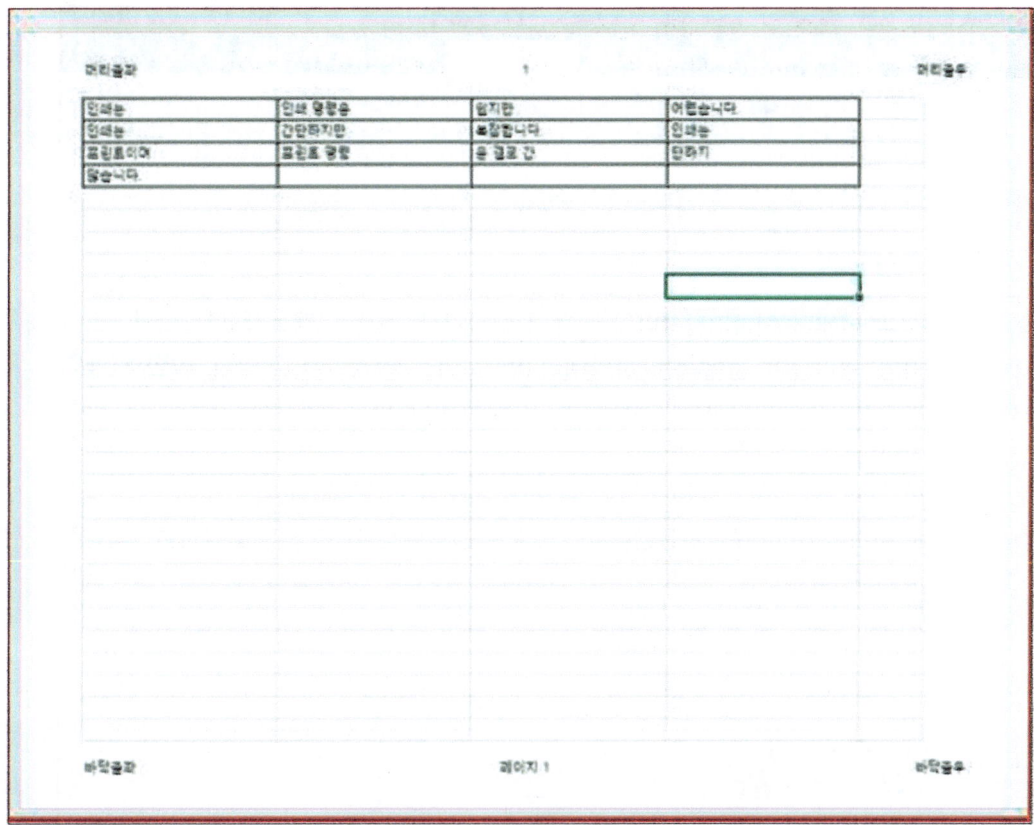

위와 같이 위는 그냥 1, 아래는 엑셀의 기본 값인 '페이지1' 이렇게 나타납니다.

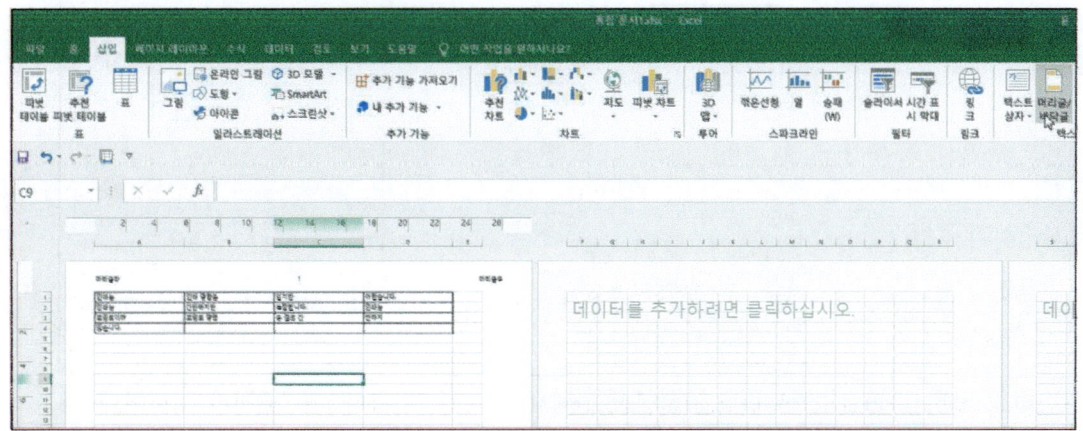

다시 **빠져** 나와서 위와 같이 [삽입]메뉴에서 [머리글/바닥글/을 클릭하면 아래와 같이 나타납니다.

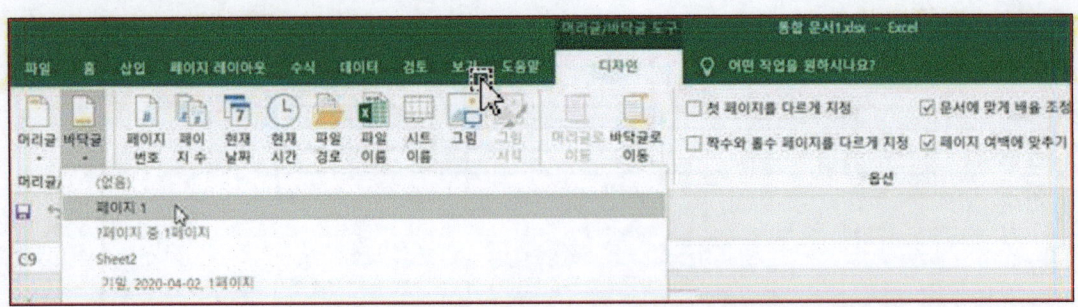

위의 좌측 상단, [머리글]을 선택하거나 [바닥글]을 선택하거나 똑같은 메뉴가 나타나며, 머리글을 선택하면 문서의 머리글이 들어가는 위쪽에 위에 보이는 여러가지 유형의 **쪽번호(페이지)** 중에서 선택 가능하고요, [바닥글]을 선택하면 문서의 하단 바닥글이 들어가는 곳에 쪽번호(페이지)가 매겨집니다.

한글2020에 비하여 최소한 100배쯤 복잡한데요, 엑셀은 스프레드 시트 프로그램이며, 스프레드 시트 프로그램이라도 마이크로소프트사에서 한글2020과 같은 방식을 사용하면 좋으련만 한글2020보다 100배쯤 복잡한 방법으로 만들어 놓았으니 어쩔 수 없이 이대로 할 수 밖에 없습니다.

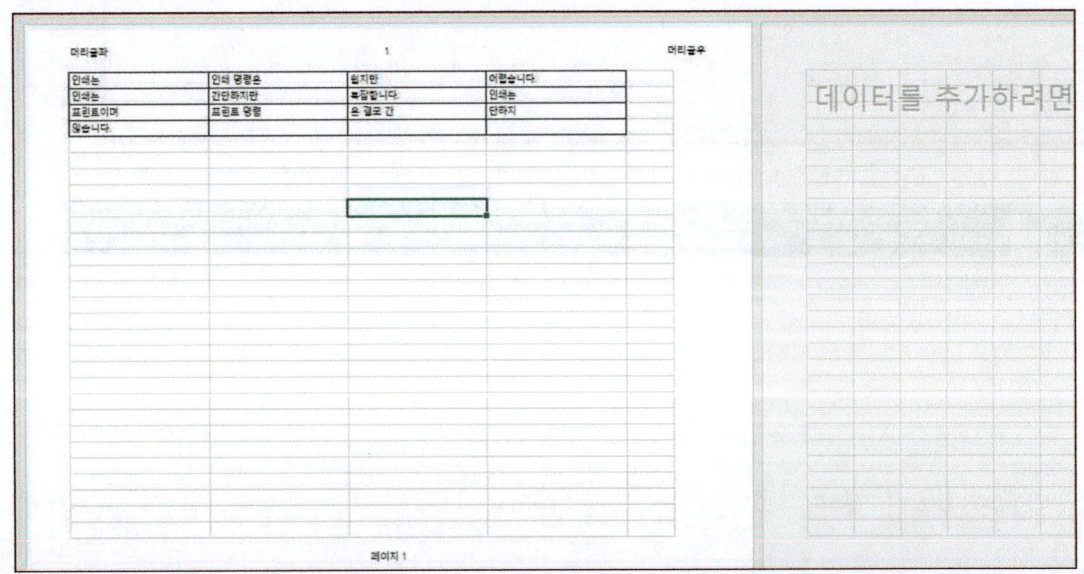

필자는 위에 보이는 것과 같이 바닥글(한글2020에서는 꼬리말입니다.)에 '페이지1' 이렇게 나타나도록 선택을 했고요, 아까 문서의 위쪽, 즉, 머리말이 들어가는 가운데 입력한 '1'은 그곳을 클릭하고 삭제를 하면 페이지의 하단에만 쪽번호(페이지)가 나타납니다.

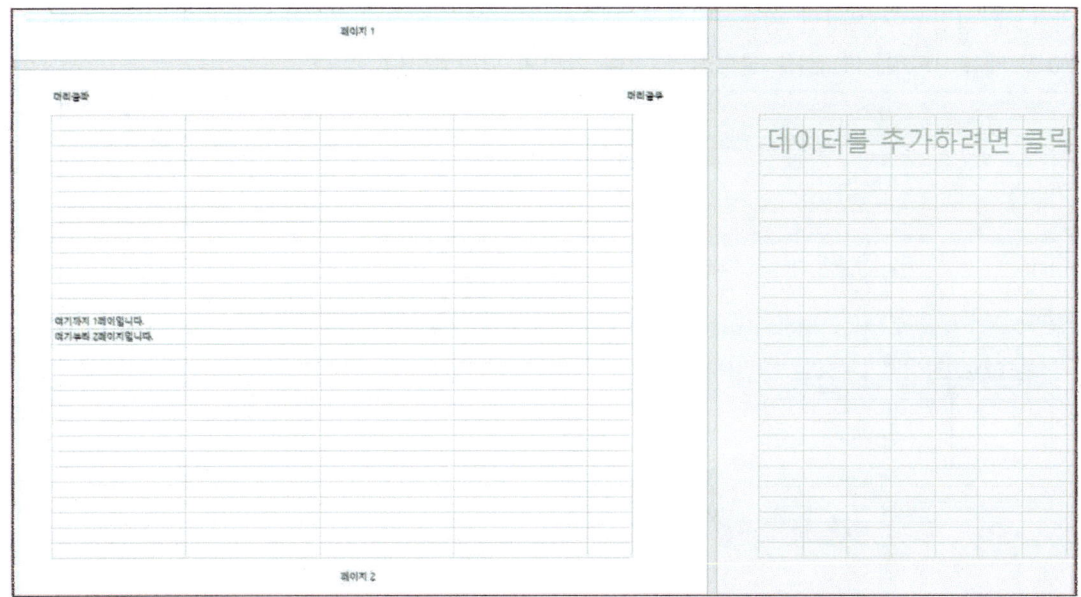

위와 같이 이제는 여러 페이지가 될 경우 자동으로 모든 쪽의 하단에 '페이지1', '페이지2',... 이런 식으로 페이지 번호가 나타나게 됩니다.

공유 메뉴

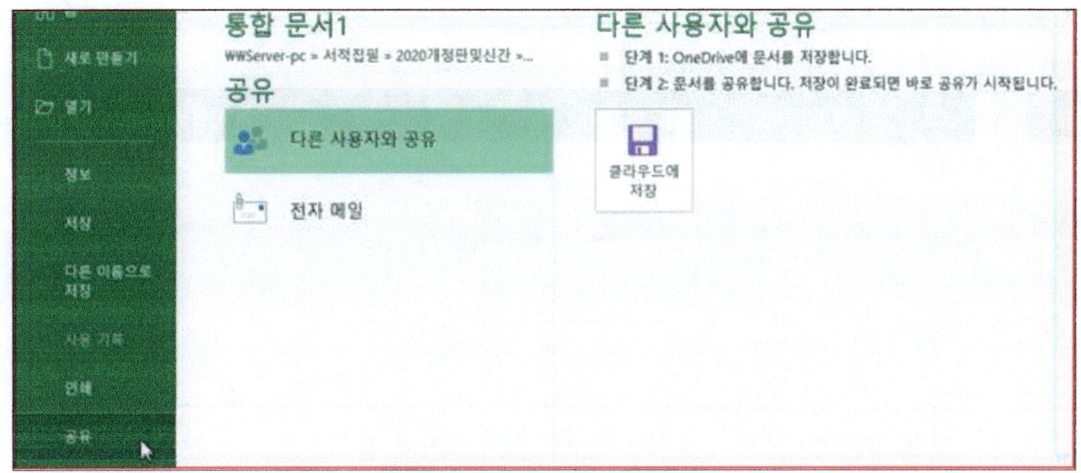

컴퓨터가 2대 이상 네트워크가 구성되어 있을 때 서로 다른 컴퓨터에서 동일한 엑셀 파일을 다루기 위해서는 파일 공유를 해야 하며, 위와 같이 엑셀2019에서 작성한 엑셀 문서를 공유하기 위해서는 원드라이브에 먼저 업로드를 해야 한다고 나옵니다.

그러나 다음 방법을 사용하면 원드라이브를 사용하지 않아도 공유할 수 있습니다.
엑셀2019 메뉴, [파일]-[옵션]을 클릭하면 아래 화면이 나타납니다.

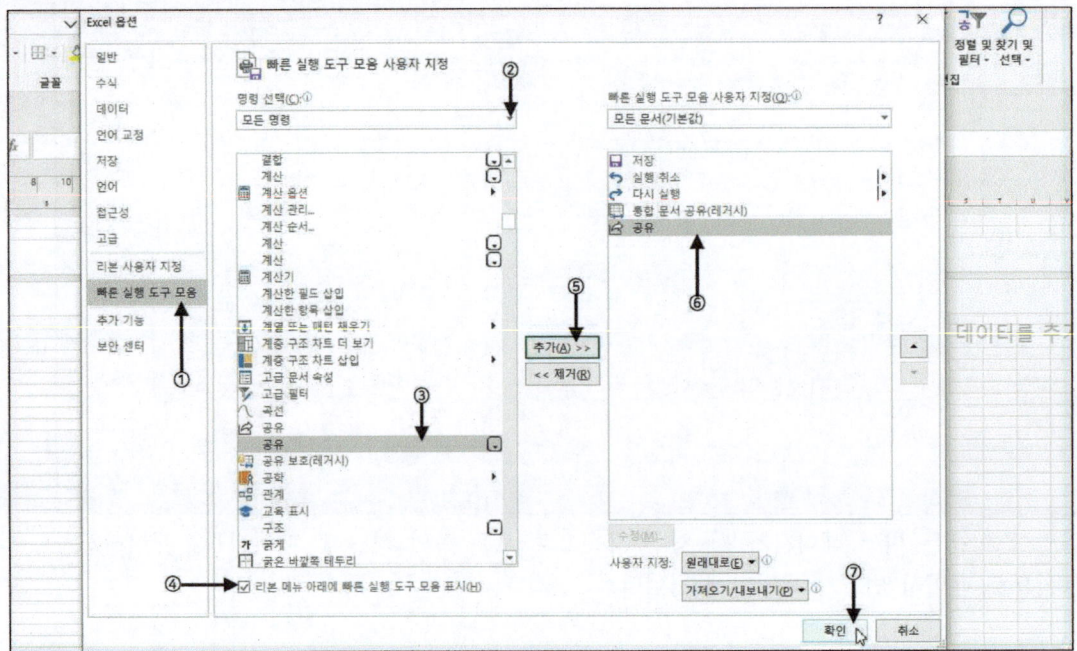

중요한 내용이므로 위의 화면을 잘 기억해야 하는데요..
위의 옵션 창에서 ①의 [빠른 실행 도무 모음]을 클릭하고 ②를 클릭하며 모든 명령이 나타나도록 한 다음, ③의 [공유]를 선택하고, ④에 체크를 하고, ⑤의 추가를 눌러서 ⑥에 나타나게 한 다음, ⑦을 클릭하면 아래와 같이 리본 메뉴 밑에 빠른 실행창이 나타납니다.

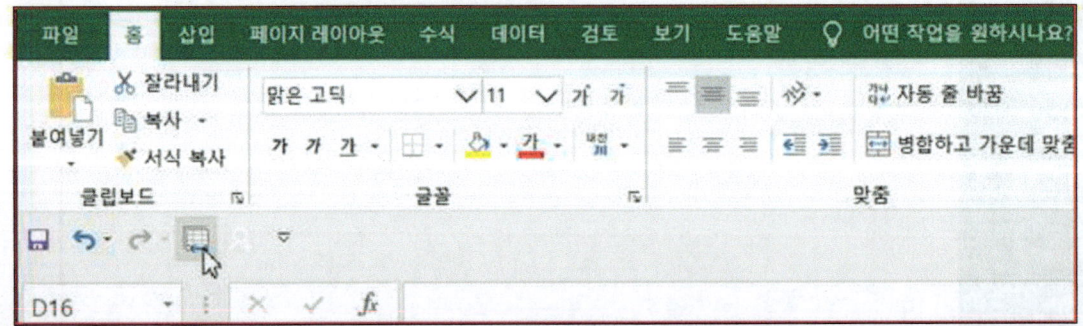

위의 마우스가 가리키는 것이 방금 옵션에서 지정한 공유 버튼입니다.

위의 마우스가 가리키는 공유 버튼을 클릭하면 이전 버전과 동일하게 아래 화면이 나타납니다.

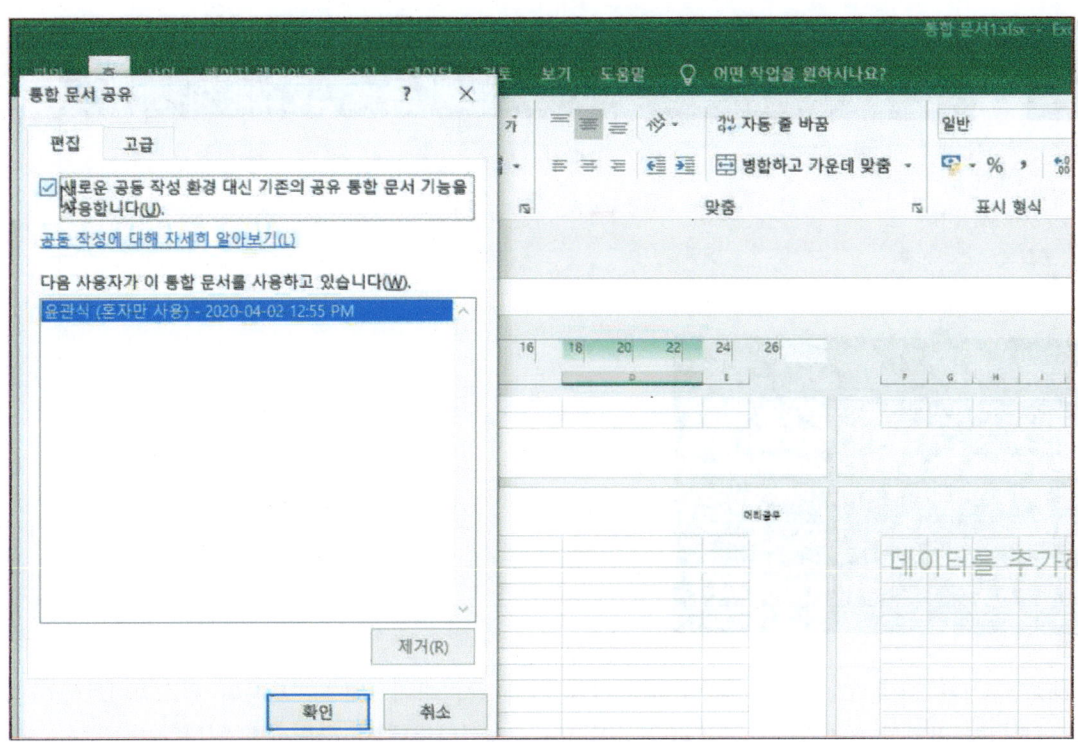

위의 화면은 이전 버전의 공유 화면과 동일한 화면이고요 위의 마우스가 가리키는 곳에 체크를 해 놓으면 네트워크상의 모든 컴퓨터에서 이 엑셀 파일을 열어서 공유할 수 있습니다.
엑셀의 공유는 사실 이렇게 간단하지는 않습니다.

위의 방식으로 공유 설정을 할 수는 있지만, 실제 공유된 파일을 사용하다보면 여러가지 문제가 나타납니다.
다른 컴퓨터에서 저장을 할 수 없는 경우가 빈번하게 발생을 하는데요, 파일이 잠기는 경우도 있으며 기타 여러가지 유형으로 공유가 안 되는 경우가 발생을 합니다.

이 때에는 공유중인 다를 컴퓨터에서 작업하던 사람은 공유중인 파일을 저장할 수 없을 때 일단 다른 이름으로 저장을 하여 자신이 작성한 내용을 사라지지 않게 한 다음, 공유가 가능할 **때 원본 파일을 저장하는 요령을 사용해야 합니다.**

위에서 공유 설정을 하면 '이 설정으로 저장될 수 있습니다. 계속 하시겠습니까" 라는 메시지가 나타나며 당연히 공유를 한다고 답변을 하면 이제부터는 네트워크상의 모든 컴퓨터에서 이 파일을 열어서 작업을 할 수 있습니다만...

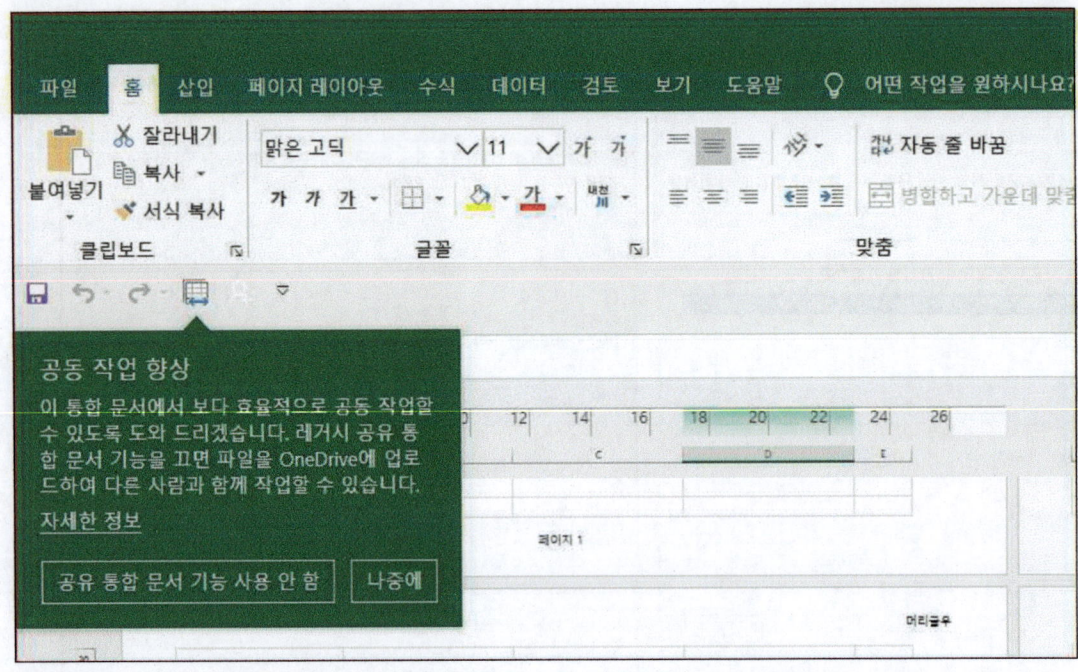

위쪽에서 공유를 하고 나면 위와 같이 메시지가 나타나서 마이크로소프트사의 원드라이브에 대한 너무나도 강력한 집착을 보이는데요, 위에서는 그냥 [나중에]를 클릭하면 됩니다.
이 때, 문서에 암호를 지정하려면 또 문제가 발생합니다.

앞에서 현재 실습으로 작성하는 엑셀 문서를 엑셀2019에서 공유하는 방법을 알아 보았는데요, 이 엑셀 파일에 암호를 지정하려면 우선 공유부터 해제를 해야 합니다.

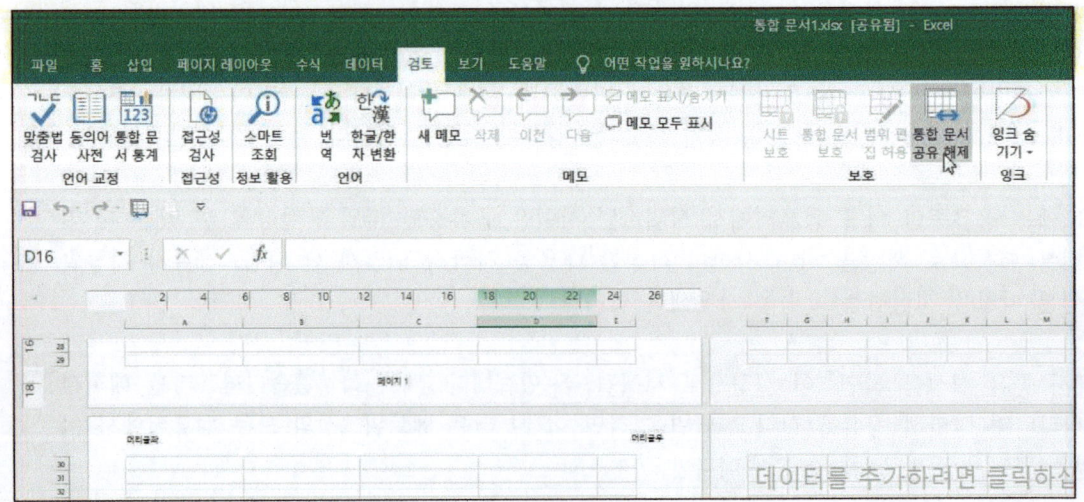

버전별로 자꾸 틀려지기 때문에 어떤 메뉴에 어떤 기능이 있는지 외우는 것은 거의 불가능하고요, 위와 같이 엑셀2019에서는 [검토]탭에서 위의 마우스가 가리키는 [통합 문서 공유 해제]를 클릭합니다.

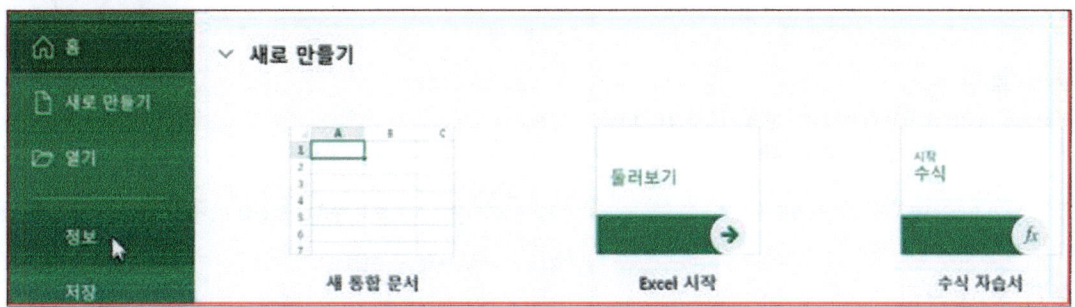

그리고 위의 화면 : 엑셀2019 메뉴 [파일]-[정보]를 클릭합니다.

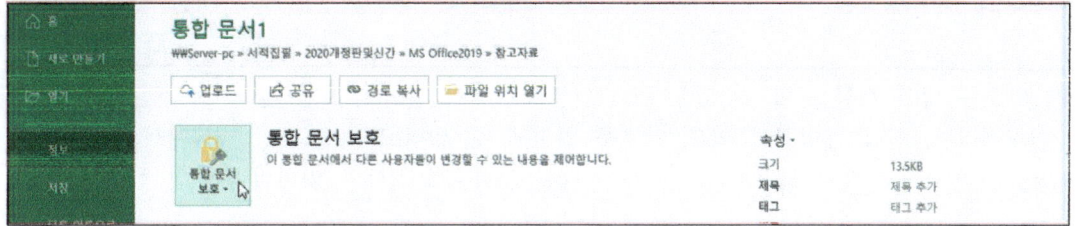

위의 마우스가 가리키는 [통합 문서 보호]를 클릭합니다.

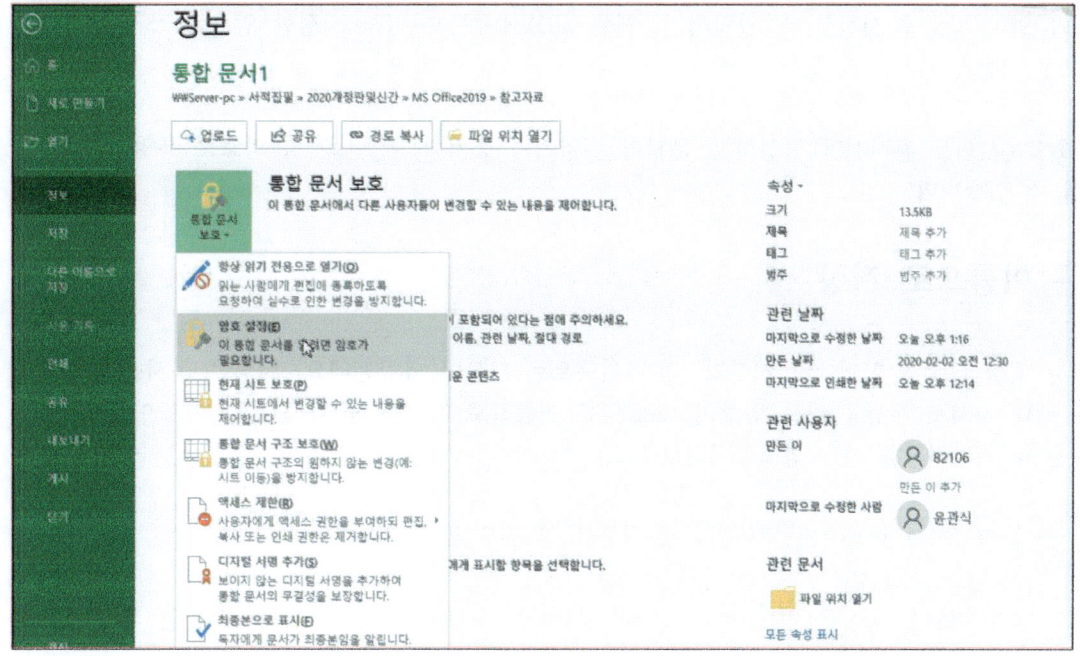

참으로 기가 막혀서 말도 안 나오는 무진장 많은 허무맹랑한 메뉴들이 나타나는데요, 위에서 [암호 설정]을 클릭합니다.

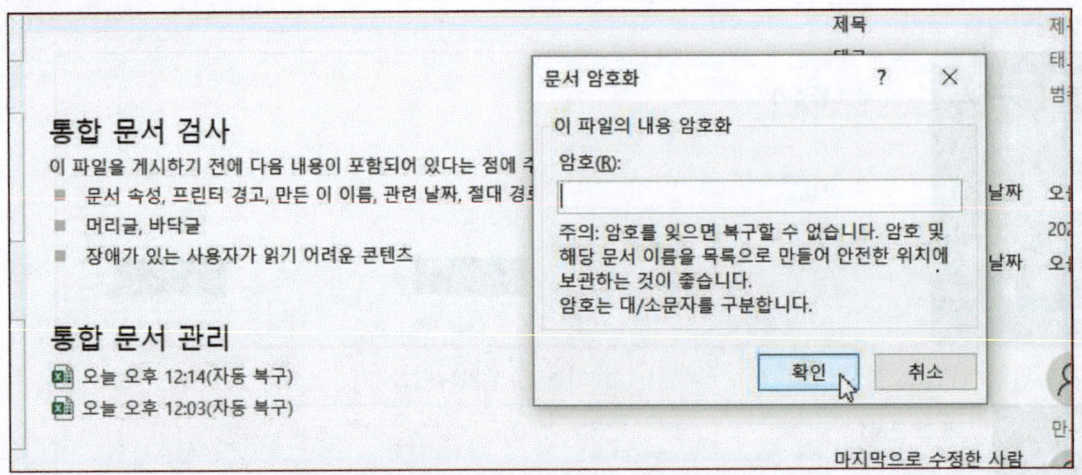

위에서 암호를 넣고 저장을 할 수 있는데요, 한글2020역시 일단 암호를 넣고 저장했다가 암호를 잊어버리면, 한글 개발팀이 와도 암호를 알아낼 수 없다고 나오고요, 엑셀에서도 위와 같이 암호를 잊으면 절대로 복구가 불가능하기 때문에 암호를 절대로 잊어버리면 안 됩니다.

여기서는 편의상 그냥 1234로 암호를 넣어서 저장을 했는데요, 엑셀 이전 버전에서는 쓰기 암호와 읽기 암호를 지정할 수 있엇지만, 엑셀 2019에서는 여기서 지정한 암호는 쓰기와 읽기 보두 적용됩니다.

즉, 통합문서이든 혼자서만 작성하는 문서이든 읽기와 쓰기 모두 한 가지 암호로 통일되었다고 볼 수 있습니다.

다른 이름으로 저장

앞에서 엑셀의 구조 화면에서 저장과 다른 이름으로 저장이 있었는데요, 저장은 문서를 작성하는 내내 수시로 저장을 하는 명령이고요, 다른 이름으로 저장은 문자 그대로 다른 이름으로 새로운 파일로 저장을 하는 명령입니다.

물론 현재 작업하는 이름으로 덮어씌워서 저장을 할 수도 있습니다.

그리고 엑셀 파일을 공유를 하여 여러 컴퓨터에서 공동으로 사용하다보면 저장이 안 되는 경우가 있는데요, 이런 경우에 다른 이름으로 일단 저장을 해야 할 때가 있습니다.

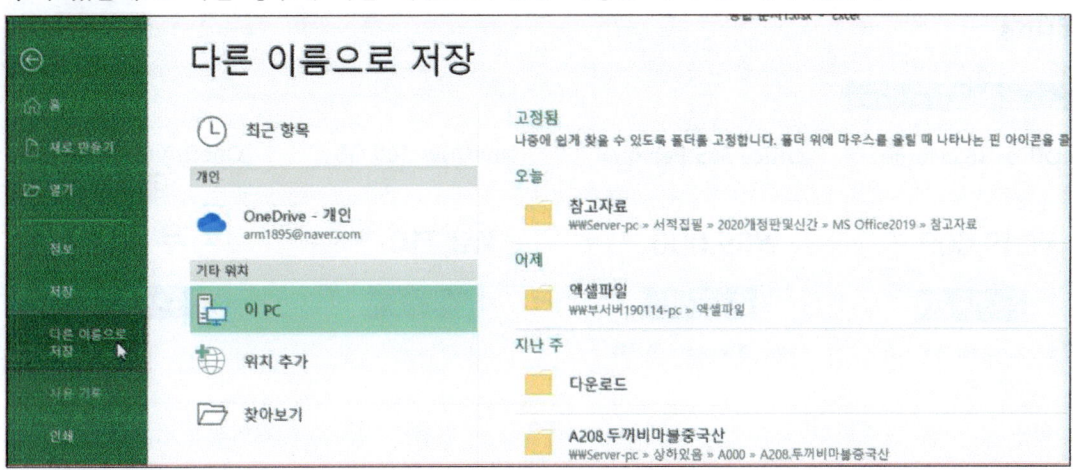

일반적으로 사용하는 사용자라면, 위의 화면에서 [이 PC] 또는 [찾아보기]를 선택하고 원하는 경로에 저장하면 됩니다.

원드라이브는 아래 설명을 참조하세요.

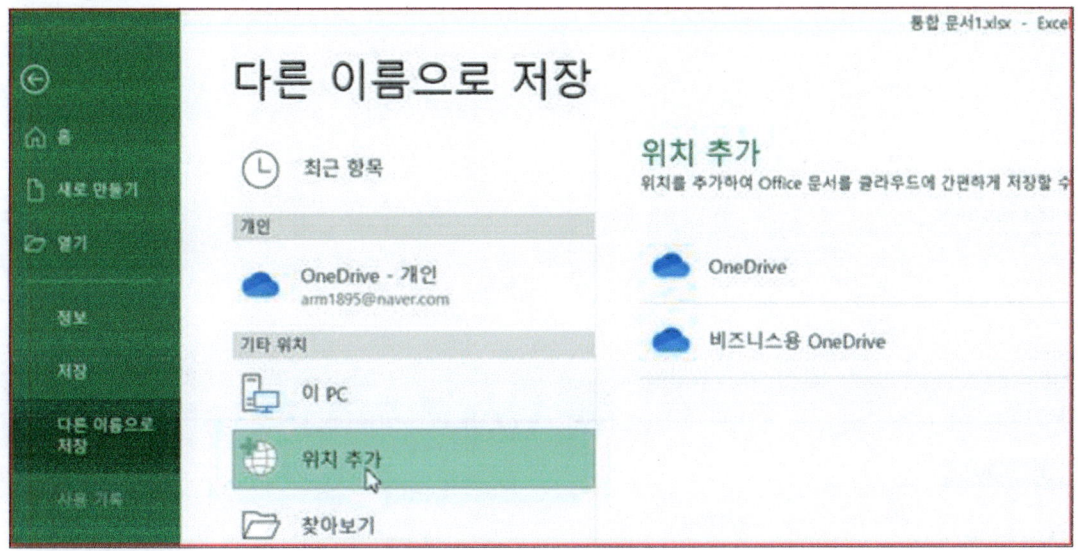

만일 원드라이브에 저장하기를 원한다면 위에서 [위치 추가]를 클릭하여 원드라이브 혹은 용량을 추가한 비즈니스용 원드라이브를 선택하면 되고요, 비즈니스용 원드라이브는 당연히 돈을 내고 구입하는 공간이며, 글로벌 기업에서는 이런 기능을 사용할지 모르지만, 필자가 아는 한 이런 기능을 사용하는 것을 아직 본 적이 없습니다.

지금 검색을 해 보니 아래와 같은 비용이 드네요..

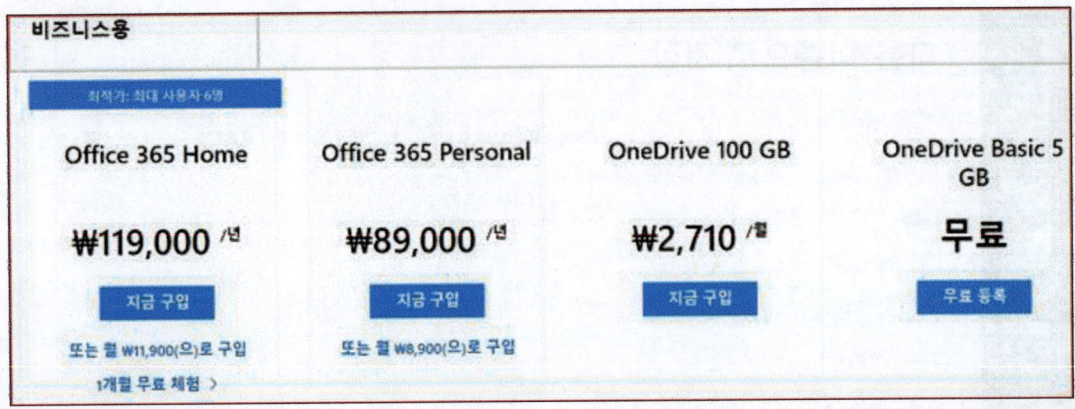

위의 화면을 보면 단순히 원드라이브 100Gb를 사용하는 비용은 월 2710원이므로 잘만 활용하면 아주 좋은 결과를 얻을 수도 있겠습니다.

만일 필자와 같이, 필자는 국내에서 가장 큰 업체인 카페24의 웹호스팅을 받는데요, 여기서 100Gb를 사용한다면 비용이 아마도 천문학적으로 나올 겁니다.

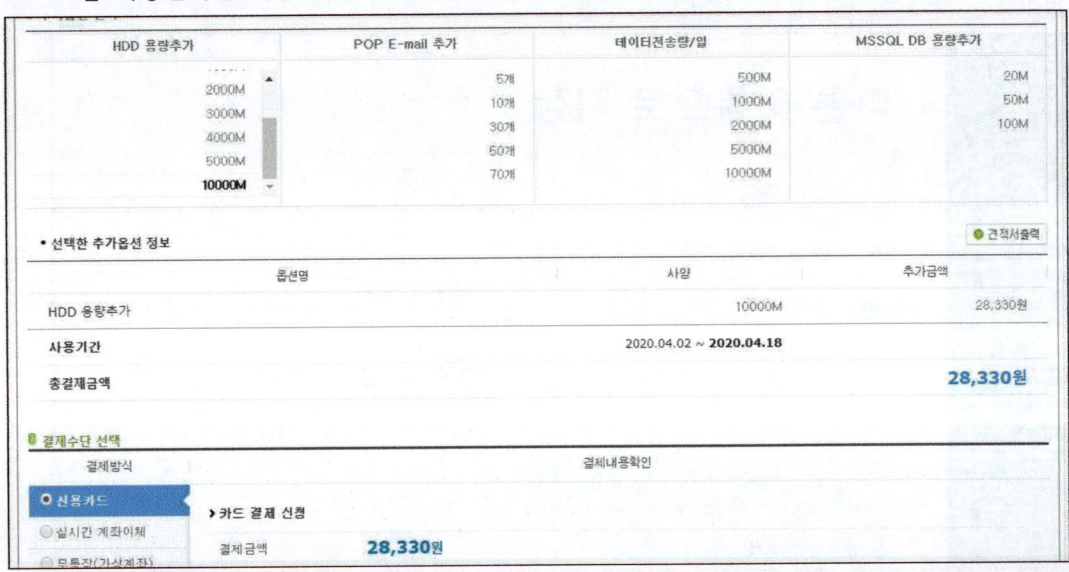

위는 방금 카페24에서 웹상에서 사용할 수 있는 HDD 용량 추가를 해서 가격을 알아본 것인데요, 10Gb에 월28330원입니다.

이에 비하여 마이크로소프트사의 비즈니스용 원드라이브는 100Gb에 월 2710원이므로 단순 가격 비교를 하면 카페24에 비하여 1% 정도로 거의 무료라고 해도 될 정도입니다만, 카페24

는 단순히 클라우드 용량을 빌리는 것이 아니라 기존의 웹호스딩을 받는 경우에 HDD 용량을 추가하는 것이며 필자의 모든 상품 페이지을 올려놓고, 필자의 홈페지지를 비롯하여 네이버스마트스토어, 옥션, 지마켓, 쿠팡, 11번가, 인터파크, 위메프, 톡스토어 등 필자가 입점하여 판매하는 국내 대부분의 대형 오픈마켓 쇼핑몰 사이트에 있는 필자의 모든 상품을 클릭하면 바로 뜨도록 링크를 하여 사용할 수 있는 것이고요..

원드라이브는 자신 혹은 자신이 속한 단체나 기업.. 기업용 비즈니스용이라도 대체로 100명 정도의 클라우드 사용자에게 사용 권한을 부여하여 원드라이브에 저장한 파일의 엑세스 권한 설정에 따라서 지정된 사용자만 열어볼 수 있는 것입니다.

따라서 필자가 현재 고액의 사용료를 내고 사용하는 카페24의 필자의 서버에 올리는 파일과 원드라이브에 올리는 파일은 엄연히 성격이 다른 것입니다.

원드라이브 설치(One Drive)

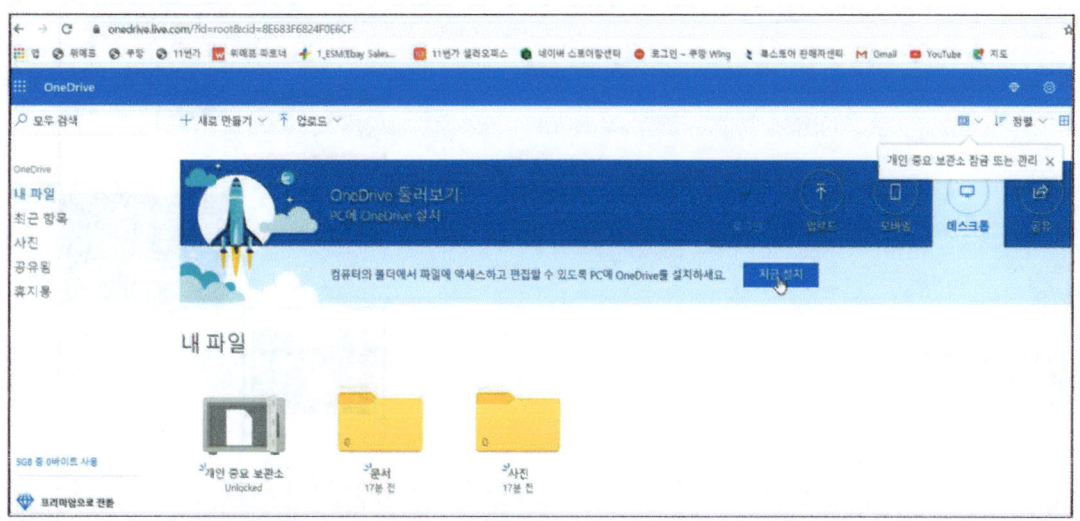

필자의 경우 하도 원드라이브 관련 메시지가 떠서 원드라이브를 삭제를 했는데요, 원드라이브는 삭제를 했지만, 마이크로소프트 계정은 살아 있으므로 마이크로소프트에 로그인을 하여 원드라이브에 접속을 했더니 위와 같이 PC에 원드라이브가 없기 때문에(필자가 삭제를 했기 때문에)원드르이브를 설채해야 한다고 나옵니다.

위에서 손가락이 가리키는 [지금 설치]를 클릭합니다.
설치는 순간적으로 이루어지며, 필자는 이전에 원드라이브 관련 팝업이 하도 떠서 불편하여 삭제를 한 것입니다만, 이 책을 집필하면서 우선 원드라이브 관련 설명을 하다보니 원드라이브를 설치를 해야 설명을 진행할 수 있으므로 어쩔 수 없이 지금 원드라이브를 다시 설치를 하는 것입니다.

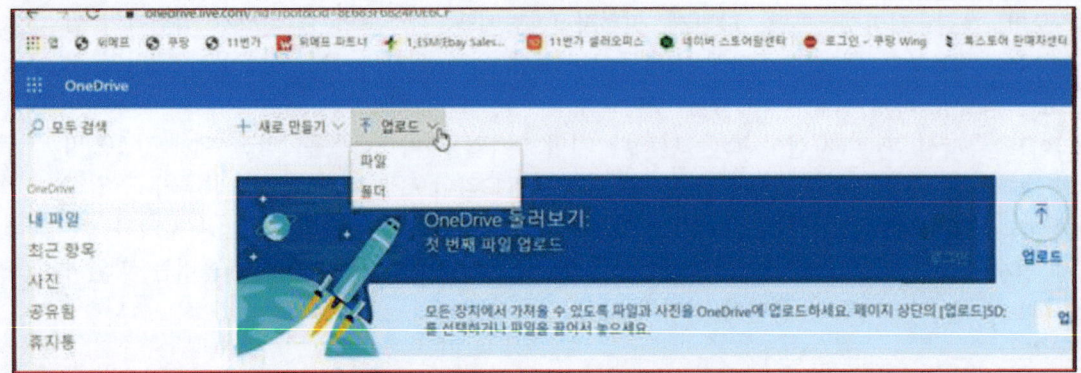

PC에 원드라이브가 설치가 되면 위와 같이 위의 손가락이 가리키는 곳을 클릭하고 파일 혹은 폴더를 선택할 수 있으며 여기서는 테스트로 파일을 선택하였습니다.

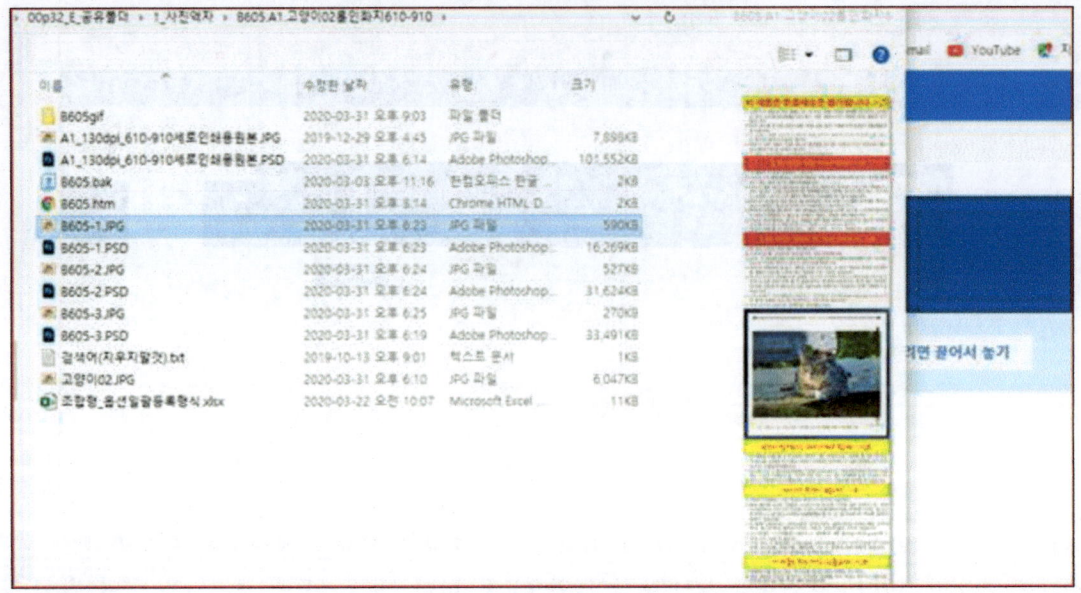

위와 같이 일단 필자가 판매하는 고양이 사진을 선택해 보았습니다.

위와 같이 원드라이브에 파일이 업로드되었습니다.
파일 이름은 B605-1.JPG 파일입니다.

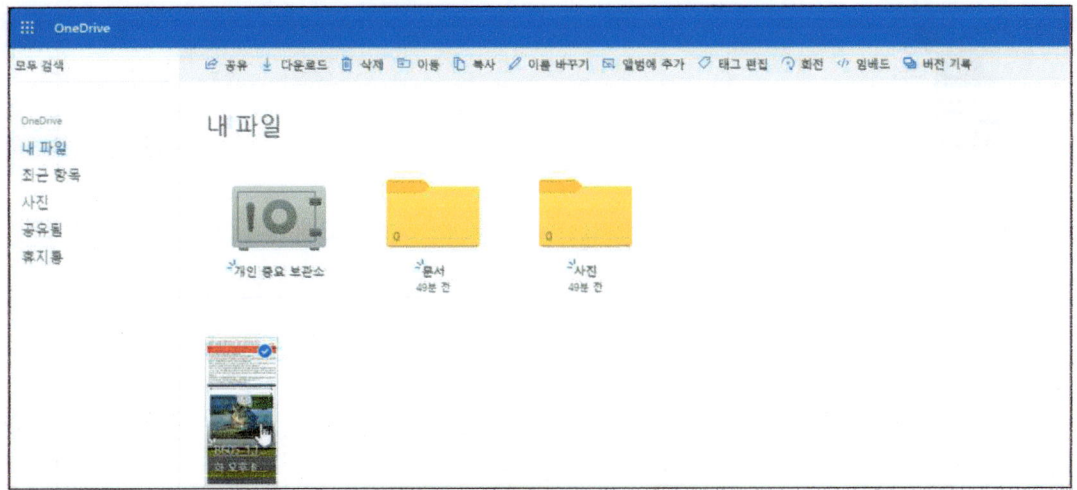

방금 업로드한 파일, 위의 손가락이 가리키는 파일을 클릭합니다.

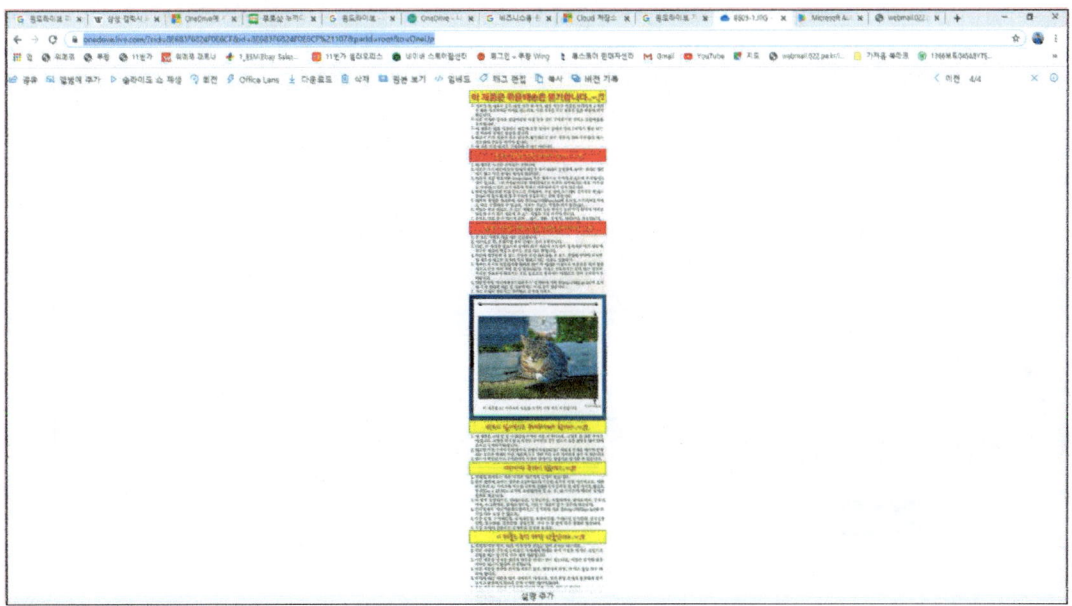

웹 상에 이렇게 보이는군요..
위는 웹브라우저에 나타난 것입니다.
그러나 위는 원드라이브에 있는 것이기 때문에 보이는 것이고요 원드라이브가 아닌 웹브라우저에서는 보이지 않고요, 다만 다음 설명과 같이 공유 작업은 가능합니다.

원드라이브에 다시 접속한 화면이고요, 위와 같이 업로드한 파일을 선택하고 마우스 우측 버튼을 클릭하여 [공유]를 클릭합니다.

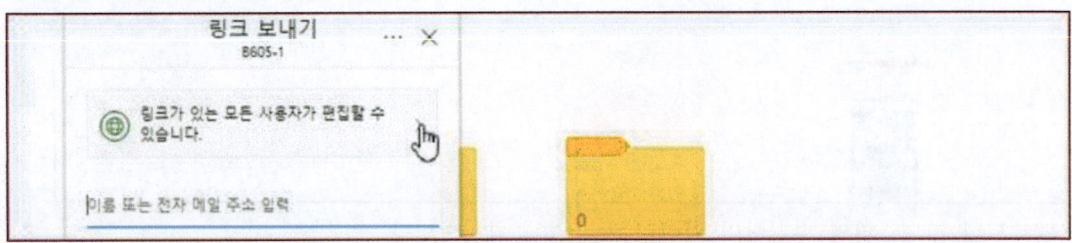

위의 손가락이 가리키는 [링크가 있는 모든 사용자가 편집할 수 있습니다]를 클릭합니다.

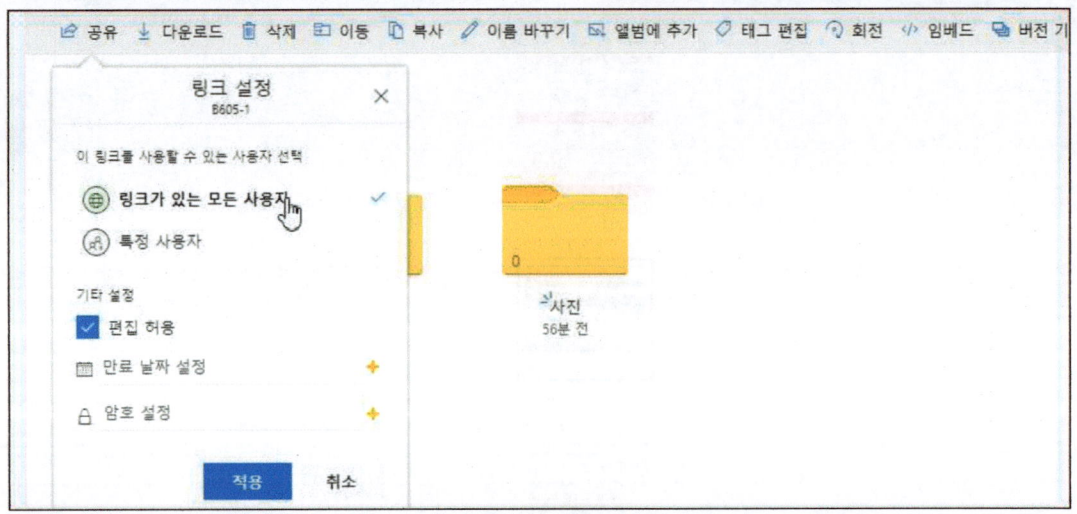

링크가 있는 모든 사용자를 선택하고 [저장]을 클릭합니다.
위에 보이는 [편집 허용]은 체크를 지웠습니다.

만일 위에 보이는 [편집 허용]을 체크할 경우 이 파일을 사용하는 모든 사용자가 파일을 편집할 수 있으며 회사 등의 동료들이 공동으로 작업을 한다면 아주 유용한 기능이고요, 회사 내에서 여러 컴퓨터가 네트워크로 연결된 것과 같다고 할 수 있겠습니다.

다만, 위의 파일을 열어볼 수 있는 사람은, 파일 공유 옵션에서 지정한 사람만 열어볼 수 있으며 이렇게 공유 설정에 지정한 사람이라도 이 파일을 열기 위해서는 마이크로소프트사에 로그인을 해야만 합니다.
이것이 마이크로소프트 원드라이브, 혹은 구글드라이브 등의 클라우드에 올리는 파일과 필자와 같은 사업자가 사용하는 웹서버에 파일을 올리는 것과의 차이점입니다.
필자의 경우 이 세상 어느 누구든지 클릭만 하면 열립니다.
쇼핑몰이니까..
이상 원드라이브에 대한 설명은 이 정도로 마치겠습니다.

내보내기

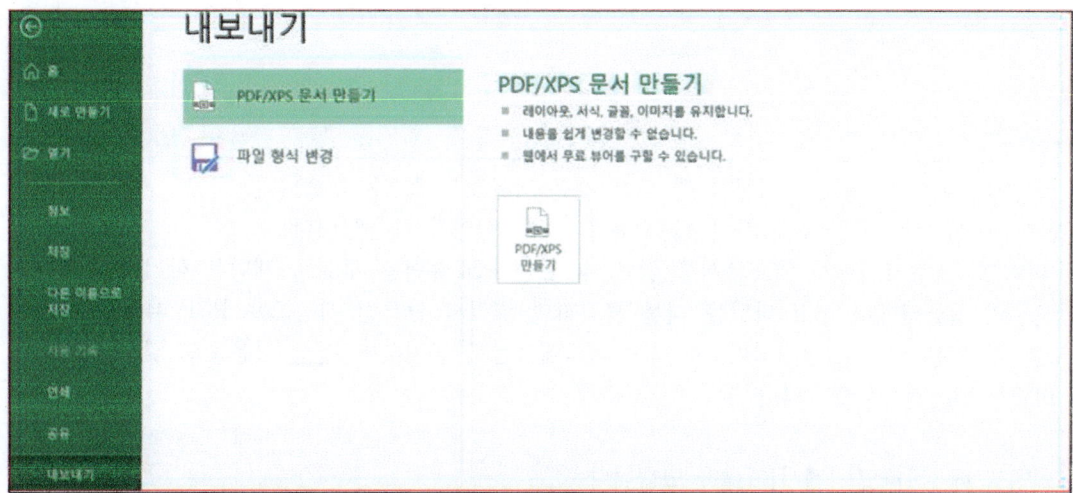

엑셀 메뉴의 [파일]-[내 보내기]를 클릭하면 위와 같이 나타납니다.
위에서 PDF는 아마도 모르는 사람이 거의 없을 것입니다.
그런데 여기에 또 XPS라는 것이 보이는데요, 참으로 헷갈립니다.
XPS는 XML Paper Specfiticion의 약자로서 혹시 XML이라는 문서를 본적이 있는 분들은 쉽게 이해를 할 수 있을텐데요, XML이나 XPS는 모두 글로벌 환경에서 동일하게 작동하도록 개발된 문서 규칙입니다만, 사실상 극히 일부 사람들만 사용하는 것이 현실입니다.
심지어 필자가 얼마 전에 출간한 한글2020 책에서 소개를 했습니다만, 한글의 최신 버전인 한글2020에서조차 XML이 제대로 작동하지 않습니다.
따라서 여기서는 국제적인 글로벌 공통 문서 규격이라는 것 정도로 이해를 하고 넘어 가겠습니다.
그러나 PDF는 누구나 알아야 하는 국제 표준 문서 규격의 표준 중의 표준이므로 반드시 알아야 합니다.
위의 화면에서 PDF로 저장을 클릭합니다.

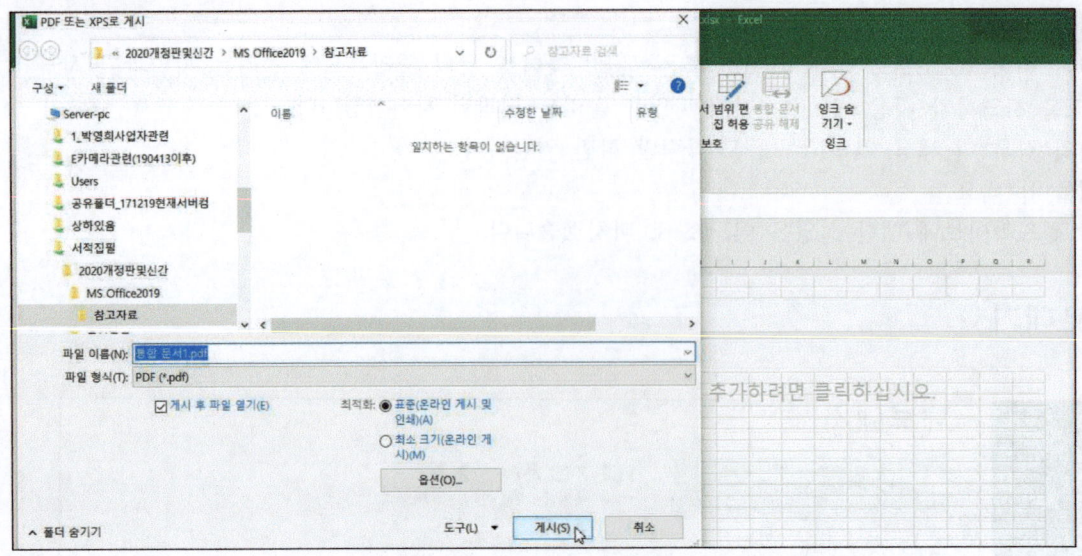

위의 화면에서는 단지 경로만 지정할 뿐 다른 것은 아무것도 할 수 없습니다.
아쉽게도 PDF문서는 돈을 주고 사야 하는 유료 프로그램이기 때문입니다.
다만, 마이크로소프트사에서 PDF문서를 읽을 수 있는 PDF뷰어는 무료로 개방을 하기 때문에 만일 자신의 컴퓨터에서 .pdf 파일을 더블 클릭하여 열리지 않으면 자동으로 PDF 뷰어를 다운로드할 수 있는 링크로 연결되어 전 세계 어디에서든지 클릭하여 바로 다운로드 및 설치를 하여 PDF문서를 볼 수 있습니다.

그리고 엑셀 메뉴 [파일]-[게시]메뉴가 있습니다.

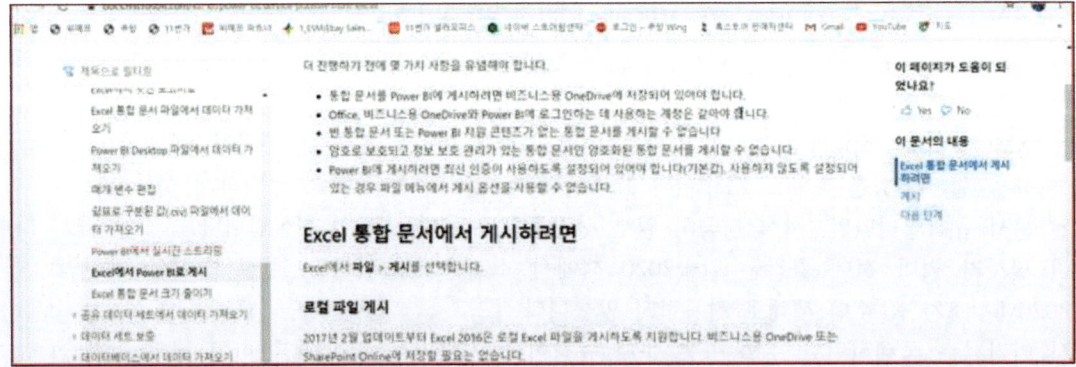

위의 설명은 읽어만 보시고요, 실제로 이렇게 사용할 사람이 있을지 모르겠습니다만, 아니 그냥 공유를 하면 될 것을 무엇하러 이렇게 복잡하게 엑셀 메뉴 [파일]-[게시]를 클릭하여

Power BI에 저장을 하기 위해서는 비즈니스용 원드라이브를 구매해야 하며, 위의 설명과 같이 이렇게 사용하는 방법을 익히려면 가히 사법고시 공부에 준하는 공부를 해야 합니다.

엑셀의 [옵션]

지금까지 엑셀의 [파일]메뉴에 대하여 알아 보았는데요, 엑셀의 [옵션] 메뉴는 아주 중요한 메뉴입니다.

위의 [파일]-[옵션]... 위의 마우스가 가리키는 [옵션]을 클릭하면 아래 화면이 열립니다.

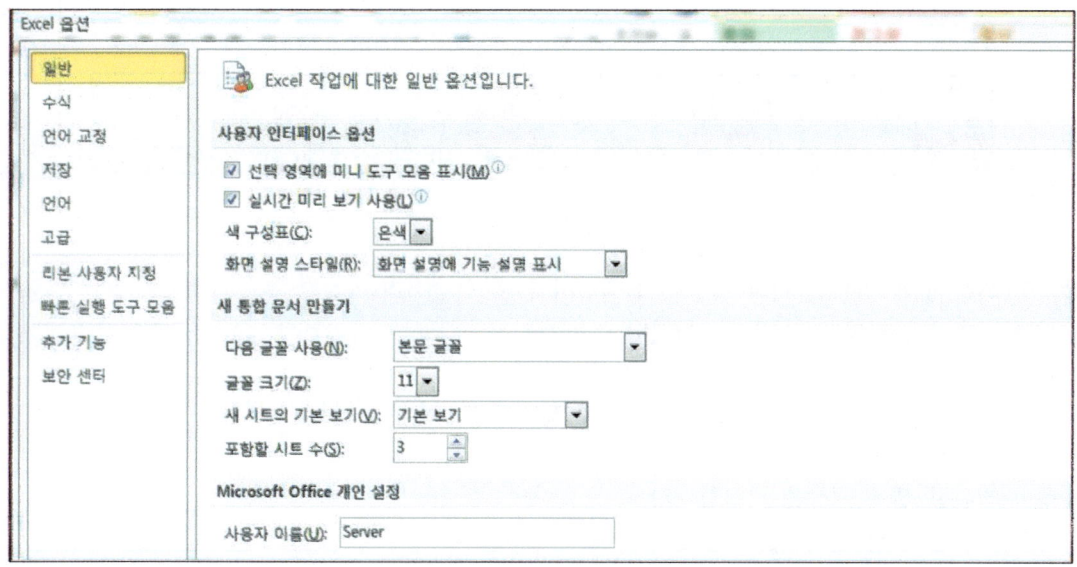

위의 일반 탭의 [새 시트의 기본 보기]는 엑셀 새 창을 열었을 때 시트를 몇 개를 표시할 것인지입니다.

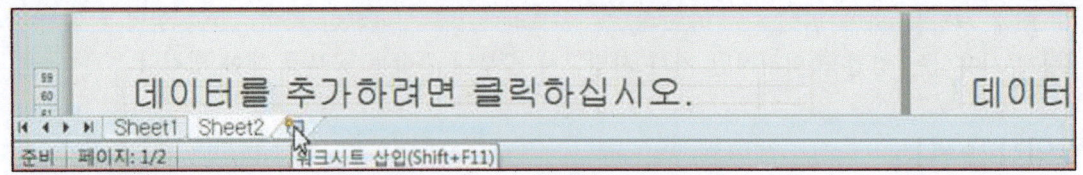

사실 이 메뉴는 별 소용이 없습니다.
위의 마우스가 가리키는 곳을 클릭하여 계속해서 새로운 시트를 생성할 수 있으며 최대 256개의 시트를 만들 수 있습니다만, 이렇게 시트가 많아지면 컴퓨터가 버벅거려서 다운될 수 있으므로 엑셀의 열이나 행, 시트수 등은 적당한 개수로 사용하는 것이 좋습니다.

홈 메뉴

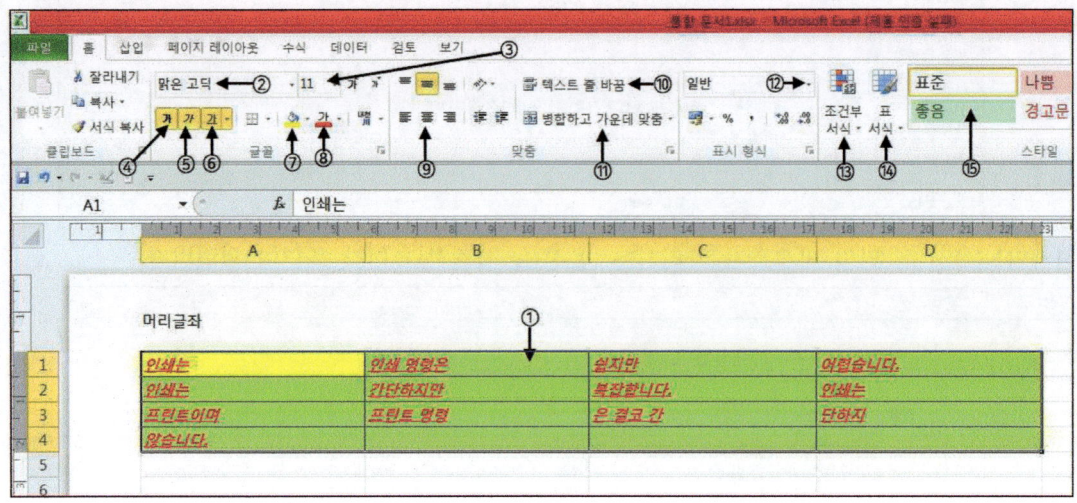

① 현재 선택된 셀에 블록을 씌운 것입니다.
② 블럭을 씌운 곳에 있는 글씨의 글꼴을 선택합니다.
③ 블럭이 씌워진 글씨의 크기를 지정합니다.
④ 블럭이 씌워진 글씨를 굵게 합니다.
⑤ 블럭이 씌워진 글씨를 이탤릭체로 기울어지게 합니다.
⑥ 블럭이 씌워진 글씨에 밑줄을 긋습니다.
⑦ 블럭이 씌워진 셀에 색상을 지정합니다.
⑧ 블럭이 씌워진 글씨의 색상을 지정합니다.
⑨ 블럭이 씌워진 글씨의 정렬 메뉴입니다.
⑩ 이것은 셀에 글씨를 입력할 때 셀 크기보다 긴 문자을 입력하게 되면 문자를 그냥 가로로

계속 나오게 할 것인지 자동으로 줄 바꿈을 할 것인지 결정하는 메뉴입니다.
⑪ 이것은 따로 설명이 필요한데요, 2개 이상의 셀을 병합하고 가운데 맞춤 메뉴입니다.
⑫ 표시 형식입니다. 예컨대 숫자, 통화, 시간, 백분율 등등..
⑬ 조건부 서식 : 엑셀의 고급 기능으로 따로 설명이 필요합니다.
⑭ 표 서식 : 표에 관한 서식입니다.
⑮ 현재 블럭이 씌워진 곳의 서식을 가장 빠른 시간 내에 바꾸는 메뉴입니다.

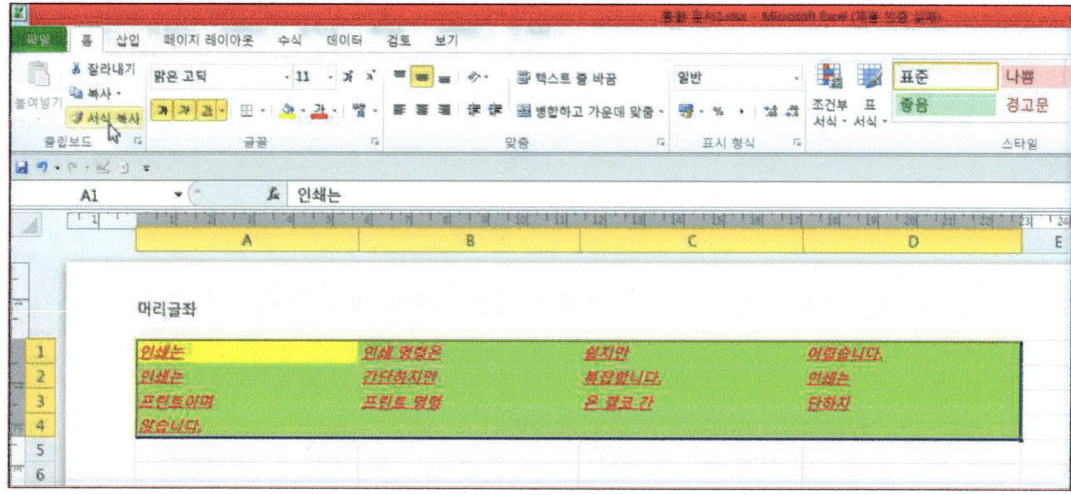

앞의 화면 좌측 상단 마우스가 가리키는 [서식 복사]를 클릭하면 아래와 같이 변합니다.

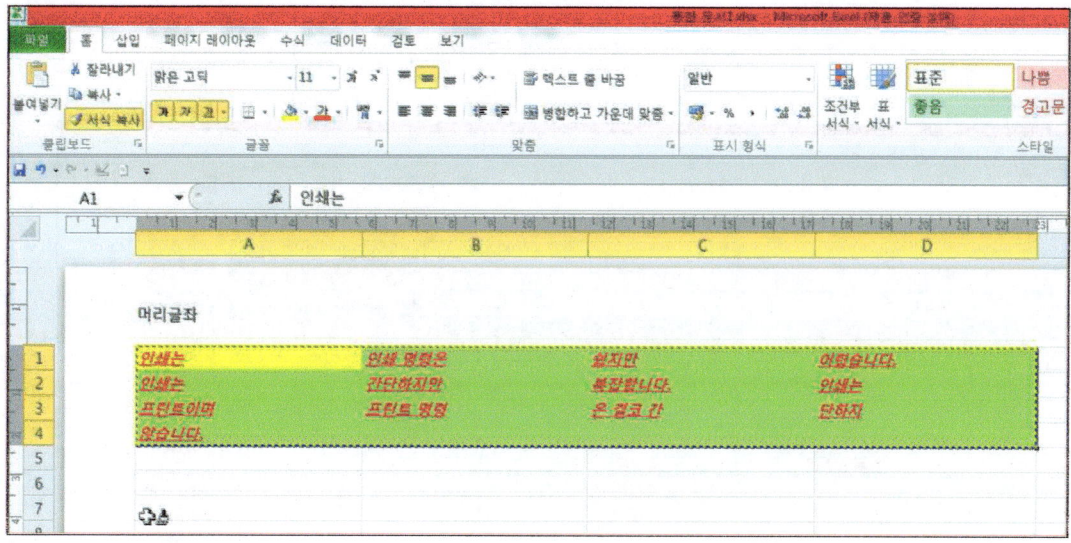

위의 좌측 하단에 보이는 것처럼 빗자루 모양으로 바뀌며 이 때 클릭하면 방금 복사한 서식만 복제가 됩니다.

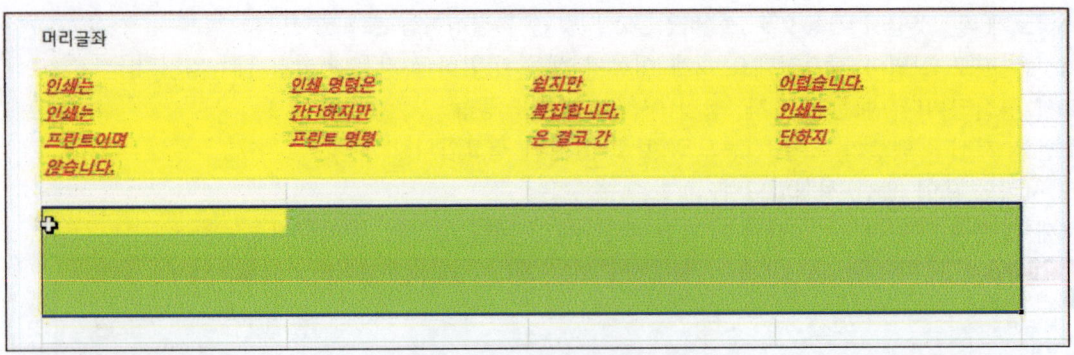

이제 복제된 곳에 글씨를 입력하면 위에 있는 것과 동일하게 입력이 됩니다.

조건부 서식

엑셀의 [조건부 서식]은 엑셀 시험, 즉, 컴활(컴퓨터 활용 능력)시험에 빠지지 않고 출제되는 단골 메뉴입니다.
그만큼 중요한 메뉴이고요, 사실 조건부 서식을 제대로 사용하기 위해서는 엑섹의 고급 사용자가 돼야 합니다만, 여기서는 간단히 설명을 하겠습니다.
엑셀의 조건부 서식을 제대로 사용하기 위해서는 수식을 사용할 줄 알아야 하는데요, 아직 수식 공부를 하지 않았으므로 여기서는 수식 사용은 배제하고요, 나중에 수식 단원에서 다시 조건부 서식을 다루도록 하겠습니다.
그러나 수식은 아직 모르더라도 현재 실습중인 엑셀 문서에 간단하게 조건부 서식을 지정할 수 있습니다.

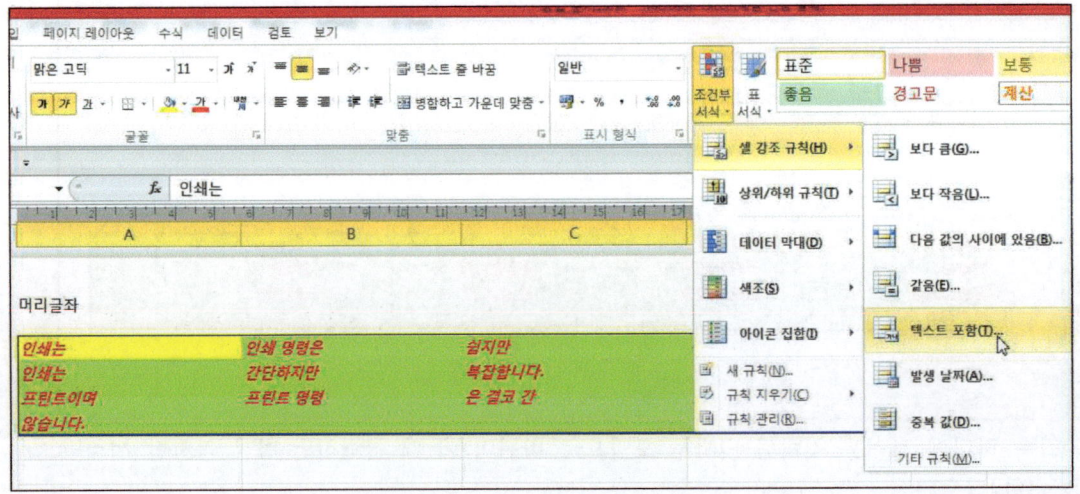

위의 화면에서 마우스가 가리키는, [조건부 서식]-[셀 강조 규칙]-[텍스트 포함]을 클릭합니다.

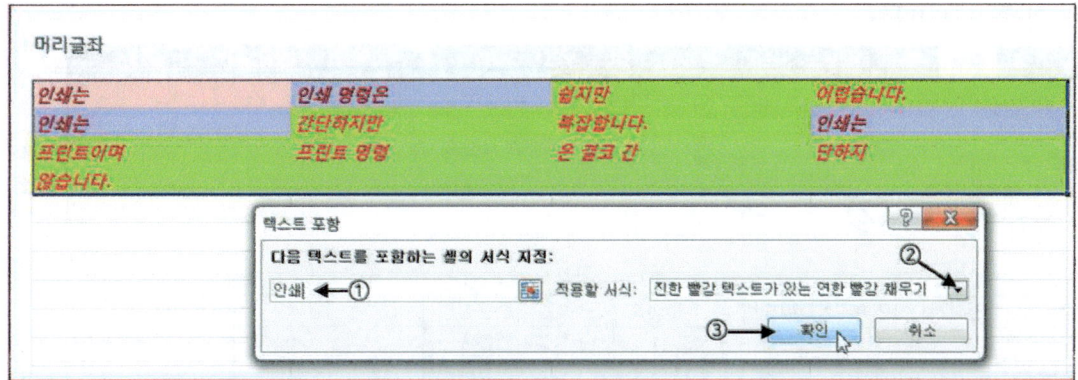

나타난 대화 상자에서 ①에 '인쇄', ②를 클릭하여 선택할 수 있는데요, 여기서는 위의 화면에 보이는 [진한 빨강 텍스트가 있는 연한 빨강 채우기]를 선택하고 ③의 확인을 클릭합니다.

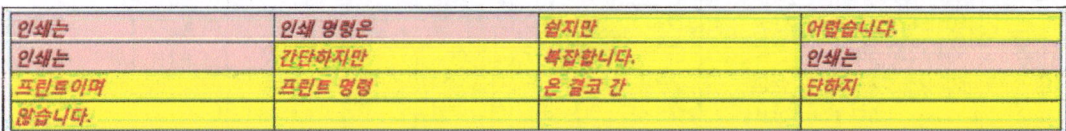

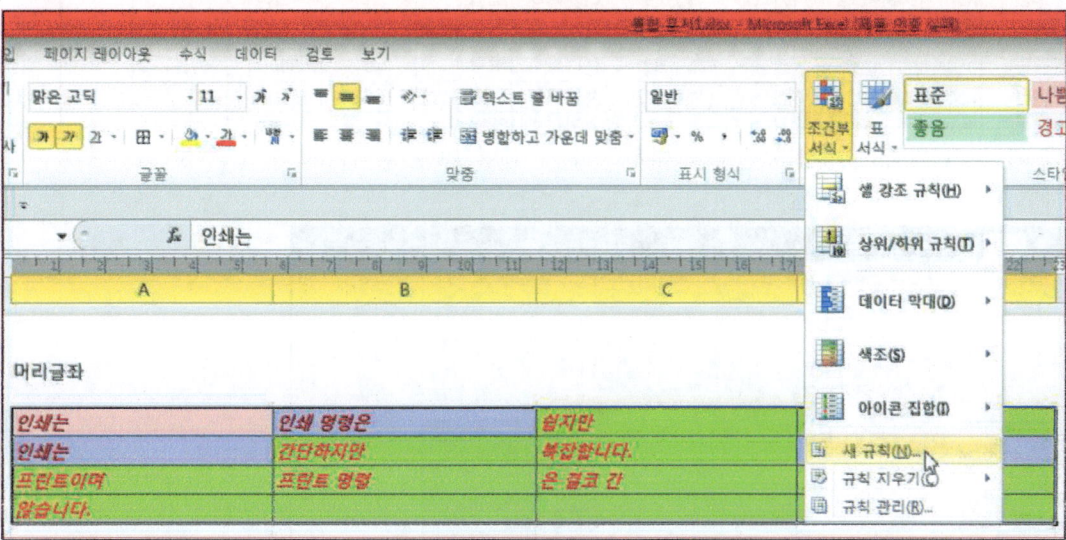

앞의 화면 마우스가 가리키는 새 규칙을 지정할 수도 있습니다만, 여전히 수식이 들어가지 않으면 단순한 셀의 색상을 바꾸는 정도 밖에는 안 되므로 뒤에 가서 수식을 공부한 다음에 다시 조건부 서식을 다루도록 하겠습니다.

삽입 메뉴/피벗 테이블

삽입 메뉴는 아래 화면과 같이 구성되어 있고요.. 아래는 필자의 쇼핑몰에서 오늘 팔린 상품 데이터의 일부입니다.

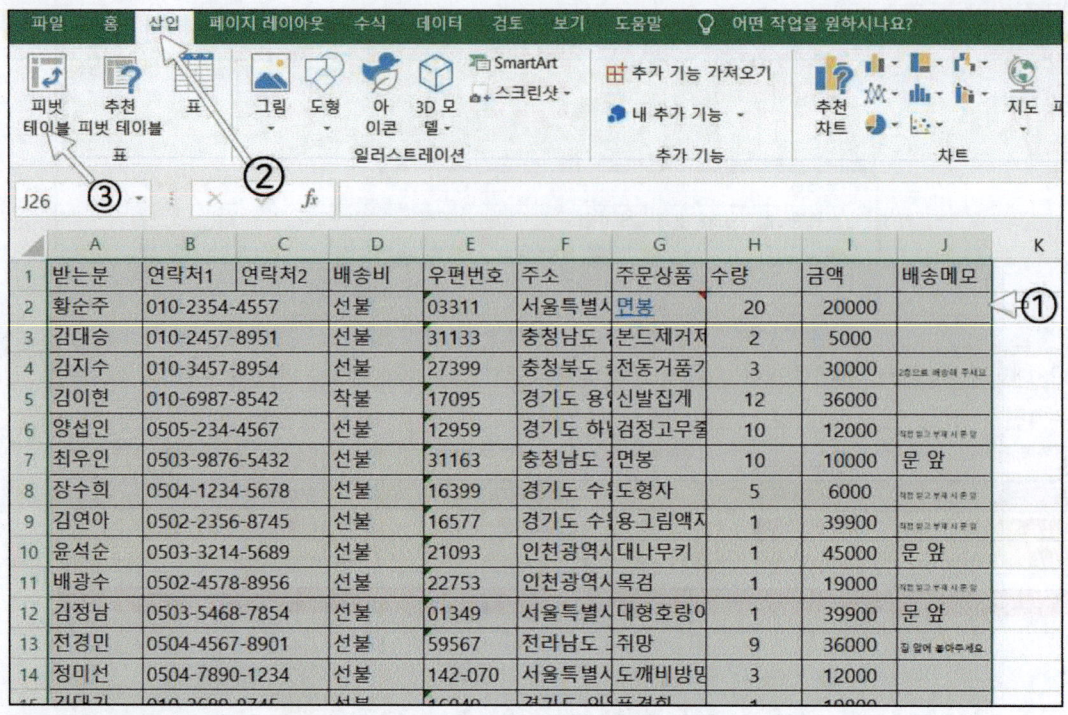

위의 ①과 같이 원하는 범위의 블특을 씌우고 ②의 삽입 메뉴 클릭하고 ③의 [피벗 테이블]을 클릭하면 다음 화면이 나타납니다.

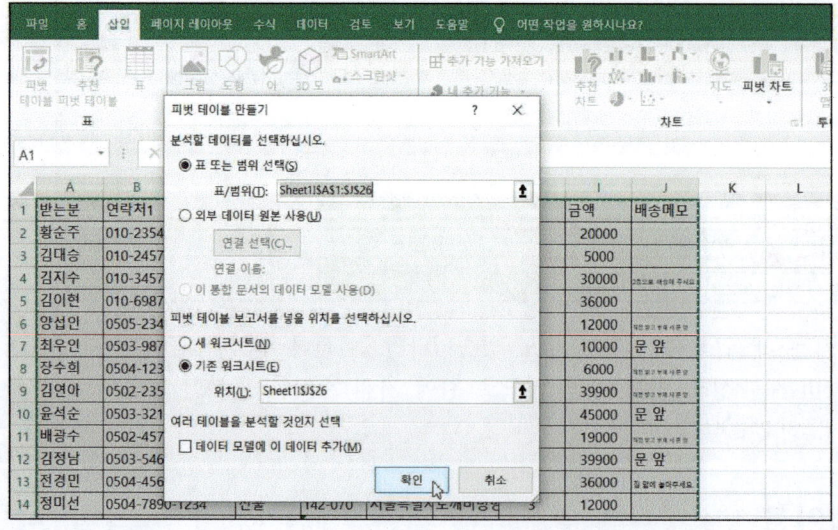

기존 워크시트를 선택해도 되지만, 데이터가 많기 때문에 위의 화면에서 [새 워크 시트]를 선택하고 [확인]을 클릭합니다.

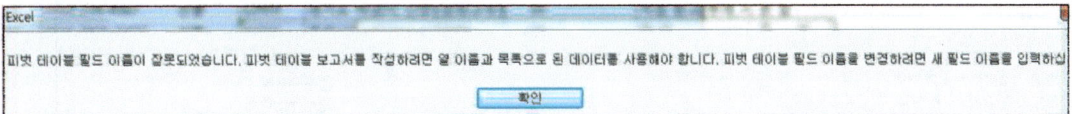

위와 같이 에러 메시지가 나타나서 안 됩니다.
피벗 테이블에서 사용할 필드 이름이 없는 열이 있기 때문입니다.

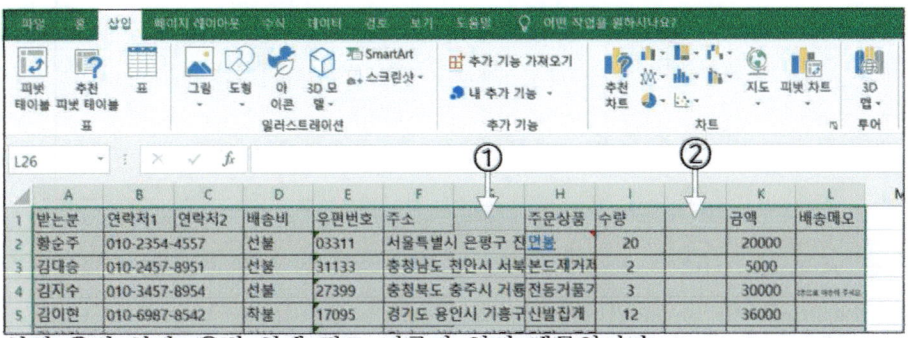

위의 ①번 열과, ②번 열에 필드 이름이 없기 때문입니다.
다음과 같이 ①열은 삭제를 하고 ②열은 비고를 입력하고 다시 진행합니다.

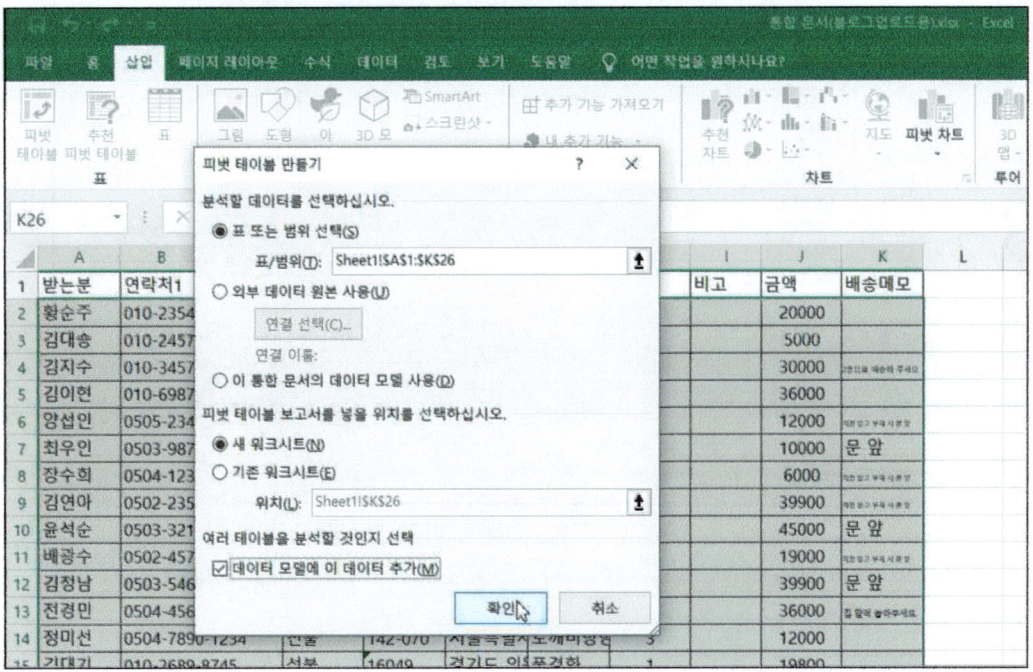

[확인]을 클릭하면 다음과 같이 새로운 시트가 앞쪽에 삽입되면서 피벗 테이블이 나타납니다.

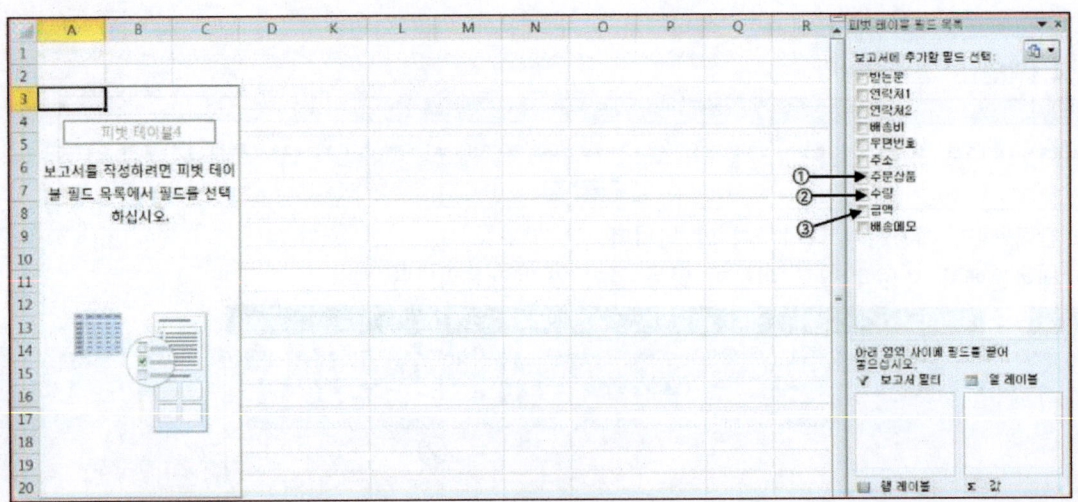

필자가 오늘 주문이 들어온 상품 및 수량을 알기 쉽도록 피벗 테이블을 만드는 것이므로 위의 ①과 ②와 ③을 사용할 것인데요, 위의 ①②③에 체크를 하면 다음과 같이 좌측의 피벗 테이블에 오늘 주문 상품 목록과 금액이 일목요연하게 나타납니다.

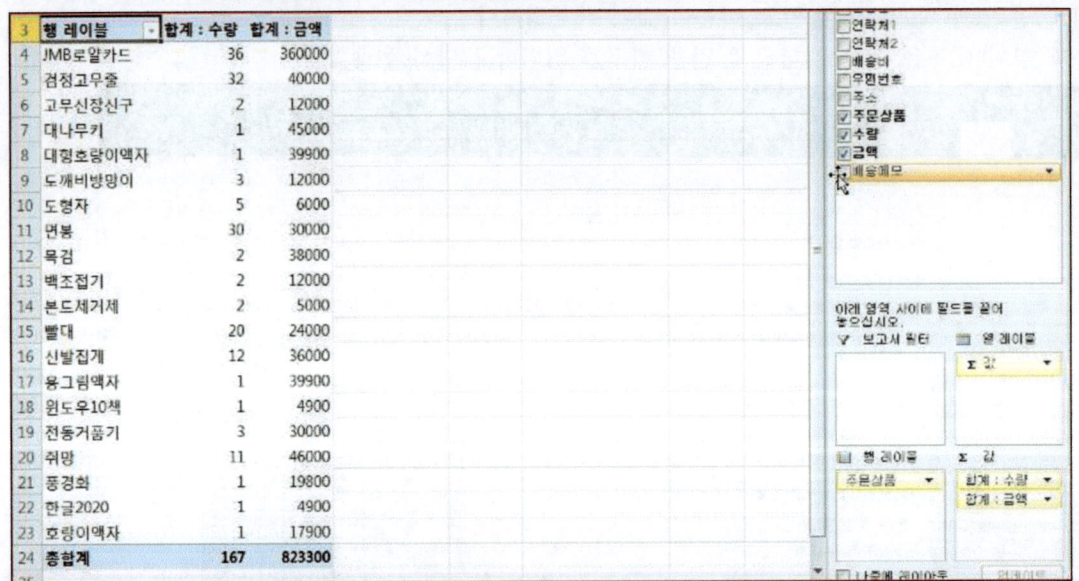

오늘 주문이 들어온 품목 및 수량, 그리고 총 주문 금액이 이렇게 자동으로 나타납니다.
이런 식으로 엑셀의 피벗 테이블은 많은 데이터가 들어 있는 데이터베이스 등에서 보기좋고 알기쉽게 요약하는 기능입니다.

피벗 테이블은 Pivot table 이고요, 아래는 네이버 영어 사전에서 검색한 내용입니다.

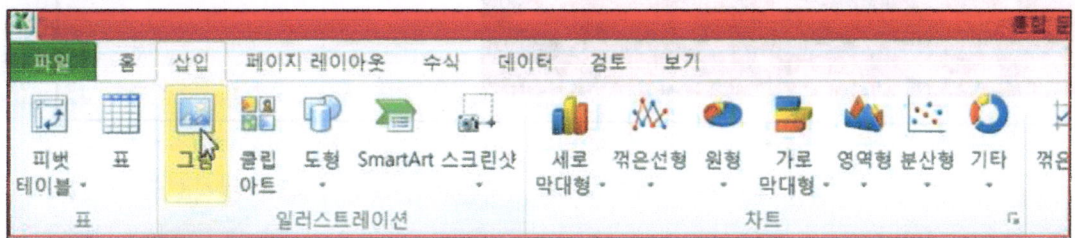

즉, 무언가(데이터)에서 무언가(필드)를 중심으로 데이터를 요약한다고 할 수 있고요, 피벗 테이블은 마이크로소프트사에서 아예 상표 등록을 한 명칭입니다.
이제 데이터가 주문 상품, 수량, 금액, 그리고 총금액으로 요약되었으므로 앞에서 잠깐 공부한 조건부 서식 등을 적용하여 특정 상품에 특정 색상 등을 지정하여 더욱 보기 좋게 만들 수 있습니다.

[삽입]-[그림]

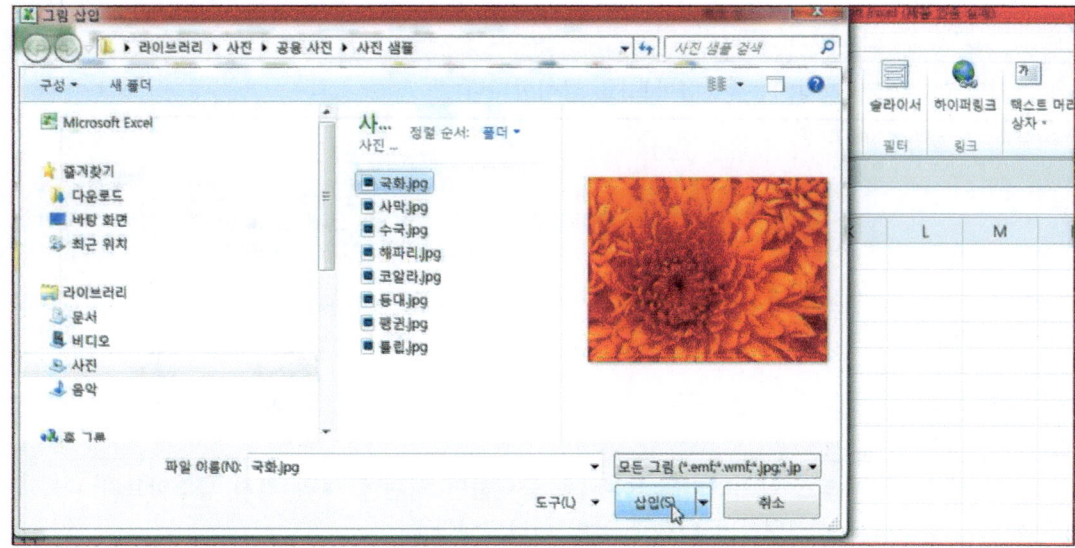

위의 마우스가 가리키는 그림은 사진이 포함된 그림 파일을 불러오는 기능이고요, 그림과 클립아트는 비슷하지만, 틀립니다.
위의 마우스가 가리키는 그림을 클릭합니다.

위와 같이 컴퓨터에 저장되어 있는 그림 혹은 사진 등을 선택할 수 있고요, 원하는 그림이나 사진을 선택하고 삽입을 클릭하면 엑셀 화면에 삽입됩니다.

삽입한 그림이나 사진은 위의 하단 마우스 포인터가 이렇게 변했을 때 클릭 드래그하면 크기를 조절할 수 있고요, 그림을 선택하고 마우스 우측 버튼을 클릭하며 메뉴 방식으로 크기를 조절할 수도 있습니다.

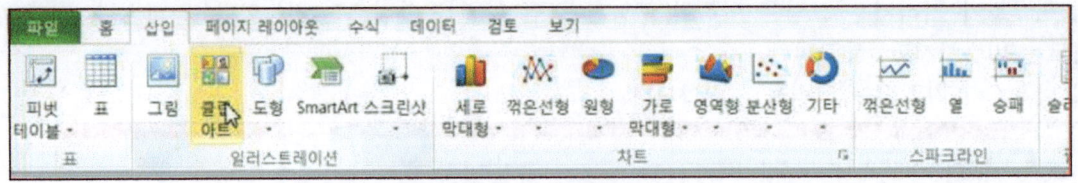

이번에는 위의 마우스가 가리키는 [클립아트]를 클릭합니다.

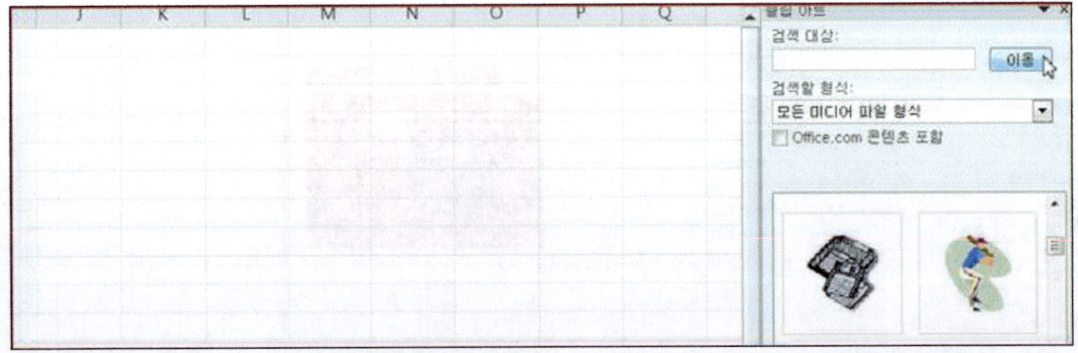

위의 화면 우측 상단, 마우스가 가리키는 [이동]을 클릭하면 하단에 여러 가지 클립아트가 나타나며, 원하는 클립아트를 선택하면 다음과 같이 나타납니다.

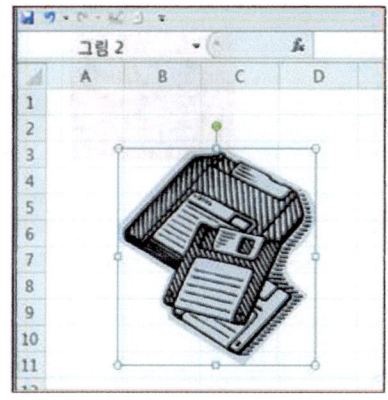

클립아트는 배경이 투명하므로 특히 스마트 아트와 같이 사용할 경우 각종 프리젠테이션에 활용도가 높다고 하겠습니다.

이 책에서는 엑셀의 기본 기능을 다루는 책이며, 무한정 페이지를 많이 넣을 수 없으므로 기본적인 엑셀 사용법을 중심으로 설명을 합니다만, 엑셀의 고수가 되면 엑셀만 가지고 벌어진 입이 다물어지지 않을 정도로 그림을 그리는 사람도 있고요, 아예 엑셀 한 가지만 가지고 모든 문서를 작성하기도 합니다.

이러한 것들은 이 책으로 엑셀의 기본 사용법을 익힌 다음, 여러분 스스로 개척해야 하는 부분입니다.

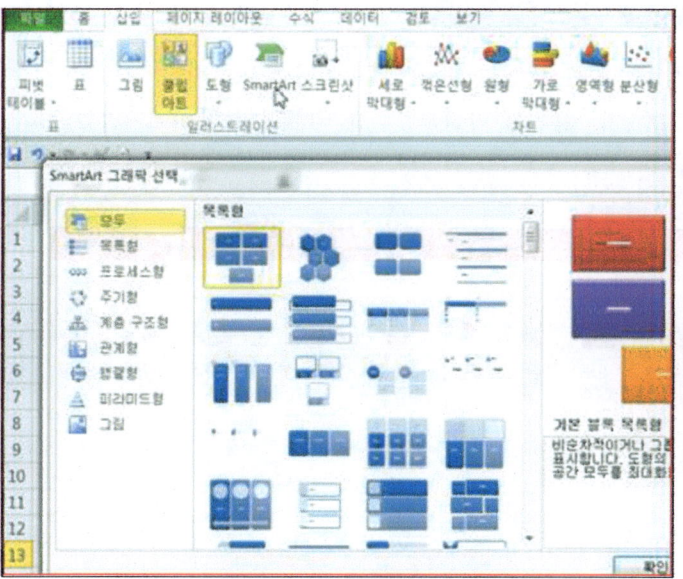

도형은 위의 화면에 보이는 것과 같이 수 많은 도형과 화살표, 선 등이 있으며, 필자가 지금은 대부분 한글2020 프로그램으로 책을 집필하고 있습니다만, 옛날에는 엑셀을 가지고 책의 원고를 집필한 적도 있고요, 일러스트를 이용하여 원고를 집필한 적도 있고요, 페이지메이커를 가지고 책을 집필한 적도 있는데요, 여러분도 특별히 사용하는 프로그램이 없다면 엑셀을 이용해서도 충분히 책을 집필할 수 있습니다.

위의 마우스가 가리키는 스마트 아트를 클릭하면 위와 같이 나타나며 이 중에서 한 개를 선택해 보겠습니다.

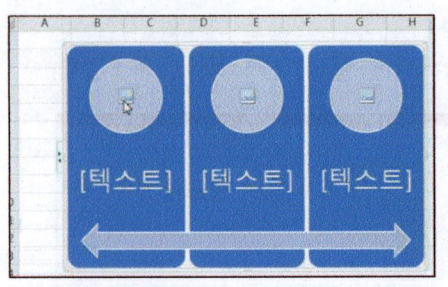 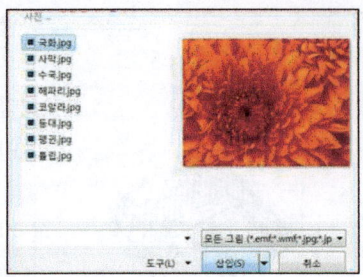

좌측의 마우스가 가리키는 곳을 클릭합니다. 여기서는 윈도우즈 운영체제에 내장된 사진을 선택하겠습니다.
위의 화면에서 원하는 사진을 선택하고 [삽입]을 클릭합니다.

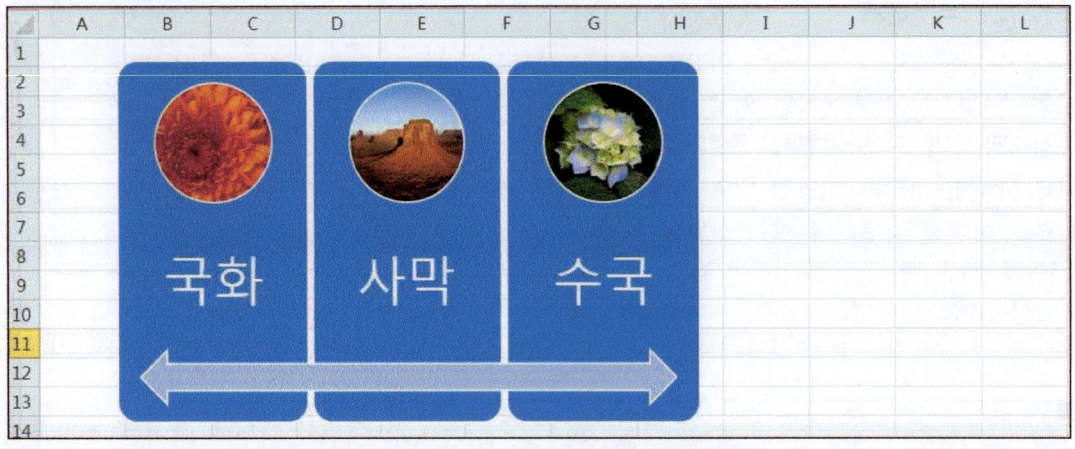

위는 3군데 모두 사진을 삽입하고 하단 텍스트를 입력한 화면인데요, 엑셀을 포함한 마이크로소프트 오피스 군에는 파워포인트가 포함되어 있고요, 파워포인드를 이용하여 프리젠테이션을 만듭니다만, 위와 같이 엑셀에서도 각종 보고서, 안내문, 나아가 프리젠테이션 문서를 만들 수도 있습니다.

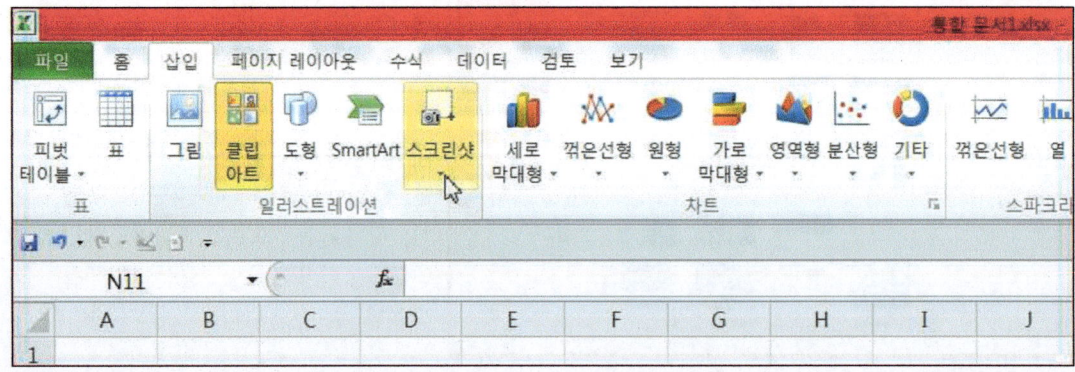

위의 스크린샷은 일종의 화면 캡쳐 기능인데요, 이 기능은 오히려 불편하므로 윈도우즈 운영체제에 내장된 화면 캡쳐 기능을 이용하든지, 인터넷 검색하면 화면 캡쳐 프로그램이 많으므

로 적당한 프로그램을 사용하는 것이 좋습니다.

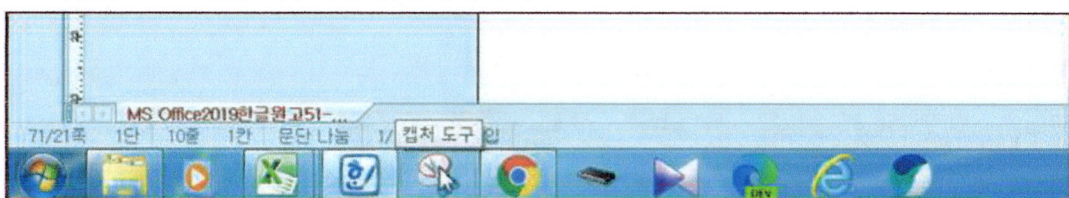

위의 마우스가 가리키는 것은 윈도우즈 운영체제에 내장된 화면캡쳐를 윈도우즈 바탕 화면 하단 작업 표시줄에 등록해 놓고 사용하는 것인데요, 위의 마우스가 가리키는 아이콘을 클릭하면 아래와 같이 나타납니다.

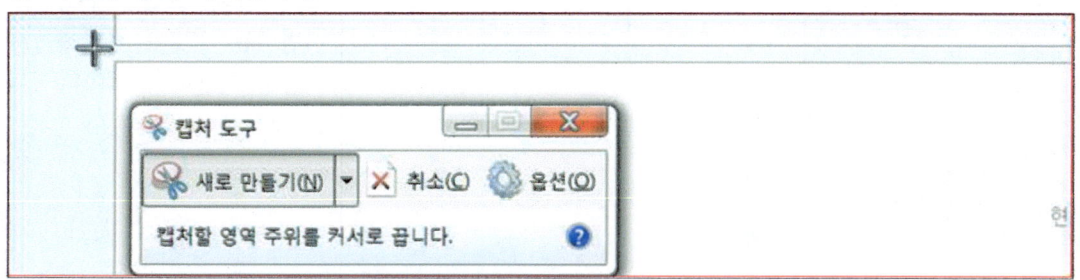

마우스가 위와 같이 나타나며 클릭하고 화면 캡쳐할 영역을 드래그하여 선택하면 다시 팝업이 뜨며 [Ctrl + C]명령으로 클립보드에 복사를 한 다음, 엑셀 화면에서 [Ctrl + V]명령으로 붙여 넣기를 하면 아래와 같이 나타납니다.

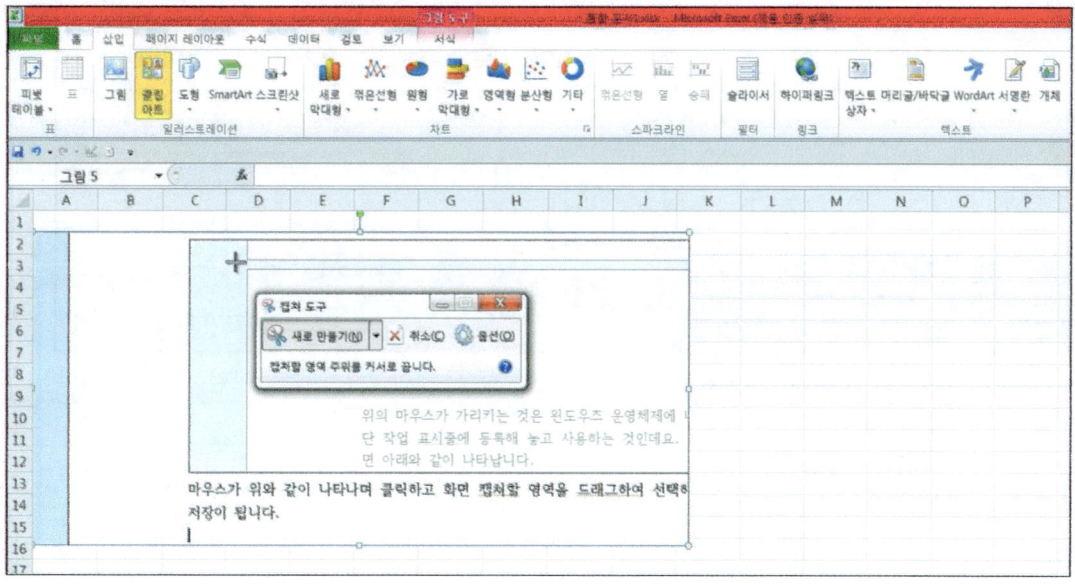

이런 식으로 엑셀을 가지고 팜플렛을 만드는 업체나 개인도 많이 있고요, 필자가 이 책을 집

필하면서 계속하여 삽입하는 삽화들도 대부분 이렇게 삽입하는 것입니다.

그래프

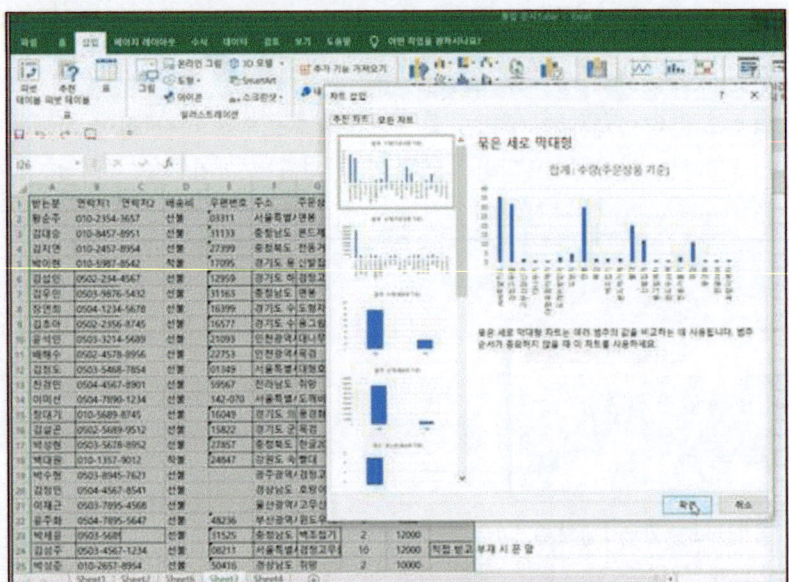

엑셀의 그래프 기능은 그야말로 막강합니다. 앞에서 간단히 피벗 테이블을 이용하여 데이터를 요약해 보았는데요, 이번에는 엑셀의 그래프 기능을 이용하여 데이터를 분석해 보겠습니다.

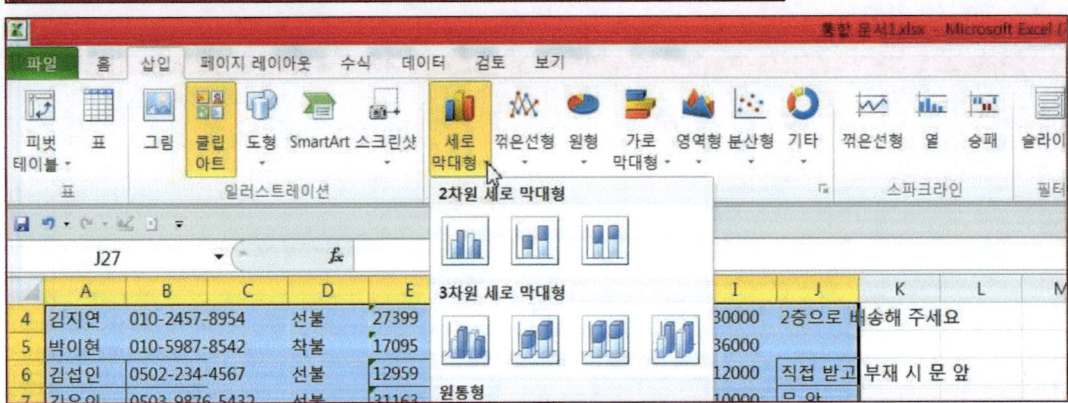

이런 기능은 평생 단 한 번도 사용하지 않는 사람도 있을 것이고요, 매일 이런 작업을 해야 하는 직장인도 있을 것입니다.

특히 각종 프리젠테이션을 자주 하는 사람이라면 파워포인트와는 별개로 이런 챠트를 이용하면 훌륭한 자료를 만들 수 있을 것입니다.

여기서는 위의 한 가지만 예로 들었습니다만, 여러분은 공부하는 입장이므로 모든 항목을 일일이 클릭하여 어떤 결과가 나오는지 확인하시기 바랍니다.

어떠한 공부이든지 공부에 왕도는 없습니다.
필자 역시 아픈 팔을 끌어안고 끙끙 앓아가면서 타자 연습을 하고 자격 시험 공부를 하여 수많은 자격증을 취득하였습니다.
이미 수십년 전에요..
이 책을 보시는 분은 아마 거의 대부분 필자보다 젊은 나이일 것입니다.
따라서 나이가 많아서, 기타 등등의 이유는 전혀 이유가 되지 않습니다.
무조건 열심히 하면 됩니다.

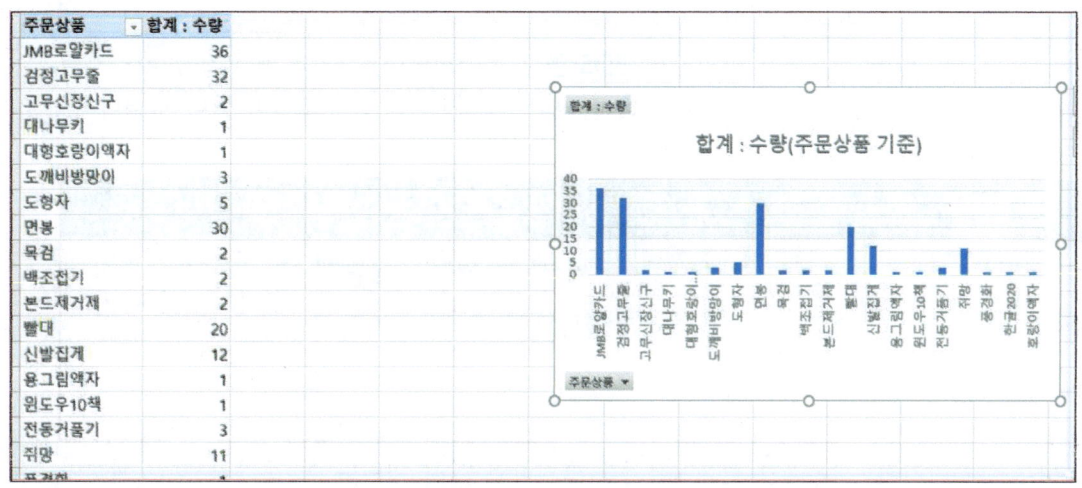

엑셀 구 버전에서는 이것 저것 클릭해 보고 열심히 찾아야 했습니다만, 위는 엑셀 2019에서 작업한 것이고요, 엑셀 2019에서는 추천 챠트가 보여서 추천 차트를 클릭했더니 데이터에 가장 잘 맞는 챠트가 저절로 만들어진 것입니다.
이 책으로 엑셀 공부를 하여 일단 컴활(컴퓨터 활용 능력 시험은 엑셀로 치룹니다.) 자격증을 취득하고 취업을 하게 되면 직장에 따라서는 이런 자료를 매일 다뤄야 할 수도 있습니다.
따라서 지금 이 단원을 공부할 때 모든 기능을 일일이 클릭하여 직접 실습을 하는 것이 좋습니다.

필자가 옛날에 강단에 있을 때는 수많은 학생들도 많이 가르쳤고요, 학교 선생님들도 많이 교육을 받으러 왔었는데요, 초등학교 선생님들은 그야말로 초등학생 수준이고요, 중학교 선생님들은 그야말로 중학생 수준이고요, 그러나 고등학교 선생님들은 대학 교수와 동급이라고 해도 과언이 아닙니다.

고등학교 선생님들은 한 가지를 가르쳐주면 이리 저리 궁리를 하여 스스로 열 가지를 알아냅니다.

이렇게 공부를 해야.. 이것이 바로 공부의 왕도라 할 것입니다.

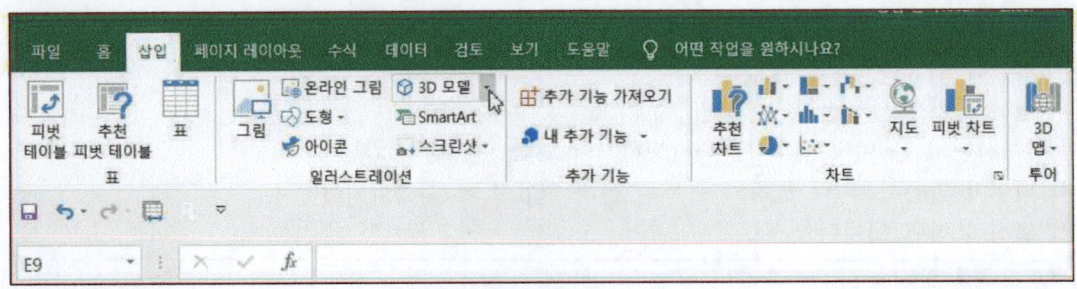

엑셀 2019에서는 위의 마우스가 가리키는 **3D모델**이 추가되었네요. 위의 마우스가 가리키는 곳을 클릭하면 아래 메뉴가 나타나는데요, 미리 마이크로소프트사에 로그인이 되어 있어야 온라인에서 가져올 수 있습니다.

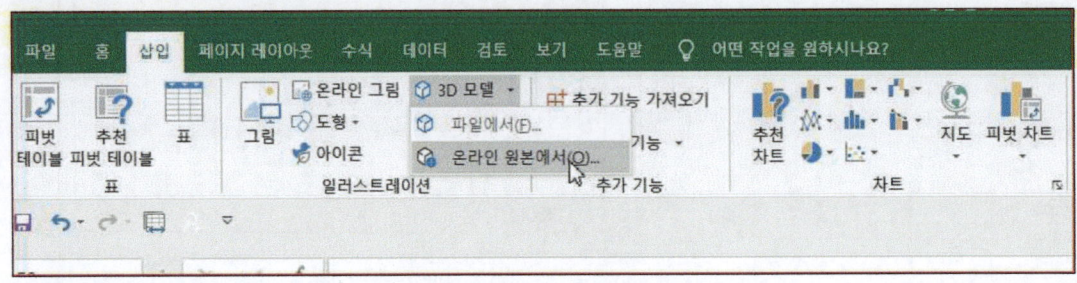

위의 마우스가 가리키는 [온라인 원본에서..]를 클릭하면 잠시 아이디 등 로그인 확인 과정이 이루어지면 이윽고 다음 화면이 나타납니다.

여기 보이는 것들은 모두 하나의 그룹입니다.

필자가 얼마 전에 출간한 한글 2020 에서도 에셋 기능이 생겨서 이와 거의 똑같은 기능이 있는데요, 마이크로소프트사에서 먼저 한 것인지, 한글과컴퓨터사에서 먼저 한 것인지는 모르겠으나 거의 똑같다고 해도 될 정도로 거의 같은 기능이고요, 위에서 예를 들어 위의 화면 우측 손가락이 가리키는 곳을 클릭하면 해당 연관 3D 모델들이 나타납니다.

위는 일부만 보이는 것이고요, 실제로는 위에 보이는 것보다 더 많고요, 일단 여기서는 위의 손가락이 가리키는 3D 모델을 클릭하였습니다.

위와 같이 나타나며, 위의 마우스 화살표시와 같이 되었을 때 클릭 드래그하여 원하는 곳으로 이동할 수 있습니다.

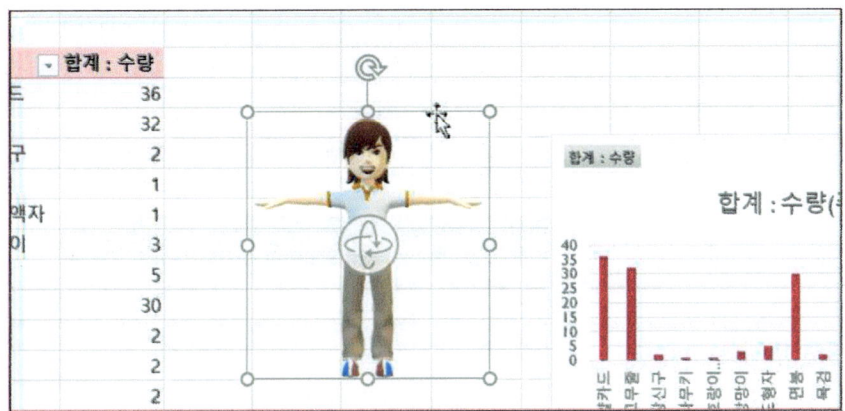

일종의 클립 아트와 비슷한 모델이고요, 배경이 없으므로 글씨 위나 아래에 둘 수도 있습니다.

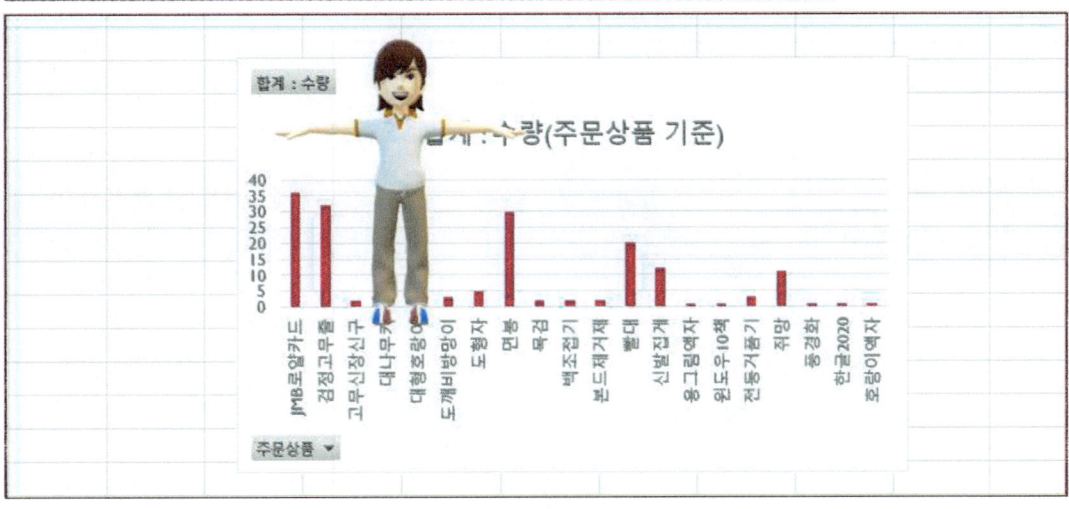

크기도 조절 가능하고요, 다른 프로그램에 가져가서 사용해도 됩니다.

위의 화면은 포토샵 프로그램에 붙여넣은 화면인데요, 이렇게 포토샵에서 불러들여 사용할 수 있고요, 다음과 같이 한글2020 프로그램에 붙여넣어 사용할 수도 있습니다.

이와 같이 이 책을 집필하는 한글2020 문서 작성하는 도중에 삽입하여 활용할 수도 있습니다.

크기 조절, 회전, 반전 등등 여러가지 효과를 줄 수가 있는데요, 아쉽게도 한글2020은 그래픽 프로그램이 아니라, 워드 프로그램이기 때문에 더 이상의 그래픽 작업을 불가합니다.

다만, 한글2020의 새로운 기능인 에셋을 사용하면 지금 붙여넣은 것과 거의 똑같은 방식의 3D 개체를 사용할 수 있습니다.

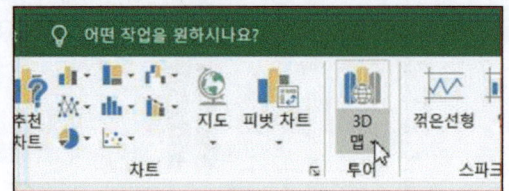

이번에는 우측 화면의 손가락이 가리키는 3D맵을 클릭하면 다음 화면이 나타납니다.

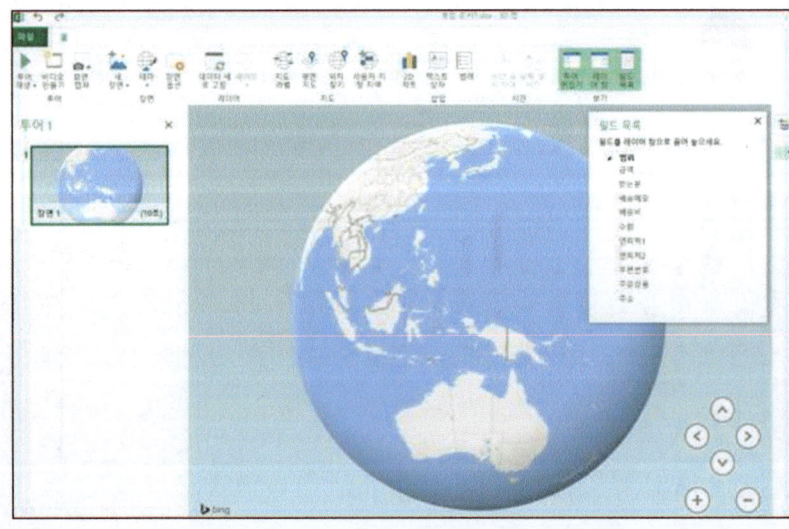

세계 지도를 사용하기 위해서는 각 국가의 주소가 있어야 하므로 여기서는 지금 실습하는 데이터를 가지고 설명을 하겠습니다.

위의 ①의 필드 목록에서 클릭 드래그하여 우

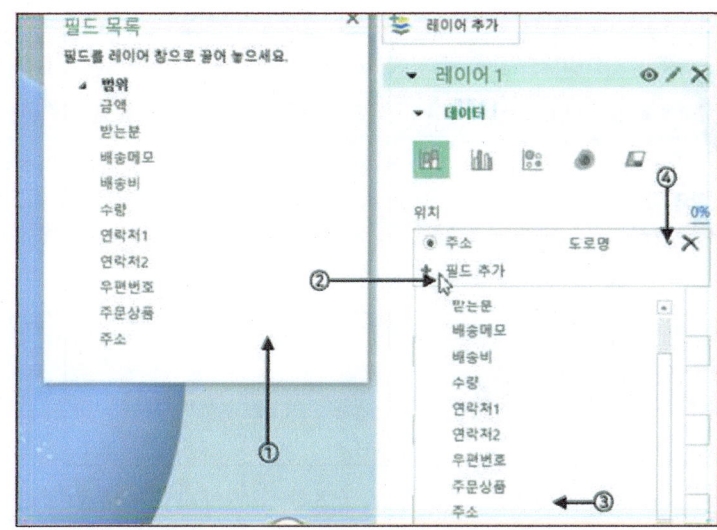

측의 필드에 추가를 해도 되고요, ②를 클릭하여 나타나는 풀다운 목록에서 ③과 같이 선택을 해도 되고요, 현재 ④의 주소는 도로명으로 선택되어 있는데요, 예제로 사용하는 주소는 필자가 임의로 마구 입력한 주소라서 도로명 주소로 검색되지 않아서 사용할 수 없습니다.

그래서 아래와 같이 아래 화면 마우스가 가리키는 곳을 클릭하여 맨 하단의 기타를 클릭하면 아래와 같이 나타납니다.

현재 예제로 사용하는 주소는 마구 입력한 주소이기 때문에 도로명으로 검색은 안 되지만, 지역은 나오므로 위와 같이 표시되는 것입니다.

다음에는 [높이] 영역, 다음 화면 마우스가 가리키는 곳을 클릭하여 높이에 주문 수량을 선택하였습니다.
다음 화면과 같이 지역별 주문 수량이 높이로 표시됩니다.

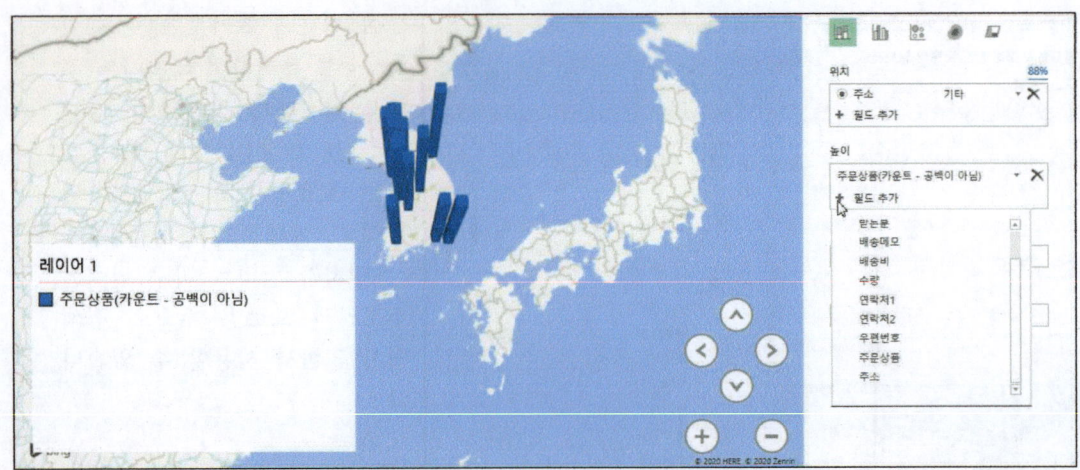

다시 아래 화면 마우스가 가리키는 필드 추가를 클릭하여 이번에는 수량을 선택하면 그래프는 아래와 같이 변합니다.

현재 주문 상품과 수량이 시각적으로 3D 앱으로 표시되었습니다.
화면을 클릭 드래그하든지 화면 우측의 전후좌우 방향키와 화면 확대 및 축소 버튼을 클릭하여 지구본을 확대, 축소 및 전후좌우, 또는 빙글 빙글 회전시킬 수도 있습니다.

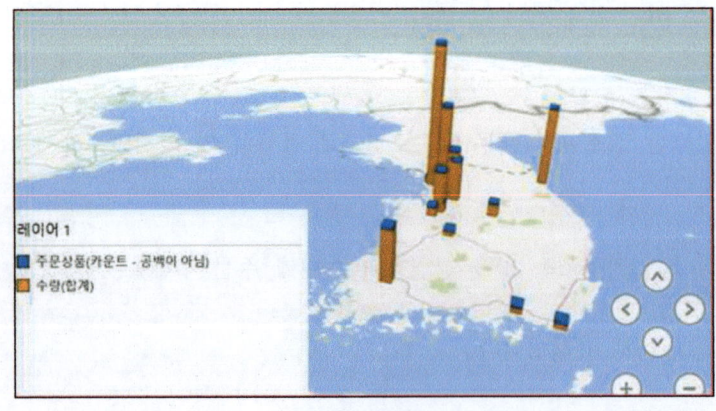

현재 데이터에 주문시각 등은 표시되어 있지 않아서 시간대별 주문 현황은 알 수 없지만, 위의 3D 그래프로 보아서 서울에서 주문이 가장 많고요, 그 다음이 경기, 강원도 속초,

그리고 전남 광주, 수원.. 등의 순으로 주문이 많이 들어왔다는 것을 알 수 있습니다.
즉, 지역별 주문 현황 정도로 설명할 수 있겠습니다.

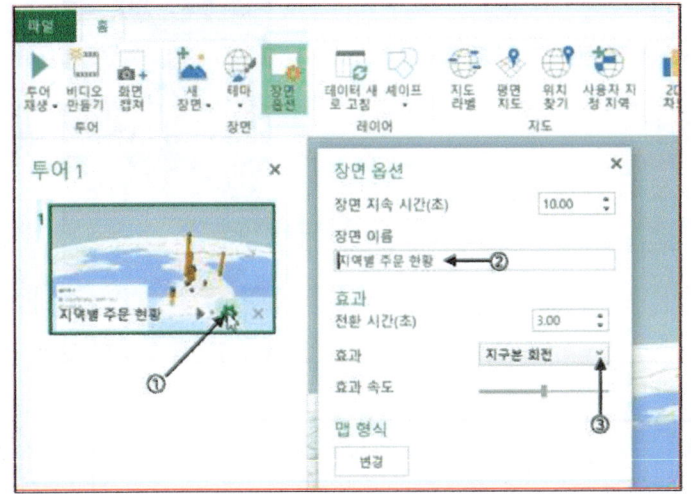

좌측의 ①을 클릭하여 ②에 적당한 이름, 여기서는 '지역별 주문 현황'으로 입력하였고요, ③을 클릭하여 애니메이션 효과는 지구본 회전을 선택하였습니다.

이제 위의 마우스가 가리키는 실행 버튼을 클릭하면 방금 지정한 방식으로 방금 지정한 시간 동안 (10초) 애니메이션이 실행됩니다.

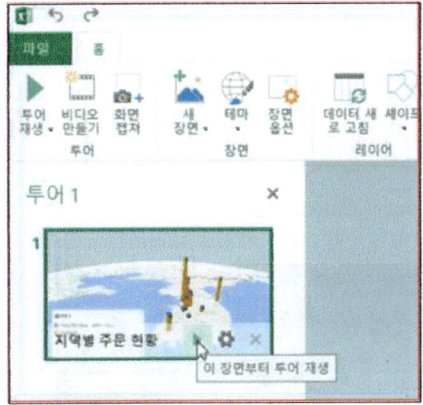

지금 실행하는 것은 엑셀 화면에서 3D 맵을 만들고 미리보기를 한 것일 뿐 이것을 프리젠테이션등을 통하여 다른 사람이 볼 수 있게 동영상으로 만들어야 합니다.

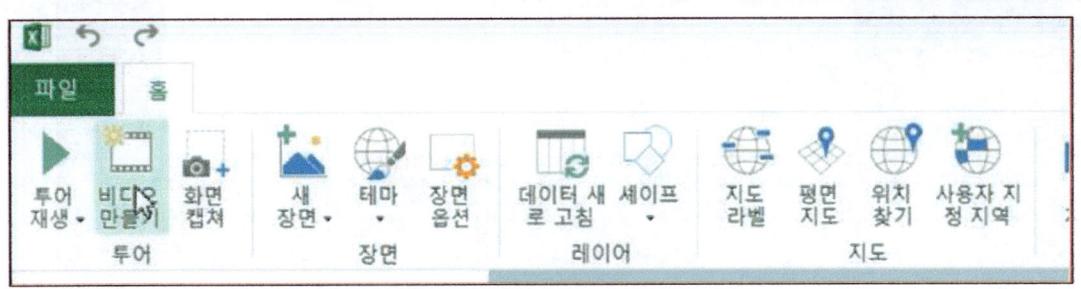

위의 마우스가 가리키는 [비디오 만들기]를 클릭합니다.

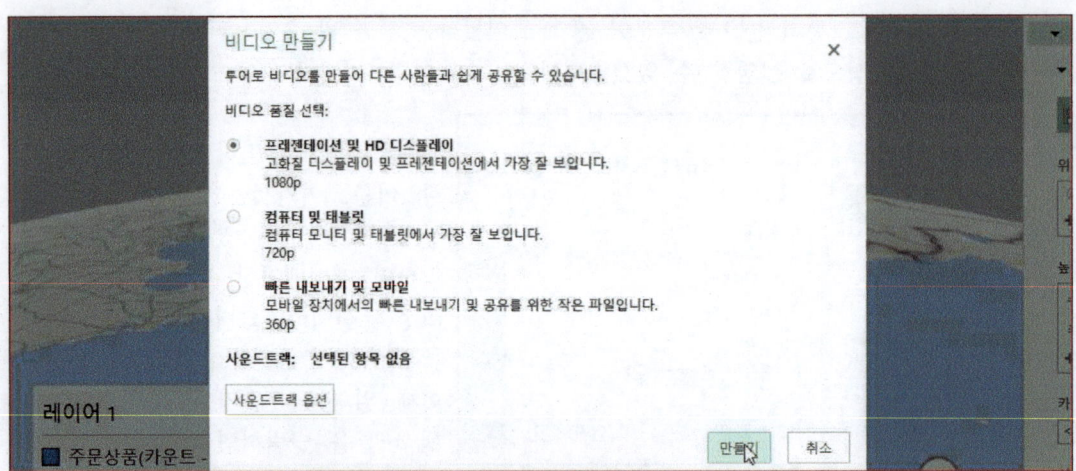

필자는 기본값으로 [만들기]를 클릭하였습니다.

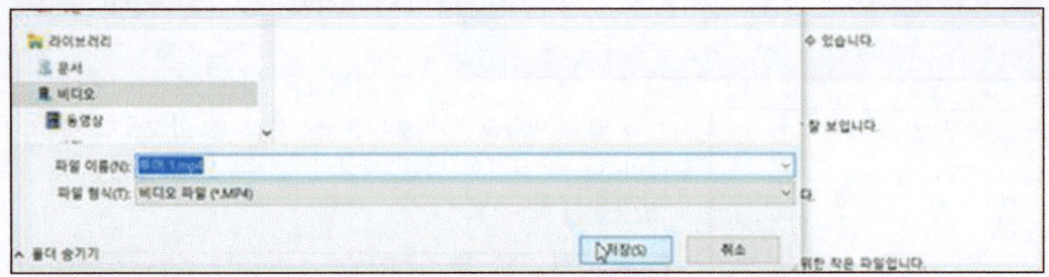

저장되는 경로 역시 기본 값으로 저장하였습니다.
기본 값은 내문서이며 역시 기본 값을 생성된 이름은 '투어 1.mpg' 파일로 저장했습니다.

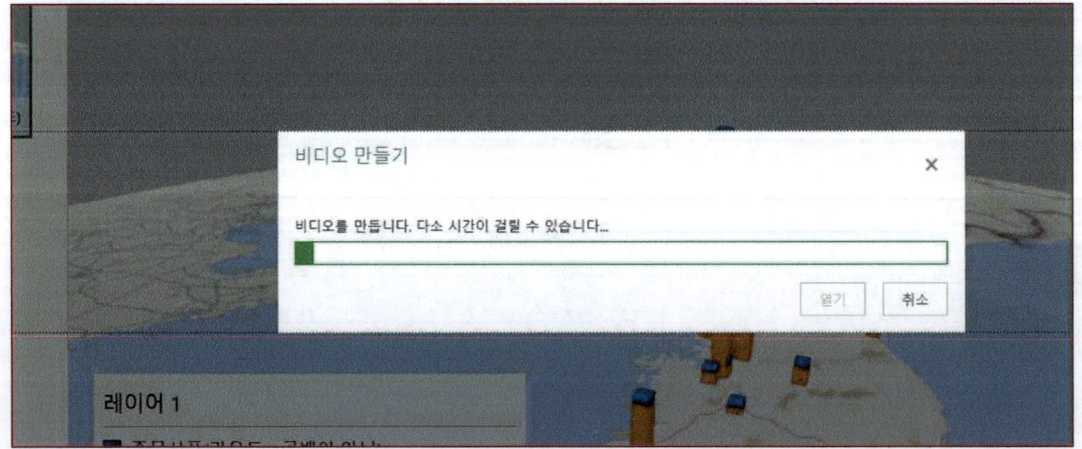

이제 렌더링 과정이 시작되는데요, 지속 시간이 길다면 어마어마한 시간이 걸리고요, 지금은 고작 10초 분량이므로 그리 많은 시간이 걸리지는 않습니다.

원래 동영상은 필자의 다른 저서 '어도비 프리미어 프로 CC2020' 책을 보셔야 하고요, 2D 그래픽으로는 전세계에서 가장 많은 사람들이 사용하는 역시 필자의 다른 저서 '어도비 포토샵'을 보시기 바랍니다.

완료되었습니다.
이제 동영상 파일인 '투어 1.mpg' 파일이므로 어떠한 컴퓨터에서도 동영상 재생 프로그램만 있으면 동영상을 재생할 수 있습니다.
여기서는 위의 [열기]를 클릭하면 동영상이 실행됩니다.
여기서는 이 정도로 설명을 마칩니다만, 여러분은 충분히 연구를 하여 시간대별 주문 수량 및 현재 예제로 사용하는 데이터가 아닌 다른 데이터를 가지고 더욱 많은 실습을 하기 바랍니다.

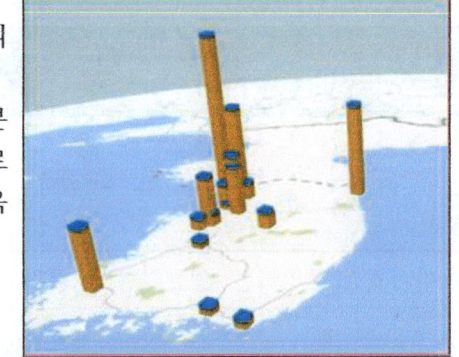

스파크라인

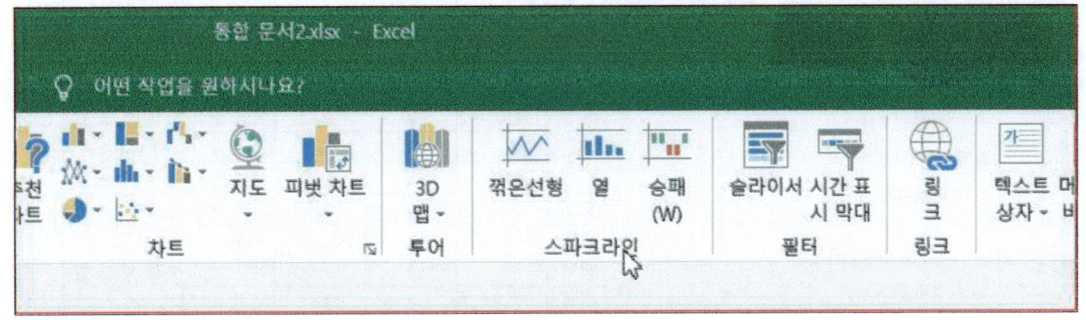

이번에는 위의 마우스가 가리키는 스파크라인에 대해서 알아보도록 하겠습니다.
이런 기능이 필요할지 모르겠습니다만, 데이터를 가장 간단하게 알아볼 수 있는 방법이기도 합니다.

현재 예제로 사용하는 데이터는 다소 부적합 합니다만, 엑셀의 스파크라인 공부를 하는데는 지장이 없습니다.

A	B	C	D	E	F	G	H	I	J	K
받는분	연락처1	연락처2	배송비	우편번호	주소	주문상품	수량	금액	배송메모	스파크라인
황순주	010-2354-3657		선불	03311	서울특별시	면봉	20	20000		
김대승	010-8457-8951		선불	31133	충청남도	본드제거제	2	5000		
김지연	010-2457-8954		선불	27399	충청북도	전동거품기	3	30000	2층으로 배송해 주세요	
박이현	010-5987-8542		착불	17095	경기도 용	신발집게	12	36000		
김섭인	0502-234-4567		선불	12959	경기도 하	검정고무줄	10	12000	직접 받고 부재 시 문 앞	
김우인	0503-9876-5432		선불	31163	충청남도	면봉	10	10000	문 앞	
장연희	0504-1234-5678		선불	16399	경기도 수	도형자	5	6000	직접 받고 부재 시 문 앞	

위의 마우스가 가리키는 곳에 임의의 텍스트를 입력합니다. 여기서는 '스라크라인'이라고 입력했습니다.

또는 현재 데이터가 있는 모든 열만큼 우측으로 하나의 행 범위를 지정해도 됩니다.

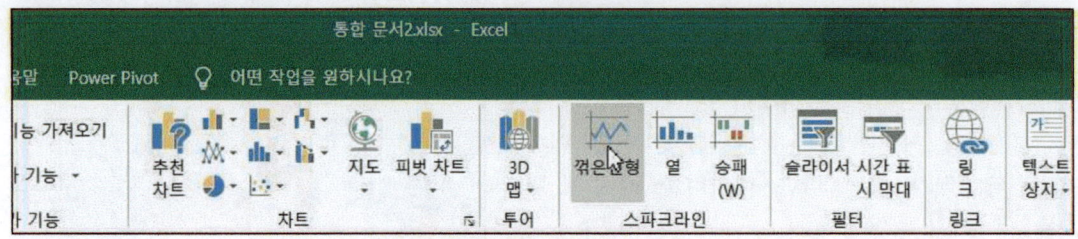

위의 마우스가 가리키는 [꺾은선형]을 클릭합니다.

데이터 범위는 위와 같이 맨 위의 행을 범위로 지정합니다.

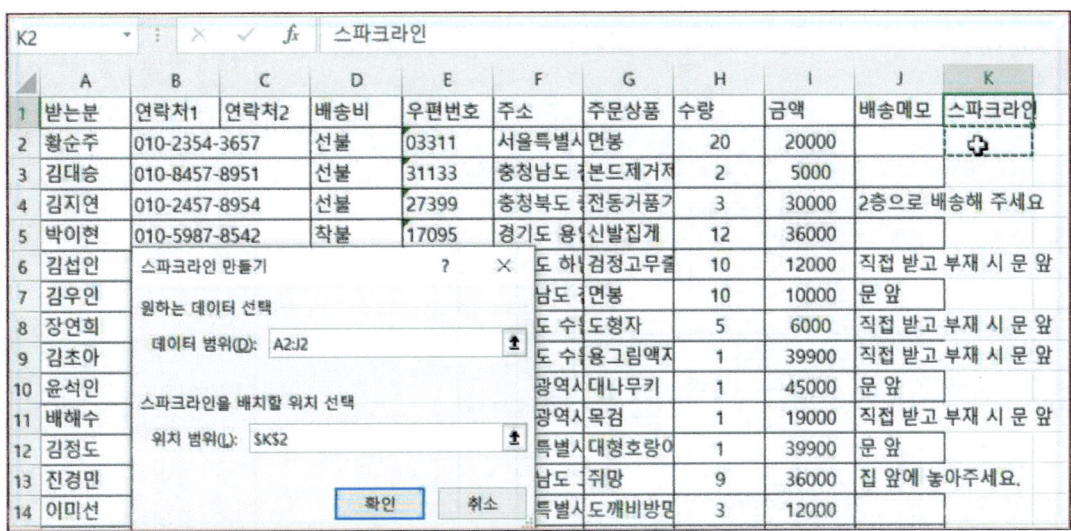

위치 범위는 위와 같이 K2를 마우스로 클릭하면 됩니다.
이 때 위의 셀주소를 보면 [데이터 범위]는 [A2:J2] 이렇게 되어 있고요, 위치 범위는 [$K$2]라고 되어 있습니다.

이렇게 셀 주소 앞에 $가 붙으면 절대 주소라고 하며, $가 붙지 않는 주소는 상대 주소라고 합니다.
절대 주소는 현재 선택한 범위의 셀들이 참조하는 셀이므로 셀 주소가 바뀌면 안 되기 때문에 절대 주소를 사용하는 것입니다.

앞으로 수식을 공부할 때 자세하게 설명하도록 하겠습니다.
[확인]을 클릭하면 다음과 같이 나타납니다.

위와 같이 K2셀에 스파크라인이 나타났습니다.
이 때 위의 K2셀의 우측을 보면 마우스 포인터가 + 모양으로 바뀌었습니다.
이렇게 마우스를 가져가서 +모양으로 바뀌었을 때 마우스 우측 버튼을 클릭 드래그하여 밑으로 끝까지 내립니다.

좌측에서 [셀 복사]를 클릭하면 모든 행의 스파크라인이 나타나는데요..
이것은 이전 버전에서 하는 방법이고요, 엑셀2019에서는 마우스 우측 버튼을 클릭하지 않고 그냥 마우스 좌측 버튼을 클릭하고 그래도 드래그를 해도 됩니다.

좌측 화면은 마우스 좌측 버튼을 클릭하고 밑으로 드래그한 것입니다.

현재 위를 보면 스파크라인 위로 배송 메모가 우측으로 길게 나타납니다.
그래서 스파크라인을 자세하게 볼 수 없습니다.

이 때에는, 다음과 같이 합니다.

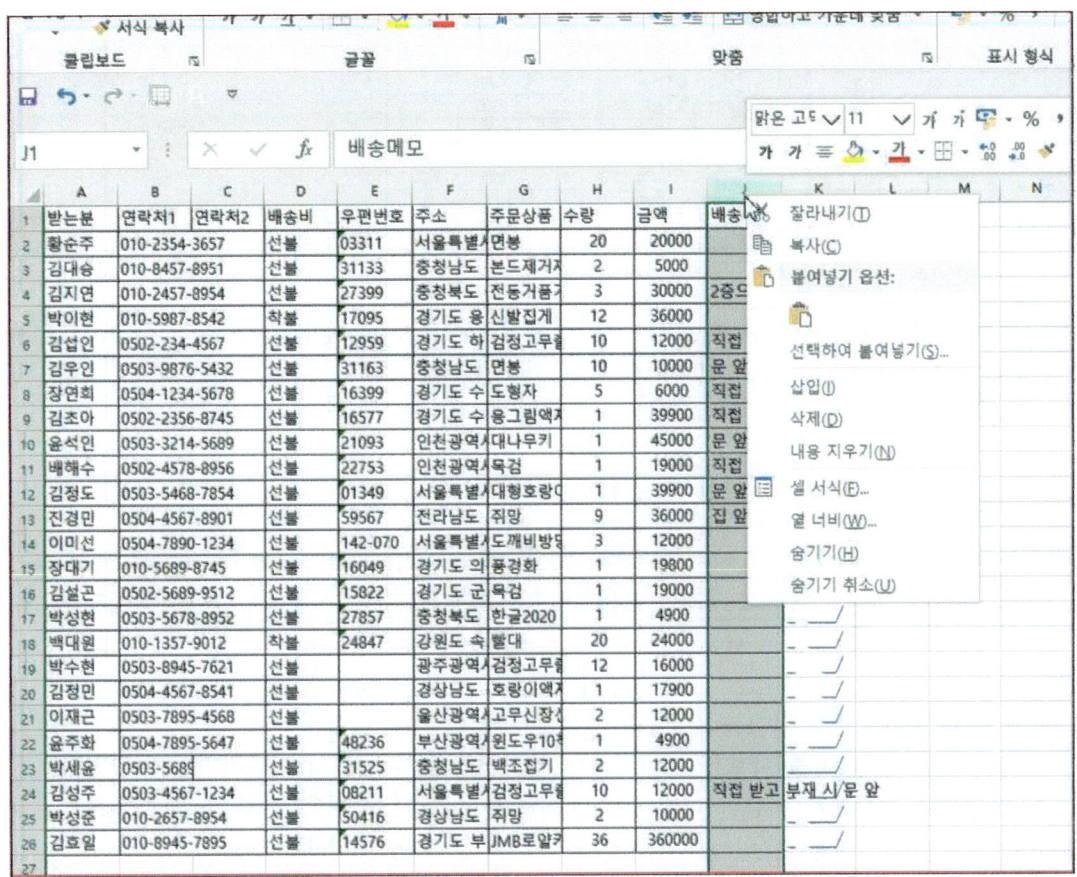

앞의 마우스가 가리키는 J열을 클릭하면 J열이 몽땅 선택됩니다.
이렇게 J열이 몽땅 선택된 다음, J열에 마우스를 대고 마우스 우측 버튼을 클릭하여 나타나는 팝업 메뉴에서 [셀 서식]을 클릭합니다.

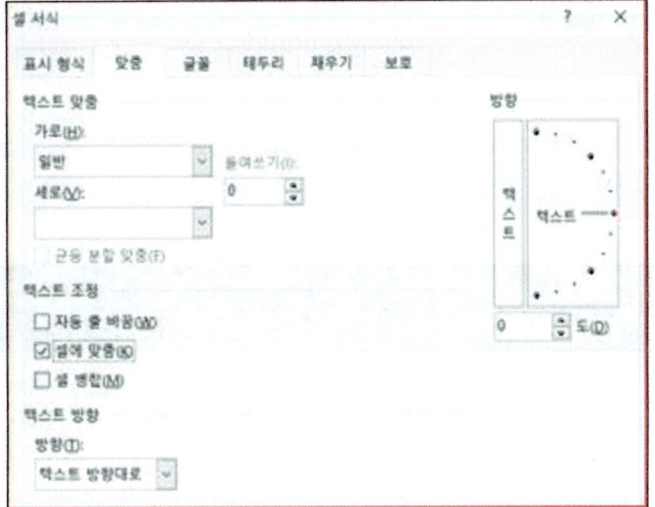

위와 같이 [셀에 맞춤]에 체크를 하고 [확인]을 클릭하면 셀 범위를 넘어서 우측으로 보이던 글씨가 셀에 맞추어 작게 조절이 되어 아래와 같이 스파크라인 열을 침범하지 않습니다.

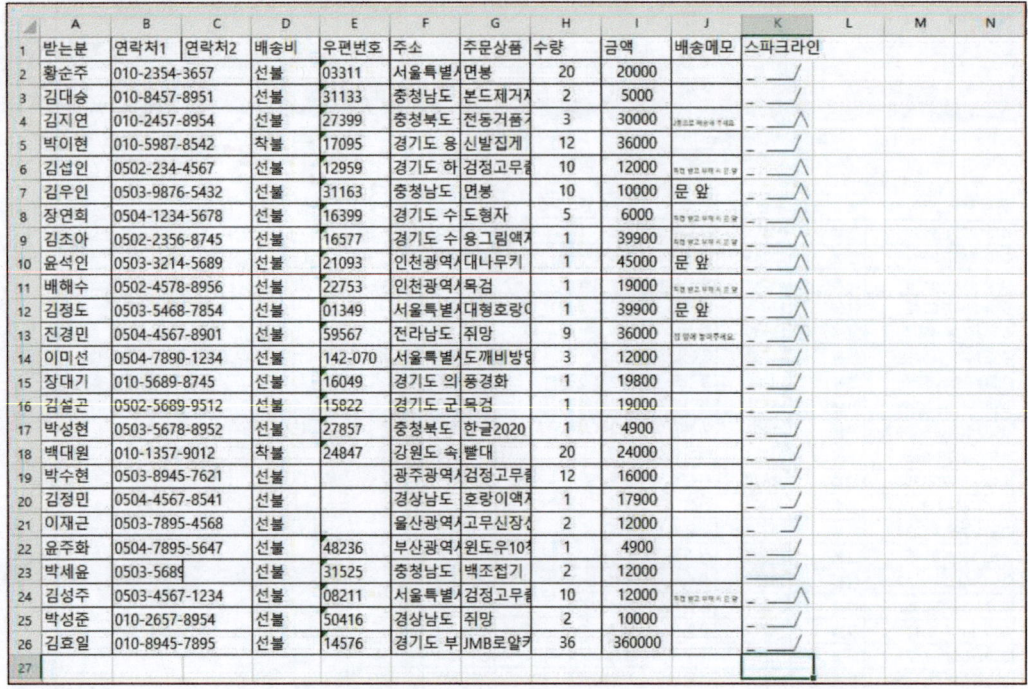

이제 데이터 추이를 한 눈에 알아볼 수 있게 되었습니다.

위의 데이터를 이러한 추이를 아보는 데이터로는 부적합하지만, 이제 스파크라인이 무엇인지 알았으므로 앞으로 실무에서 복잡한 데이터를 만났을 때 이렇게 스파크라인을 사용하면 복잡한 데이터를 한 눈에 알아볼 수 있는 훌륭한 보고서를 만들 수 있습니다.

스파크라인데는 다른 항목도 있고요, 스파크라인도 지금 설명한 방법 이외에 다른 방법을 사용해도 됩니다.

이 책은 한정된 지면으로 집필하는 것이므로, 이러한 것들은 여러분 스스로 직접 실습을 해보시기 바랍니다.

슬라이서

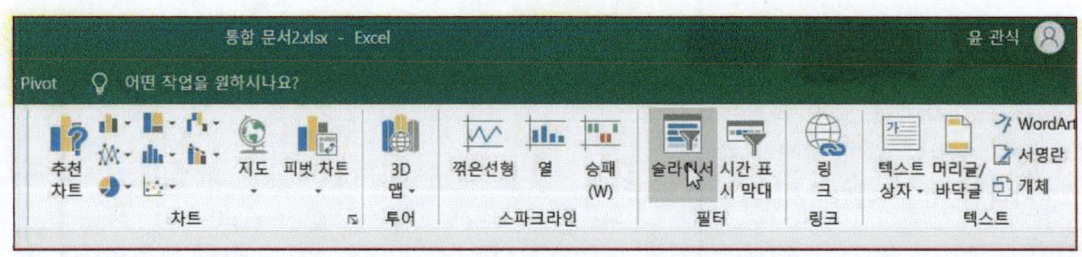

여기 보이는 것은 엑셀 2019 이고요, 슬라이서 기능은 버전별로 약간씩 차이가 있으므로 이전 버전 사용자는 여기 설명 참조하여 응용을 해야 하고요, 엑셀의 슬라이서 기능은 피벗 테이블이나 챠트 등의 기능보다 더욱 쉽고 빠르게 데이터를 요약할 수 있습니다.

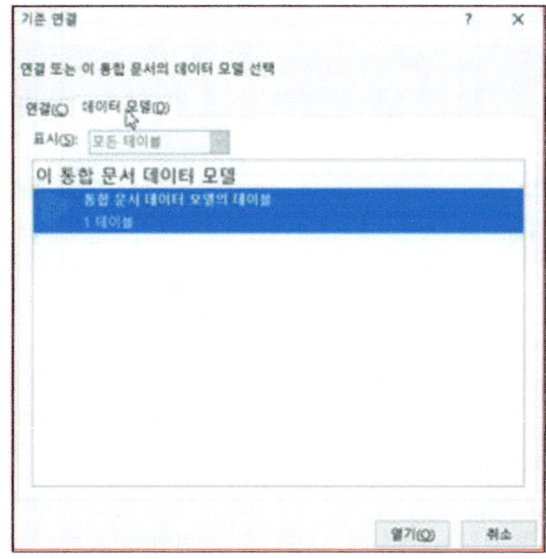

이런식으로 엑셀은 버전별로 기본 기능은 거의 똑같다고 해도 될 정도로 거의 비슷하고요, 이런 기능에서 버전별로 약간씩 차이가 있거나 과거 버전 이후에 개발된 기능이 추가된 정도입니다.

따라서 기본적인 엑셀 공부를 하는데는 엑셀의 모든 버전이 가능하고요, 가능하면 엑셀 2003 이후 버전만 사용하면 대체로 무난합니다.

엑셀 데이터를 선택하고 위의 화면 마우스가 가리키는 슬라이서를 클릭합니다.

나타난 대화상자에서 마우스가 가리키는 [데이터 모델]을 선택하고 [확인]을 클릭하면 다음 창이 나타납니다.

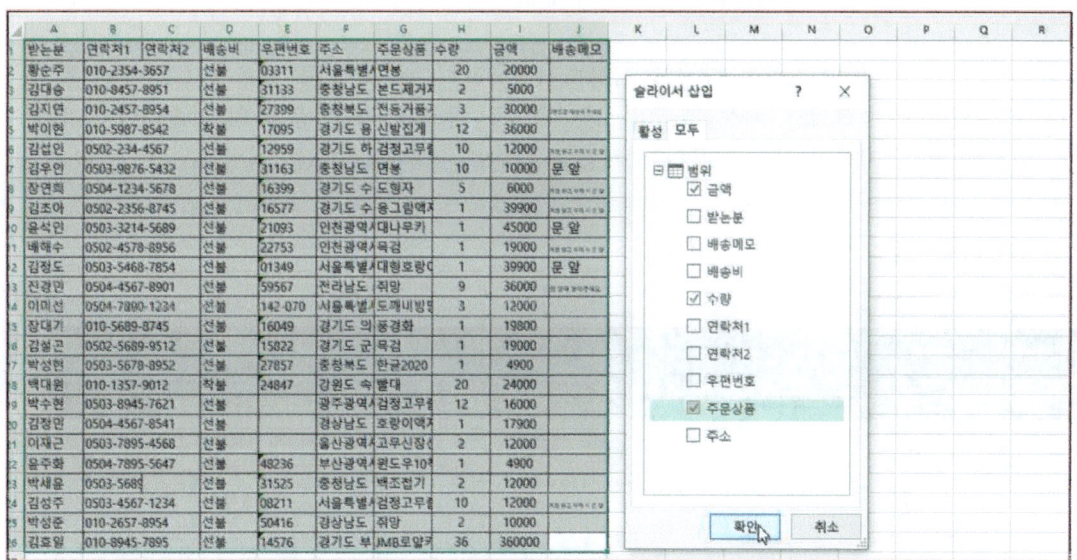

여기서 필자는 주문 상품과 수량과 금액만 보기 위하여 위와 같이 체크를 하였습니다.
위와 같이 체크를 하고 확인을 클릭하면 다음과 같이 나타납니다.

방금 선택한 항목들이 추출되어 나타납니다.

엑셀 실무에서는 꼭 필요한 기능들이고요, 여기서는 비교적 간단하게 사용하는 방법만 기술하였으므로 나머지는 여러분이 직접 실행해보고 터득해야 하는 부분입니다.

엑셀의 기능은 거의 무궁무진하기 때문에 사용하기에 따라서는 거의 못하는 것이 없다고 할 수 있을 정도입니다만, 그래서, 사실 엑셀의 모든 기능을 사용하는 사람은 거의 없습니다.
자신의 업무에 맞는, 자신이 자주 사용하는 기능들 위주로 사용하기 마련이니까요..

링크(하이퍼 링크-Hyper Link)

링크를 모르는 분은 아마 별로 없을 것입니다만, 이 책은, 책이므로 모르는 사람들을 위하여

설명을 하지 않을 수가 없고요..
컴퓨터를 잘 모르는 사람이라도 인터넷은 대부분 할 줄 알여, 인터넷을 할 때 사용하는 프로그램을 웹브라우저라고 하며 인터넷은 월드와이드맵(WWW-Word Wide Map)이고 인터넷을 할 수 있는 프로그램을 웹브라우저라고 하며 웹브라우저로 구동되는 인터넷에서 보는 페이지를 HTML 문서라고 하며, HTML은 Hyper Text Markup Language의 약자로서 웹 서핑을 하다가 링크가 된 곳에 마우스를 가져가면 마우스 포인터가 손가락 모양으로 변하여 이 때 클릭하면 링크가 되어 있는 곳으로 이동을 합니다.
이것을 하이퍼 링크(Hyper Link)라고 합니다.
이렇게 특정 단어 혹은 그림 등에 링크를 삽입하여 원하는 곳으로 이동하는 기능은 비단 인터넷 문서만 가능한 것이 아닙니다.
예를 들어 엑셀을 사용하면서 엑셀을 이용하여 영화를 예로 들어봅시다.
자신이 좋아하거나 보았던 영화 제목들을 주욱 입력해서 나열을 하다보면 엑셀 한 화면에서 영화 제목 여러개와 각 영화에 나오는 출연진과 영화의 줄거리 등을 한 화면에 모두 입력하기는 어렵습니다.
이 때 간단한 메모 정도는 원하는 셀을 선택하고 마우스 우측 버튼을 클릭하여 나타나는 팝업 메뉴에서 [메모 삽입]을 이용하면 됩니다만, 메모는 간단하게 입력하는 기능이고요, 메모를 소설을 쓰듯이 입력할 수는 없습니다.
그래서 메모가 아닌, 링크 기능을 이용하여 다른 시트 혹은 다른 문서를 만들어서 그곳으로 이동하게 하는 링크 기능이 필요할 수도 있습니다.
현재 실습으로 사용하는 엑셀 데이터를 가지고 실습을 해 보겠습니다.
다음 화면에 보이는 것과 같이 면봉 셀을 선택하고 마우스 우측 버튼을 클릭하여 나타나는 팝업 메뉴에서 [메모 삽입]을 클릭합니다.
위의 마우스가 가리키는 메모 삽입을 클릭하면 다음 팝업이 나타납니다.

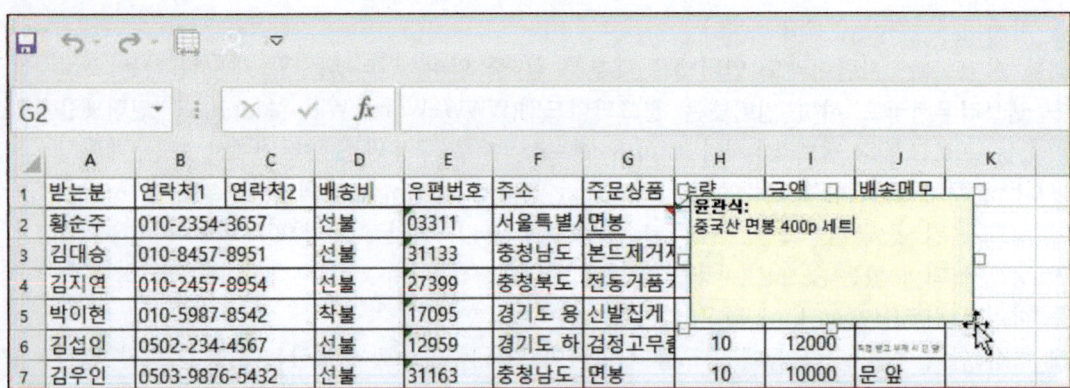

이 때 위의 마우스 포인트가 위의 마우스가 가리키는 것과 같은 모양으로 변할 때 클릭 드래그하면 메모의 위치를 옮길 수도 있고요, 양쪽 화살표 모양으로 변했을 때 클릭 드래그하면 메모의 크기를 변경할 수도 있습니다.

위와 같이 적당한 크기로 조절을 하고 메모를 입력하는데요, 필자는 여기에 '중국산 면봉 400p 세트' 라고 입력을 했습니다.

이제 마우스를 위와 같이 면봉에 가져가면 저절로 방금 입력한 메모가 보여서 혹시 다른 누가 보아도 이것은 중국산 면봉 400p 세트라는 것을 금방 알 수 있습니다.

그러나 메모가 소설을 쓰듯이 내용이 많다면 다른 방법을 사용해야 합니다.

엑셀 하단 위의 마우스가 가리키는 곳을 클릭하여 시트3이 열리게 하고 다음과 같이 입력합니다.

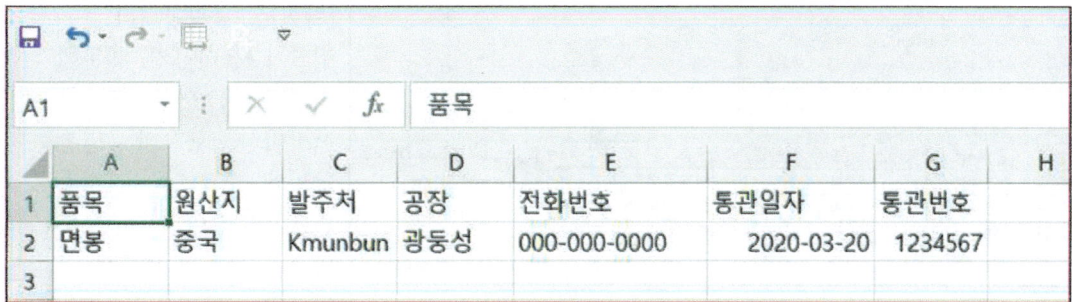

실습을 위하여 입력한 것이므로 대충 참고만 하시고요, 위와 같이 [Sheet3]에 입력을 하고 다시 [Sheet2]를 클릭하여 원래의 데이터가 있는 시트2로 이동을 합니다.

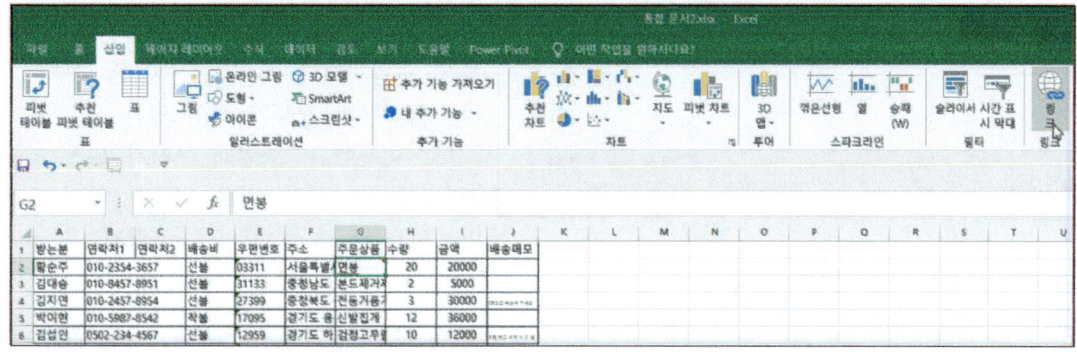

이번에는 아까 메모를 삽입했던 면봉 셀을 선택하고 위의 화면 우측 마우스가 가리키는 링크를 클릭합니다.

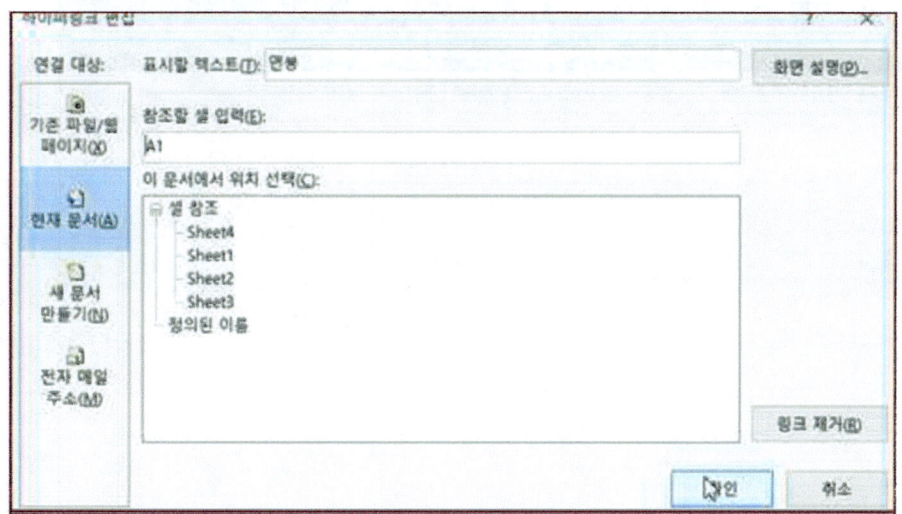

위의 좌측에서 [현재 문서]를 선택하고 가운데 나타난 여러 시트 중에서 [Sheet3]을 선택하고

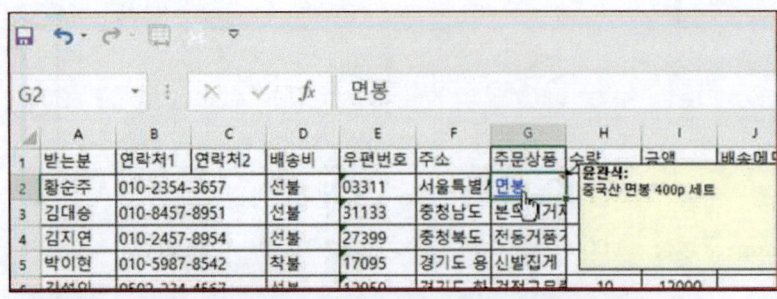
[확인]을 클릭합니다.
링크가 들어갔기 때문에 위와 같이 면봉 글씨가 색상이 변했으며 면봉 글씨에 마우스를 가져가면 위와 같이 손가락 모양으로 변하며, 이 때 클릭하면 시트3으로 이동

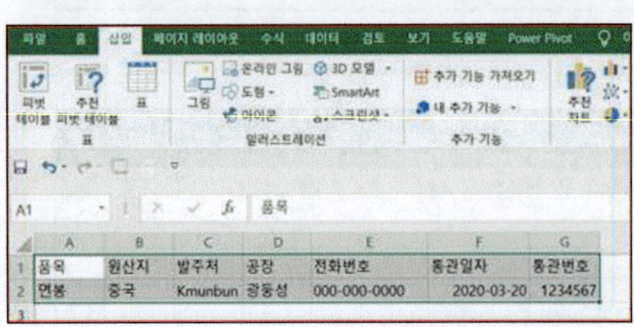
하여 면봉에 대한 보충 설명 및 추가 정보를 볼 수 있습니다.
위와 같이 원래 기준 문서에 있는 면봉을 클릭하여 면봉의 원산지 및 통관 서류 등의 정보가 적혀 있는 시트3으로 이동했고요, 원래 문서가 있는 시트2에서는 모든 것을 알 수 있지만, 시트3만 보는 사람은 독립된 문서인지 이 문서가 어떤 문서에 연결된 것인지 알 수가 없습니다.

그래서 다시 피드백 개념으로 위와 같이 시트3의 모든 내용에 블럭을 씌우고 아까와 마찬가지로 위의 화면 우측 마우스 화살표가 가리키는 [링크]를 클릭합니다.

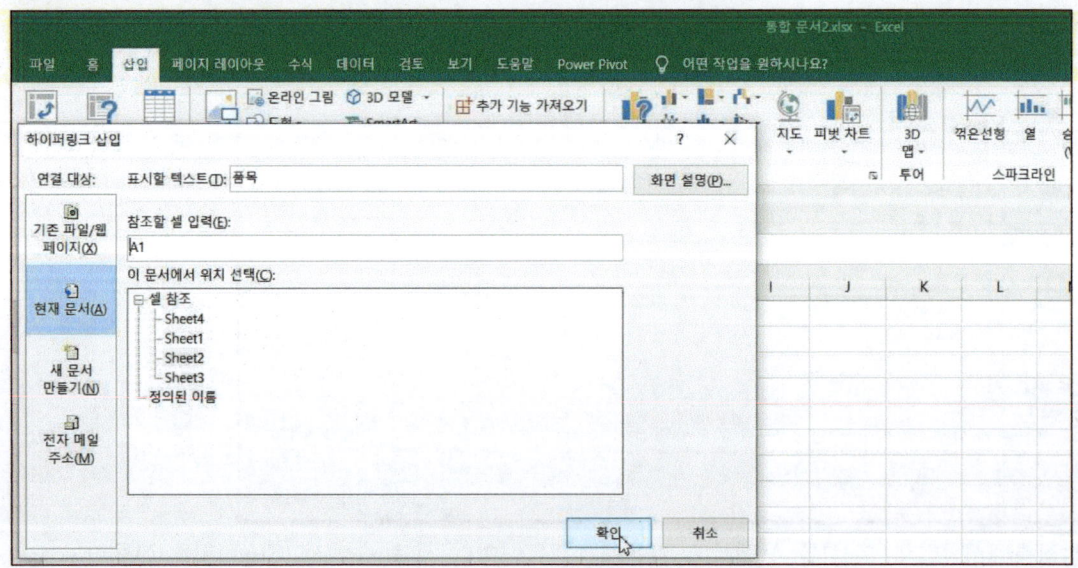

이번에도 위의 좌측에서 [현재 문서]를 선택하고 가운데서는 아까와 반대로 이번에는 [Sheet2]를 선택하고 [확인]을 클릭합니다.

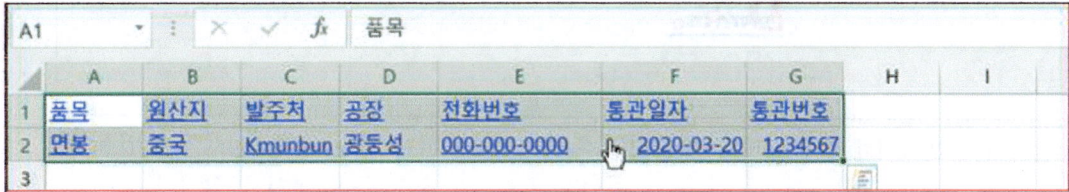

이번에는 몽땅 블록을 씌우고 링크를 지정했기 때문에 위의 아무 곳이나 클릭해도 원래의 데이터가 있는 시트2로 이동합니다.
이것을 응용하여 웹 문서에 링크시킬 수도 있습니다.
아래 화면을 보세요..

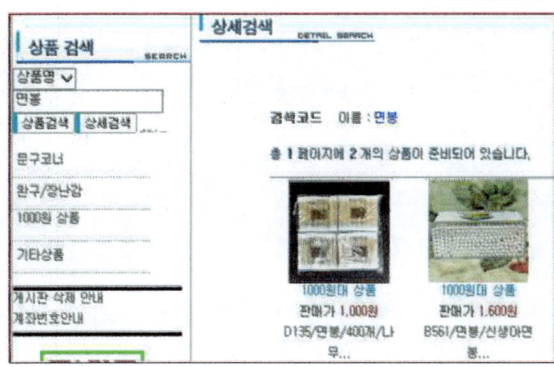

필자의 홈페이지이고요, 위의 화면에서 손가락이 가리키는 [상세 검색]을 클릭하고 좌측과 같이 면봉을 입력하고 검색을 합니다.

좌측과 같이 필자의 홈페이지 초기 화면에서 [상세 검색]을 클릭하고 검색어 '면봉'을 입력하고 검색을 하면 이렇게 면봉이

검색됩니다.

우측 화면의 손가락이 가리키는 면봉 썸네일을 클릭하면 아래와 같이 면봉 제품 상세 설명 페이지가 열립니다.

위의 필자의 홈페이지에 있는 면봉 상세 설명 페이지의 맨 위에 있는 주소 표시줄에 있는 주소를 몽땅 복사를 합니다.

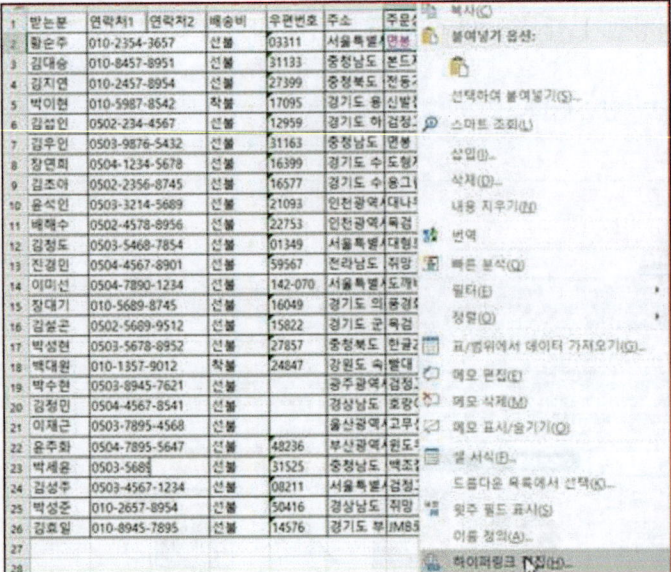

위와 같이 엑셀의 시트2로 가사, 면봉 셀을 선택하고 마우스 우측 버튼을 클릭하면, 이번에는 이미 면봉 셀에 하이퍼 링크가 들어 있기 때문에 위와 같이 [하이퍼링크 편집]으로 나타납니다.

위의 마우스가 가리키는 [하이퍼링크 편집]을 클릭합니다.

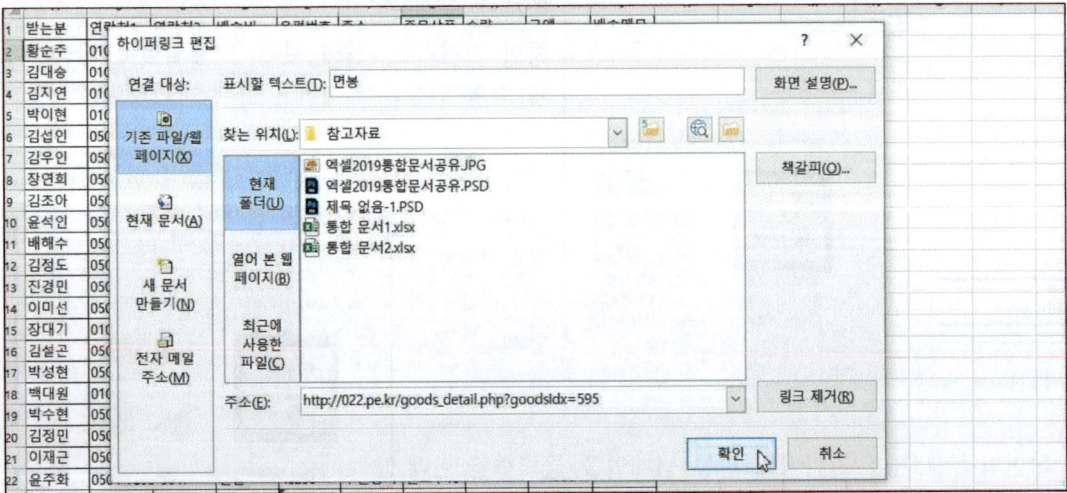

이번에는 위의 화면 좌측에서 맨 위의 [기존 파일/웹페이지]를 선택하고 위의 화면 하단 주소

란에 방금 필자의 홈페이지에서 검색한 면봉 제품 상세 설명 페이지를 주소를 입력하고 [확인]을 클릭합니다.
현재 엑셀에서 작업하는 것이고요, 웹 문서를 작성하는 도중이라면 링크를 클릭했을 때 새 창으로 열 것인지 기존의 창으로 열 것인지 선택하는데요, 지금은 엑셀에서 웹 문서에 연결하는 것이기 때문에 이런 선택은 없습니다.

이제 면봉을 클릭하면 방금 입력한 필자의 홈페이지에 있는 면봉 상세 설명 페이지, 즉 웹페이지로 연결됩니다.
이것이 하이퍼링크입니다.

텍스트 상자

위의 마우스가 가리키는 [텍스트 상자]를 클릭하면 엑셀 문서의 원하는 어디든지 텍스트 상자를 삽입할 수 있습니다.
한글2020을 포함한 한글 프로그램의 글상자와 같은 기능인데요..
마이크로소프트사에서 마이크로소프트와 맞먹을 정도의 거대한 어도비사는 물론이고 전세계의 유명한 소프트웨어 업체는 모조리 인수를 했지만 우리나라 토종 워드를 개발한 한글과컴퓨터사는 인수를 하지 못해서 아마도 몹시 배가 아플텐데요..
우리나라도 옛날에 한글과컴퓨터사가 마이크로소프트사에 매각될 위기에 처한 적이 있었습니다.
당시 온 국민이 한글 살리기 운동을 벌여서 가까스로 매각의 위기를 벗어났는데요, 필자는 한글 초기 버전도 구입을 했으며 한글 살리기 운동 당시 발매한 한글815버전도 구매를 했고요, 얼마전에 한글2020 책을 출간하면서 역시 한글2020이 포함된 한컴 오피스2020 정품을 구매를 했는데요, 한글2020을 포함한 한컴 오피스 2020은 패키지를 통째로 구입을 해도 불과 약 6만원 정도 밖에 하지 않습니다.
따라서 엑셀은 물론이고 적어도 우리나라 사람이라면 한글 프로그램 정도는 정품을 구입해서 사용을 해야 우리나라 토종 워드인 한글 프로그램이 보존된다고 할 수 있겠습니다.

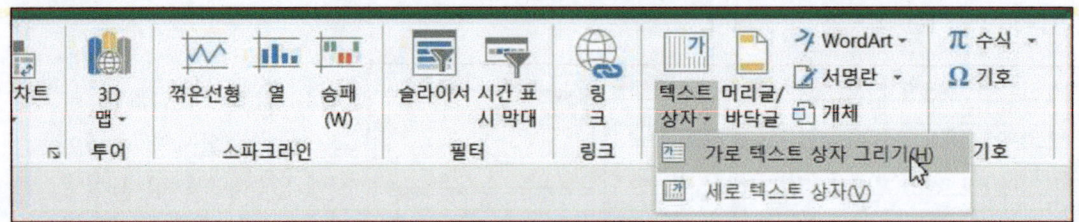

위의 손가락이 가리키는 [텍스트 상자]를 클릭하면 가로 텍스트 상자와 세로 텍스트 상자가 나타나는데요, 우선 가로 텍스트 상자를 클릭합니다.

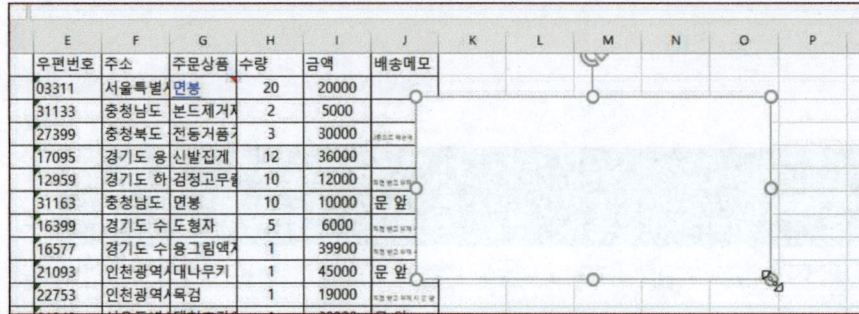

화면에는 그냥 커서만 나타나며 커서가 보이면 클릭 드래그 하여 위와 같이 원하는 크기의 텍스트 상자를 만들 수 있고요, 나중에 얼마든지 크기를 조절할 수 있고요, 원하는 어떤 위치라도 이동할 수 있습니다.

일단 좌측과 같이 입력해 봅니다.

글씨를 입력한 뒤에 마우스 포인트가 위의 화살표가 가리키는 것과 같은 모양이 되었을 때 클릭 드래그하면 위치를 이동할 수 있고요, 마우스 우측 버튼을 클릭하면 다음 메뉴가 나타납니다.

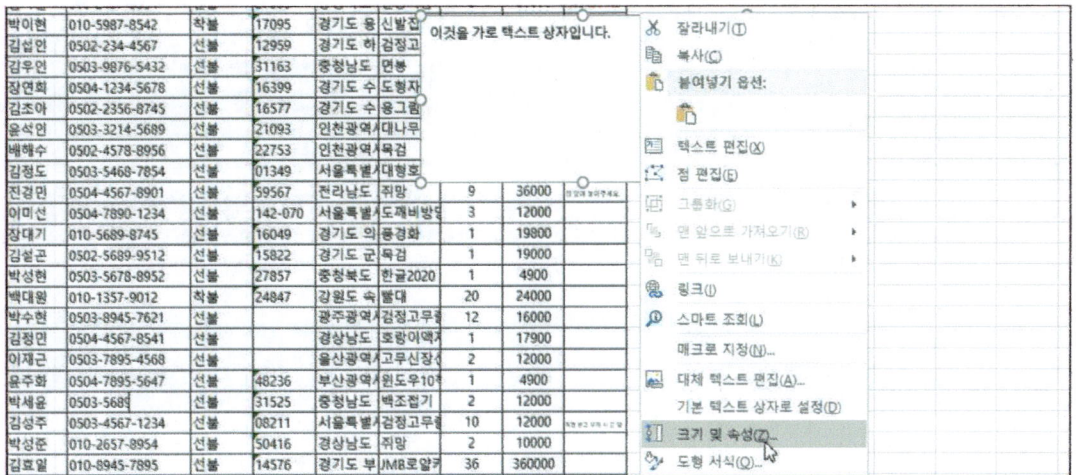

위의 마우스가 가리키는 [크기 및 속성]을 클릭합니다.

한글 프로그램의 개체 속성과 같은 기능을 하는 다음 창이 나타납니다.

위 우측, 도형 서식에서 [도형 옵션]은 여백 정도만 조절하면 됩니다만, 여백도 기본 값으로 사용하면 되고요, 위에서 중요한 것은 [채우기 없음]입니다.

위 우측 메뉴에서 [채우기 없음]을 클릭하면 위와 같이 텍스트 상자가 투명해져서 기존의 엑셀 데이터와 구분이 안 되므로 텍스트 상자를 옮기든지 아까와 같이 단색 채우기 등으로 채우는 것이 좋습니다.

이번에는 위 우측 도형 서식에서 [테스트 옵션]을 클릭합니다.

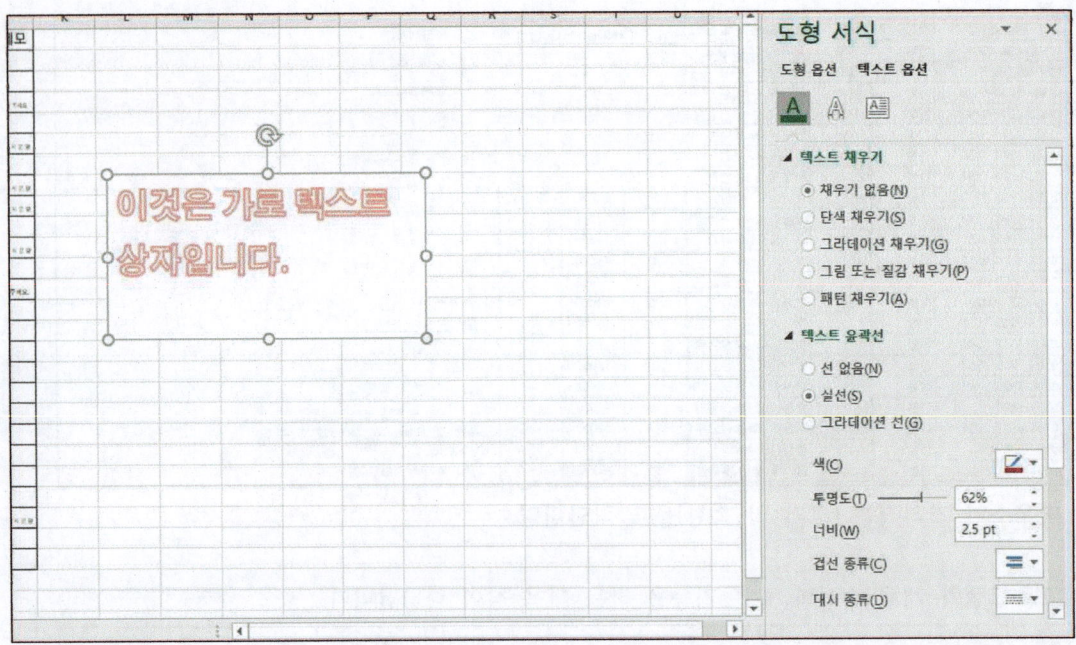

위의 텍스트 상자에 나타난 글씨를 만드는 자세한 설명을 생략하고요, 위의 우측에 보이는 여러 가지 설정 및 글꼴을 바꾸고 글씨의 크기를 조절해서 위의 텍스트 상자에 있는 글씨를 간단히 꾸미는 것으로 대신하겠습니다.

여기서는 간단히 한 가지만 설명을 합니다만, 여러분은 공부하는 입장이므로 모든 메뉴를 이 잡듯이 모두 클릭해서 속속들이 모두 실행을 해 보시는 것이 좋습니다.

워드 아트(WordArt)

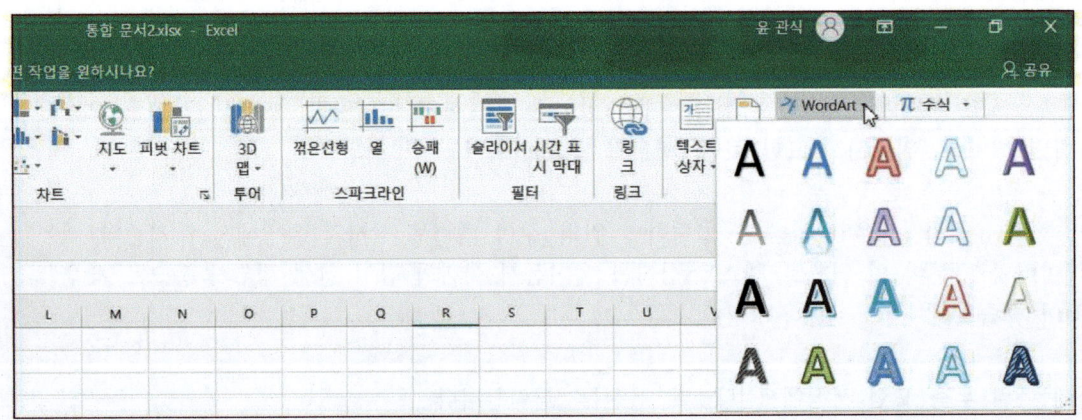

위의 화면 우측 마우스가 가리키는 WordArt는 텍스트 상자와 비슷하지만, 다릅니다.
위의 마우스가 가리키는 곳을 클릭하여 나타나는 여러가지 글꼴 타입 중에서 하나를 선택하고 엑셀 화면을 클릭하면 다음과 같이 나타납니다.

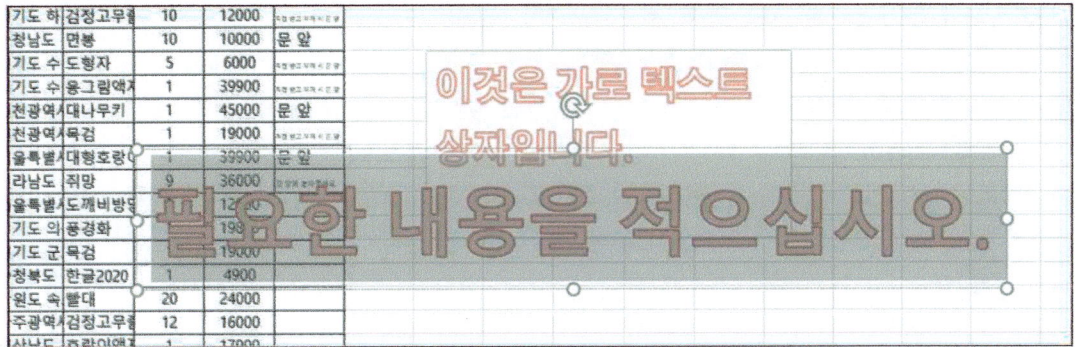

이렇게 나타나서 배너 혹은 커다란 타이틀을 만들 때 유용하다 하겠습니다.

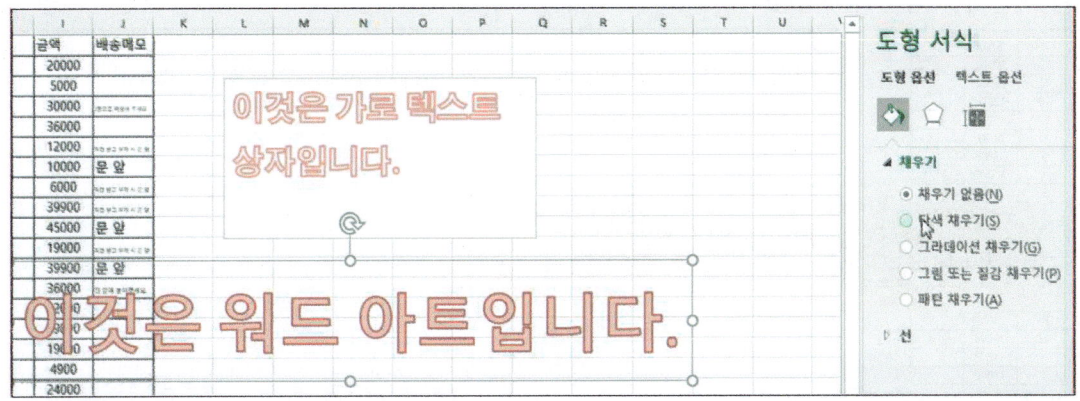

현재 워드 아트가 투명한 상태입니다.
이것을 위 우측 도형 서식에서 채우기 선택-[단색 채우기]를 클릭하면 다음과 같이 바뀝니다.

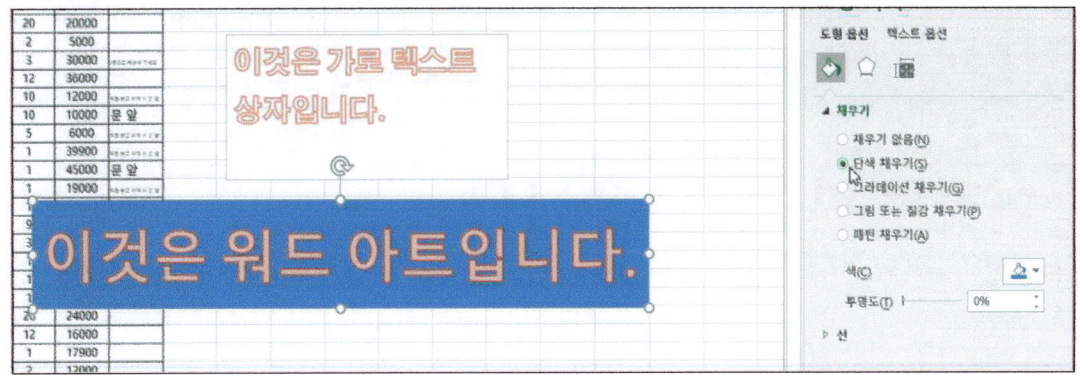

그라데이션 채우기를 하면 다음과 같이 나타납니다.
포토샵 등의 그래픽 프로그램과 같은 여러 가지 효과들을 줄 수 있습니다.

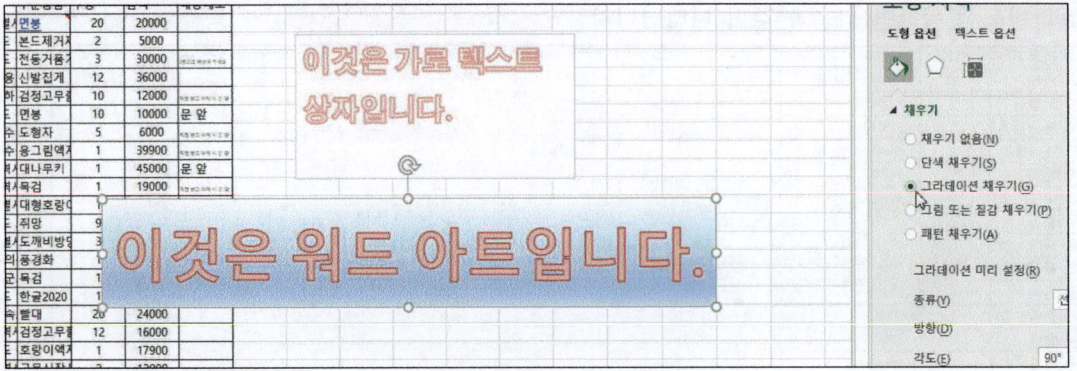

그림 또는 질감 채우기를 선택하면 다음과 같이 나타납니다.
아래의 패턴과는 다른 효과입니다.

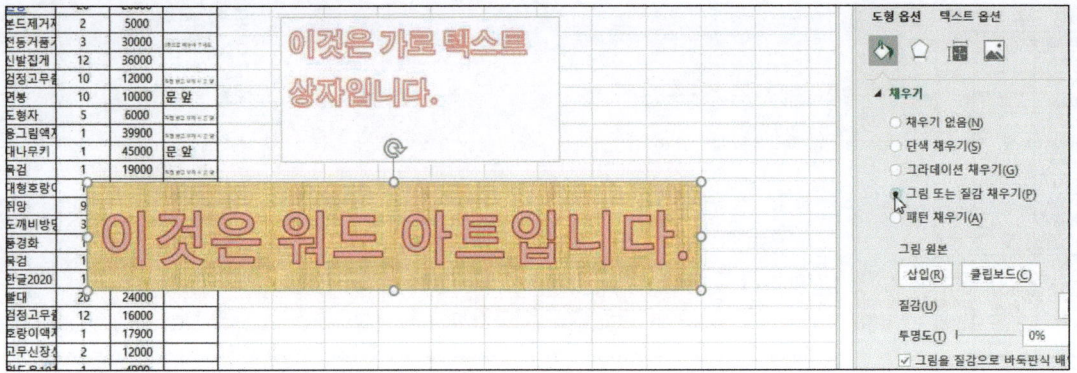

패턴 채우기를 선택하면 다음과 같이 나타납니다.
위의 질감과는 다른 기능입니다.

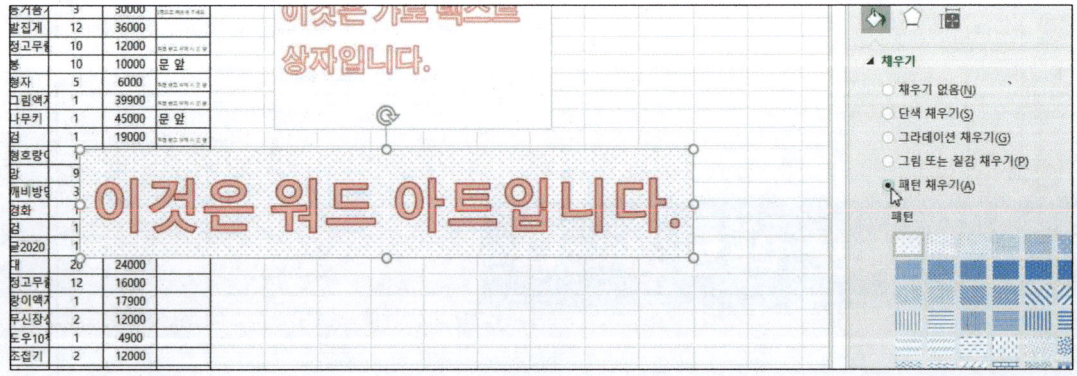

각각의 항목들은 또 다시 세분화하여 옵션을 지정할 수 있으므로 이런 것들은 여러분이 직접 실습을 하시기 바랍니다.
필자는 어도비 포토샵, 어도비 프리미어, 어도비 일러스트레이터, 어도비 인디자인 등 어도비의 프로그램군을 대부분 사용할 줄 알기 때문에 컴퓨터 그래픽을 비교하면 엑셀은 컴퓨터 그래픽 전문 프로그램에 비하여 당연히 그래픽은 떨어지게 마련입니다.
그러나 어도비사도 마이크로소프트사에서 인수를 하여 이제는 마이크로소프트 어도비이므로 마이크로소프트사의 기존의 오피스군 등의 프로그램들에 이런 그래픽 요소가 가미되어 전용 그래픽 프로그램 못지 않게 사용할 수 있다고 하겠습니다.
일부 고수들은 엑셀 한 가지만 가지고 그림도 그리고 컴퓨터 그래픽도 한다고 합니다만, 필자는 전용 그래픽 프로그램들을 두루 사용할 줄 알기 때문에 필자로서는 엑셀을 가지고 결코 그래픽을 하지 않겠습니다만, 여러분은 엑셀만 가지고도 이런 훌륭한 그래픽을 할 수 있다는 것을 아시기 바랍니다.

서명란

필자로서는 엑셀에 이런 기능이 왜 있는지 의아합니다만, 아마도 엑셀 한 가지만 사용하는 사람들을 위한 배려로 보입니다.
그러나 여기서는 위의 서명란은 아래의 투명한 도장 만들기 설명으로 대체하겠습니다.
도장을 투명하게 만들면 디지털 문서에는 어떠한 문서라도 도장을 찍은 것처럼 만들 수 있습니다.
그래서 전자정부, 국세청 홈텍스 등 여러 기관이나 단체에서는 서류를 조작한 것이 아닌지 면밀하게 검사를 하며 각종 위변조 방지 기술을 사용하는 것입니다.
즉, 다시 말해서 지금부터 설명하는 투명한 도장 만들기를 이용하여 서류를 조작하면 사문서 위조로 처벌을 받을 수 있다는 것을 미리 아시기 바랍니다.
그러나 업무용으로 자신의 도장을 투명하게 디지털로 만들어놓으면, 필자의 경우 원본 서류가 들어가지 않는 곳에는 모두 이렇게 투명한 도장을 만들어놓은 디지털 도장을 찍어서 보냅니다.

에를 들어 전자세금계산서, 간이영수증, 거래명세표 등입니다.
이렇게 투명한 도장을 만들기 위해서는 일러스트레이터나 포토샵을 사용해야 하는데요, 이런 작업은 일러스트보다 포토샵이 훨씬 편리합니다.
먼저 도장을 종이에 찍어서 스캔을 해야 하는데요, 필자는 고성능 스캐너가 있기 때문에 대부분 스캐너로 스캔을 합니다만, 여러분은 스마트폰으로 촬영해도 됩니다.

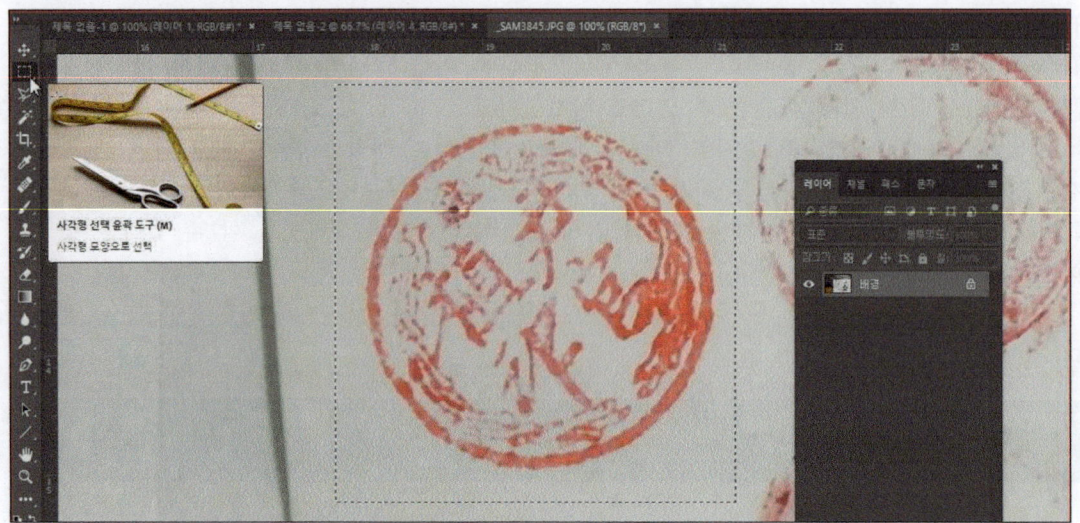

위는 도장을 찍어서 포토샵에서 불러들인 화면이고요, 위의 좌측 마우스가 가리키는 사각형 선택 도구를 선택하고 클릭 드래그하여 위와 같이 일단 도장 주위를 사각형으로 셀렉션을 만듭니다.
그리고 포토샵 메뉴 [이미지]-[자르기]를 하면 아래와 같이 사각형 셀렉션 바깥쪽은 사라지고 사각형 안쪽만 남게 됩니다.

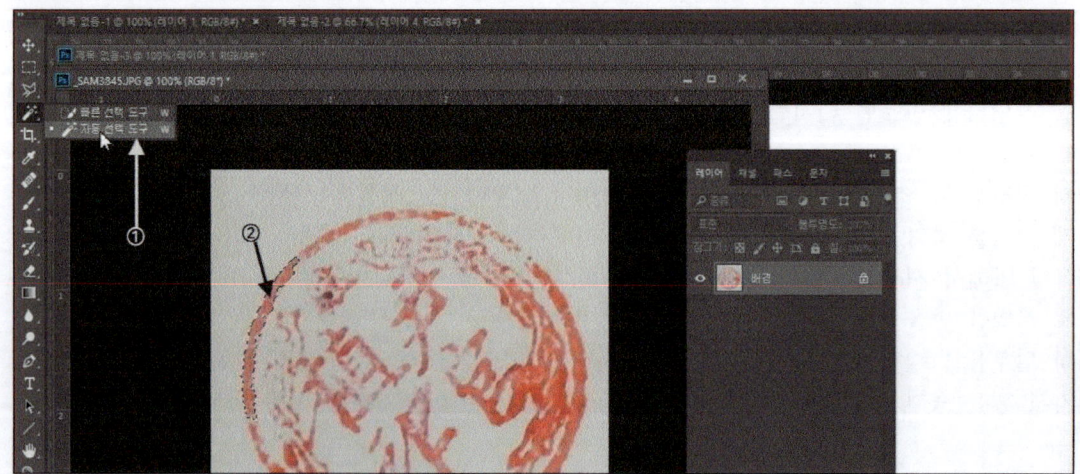

위의 ①번 화살표가 가리키는 마술봉을 선택하고 ②와 같이 빨간 부분을 한 번 클릭하여 위와 같이 선택을 합니다. 그리고.. 아래 화면..

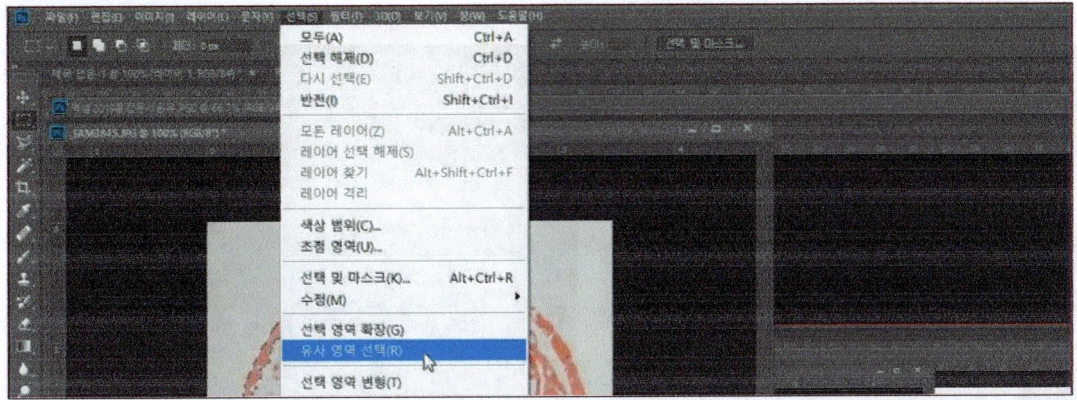

위와 같이 포토샵 메뉴 [선택]-[유사 영역 선택]을 클릭하면 빨간 색은 모두 선택이 됩니다.

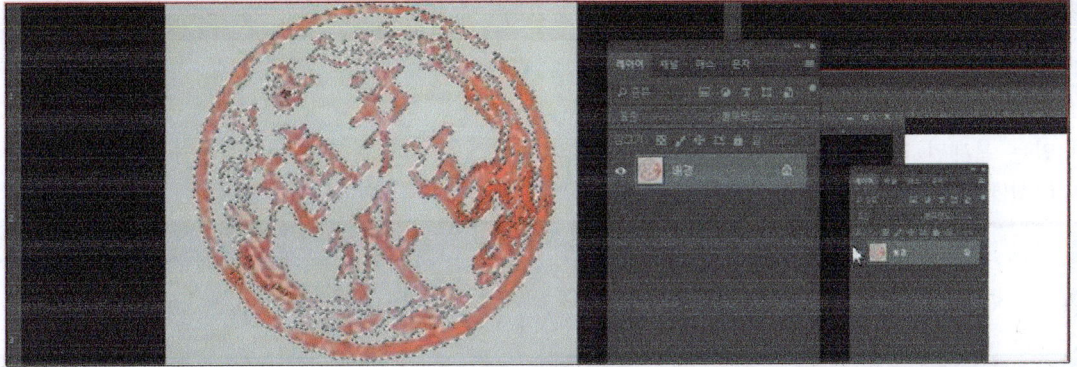

위와 같이 빨간색 부분만 선택을 한 다음에 키보드에서 [Ctrl + J] 명령으로 복제를 합니다.

위와 같이 빨간색 부분만 복제되어 [레이어1]이 새로 생성되었고요, 위의 화면 손가락이 가리키는 밑에 있는 배경 레이어의 눈을 감으면 아래와 같이 배경은 보이지 않고 빨간 도장 부분만 보이게 됩니다.

도장이 선명하지 않습니다.

위에 있는 복제된 레이어(위의 사진 손가락이 가리키는 레이어의 위에 있는 [레이어1])를 선택하고 다시 [Ctrl + J]명령을 내리면 또 레이어가 복제됩니다.

위의 손가락이 가리키는 레이어가 방금 마지막으로 복제한 레이어입니다.

위의 손가락이 가리키는 레이어를 선택하고 포토샵 메뉴 [필터]-[기타]-[하이패스]를 클릭합니다.

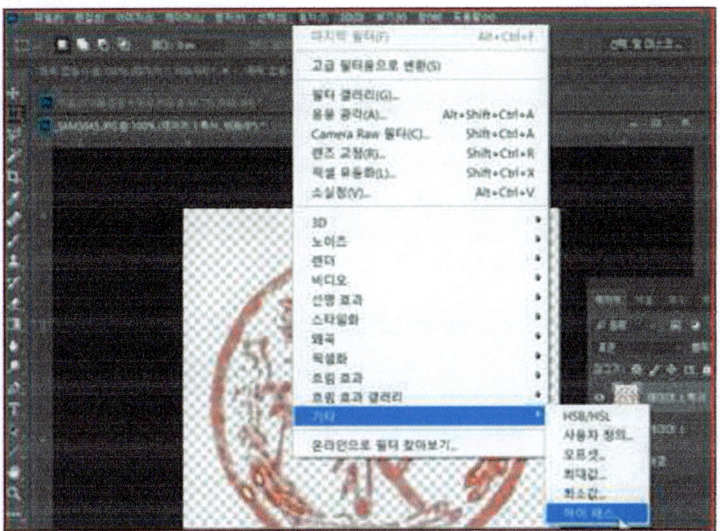 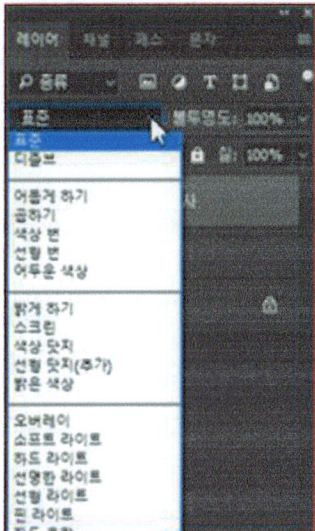

위 좌측과 같이 포토샵 메뉴 [필터]-[기타]-[하이패스]를 선택하면 화면이 회색 비슷하게 변하고요, 다음에는 위의 우측 화면에서 마우스가 가리키는 레이어 속성을 클릭하여 중간쯤에 있는 [오버레이]를 클릭합니다. 아래와 같이 완전 또렷해 졌습니다.

더욱 또렷이 하기 위하여 이번에는 위의 ①이 가리키를 레이어를 클릭 드래그하여 ②의 아이콘 위에 가져다 놓으면 또 다시 레이어가 복제되어 더욱 또렷해집니다.
경우에 따라서는 더 반복할 수도 있고요..

그러나 사진이나 그림 등의 디지털 이미지는 보정한듯 아닌듯 자연스럽게 하는 것이 좋으므로 이 정도에서 마무리를 합니다.

지금까지 작업한 것은 지금까지 작업한 내용을 모두 기억하고 있는 포토샵 고유의 .PSD파일 입니다.

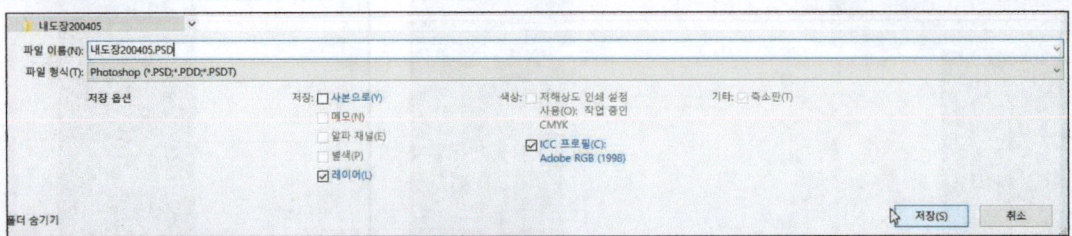

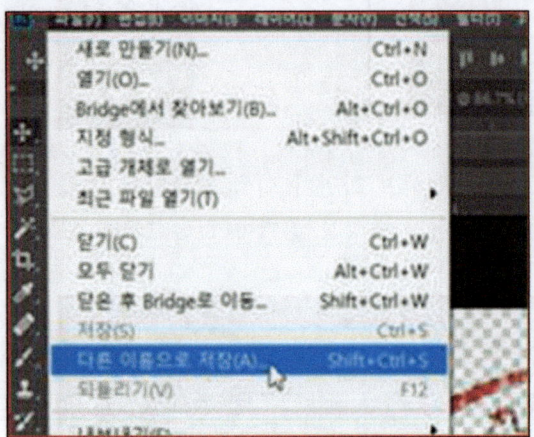

포토샵은 이렇게 작업하는 내용을 기억하고, 레이어가 있기 때문에 사용하는 것이며 어차피 전세계에서 가장 많은 사람들이 사용하는 2D 그래픽의 대명사입니다.

따라서 포토샵에 관심이 있는 분들은 필자의 다른 저서 '어도비 포토샵' 책을 참조하시기 바랍니다.

그리고 지금 작업하는 파일을 배경이 투명한 GIF 파일로 만들어야 하므로 다음과 같이 포토샵 메뉴 [파일]-[다른 이름으로 저장]을 클릭합니다.

위의 화면에 보이는 것과 같이 포토샵 메뉴 [파일]-[다른 이름으로 저장]을 클릭하면 다음 화면이 나타납니다.

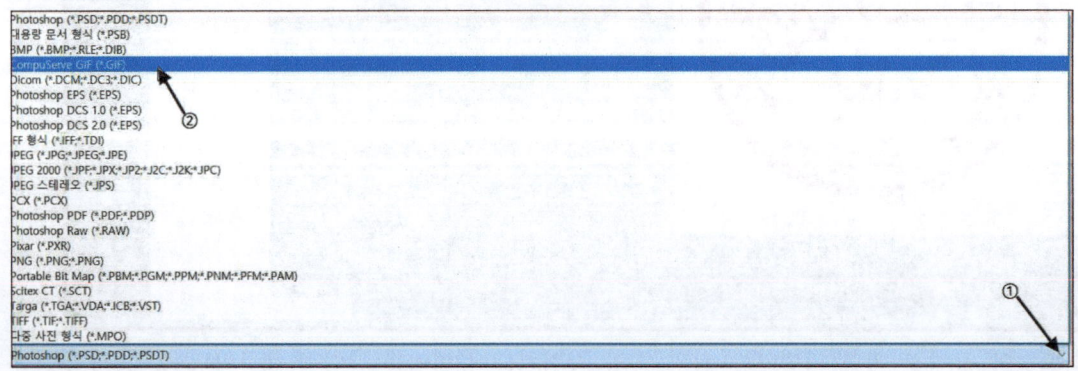

위의 화면에서 ①을 클릭하여 다른 포맷이 나타나게 한 다음, ②의 [CompuServe GIF]를 선택합니다.

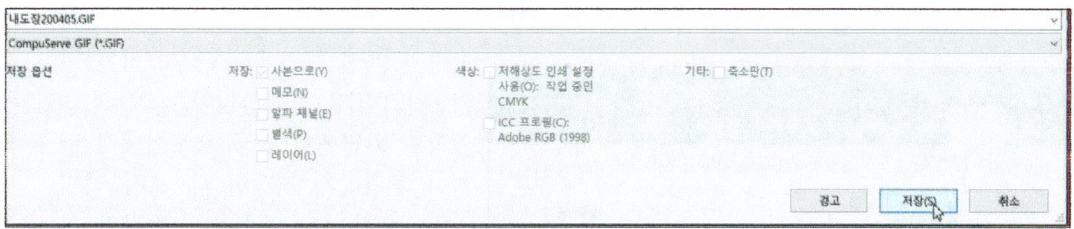

위의 화면에서 [저장]을 클릭하면 다시 다음 대화상자가 나타나서 옵션을 어떻게 지정하고 저장할 것인지 묻습니다.

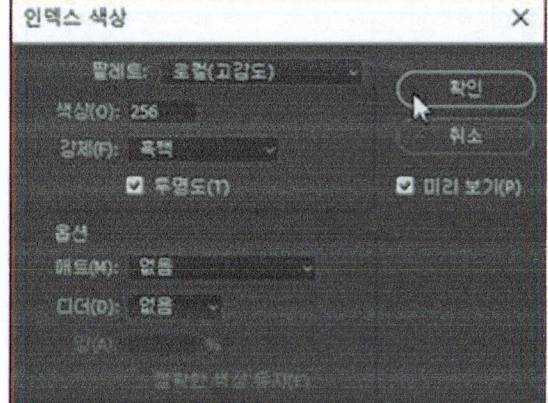

위의 대화상자에는 현재 [매트]-[없음]으로 선택되어 있습니다.

즉, 배경이 없다는 뜻입니다.
[저장]을 클릭하면 다시 아래 대화상자가 나타납니다.

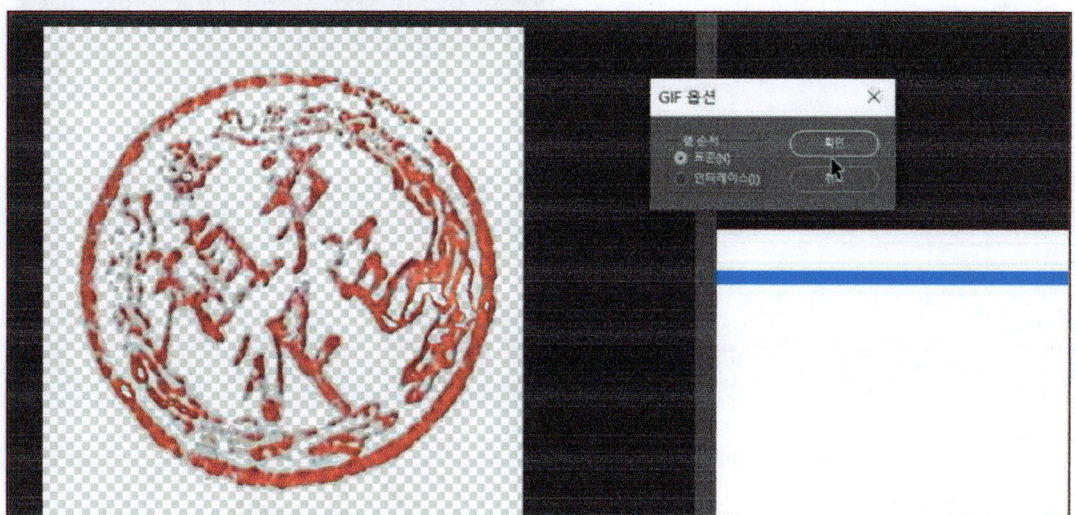

위의 대화상자에서는 아무것이나 선택해도 됩니다만, 아래쪽의 인터레이스가 투명이라는 뜻입니다.

따라서 위의 대화상자에서는 인터레이스에 체크를 하고 [확인]을 클릭하면, 이제 배경이 없는 빨간 도장만 보이는 투명한 GIF 파일이 만들어졌습니다.

엑셀 화면에 이 도장을 삽입해 보겠습니다.

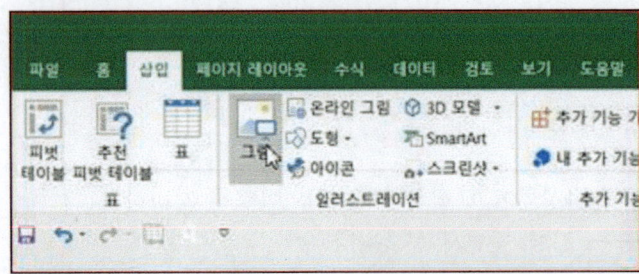

좌측의 엑셀 화면에서 마우스가 가리키는 [그림]을 클릭합니다.
앞쪽의 화면에서 방금 포토샵에서 배경이 투명하게 저장한 내 도장 이미지를 선택하고 [삽입]을 클릭하면 아래와 같이 엑셀 화면에 도장이 나타납니다.

나타난 도장은 다음 화면에 보이는 것과 같이 엄청나게 크기도 크지만, 현재 엑셀에 입력되어 있는 모든 글씨나 개체 등의 요소와는 동떨어진 곳에 나타났습니다.

일단 크기가 큰 것은 포토샵에서 크게 작업을 했기 때문이고요(원래 도장을 촬영한 것은 필자의 저서 '카메라 교본'에 소개한 2030만 화소 1:1.5 크롭바디인 삼성 NX200 바디에 삼성 AF 18-55mm F3.5-55.6OIS 렌즈를 물리고 촬영한 사진이고요, 다음 화면에 보이는 것과 같이 이 작은 도장 하나가 이렇게 크게 촬영되었습니다.

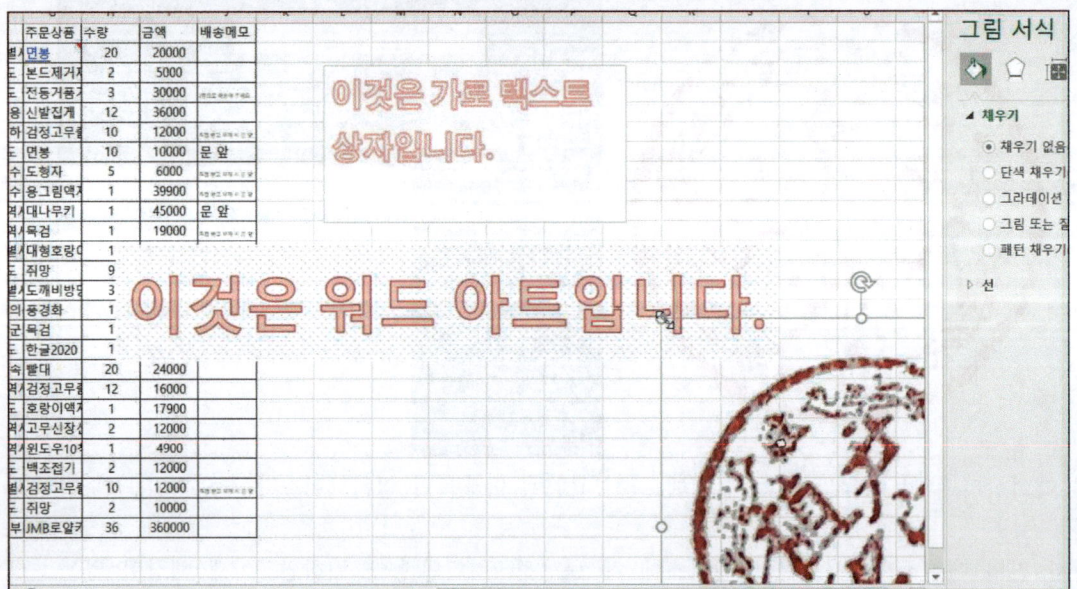

도장의 크기는 위의 화면에 보이는 마우스 모양을 보면 화살표가 양쪽으로 나타났습니다.

마우스를 도장 이미지의 사각형 꼭지점에 가져가서 이렇게 화살표 모양이 되었을 때 클릭 드래그하면 크기를 원하는대로 조절할 수 있고요.. 아래 마우스 포인트 모양을 잘 보세요..

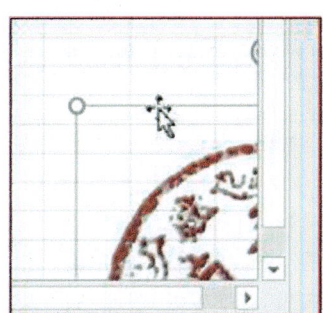

현재 화면에 나타난 도장 이미지의 사각형 꼭지점에 마우스를 가져가서 양방향 화살표가 나왔을 때 클릭 드래그하여 크기를 조절한 것입니다.

그리고, 좌측은 도장 이미지의 꼭지점이 아니라 사각형 부분에 마우스를 가져가면 위의 같이 마우스 포인터가 이동형으로 바뀌고요, 이 때 클릭 드래그하면 원하는 위치로 이동할 수 있습니다.

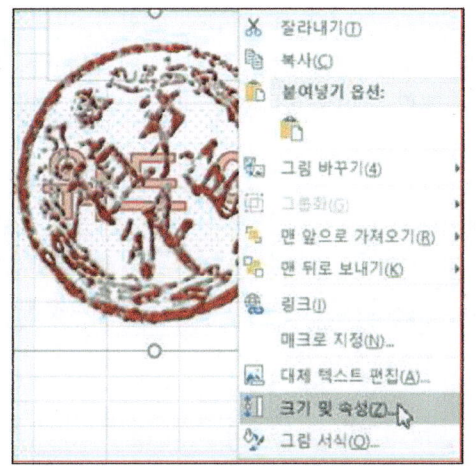

그리고 위와 같이 사각형 테두리 부분에 마우스를 가져가서 마우스 포인터가 이동형으로 바뀌었을 때 마우스 우측 버튼을 클릭하면 다음 메뉴가 나타납니다.

위의 메뉴에서 마우스가 가리키는 [크기 및 속성]을 클릭합니다.

앞에서 텍스트 상자에서부터 계속하여 실습한 메뉴가 위의 화면 우측에 나타나고요, 여기서는 위의 화면에 보이는 것과 같이 도장 이미지는 어차피 투명하므로 기본값으로 크기만 조절하여 적당한 곳으로 옮기겠습니다.
그러나 여러분은 공부하는 입장이므로 위의 옵션을 모두 클릭해서 어떤 기능이 있는지 확실하게 숙지하는 것이 좋습니다.
필자가 얼마전에 출간한 '한글2020'에서는 이렇게 그림을 삽입하면 안 되는 것은 아니지만, 여기서 엑셀 문서에 삽입하는 것보다 훨씬 어렵게 작동을 합니다.
그러나 마이크로소프트 엑셀을 포함한 마이크로소프트 프로그램 군에서는 마이크로소프트와 맞먹을 정도의 거대 공룡 기업이었던 컴퓨터 그래픽의 대명사 어도비사를 인수를 하여 어도비사의 그래픽을 마이크로소프트 프로그램 군에 접목하여 한글2020보다 훨씬 그래픽이 쉽게 되고 편리합니다.

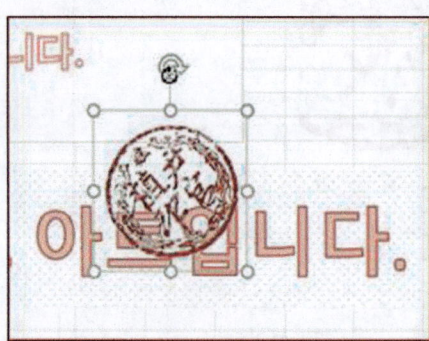

이와 같이 도장 이미지는 화면 어디라도 가져다 놓을 수가 있고요, 좌측의 도장 이미지가 선택된 위쪽에 마우스 포인터를 보세요.
이곳을 클릭하여 도장을 회전시킬 수고 있습니다.
직접 해 보시고요, 이렇게 여기서는 도장 이미지 한 가지만 예를 들었습니다만, 요즘은 정부 기관에서 발행하는 각종 문서도 대부분 전자정부 혹은 국세청 홈텍스 등에서 발급하는 대부분의 문서를 언터넷 상에서 신청을 하고 역시 바로 프린터로 출력을 할 수가 있습니다.

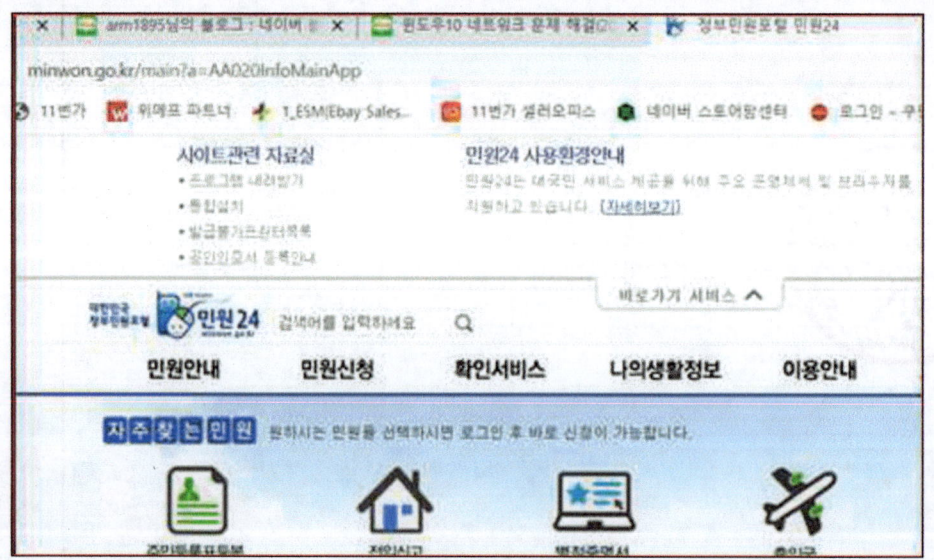

아직도 동사무소 등에 가서 직접 서류를 떼는 사람들도 많이 있는데요, 위와 같이 거의 다 라

고 해도 될 정도로 일부 문서를 제외하고는 대부분 인터넷으로 신청이 가능하며 역시 즉석에서 바로 프린터로 인쇄를 할 수가 있습니다.

필자는 우리나라 컴퓨터 1세대로서 우리나라에 컴퓨터가 처음 들어왔을 때부터 컴퓨터를 해 왔고요, 역시 아주 오랜 옛날부터 쇼핑몰을 운영해 왔기 때문에 국내 여러 은행을 거래하지만, 모든 은행, 실물 통장이 없는 무통장 전자 통장으로만 거래를 합니다.

필자는 이미 수십년 전부터 이렇게 하여 일년 내내 은행은 단 한 번도 가지 않습니다.

이것이 사업하는 사람에게는 얼마나 필요하고 큰 도움이 되는지 아직도 모르는 사람들이 많이 있는데요, 현재 사회는 경쟁 사회이며 남보다 뒤떨어져서는 살아갈 수가 없는 사회입니다.

은행 가서 번호표 뽑고, 기다리고, 업무 보고.. 일년 내내 필자는 단 한 번도 은행에 가지 않는다고요..

이렇듯 은행이나 위의 엑셀 화면과 같이, 전자 정부 등에서 발급받은 서류는 모두 디지털 서류이므로 컴퓨터에서 얼마든지 조작이 가능하며 요즘 조국 전 장관 부인의 표창장 위조 문제로 떠들썩한데요, 컴퓨터에서는 이렇게 조작하는 것이 아주 쉽고 빠르기 때문에 정부에서는 갖은 방법을 동원하여 서류 위변조를 막고 있으며, 혹시라도 서류를 위조하면 사문서 위조로 매우 엄하게 처벌을 합니다.

따라서 조국 전 장관의 부인도 아마도 일반인의 상상을 뛰어넘는 큰 처벌을 받을 것으로 보이고요, 여러분도 이런 방법을 공부를 했다 하여 사문서를 위조 하려는 생각일랑 아예 꿈도 꾸지 마시기 바랍니다.

자르기(Crop)

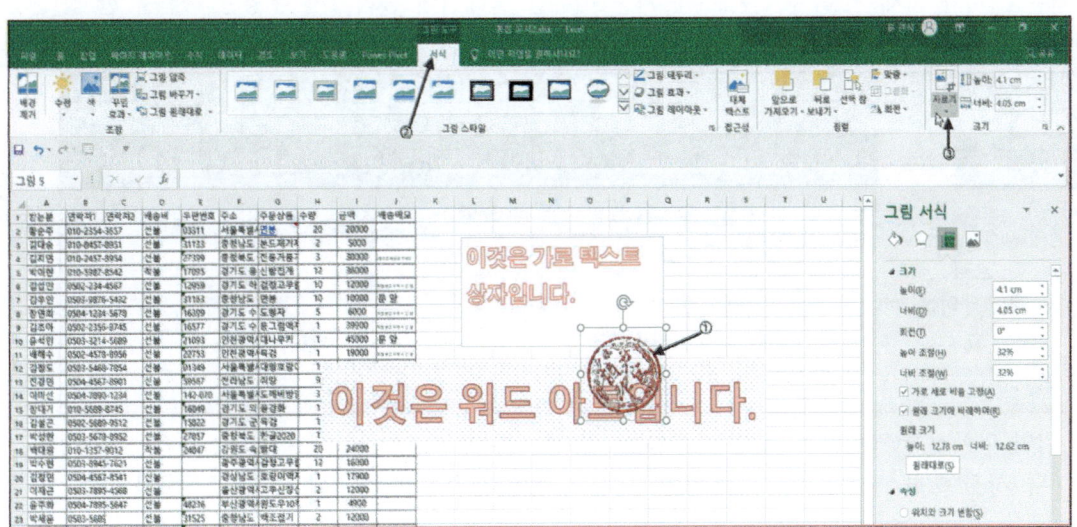

현재 불러온 도장을 포함한 개체는 여러 종류가 있을 수 있고요, 사진이든 그림이든 컴퓨터에 취급하는 것은 모두 디지털 이미지입니다.
물론 글씨는 텍스트라고 부라며 그림과는 다릅니다.
이에 대해서는 아스키 코드까지 설명해야 하므로 여기서는 생략하고요, 현재 도장 이미지가 선택된 상태이고요, 이렇게 엑셀에 불러온 사진이나 그림 등의 개체가 선택된 상태에서 해당 개체를 편집할 수 있는 메뉴가 나타납니다.
위의 화면에서 ①의 이미지(게체)가 선택된 상태에서 ②의 그림도구-서식을 클릭하면 ③의 자르기 도구가 보입니다.

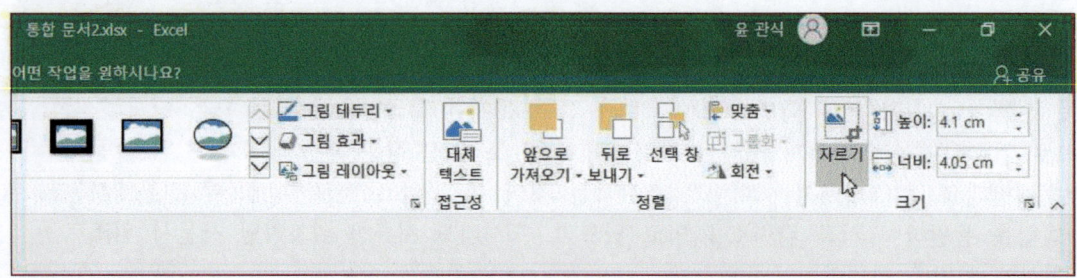

위의 마우스가 가리키는 자르기 역시 포토샵의 이미지 자르기(Crop)와 비슷한 개념의 컴퓨터 그래픽 기능입니다.
필자는 컴퓨터그래픽 디자이너이므로 다른 컴퓨터그래픽 전문 프로그램에서 작업을 합니다만, 여러분은 엑셀 한 가지만 가지고도 위에 보이는 메뉴 등을 이용하여 간단한 컴퓨터 그래픽은 대부분 소화할 수가 있습니다.
일단 위의 자르기 실습을 하기 위하여 사진을 한 장 불러와 보겠습니다.
여기서는 필자가 어제 서울 구로구 소재 서울 매봉산 둘레길에 올라가서 촬영한 사진을 한 장 불러오겠습니다.

다시 위의 마우스가 가리키는 [삽입]-[그림]을 클릭합니다.
그림이나 사진 등을 불러올 수 있는 방법인데요, 엑셀의 기본은 스프레드 시트 프로그램입니다.

여기에 엑셀을 편집하면서 그래픽 요소가 가미된 것이고요, 그래서 그래픽 전용 프로그램에 비해서는 턱없이 부족하지만, 엑셀만 가지고 작업을 해야 하는 경우에는 어쩔 수 없이 여기 보이는 메뉴 등을 사용할 수 밖에 없습니다.

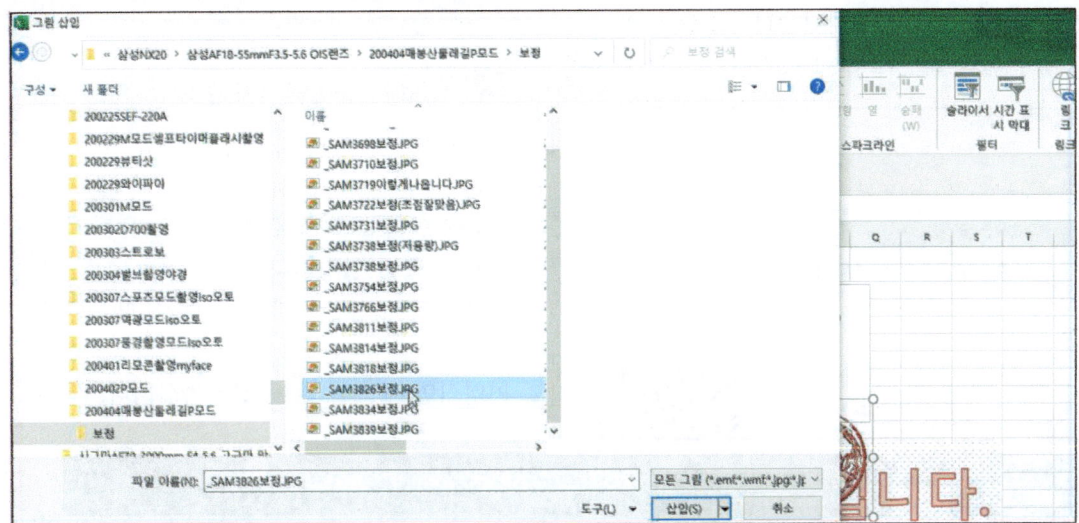

전용 그래픽 프로그램과 다른 점은, 위는 현재 위와 같이 네트워크 상에 있는 다른 컴퓨터에 있는 사진을 불러오는 것인데요, 거의 불가능할 정도로 로딩을 못 하네요..

전용 그래픽 프로그램 아니면 아예 탐색기에서 탐색하는 것에 비하여 약 100배까지는 아니더라도 최소한 10배 이상의 시간이 걸립니다.

하도 로딩이 안 되어 취소하고 포토샵이나 기타, 탐색기 등에서 불러다가 삽입을 하려고 했더니 암튼 위와 같이 로딩이 되었습니다.
이렇게 아주 오~랜 시간이 지난 후에 위의 화면에 보이는 것과 같이 네트워크 상의 다른 컴퓨터에 저장된 사진이 나타났습니다.
이 중에서 위의 화면에 보이는 개나리 꽃을 불러와 보겠습니다.

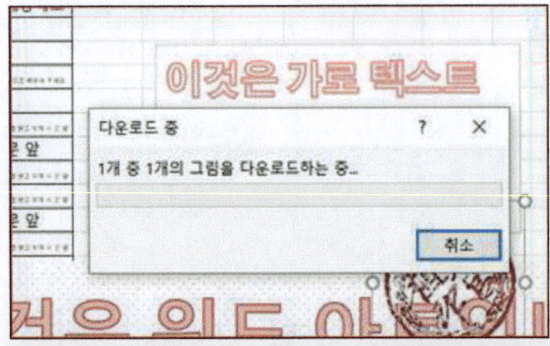

원본 사진이기 때문에 사진이 크기도 하지만, 예를 들어 포토샵에서 불러들이면 금방 불어올 파일인데도 엑셀에서 불러오려니 시간이 참으로 많이 걸립니다.
엑살은 그래픽 소프트웨어가 아니기 때문입니다.
참고 기다리면 아래와 같이 불러와집니다.

위와 같이 사진이 불러와 지면 위의 화면 우측 상단, 마우스가 가리키는 [자르기-[자르기]를 클릭하면 위와 같이 불러온 이미지의 가장자리에 꼭지점과 사각형 변에 두꺼운 자르기 도구가

나타납니다.
이것들을 클릭 드래그하여 다음 사진과 같이 가운데 초점이 잘 맞은 개나리 사진만 선택되도록 조절을 합니다.

이것이 엑셀에서 구현하는 컴퓨터 그래픽이군요..
위와 같이 개나리 꽃이 가운데 오지 않아도 상관이 없습니다.
위의 마우스 포인터가 가리키는 아무 곳이나 클릭하고 드래그하면 원하는 곳으로 이동할 수 있습니다.

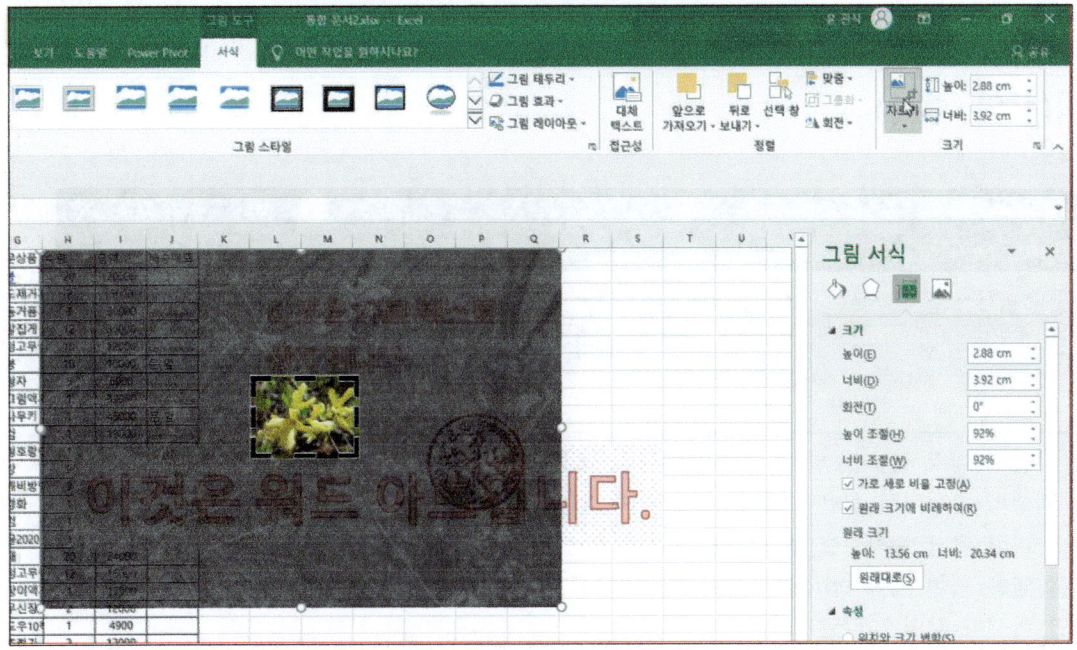

위와 같이 적절하게 조절을 하고 위의 화면 우측 상단 마우스가 가리키는 [자르기]를 클릭하면 위의 사각형 안쪽의 개나리 꽃만 남고 가장자리는 잘라져 나갑니다.

이것을 포토샵에서는 크롭(Crop)라고 하는데요, 암튼 비슷한 기능입니다.

이제 원하는 개나리 꽃 부분만 남았으므로 이전에 삽입한 도장과 같이 원하는 곳 어디로든지 이동하여 삽화로 사용할 수 있습니다.

필자가 여러번 반복합니다만, 엑셀만 가지고도 이런 훌륭한 그래픽을 할 수 있으므로 요즘 엑셀 고수들은 글로벌 회사에 다니더라도 워드 등을 사용하지 않고 오로지 엑셀말 가지고 각종 문서를 만들고 보고서를 만들고 프리젠테이션 원고도 엑셀만 가지고 하는 사람들도 있습니다.

필자는 각종 프로그램을 두루 섭렵을 했기 때문에 필자의 각종 저서, 필자의 각종 저서의 표지, 필자가 판매한 상품 광고 등은 제각각 용도에 맞는 프로그램을 선별하여 사용합니다만, 필자의 거래처에서는 팜플렛 등을 보내올 때 오로지 엑셀로만 작업을 하여 보내는 업체도 여럿 있습니다.

수식(삽입-수식)

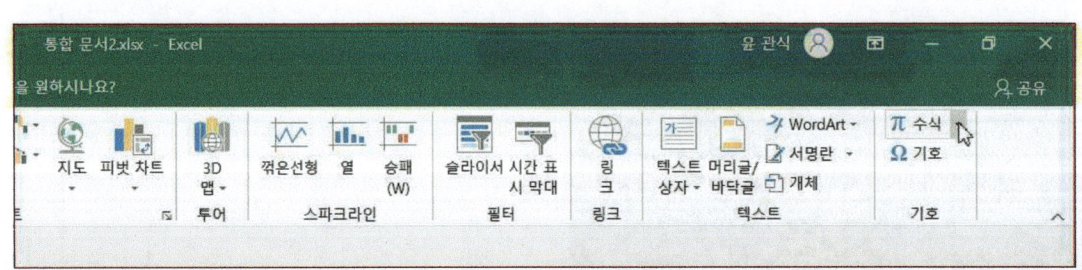

이 수식은 엑셀의 함수를 넣는 수식이 아니라 복잡한 수학식을 엑셀에 삽입하는 기능입니다. 원래 엑셀의 수식이라 함은 함수를 사용할 때 입력하는 수식을 말하는데요, 여기서는 그런 함수가 아니라 그냥 수학식을 입력하는 것입니다.
위의 화면은 엑셀 메뉴 [삽입]에 있는 메뉴이고요, 위의 화면 우측 마우스가 가리키는 곳을 클릭하면 아래와 같이 나타납니다.

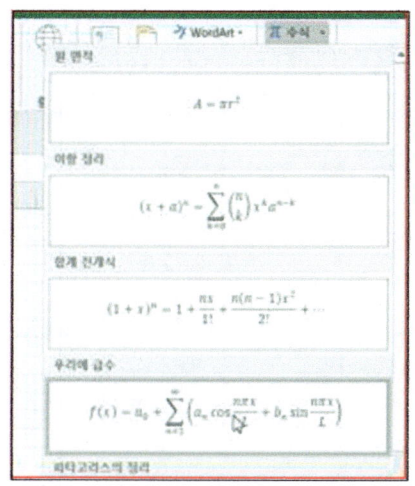
좌측과 같이 나타나며 여기에서 원하는 수식을 한 개 선택하면 다음과 같이 엑셀 문서에 수식이 입력됩니다.

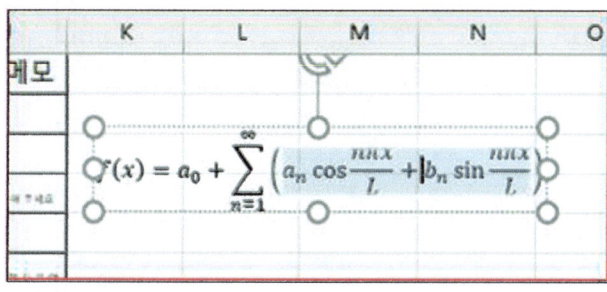

위와 같이 수식이 나타나며 만일 문서를 작성하는 도중에 수식을 입력했다면 기존의 문서에 사용하는 글씨와 크기가 비슷하도록 크기를 조절할 수도 있고요, 위의 마우스 화살표가 이동을 표시될 때 클릭 드래그하여 원하는 위치로 이동할 수 있습니다.

이는 수학을 하는 사람에게는 아주 좋은 기능이며 위에서 수식을 클릭하여 기존의 수식을 수정할 수도 있습니다.

위의 화면은 + 다음에 커서가 위치하며 +를 지우든지 다른 기호로 바꾸든지 B를 지우든지 다른 글씨로 바꾸든지 할 수 있습니다.

또한 기존의 수식 외에 자신이 직접 수식을 만들어 넣을 수도 있습니다.

다음 화면에 보이는 것과 같이 일단 화면의 빈 셀을 한 번 클릭하여 기존의 수식에서 벗어난 다음, 다시 [삽입]-[수식(맨 우측 아이콘)]을 클릭합니다.

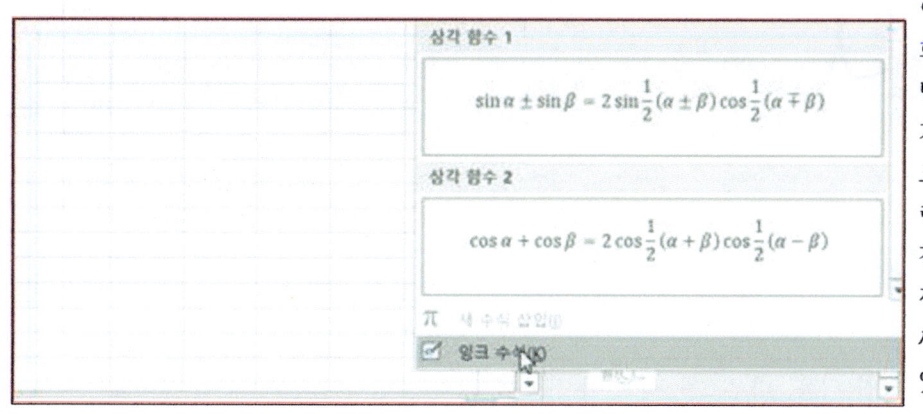

이번에는 좌측 화면 우측 하단 마우스가 가리키는 [잉크 수식]을 클릭하면 다음과 같이 수식을 직접 글씨로 써서 넣을 수 있습니다.

펜마우스가 있으면 좋겠습니다만, 펜마우스가 없더라도 그냥 마우스로 글씨 혹은 수식을 직접 그려서 써 넣으면 엑셀 프로그램에서 자동으로 인식합니다.

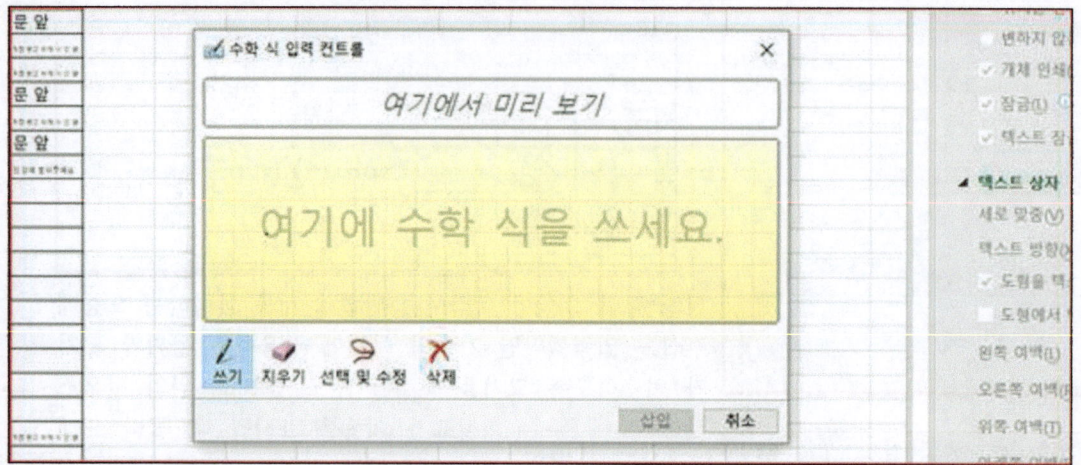

위의 화면, '여기에 수학 식을 쓰세요' 라는 부분에 마우스로 직접 그림을 그리듯이 글씨와 기호를 써 넣을 수 있습니다.

다음 화면에 보이는 것과 같이 마우스로 그림을 그리듯이 영문 소문자 'a' 를 그야말로 엉성하게 입력을 했는데도 정확하게 'a' 로 인식이 되었습니다.

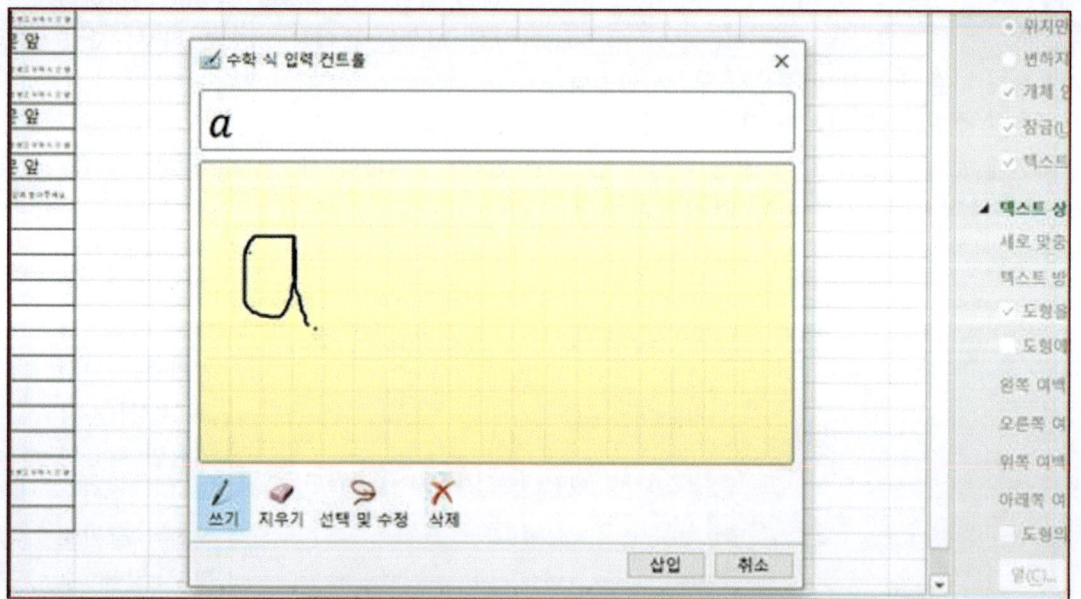

+ 기호는 -를 먼저 그린 다음, 마우스를 떼고 다시 l를 그려야 합니다.

모두 마우스로 그림을 그리듯이 직접 그려 넣을 수 있습니다.

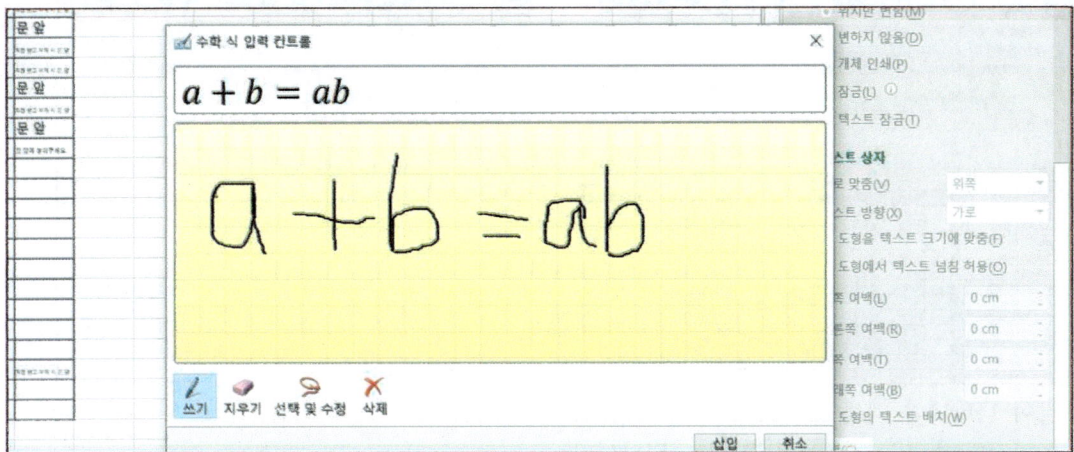

위와 같이.. 이렇게 엉성하게 입력을 해도 엑셀 프로그램에서는 정확하게 'a + B = ab' 라고 인식을 합니다.

수정 및 지우기 등도 할 수 있고요, [삽입]을 클릭하면 아래와 같이 깔끔하게 입력됩니다.

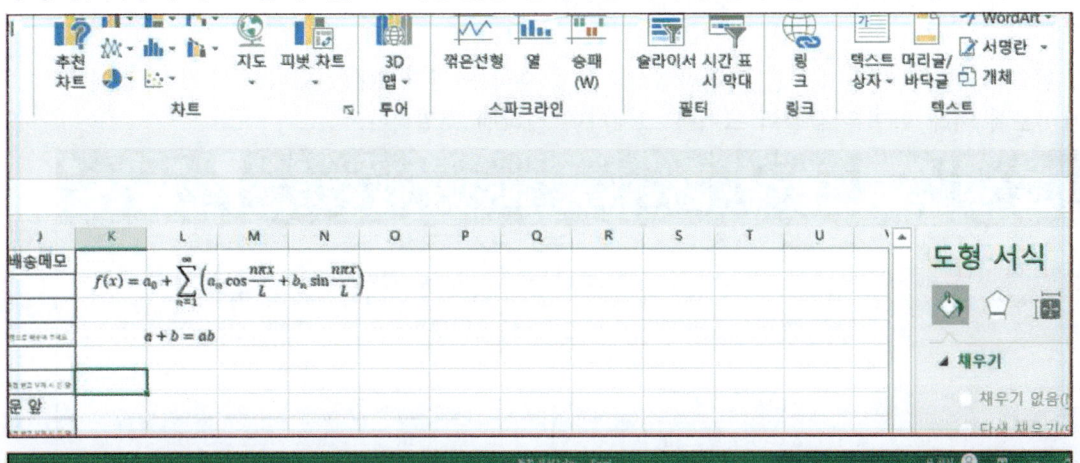

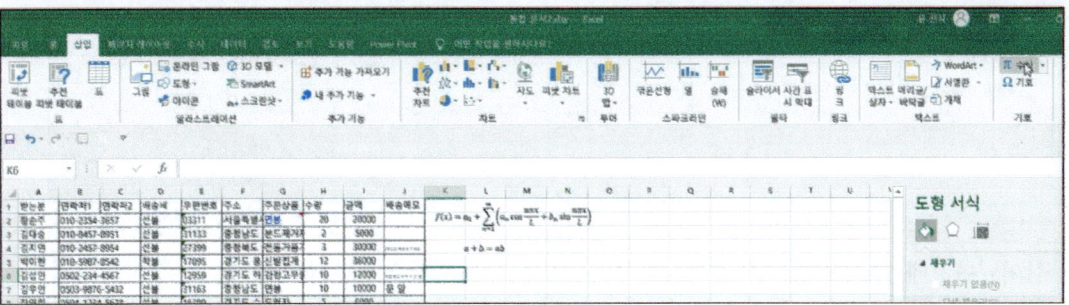

이번에는 빈 셀을 선택한 상태에서 [삽입]-[수식]을 클릭하면 다음과 같이 나타납니다.

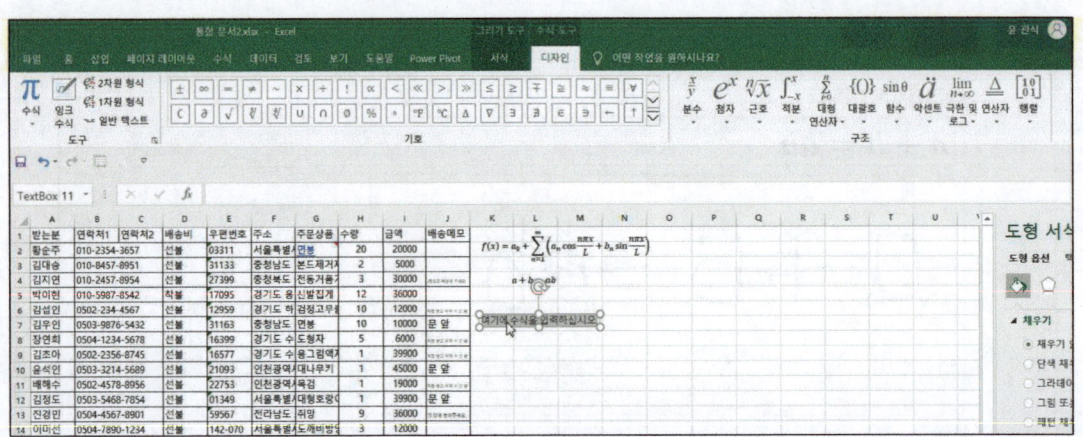

위와 같이 나타나며 엑셀 주 메뉴 위에 위의 화면에 보이는 것과 같이 현존하는 거의 모든 수학식을 입력할 수 있는 [수식 도구]가 나타납니다.

다소 불편하지만, 거의 모든 수학식을 여기서 입력할 수 있으므로 수학을 공부하는 학생이라 수학 전문가는 이보다 좋은 프로그램이 없을 것입니다.

일단 위의 화면 '여기에 수식을 입력하십시오'에 수식을 원하는대로 입력할 수가 있는데요, 잘 보이도록 아래 화면은 글꼴의 크기를 크게하여 나타낸 것입니다.

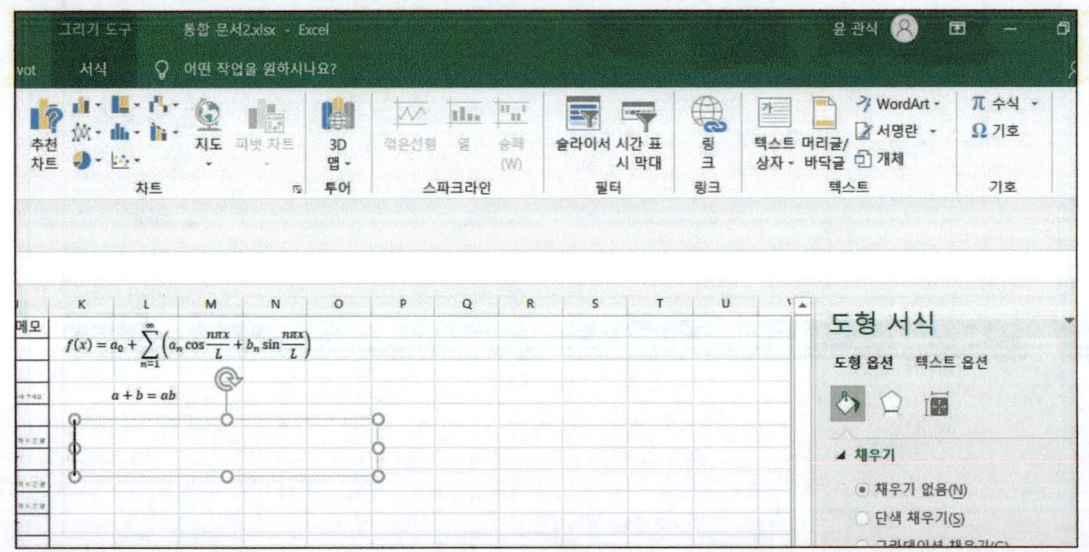

위와 같이 '여기에 수식을 입력하게요'라고 써 있는 곳을 클릭한 다음, 다시 엑셀 메뉴 [입력]-[수식]을 클릭하면 다시 아래 화면이 나타납니다.

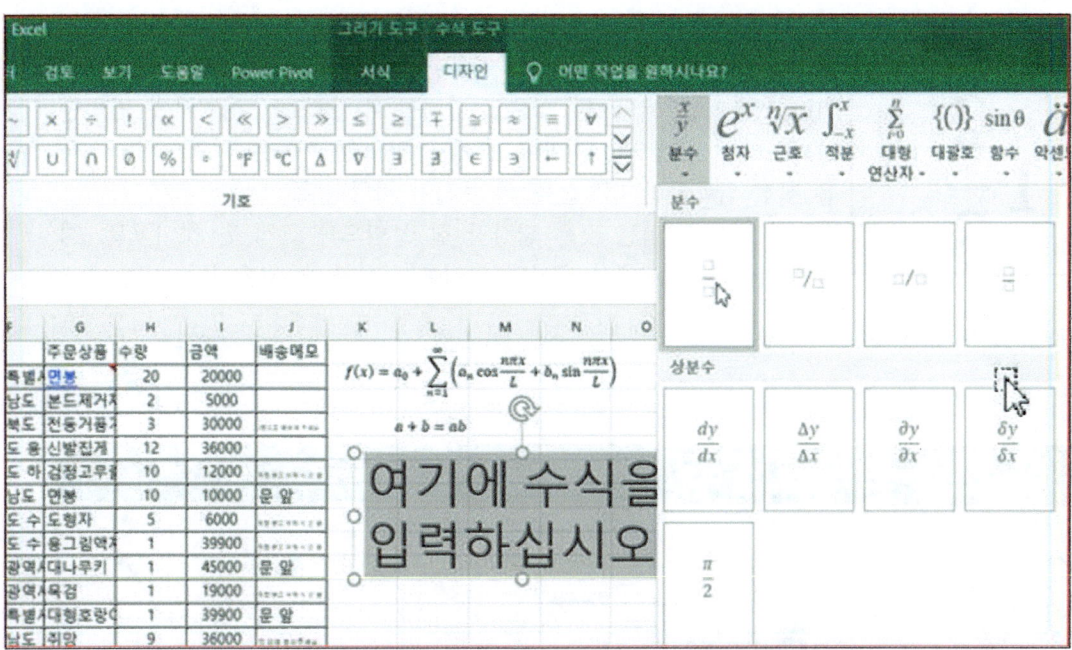

예를 들어 위의 화면에서 [분수]를 클릭하고 마우스가 가리키는 분수를 클릭하면 아래와 같이 나타납니다.

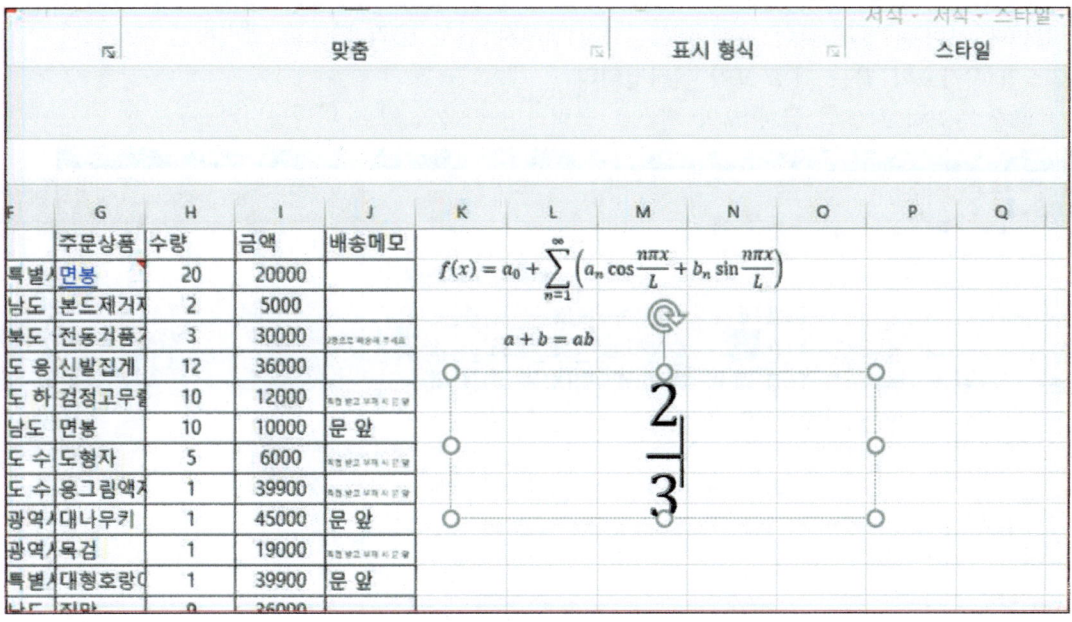

마우스로 클릭해도 되고, 키보드의 화살표키를 이용해도 되며 분모와 분수를 각각 선택하고

원하는 수치를 직접 입력할 수 있습니다.

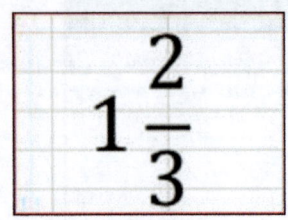
커서를 분수의 앞으로 보내서 원하는 수치를 입력할 수도 있고요..
기타 현존하는 거의 든 수식을 입력할 수 있고요, 여기서는 방법만 알려드리는 것이므로 수학에 조예가 있으신 분들은 위의 모든 수식을 직접 입력하면서 실습을 해 보시기 바랍니다.
참고로 여기 보이는 것은 필자가 잘 보이도록 크게 한 것이고요, 엑셀 메뉴 [홈] 메뉴에서 글씨의 크기를 조절할 수 있습니다.

기호

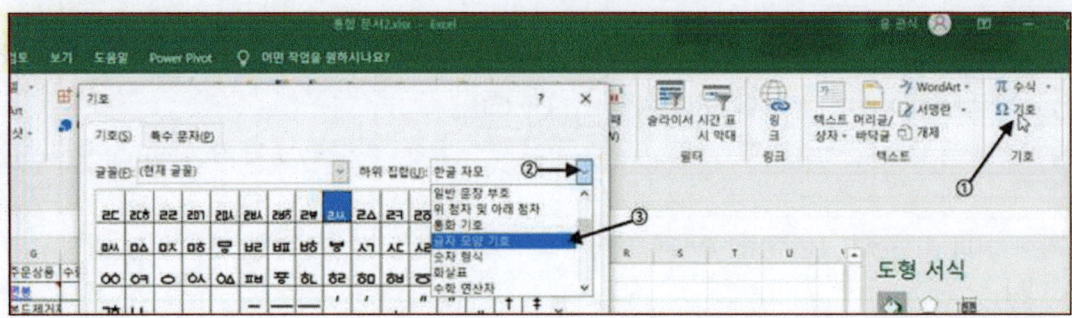

위의 화면에 보이는 것과 같이 엑셀 메뉴 [삽입]탭에서 위의 ①의 기호를 클릭하면 한글이나 윈도우즈의 문자표와 같은 기호 표가 나타납니다.
여기서 ②를 클릭하고 ③의 글자 모양 기호를 클릭하면 다음과 같이 나타납니다.

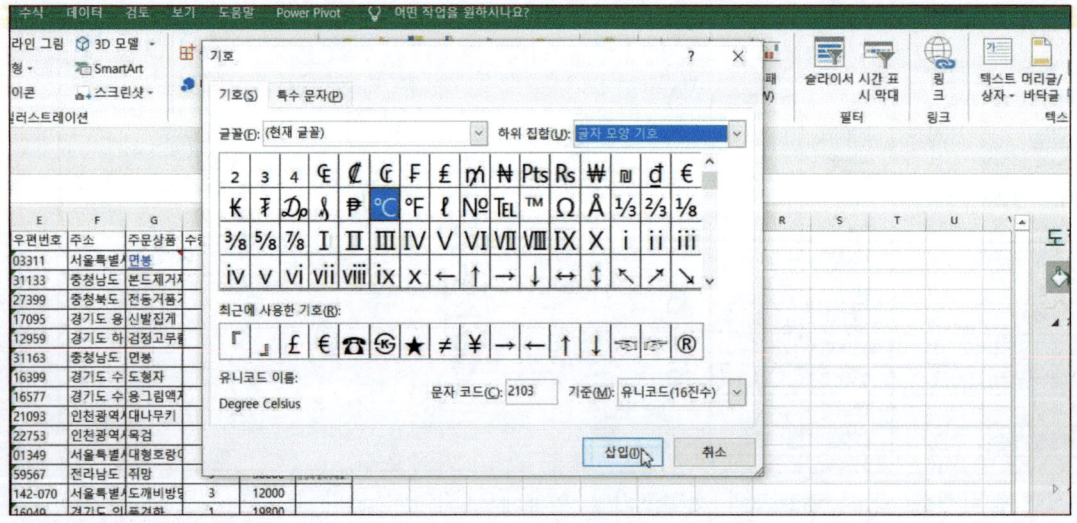

거의 모든 기호, 수학식, 숫자, 문자, 통화, 기타 수많은 기호들이 있으므로 어떠한 분야이든 지, 어떠한 직업이라도, 또한 어떠한 문서라도 부족함이 없이 작성할 수가 있습니다.
나머지는 직접 실습을 하여 보시기 바랍니다.

개체(Object)

위의 화면, 엑셀 메뉴 [삽입]메뉴의 우측 상단, 위의 화면 마우스가 가리키는 [개체]메뉴가 있는데요..
일단 이 메뉴가 여기에 왜 있는지 의문이고요..
사실 엑셀 뿐만이 아니고요, 이 책을 집필하는 한글2020에서 여기 보이는 그림 등을 삽입하는 것을 모두 개체, 즉, 오브젝트라고 할 수 있습니다.
다만, 엑셀의 메뉴 [삽입]-[오브젝트]는 아래와 같은 특이점이 있지만, 거의 사용 불가입니다.

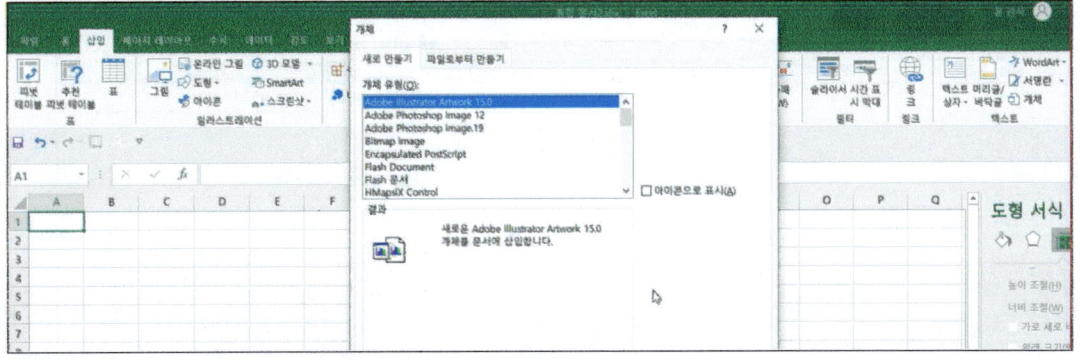

위에 나타난 수 많은 프로그램들이 우선 자신의 컴퓨터에 깔려 있어야 하며, 예를 들어 자신의 컴퓨터에서 이런 프로그램들을 직접 실행을 하여 오브젝트를 만들어서 엑셀 문서에 삽입하면 될 것을 굳이 엑셀에서 위의 메뉴, 즉, 엑셀 메뉴 [삽입]-[개체] 메뉴를 통하여 다은 응용 프로그램을 구동할 경우, 필자가 여러번 테스트를 해 보았는데요, 정상적인 프로그램도 완전 비정상적으로 작동을 합니다.

일단 엑셀 메뉴에 들어 있으니 위의 수많은 프로그램 가운데 일러스트를 선택해 보겠습니다.

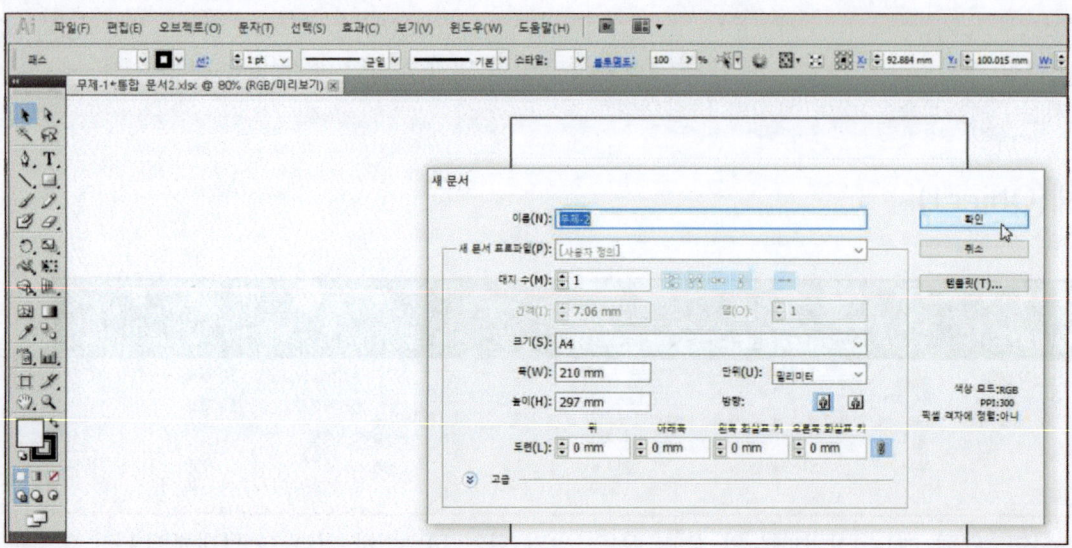

위와 같이 저절로 일러스트 프로그램이 실행되는데요, 당연히 엑셀 작업을 하고 있는 컴퓨터에 이미 일러스트 프로그램이 깔려 있어야 하며, 일단 일러스트는 제대로 작동을 합니다.

그러나 정상적인 시작 경로가 아닌 엑셀의 메뉴 [삽입]-[개체] 메뉴를 통하여 호출을 했으므로 100% 정상 작동은 기대하기 어렵습니다.

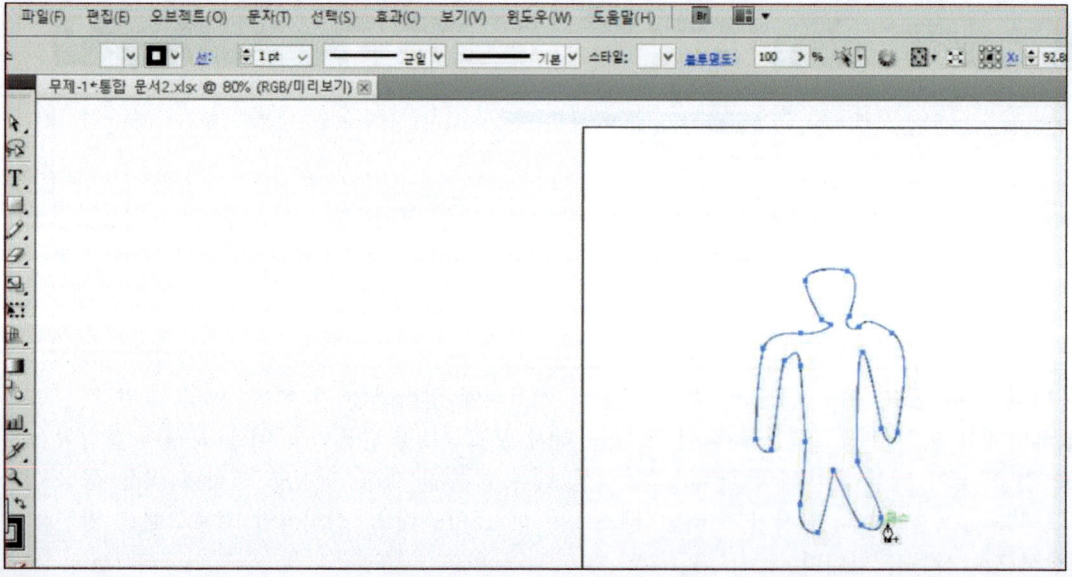

일단 일러스트 프로그램을 조작할 줄 알아야 하고요, 위의 일러스트 화면 좌측 툴박스에서 펜툴을 선택하고 위의 화면과 같이 펜툴로 적당히 오브젝트 한 개를 그립니다.

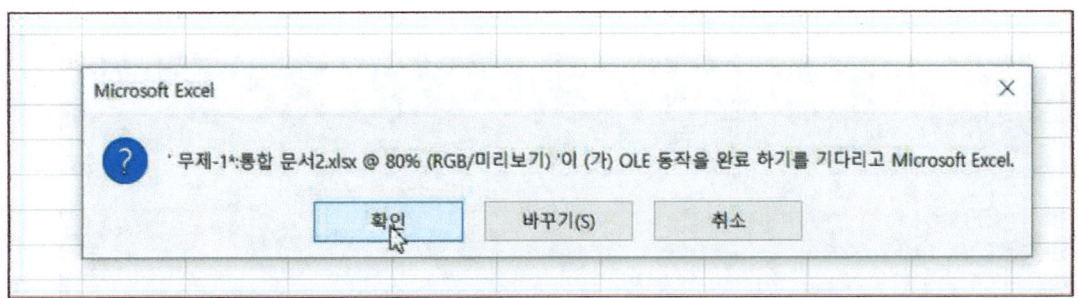

일러스트를 닫거나, 일러스트를 닫지 않더라도 일정 시간이 지나면 위와 같이 엑셀 프로그램에서 [삽입]-[개체] 메뉴를 클릭하여 일러스트를 실행시켰기 때문에 엑셀에서 해당 오브젝트를 기다리고 있다(OLE : 객체 연결)는 메시지가 나옵니다.

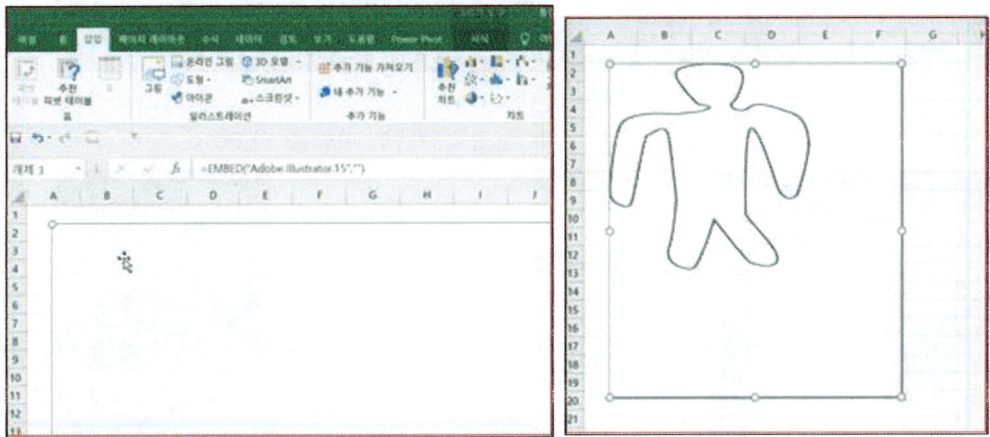

위 좌측 같이 일단 너무나 거대해서 아마도 1/100 정도로 줄여야 합니다.
위 우측 화면은 1/100, 즉, 1%로 줄인 크기가 위의 크기입니다.
또한 그림의 가장자리를 투명하게 만들 수 없기 때문에 엑셀에서 이 개체를 사용하기 위해서는 위에 보이는 그대로 크기만 조절해서 사용할 수 밖에 없습니다.

이것을 앞에서 포토샵에서 배경을 투명하게 한 방법을 사용하면 되는데요.. 엑셀에 왜 이런 기능을 넣었는지 원, 앞으로 더욱 업그레이드가 되면 모르겠지만, 지금으로서는 별로 소용이 없는 메뉴입니다.

현재 엑셀 화면에 나타난 오브젝트는 일러스트에서 제작한 것이고요, 화면에 선택되어 있는 **상태입니다.**

[Ctrl + C]명령으로 클립보드에 복사를 한 다음, 포토샵에서 [Ctrl + N]명령으로 새 창을 열고

[Ctrl + V] 명령으로 붙여넣기를 합니다.

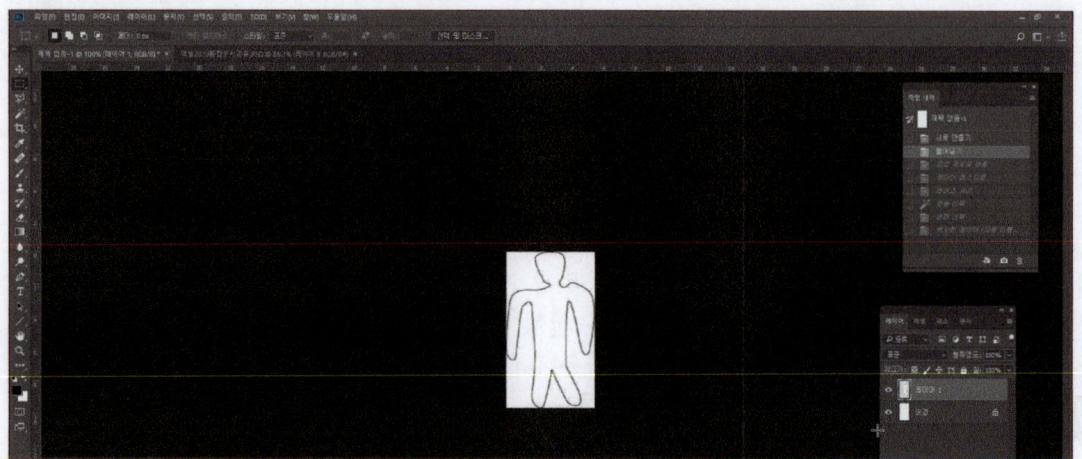

일러스트에서 작업한 개체이기 때문에 위의 포토샵 화면에서 해당 레이러를 선택하고 마우스 우측 버튼을 클릭하여 방금 가져온 오브젝트를 일단 [고급 개체]로 변환을 하고..

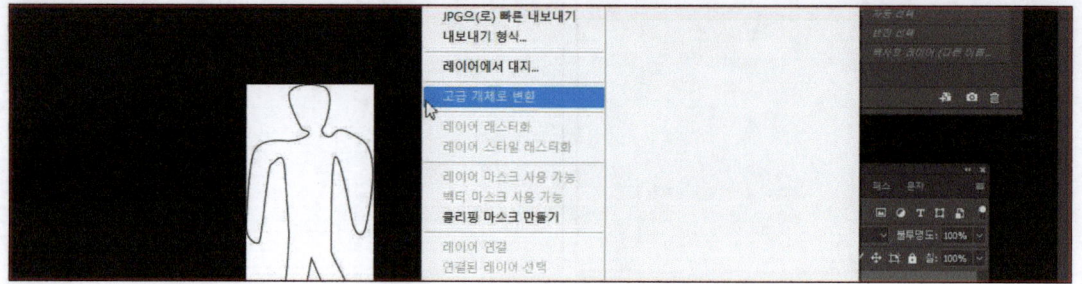

그리고 해 다시 해당 레이어를 선택하고 마우스 우측 버튼을 클릭하여 [레이어 레스터화]를 해 줘야 합니다.

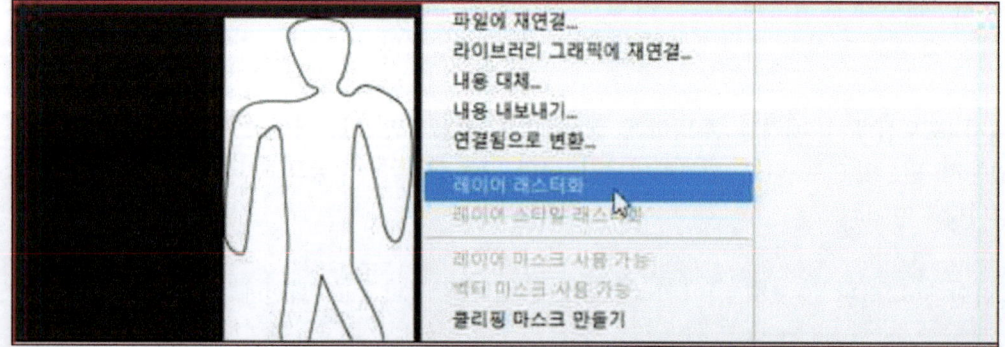

레스터란 비트맵 이미지, 즉, 점으로 구성된 디지털 이미지로 변환을 한다는 뜻입니다.
이렇게 해야 포토샵에서 마음대로 편집을 할 수 있기 때문입니다.

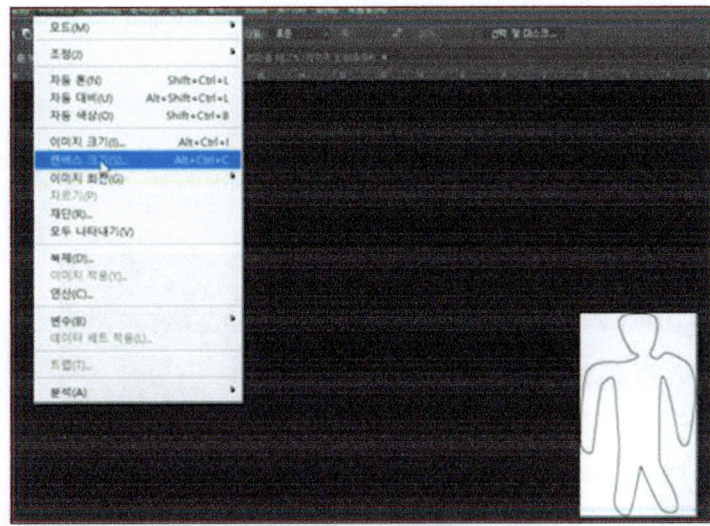

현재 포토샵에 가져온 이미지가 가장자리가 너무 꽉 차서 작업을 할 수가 없습니다.

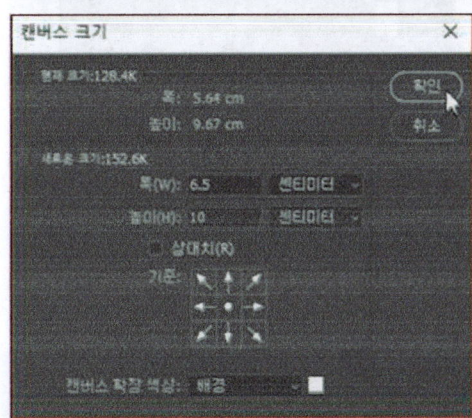

좌측의 화면과 같이 포토샵 메뉴 [이미지]-[캔버스 크기]를 클릭합니다.

위와 같이 가로 세로 모두 약간씩 크게 늘려줍니다.

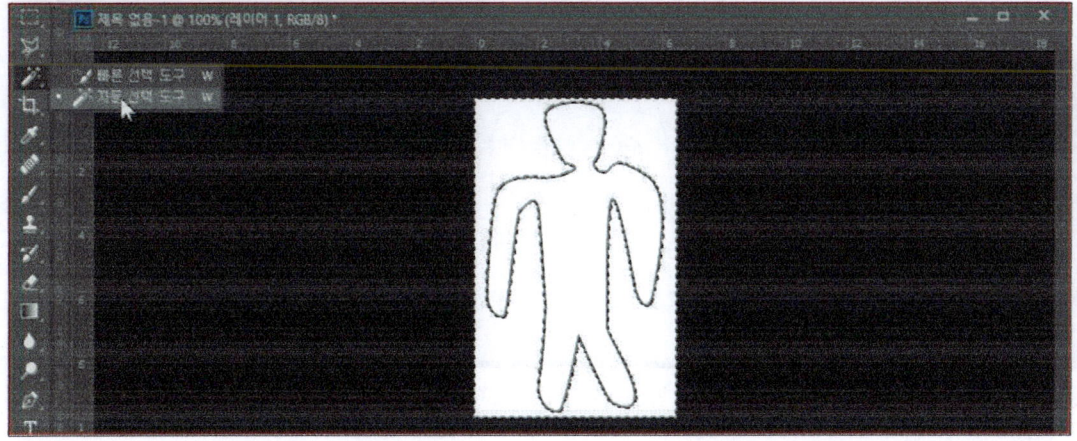

위의 화면 좌측 마우스가 가리키는 마술봉을 선택하고 화면에 있는 사람 모양의 개체의 바깥쪽을 클릭하면 위와 같이 바깥쪽이 선택되어 셀렉션이 생성됩니다.

현재 사람 모양 오브젝트의 바깥쪽이 선택된 상태입니다.
이 상태에서 [Ctrl + Shift + I]명령을 내리면 선택이 반전되어 바깥쪽이 아니라 사람 모야의 오브젝트가 선택됩니다.

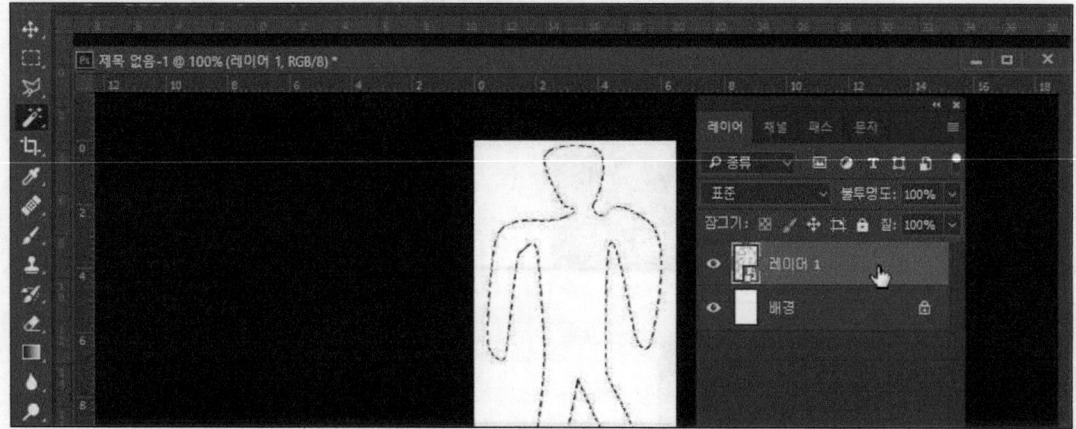

위와 같이 선택이 반전되어 사람 모양이 선택되었고요, 위의 화면 우측 [레이어 팔레트]를 보면 손가락이 가리키는 레이어입니다.

현 상태에서 [Ctrl + J]명령을 내리면 그대로 셀렉션 된 사람 모양의 오브젝트가 복제가 됩니다.

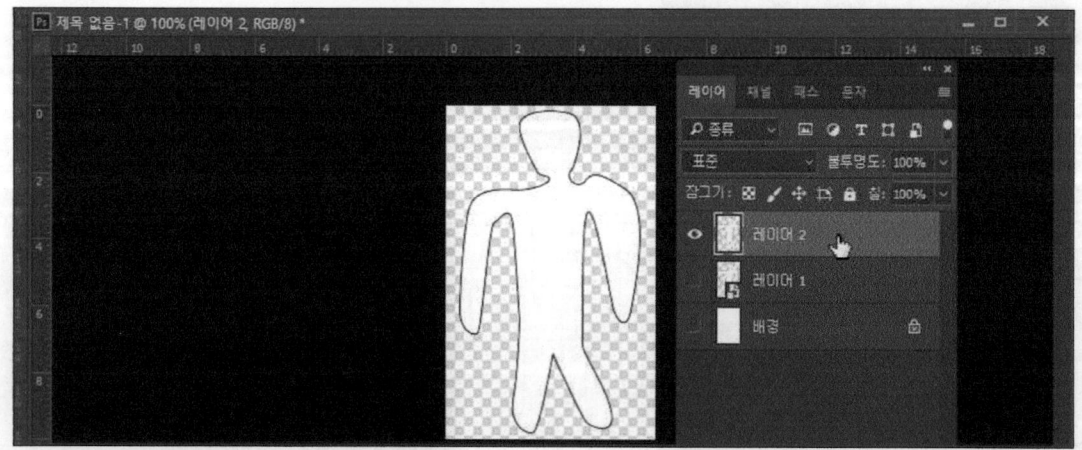

위의 손가락이 가리키는 레이어가 방금 복제한 레이어입니다.

방금 복제한 위의 손가락이 가리키는 레이어만 남기고 밑에 있는 레이어는 모두 눈을 클릭하여 눈을 감게 하면 위와 같이 배경이 투명한 오브젝트로 변환됩니다.
그러나 이것을 그대로 복사를 해서 엑셀 혹은 다른 응용 프로그램에 붙여넣더라도 위의 화면에서는 분명히 배경이 없지만, 다른 응용 프로그램에 붙여 넣으면 배경이 흰색으로 채워져서 나타납니다.
현재 엑셀 파일에 나타난 것과 똑같이요..
그래서 이것을 배경이 투명한 GIF 파일로 저장을 해야 합니다.

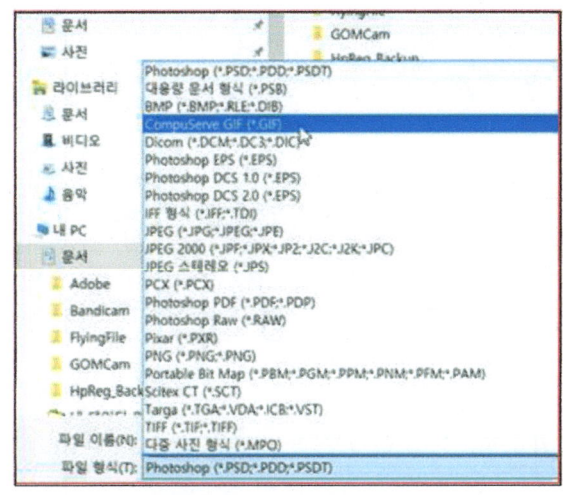

포토샵 메뉴 [파일]-[다른 이름으로 저장]을 클릭합니다.
위의 화면 참조하여 [CompuServe GIF]를 선택하고 저장을 해야 합니다.
위의 화면은 위의 화면 하단 파일 형식을 클릭하면 나타납니다.
필자는 위와 같이 '일러스트오브젝트.GIF' 라는 이름으로 저장을 하였습니다.
이제 엑셀에서 이 파일을 불러옵니다.

위의 좌측 오브젝트는

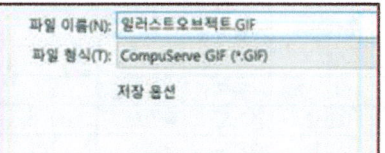

아까 엑셀 메뉴 [삽입]-[개체]를 클릭하여 일러스트를 호출해서 작업을 하고 이것을 1/100 크기로 줄인 모습이고요,...

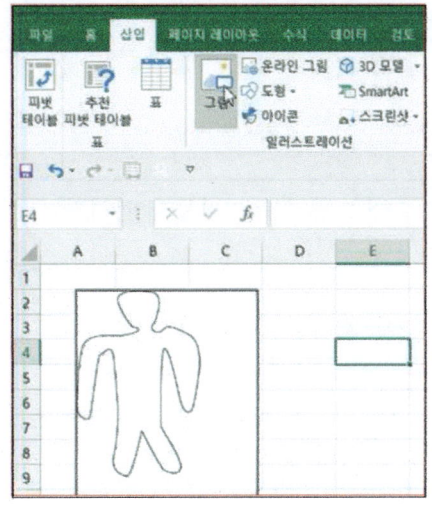

이것은 그냥 두고 다른 셀을 선택하고 좌측 화면에서 마우스가 가리키는 [그림]을 클릭합니다.

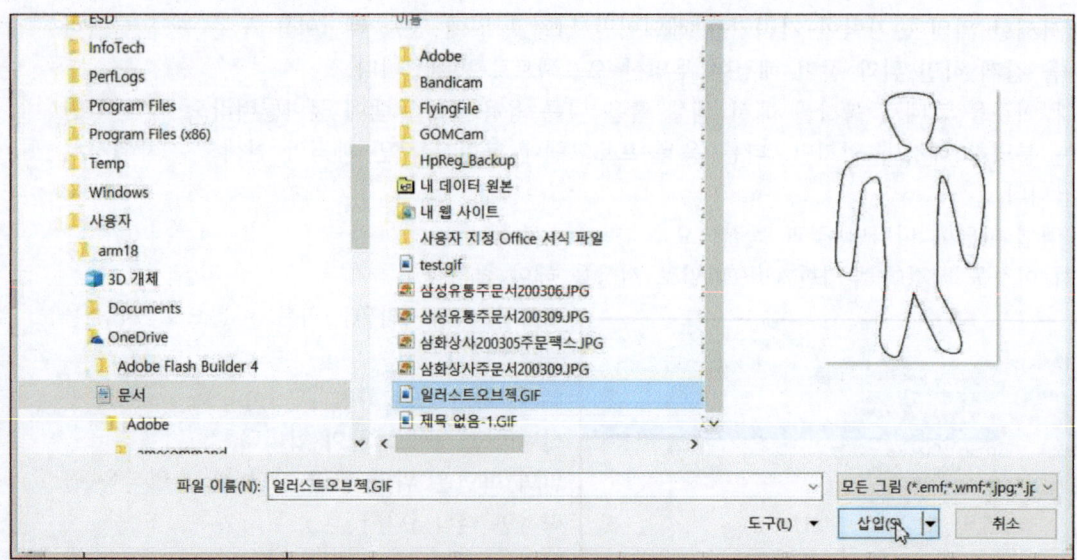

조금 전에 포토샵에서 저장한 '일러스트오브젝트.GIF' 파일을 선택하고 [삽입]을 클릭합니다.

이제 배경이 투명하게 붙여넣어졌으므로 오브젝트를 크기를 조절하고 원하는 어디든지 가져가서 사용할 수가 있습니다.

위의 오브젝트는 방금 포토샵에서 저장을 하는 마지막 과정 설명은 생략한 것입니다.

만일 실제로 포토샵에서 실습을 하는 분은 제대로 안 되면, 그 이전에 필자의 도장을 투명하게 하는 방법을 설명했으므로 그 설명을 참조하시거나 이 책의 앞 부분에 있는 '네이버에 있는 필자의 블로그에 오시는 방법' 참조하여 필자의 블로그에 오셔서 검색하여 보시기 바랍니다.
또 이런 오브젝트 뿐만이 아니고 한글 문서에서 작성한 것도 가져올 수 있는데요, 도무지 소용없는 기능이지만, 일단 메뉴를 보겠습니다.

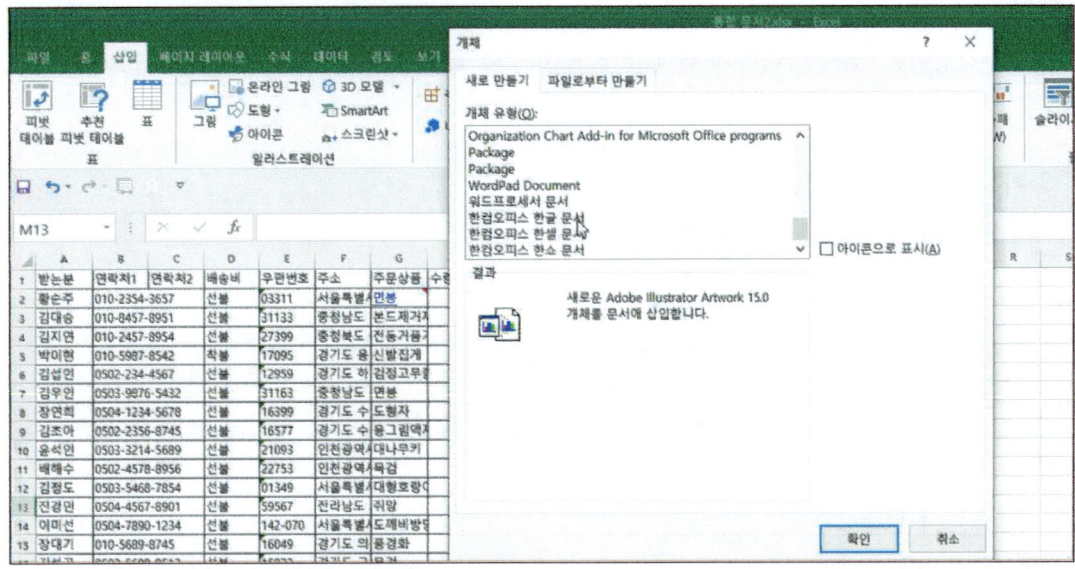

위와 같이 엑셀 메뉴 [삽입]-[개체]를 클릭하여 나타난 위의 화면에서 마우스가 가리키는 '한글오피스 한글 문서'를 클릭하면 강제로 엑셀을 통한 한글 프로그램이 구동됩니다.

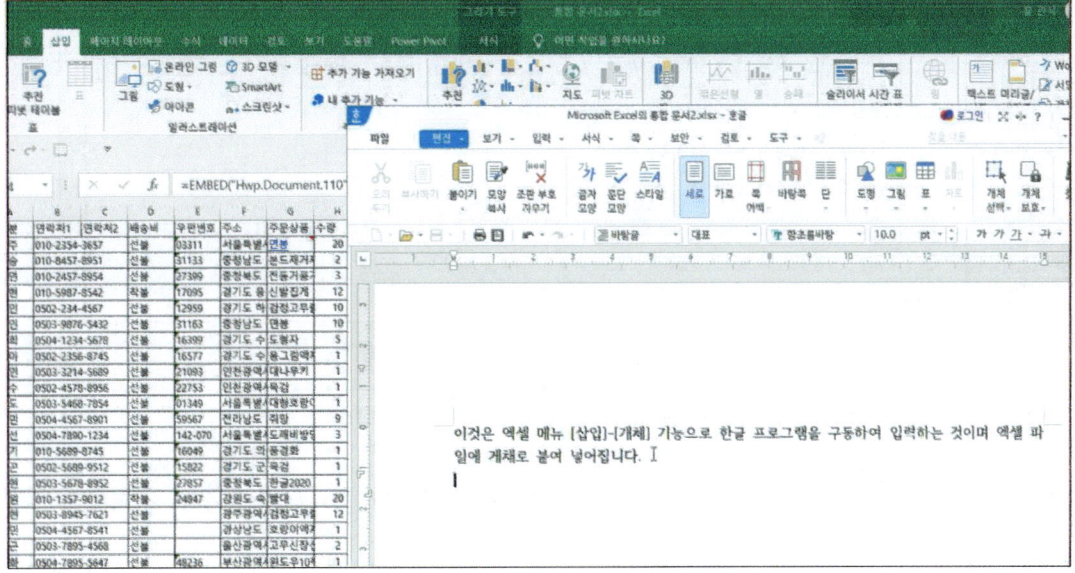

위와 같이 엑셀 문서 작성 도중에 한글 프로그램이 구동되었고요, 위와 같이 대충 입력하였습니다.

그리고 한글을 닫으면 다음과 같이 나타나는데요, 참으로 할 말이 없습니다.

한글 문서로 삽입되는 것이 아니라 한글에서 입력한 것이 그림 파일로 화면 캡쳐가 되어 붙여 넣어진 것입니다.

아니 왜 이렇게 복잡한 방법을 사용하냐고요..??

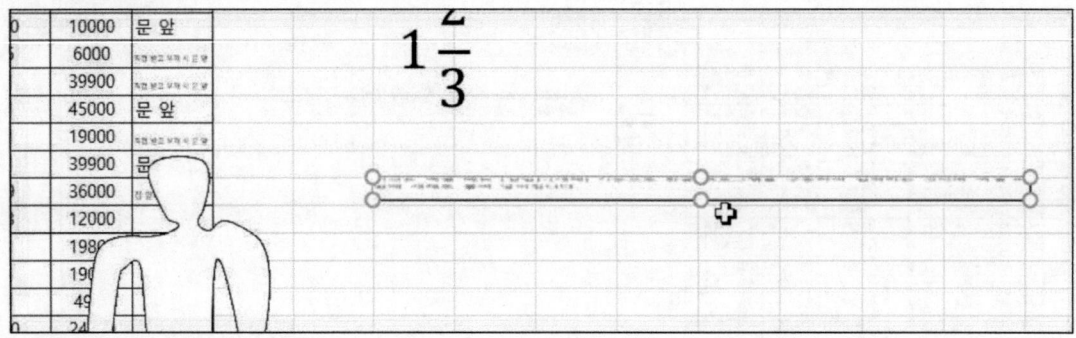

위와 같에 나타납니다.
너무 작아서 잘 안 보이므로 크게 확대를 하면 다음과 같이 나타납니다.

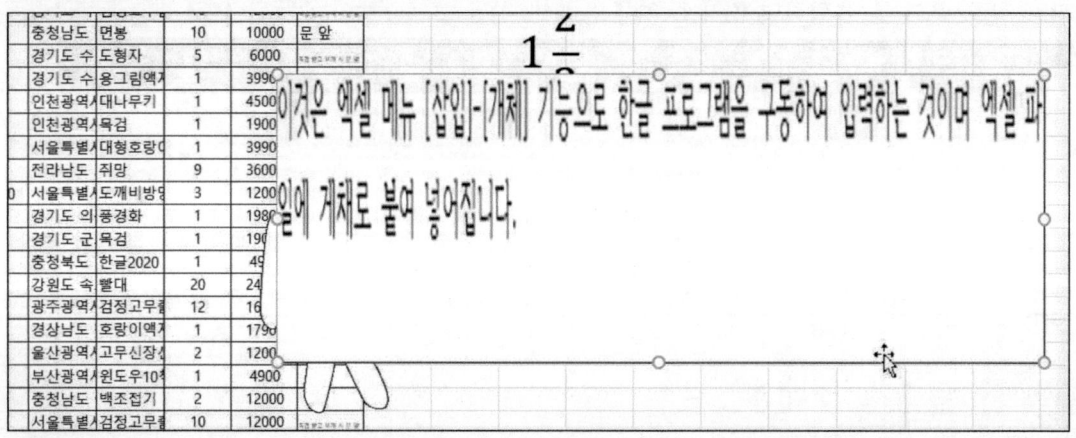

여러분이 아직 컴퓨터 그래픽을 잘 모르신다면 그런가보다 하겠습니다만...

예를 들어 포토샵은 2D 그래픽의 대명사이며, 정지된 화상 즉, 그림이나 사진 들을 편집하는 프로그램이고요, 이와 같이 포토샵 등의 사진 편집 소프트웨에서 다루는 이미지는 모두 점으로 표현된 디지털 이미지이며 1인치당 몇 개의 점으로 표현되는가 하는 것이 이미지 해상도입니다.

그래서 해상도가 높은 사진은 인치당 점의 수가 많기 때문에 용량이 어마어마합니다.

그래서 네이버 등의 포털에서는 사진의 용량을 제한하는 것입니다.
참고로 네이버에서는 10Mb 이상의 파일을 올릴 수 없습니다.

그러나, 포토샵이 아닌, 한글 문서나 엑셀 문서나 설계 프로그램이 오토캐드, 일러스트 프로그램 등은 포토샵과 달리 점으로 표현되는 레스터 이미지가 아닌 점서 선으로 표현되는 벡터 이미지라고 부릅니다.

이렇게 점과 선으로 표현되는 벡터 이미지는 확대를 하거나 축소를 해도 이미지가 깨지지 않기 때문에 필자의 각종 저서의 표지에 입력한 깨알같이 작은 글씨는 모두 일러스트에서 타자를 하여 일러스트 프로그램에서 인쇄를 하는 것입니다.

그런데 위와 같이 엑셀의 메뉴 [삽입]-[개체]를 클릭하여 한글 프로그램을 구동시켜서 개체 삽입을 하면 글씨가 아니라 그림으로 인식되어 글씨 편집이 아닌 그림 편집이 되어 위와 같이 이상하게 되는 것입니다.

그러나 그냥 한글 프로그램에서 타자를 하여 엑셀에 붙여 넣으면, 아래와 같이 엑셀에서 입력하는 글씨와 완전 호환되어 엑셀에서 입력하는 것과 동일하게 나타납니다.

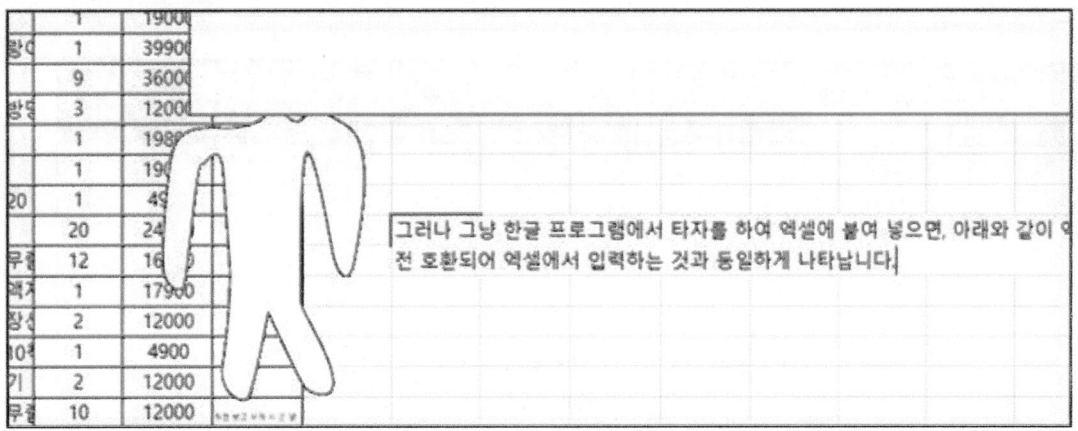

그래서 필자가 이 단원의 서두에 엑셀의 메뉴 [삽입]-[개체]는 별로 필요가 없는 기능이라고 한 것인데요, 그래도 필요하신 분은 참고하시기 바랍니다.

페이지 레이아웃

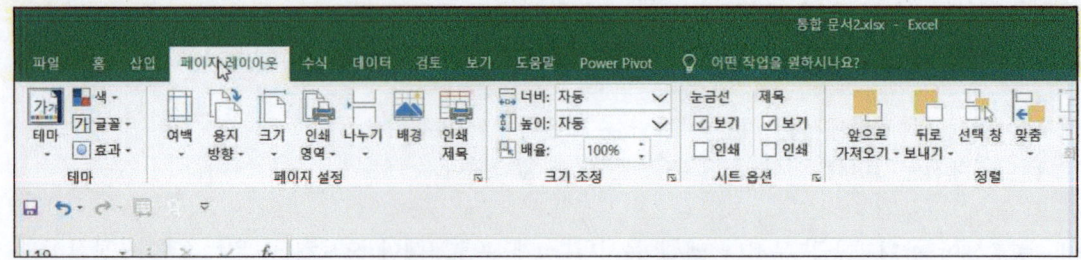

페이지 레이아웃은 앞에서 인쇄 설명을 할 때 설명을 했습니다만, 여러 페이지가 있을 때 사용할 수 있는 메뉴이고요. 요즘은 정부 기관 문서가 A4로 통일되었기 때문에 거의 모든 문서는 A4용지를 사용하는 것이 일반적이고요..

이렇게 A4용지에 인쇄를 할 때 어떻게 하면 가장 보기 좋게 인쇄를 한 것인지 페이지 레이아웃에서 설정할 수 있습니다만, 이런 기능은 특수한 경우가 아니면 그냥 기본값으로 사용하면 대체로 무난합니다.

필자는 현재 이 책을 한글2020을 사용하여 집필을 하고 있는데요, 필자 역시 한글의 기본 값으로 일체 수정을 하지 않고 편집을 하는 것입니다.

이렇게 한글의 기본값으로 집필을 해서 그대로 인쇄를 하고 가장자리를 4mm~5mm씩 잘라내도 아무 지장도 없으며 어색하지도 않습니다.

필자의 모든 저서를 다 이렇게 만드니까요..

테마

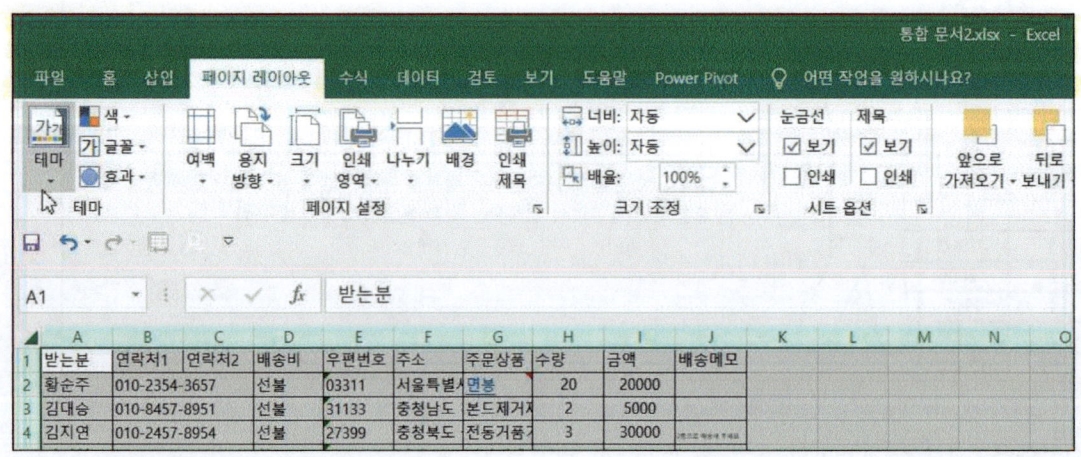

테마 역시 별로 필요 없는 기능으로 보입니다만, 그래도 필요한 사람들은 유용할 수도 있으므로 현재 실습을 사용하는 엑셀 문서에 블록을 씌우고 위의 화면에 보이는 메뉴 [페이지 레이아웃], 마우스가 가리키는 테마를 클릭합니다.

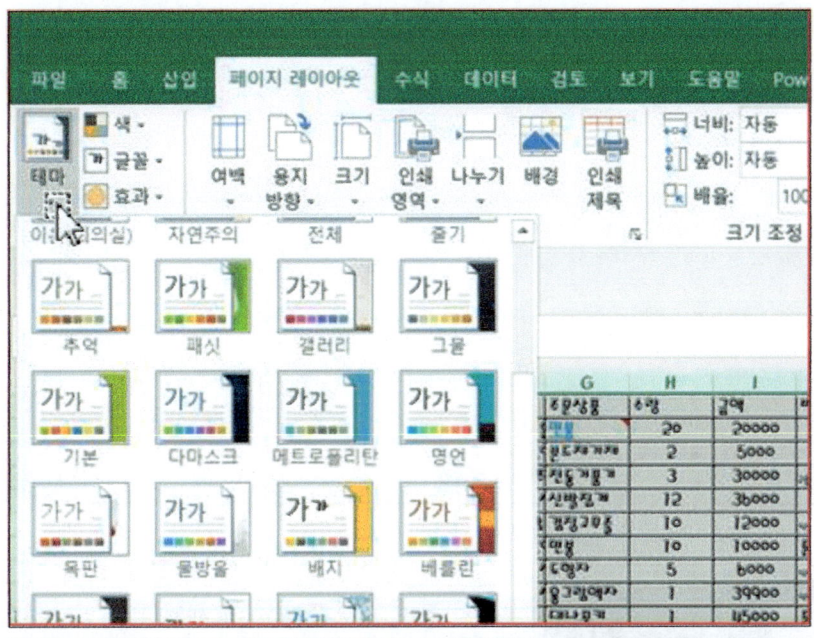

여기 보이는 테마 중에서 적당한 것을 선택하면 엑셀 문서의 스타일이 바뀌는데요, 이 기능으로 문서를 꾸밀 수도 있고요, 다른 기능으로 문서를 꾸밀 수도 있습니다.

일단 지금 선택한 테마는 이렇게 글꼴도 바뀌고 상단 행과 좌측 열의 색상이 변하였습니다.

위의 엑셀 문서는 이 책의 앞 부분에 있는 '네이버에 있는 필자의 블로그에 오시는 방법' 참고하여 필자의 블로그에 오시면 다운 받으실 수 있습니다.

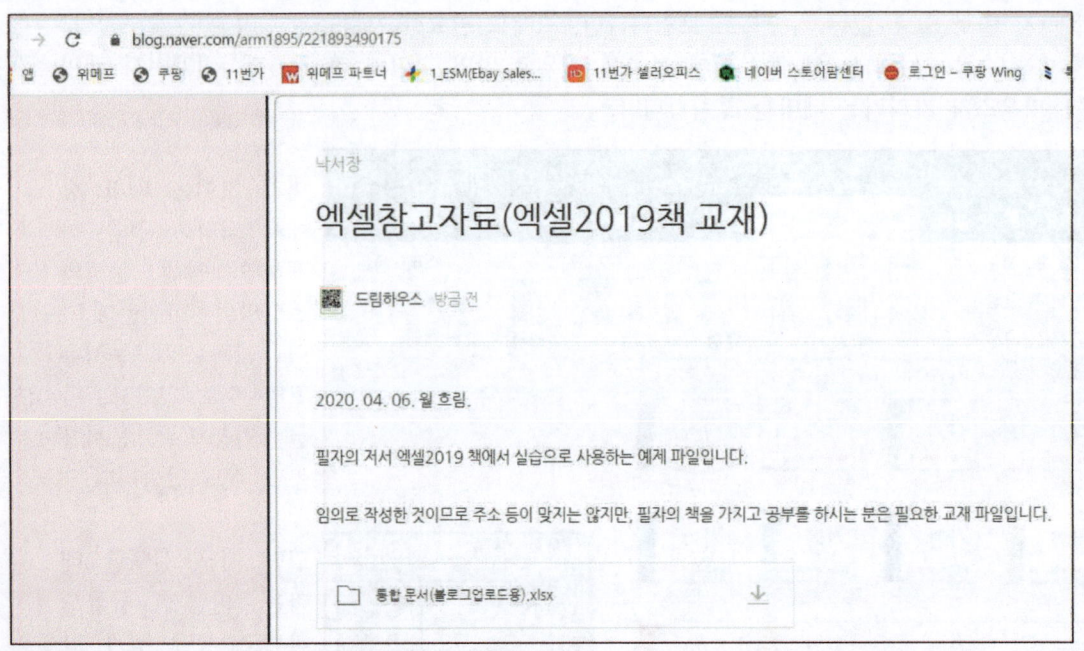

지금 실습하는 문서는 필자가 임의로 작성한 문서이므로 주소 등이 맞지 않지만, 실습하는데는 지장이 없으므로 이 책을 공부를 하시는 분이라면 필요한 학습 교재입니다.

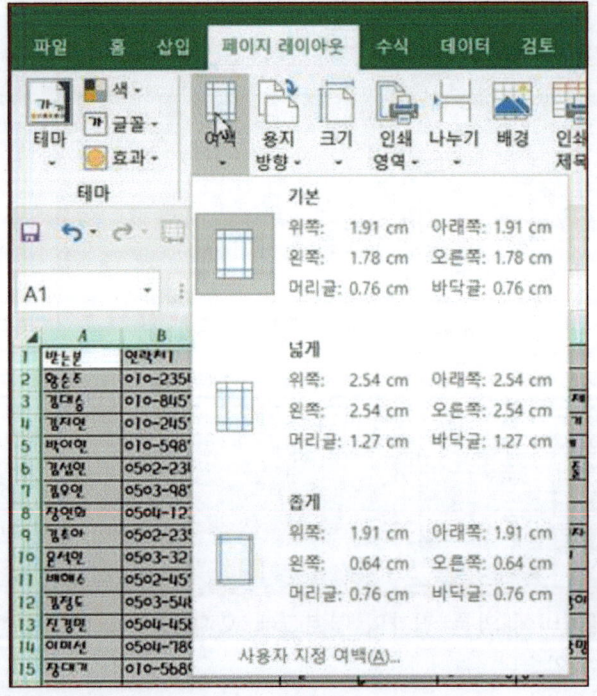

편집 용지 여백도 기본 값으로 사용하는 것이 좋습니다만, 엑셀 문서의 열이 많을 경우 용지에 맞춰서 여백을 조절해야 할 수도 있습니다.

이 때 엑셀 메뉴 [페이지 레이아웃]-[여백]를 클릭하여 원하는대로 조절할 수 있습니다.

물론 편집 용지를 벗어나면 안 되고요, 대부분의 프린터는 가장자리 여백이 있으므로 가장자리는 최소한 5mm~10mm는 여백을 주고 문서를 작성하는 것이 좋습니다.

여백을 임의로 조절하기 위해서는 위의 마지막에 보이는 [사용자 지정 여백]을 클릭하여 조절해야 합니다.

페이지 나누기

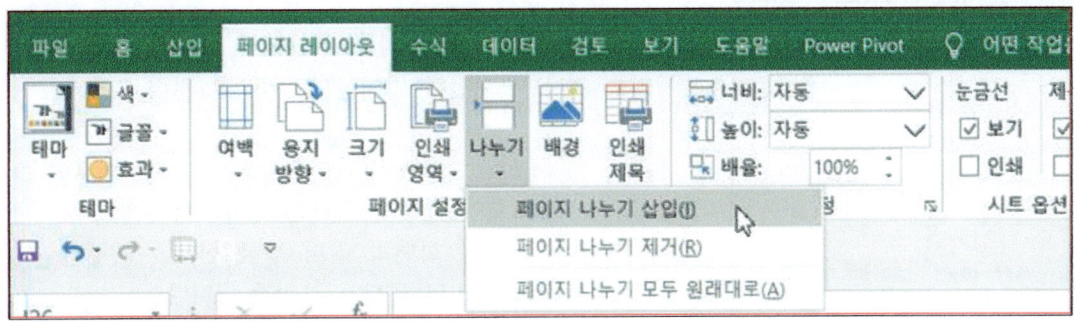

위의 화면에 보이는 여백, 용지 방향, 크기 등은 앞에서 인쇄 메뉴 설명할 때 이미 다루었던 부분들이고요, 지금은 위의 마우스가 가리키는 [나누기]-[페이지 나누기 삽입]을 하면 인쇄 영역에서 지정한 용지 크기로 페이지가 나누어집니다.
즉, 현재 A4용지로 지정되어 있고요, 위에서 페이지 나누기를 하면 A4용지의 크기가 가로 세로로 표시됩니다.

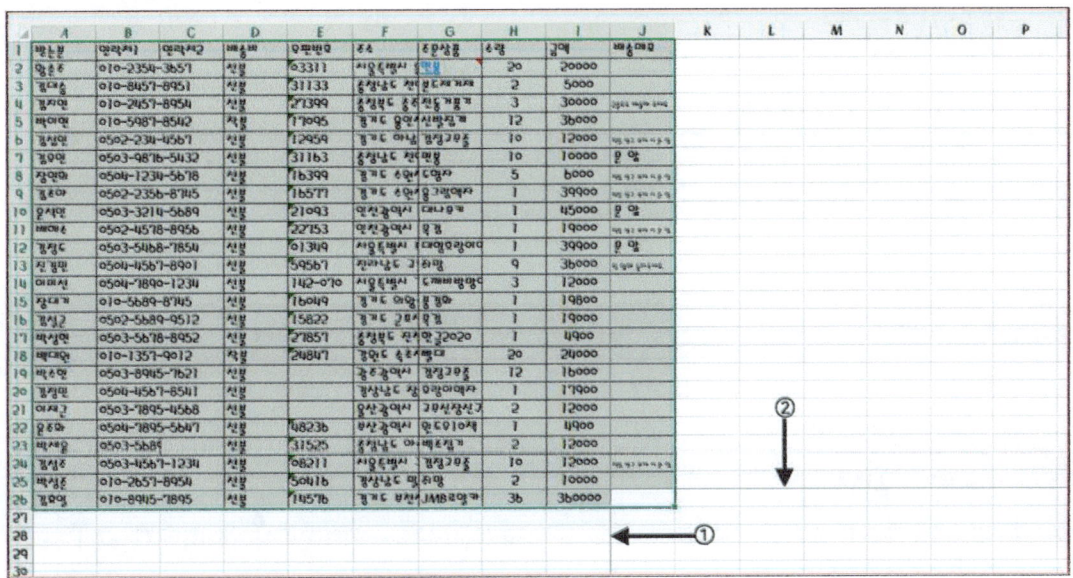

위와 같이 페이지 나눔을 하면 위의 ①과 ②와 같이 페이지 표시가 나타납니다.
따라서 엑셀로 작업을 하면서 어디까지가 A4 용지 안에 들어가는지 확인할 수 있으므로 인쇄를 염두에 두고 작업을 한다면 반드시 필요한 기능입니다.
다른 메뉴는 간단한 기능들이므로 생략하고 아래 메뉴에서 마우스가 가리키는 [뒤로 보내기] 혹은 앞으로 가져오기, 선택창, 맞춤, 회전 등은 엑셀만으로 여러가지 개체를 삽입하여 작업을 할 때 꼭 필요한 기능이라고 할 수 있습니다.

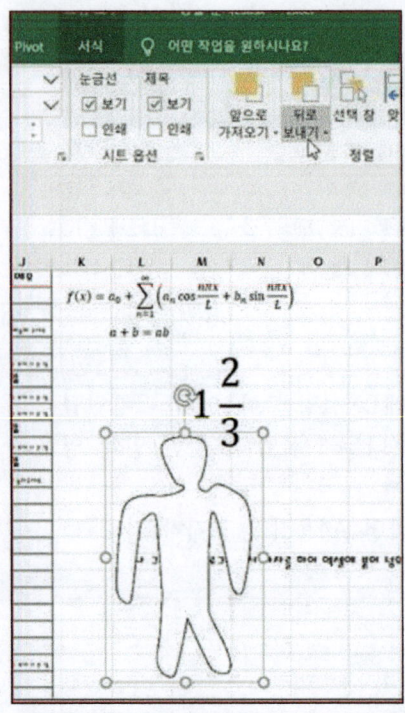

앞의 화면에서 현재 일러스트에서 그려서 가져온 사람 모양의 개체(오브젝트)가 있으며 포토샵에서 배경은 투명하게 처리를 했지만, 여전히 밑에 있는 글씨를 가리고 있습니다.

이 때 위의 사람 모양 개체가 선택된 상태에서 [뒤로 보내기]를 클릭하면 다음 화면과 같이 방금 선택한 개체가 글씨 뒤로 가서 밑에 있던 글씨가 보이게 됩니다.

그런데 문제가 있습니다.
아래 화면을 보세요..

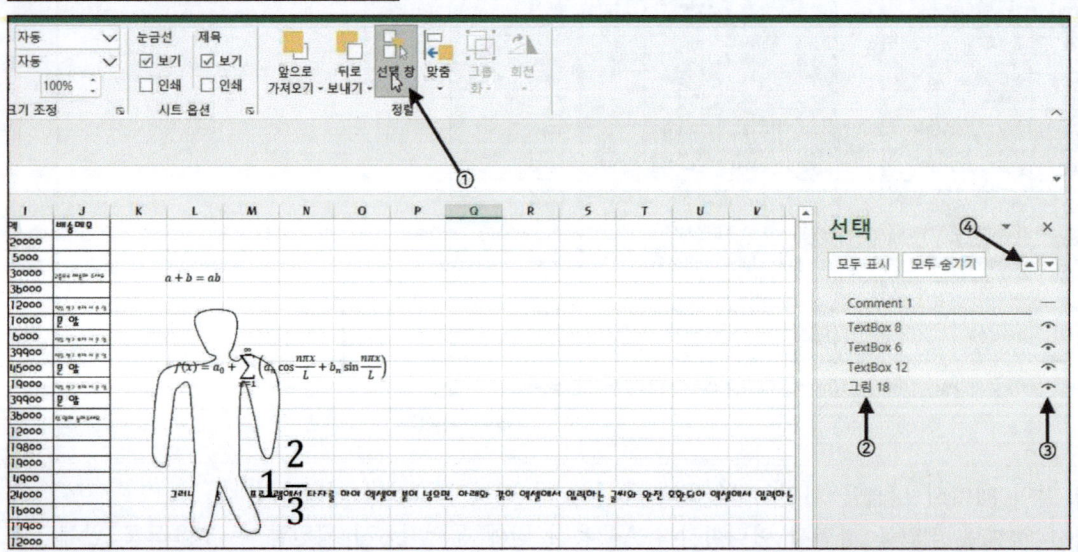

위의 ①을 클릭하면 우측에 화면에 있는 개체들을 선별적으로 선택할 수 있는 선택창이 나타나고요, ②에서 원하는 개체를 선택하고 ③의 눈을 감으면 화면에 보이지 않게 할 수 있고요, ④를 클릭하여 위치를 바꿀 수 있습니다.

그러나 이 모든 것은, 음..

위의 화면 및 이 책에 사용된 삽화는 대개 엑셀 화면을 캡쳐한 다음, 포토샵에서 화살표와 번호 등을 넣어서 다시 한글2020 문서에 삽입을 하는 것인데요..

이렇게 필자는 컴퓨터 그래픽 디자이너이므로 대부분의 컴퓨터 그래픽 프로그램들을 사용하기 때문에 이렇게 할 수 있는 것이고요, 여기서는 엑셀 한 가지만 가지고 컴퓨터 그래픽을 구현하다보니 그야말로 말도 안 되는 억지 춘향이 나올 수 밖에 없고요..

위의 ④를 클릭하여 개체(오브젝트)의 위치를 변경시키는 것은 한글 프로그램도 가능하고, 일러스트나 페이지메이커, 인디자인 등의 프로그램에서 모두 가능한 기능들인데요..

가장 큰 문제는 한글2020의 경우 바탕 글씨의 밑으로 삽입한 오브젝트를 넣을 수가 있지만, 엑셀에서는 이것이 안 됩니다.

세계 최고의 마이크로소프트사에서 왜 이렇게 했는지는 모르겠으나 아마도 기술이 없어서라기 보다는 마이크로소프타사의 다른 프로그램들, 예컨대, 어도비 일러스트나 어도비 인디자인, 어도비 포토샵 등의 프로그램이 있기 때문에 이런 기능을 넣지 않았을까.. 라고 조심스럽게 추측해 봅니다.

다만, 포토샵의 페더 기능과 같이 가장자리를 흐리게 처리를 하여 그림을 희미하게 만드는 기능이 있기는 있으므로 가장자리를 흐리게 하여 밑에 있는 글씨가 보이게 할 수 있는 있고요..

일단 엑셀 데이터가 들어 있는 엑셀 문서보다 그림이나 기타 불러온 객체를 글씨보다 아래로 내려가게 할 수가 없습니다.

암튼 엑셀의 기존의 데이터에 있는 글씨보다 밑으로 가게 할 수는 없지만, 불러온 여러 개체들끼리는 위치를 바꿀 수가 있습니다.

또한 사진을 불러온 것이 아닌, 그리기 기능을 이용하여 도형을 그린 경우에는 투명도를 조절하여 밑에 있는 글씨가 보이게 할 수는 있습니다.

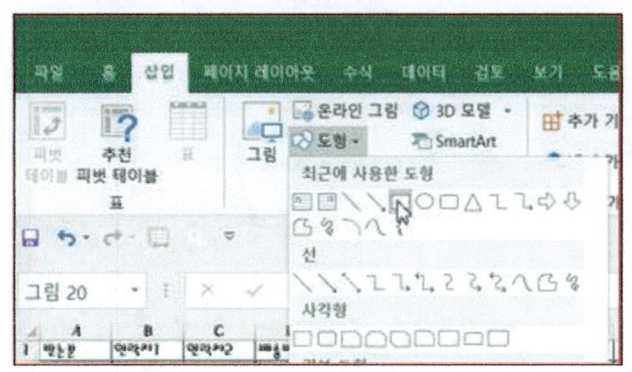

위의 마우스가 가리키는 사각형 도구를 선택하고 다음과 같이 엑셀 화면에 사각형을 한 개 그립니다.

그리고 그린 사각형을 선택하고 마우스 우측 버튼을 클릭하여 나타나는 팝업 메뉴에서 [크기 및 속성]을 클릭하거나..

이렇게 하지 않더라도 엑셀2019에서는 화면 우측에 이미 메뉴가 나타납니다.

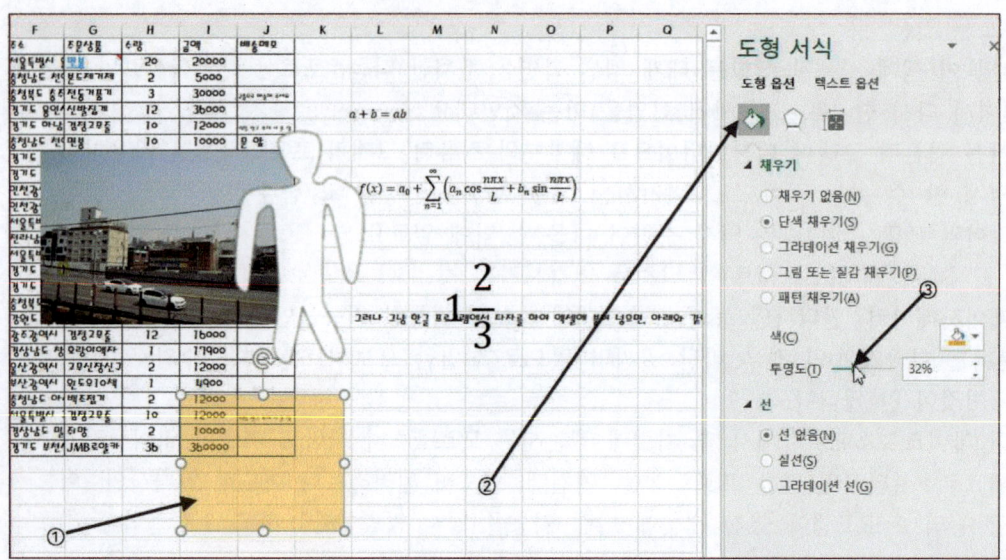

위의 ①이 방금 그린 사각형 도형이고요, ②를 클릭하고 ③의 투명도를 조절하여 위의 화면에 보이는 것과 같이 밑에 있는 글씨가 보이도록 할 수 있는데요, 이것부터가 문제입니다.
③의 투명도는 0%가 불투명이고 100%가 투명입니다. 완전 거꾸로입니다.
암튼 그래도 위와 같이 도형은 투명도를 조절하여 밑에 있는 글씨가 보이게 할 수가 있습니다만, 불러온 사진이나 다른 종류의 개체(오브젝트)는 안 됩니다.
다만, 마치 포토샵에서 그림의 가장자리를 부드럽게 하여 조화롭게 패더값을 주는 것과 같은 가장자리 흐림 효과를 주어서 그림 위로 글씨가 보이게 할 수는 있습니다.
어찌 되었든 이 기능을 이용하면 아래와 같은 정도로는 할 수 있습니다.

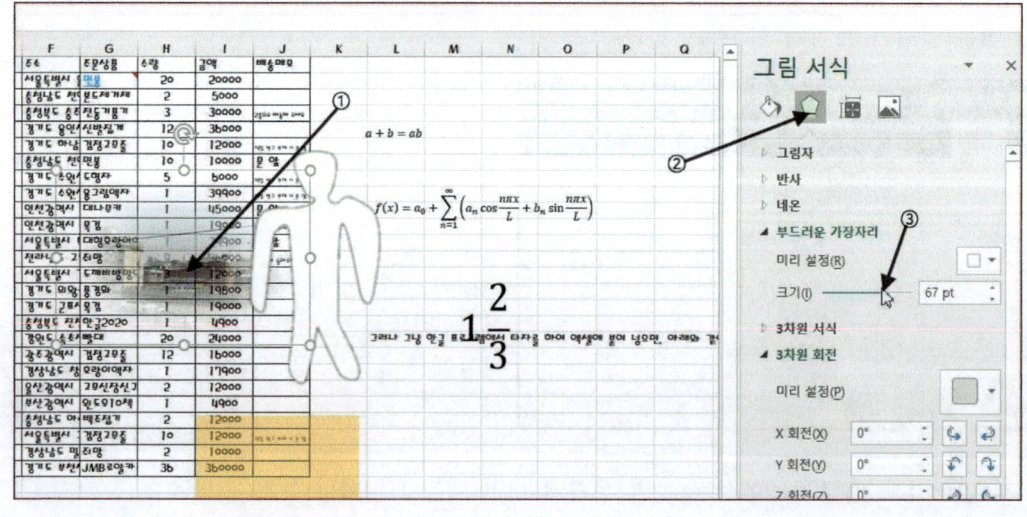

위의 ①이 불러온 사진이고요, ②를 클릭하고 ③의 가장자리 투명도를 조절하여 위의 ①과 같이 만들 수는 있습니다.

한 마디로 억지 춘향이지만, 그래픽 소프트웨어가 아닌 엑셀 프로그램에서 이 정도로 그래픽을 할 수 있다는 것으로 만족해야 하고요, 앞으로 엑셀을 포함한 오피스군이 더욱 업그레이드가 된다 하여도 이보다 더 좋은 그래픽 기능은 사실 어려울 것으로 보입니다.

왜냐하면 마이크로소프트사에서는 마이크로소프타사와 맞먹을 정도의 거대 그래픽 소프트웨어 기업이었던 어도비사를 인수하여 이제는 마이크로소프트 어도비 포토샵, 어도비 프리미어, 어도비 일러스트레이터, 어보디 인디자인 등, 기라성 같은 어도비사의 그래픽 프로그램들을 판매하기 때문에 엑셀에 굳이 더욱 뛰어난 그래픽 기능을 넣으면 오히려 자사의 그래픽 프로그래들이 팔리지 않을 수 있기 때문입니다.

지금도 이 정도의 그래픽 기능을 가지고도 오로지 엑셀만으로 미술 작품을 만드는 사람도 있으니까요..

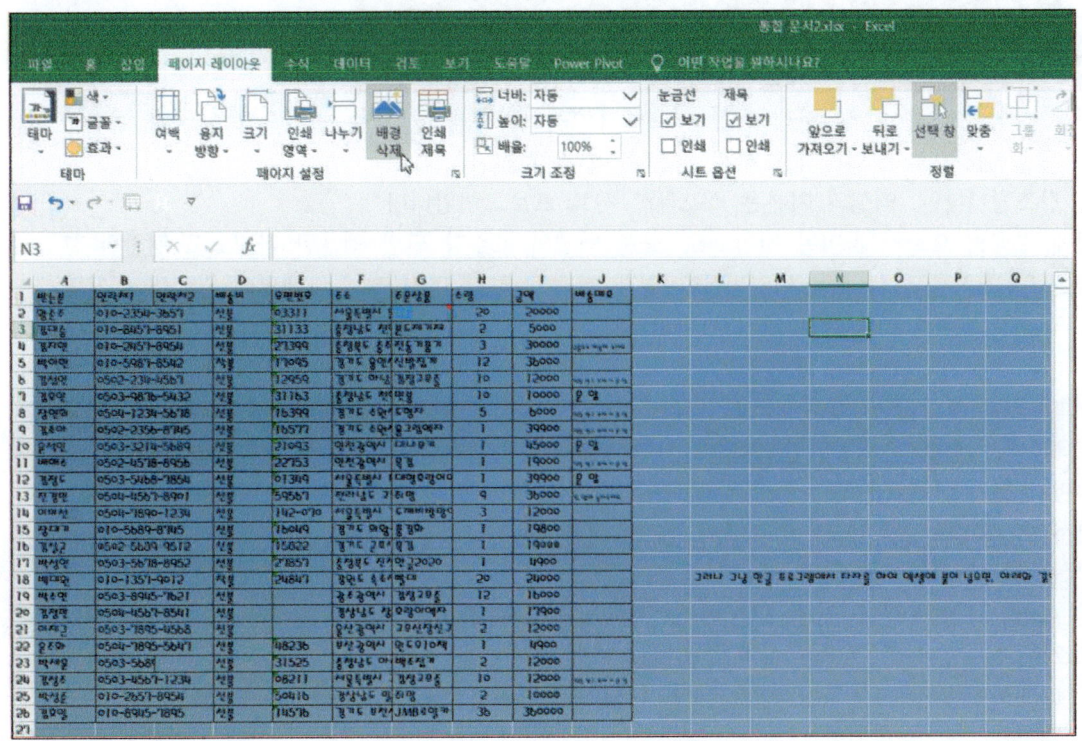

위는 위의 화면 상단 마우스가 가리키는 배경을 클릭하여 배경으로 사진을 삽입한 것인데요, 오로지 그냥 사진을 배경으로 삽입하는 기능 밖에는 없습니다.

배경을 흐리게 처리를 하든지 뭔가 조작을 할 수 있어야 하는데 도무지 일체의 조절을 할 수가 없으므로 이 기능은 없는 것이 낫다고 할 수 있습니다.

엑셀에서 이렇게 배경을 꼭 삽입하고 싶다면 포토샵 등에서 이미지를 미리 편집을 하여 최대한 밝고 흐리게 처리를 해서 저장한 다음 불러오면 그나마 배경을 사용 가능하다고 할 수 있고요, 다만, 엑셀에서는 셀을 선택하고 셀에 원하는 색상을 넣거나..

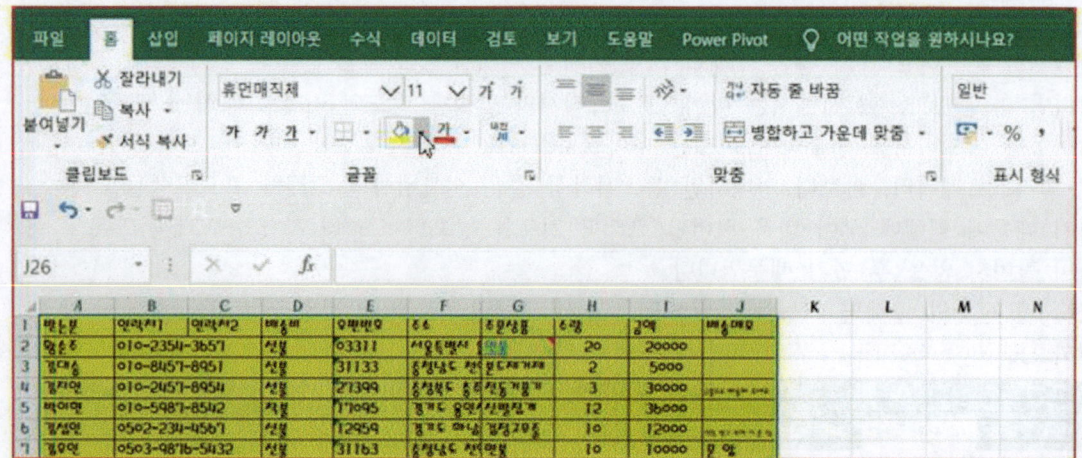

조건부 서식, 표 서식, 셀 서식 등을 이용하여 표를 멋지게 꾸밀 수는 있으므로 굳이 어렵게 사진 등을 배경으로 삽입하려고 하지 않는 것이 좋겠습니다.
거듭 강조합니다만, 엑셀의 기본은 스프레드 시트 프로그램입니다.
여기에 그래픽 요소가 가미된 것이고요, 물론 엑셀의 고수가 되면 엑셀만 가지고도 웬만한 그래픽은 다 소화를 합니다만, 여러분은 이렇게 하려고 하지 마시고요, 그래픽에 관심이 있다면 그래픽 프로그램 공부를 따로 하시기 바랍니다.

2D 그래픽은 포토샵이 필수이고요, 일러스트 프로그램은 어도비 일러스트레이터가 필수이고요, 그래픽 시험을 준비한다면 어도비 인디자인은 필수이고요, 동영상을 다룬다면 어도비 프리미어가 필수입니다.
따라서 이 책으로 공부를 하신 다음에 필자의 다른 저서, 어도비 포토샵, 어도비 프리미어 등의 책을 참고하시기 바랍니다.
또한 이 책의 앞 부분에 있는 '네이버에 있는 필자의 블로그에 오시는 방접' 참조하여 필자의 블로그에 오시면 엑셀 뿐만이 아니고 필자는 수많은 저사를 집필하였으므로 카메라 및 사진과 각종 그래픽에 관한 포스트도 헤일 수 없이 많이 있습니다.

회전

회전은 문자 그대로 회전입니다

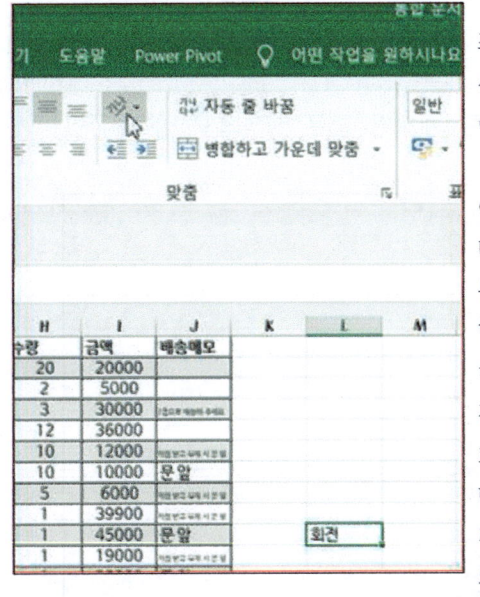 좌측과 같이 '회전' 을 입력하고 좌측 화면ㅌ의 화면 상단 마우스가 가리키는 회전을 클릭하면 아래와 같이 글씨가 선택한 방향으로 회전을 합니다.

예를 들어 위의 마우스가 가리키는 [시계 반대 방향 각도]를 클릭하면 위의 화면과 같이 방금 입력한 회전 글씨가 시계 반대 방향으로 회전을 하였습니다. 위 아래, 세로 쓰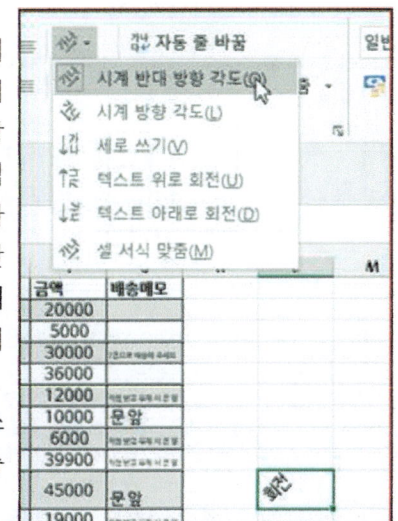
기 등등, 다른 기능은 여러분이 직접 클릭하여 모두 실습을 해 보시기 바랍니다.

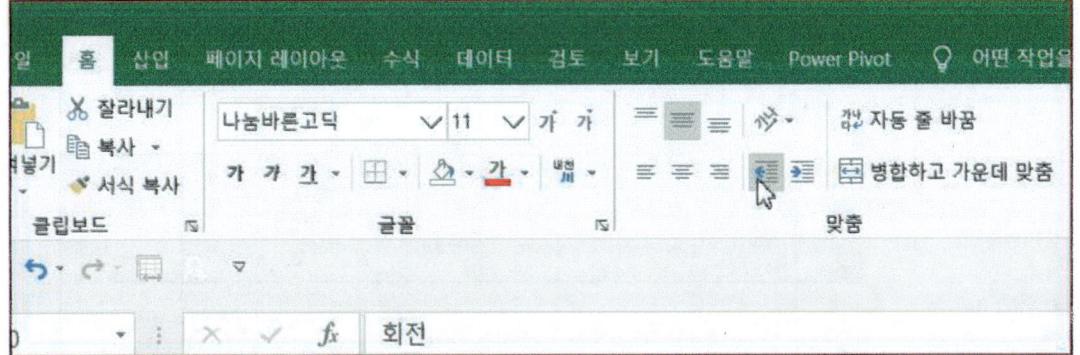

위의 마우스가 가리키는 아이콘은 내어쓰기, 들여쓰기 기능인데요, 사실 옛날에는 문서를 작성하면서 들여쓰기 혹은 내어쓰기 등을 많이 했습니다만, 필자는 무려 수십 권의 저서를 집필했지만, 지금은 일체의 들여쓰기 혹은 내어쓰기를 하지 않습니다.
물론 이것은 오로지 필자의 경우이므로 대학에서 관련 학과를 공부하는 사람이라면 내어쓰기든 들여쓰기든 해야 할 것이고요, 이 경우에 필요한 기능이라고 할 수 있습니다.
또 위의 화면에 보면 [자동 줄 바꿈]이 있습니다.
이것은 엑셀에서는 기본적으로 입력하는 글씨가 모두 우측으로 길게 입력이 됩니다.
셀을 벗어나서 길게 입력되는 것이 기본값이며 우측셀에 다른 입력을 하게 되면 우측으로 벗어난 내용은 보이지 않게 됩니다.
이 때 이렇게 셀의 내용이 우측으로 벗어난 것이 보이지 않는 것을 방지하고자 자동 줄 바꿈 기능이 있는 것입니다.
위의 [자동 줄 바꿈]을 클릭하면 아래와 같이 길게 입력된 주소가 모두 자동으로 줄 바꿈이 되어 셀 안에 모두 나타나게 됩니다.

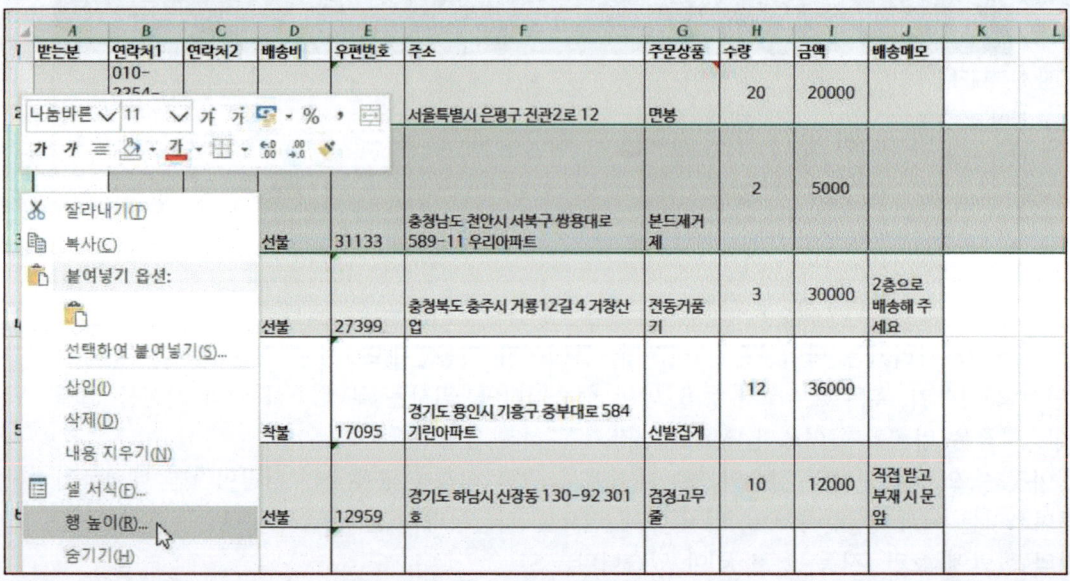

그러나 이렇게 하면 좁은 셀 안에 모든 글씨가 나타나서 행이 밑으로 늘어나므로 열을 조금 넓게 해 주면 좋습니다.

이 때 위와 같이 주소가 셀 안에서 자동 줄 바꿈을 하여 모두 셀 안에 나타나는 와중에 셀이 밑으로 늘어나서 빈 공간이 많이 생겨서 보기 싫습니다.

이 때 위의 화면에 보이는 것과 같이 원하는 행을 선택하고 마우스 우측 버튼을 클릭하여 행 높이를 지정할 수 있는데요, 행 하나만 조절하는 것이 아니라 모든 행을 조절하는 것이 좋으므로 모든 데이터에 블럭을 씌우는데요..
이 때 아래 마우스 화살표가 가리키는 곳을 클릭하면 모든 셀이 한꺼번에 선택됩니다.

우의 화면 좌측 상단 구석진 곳에 열십자 모양의 마우스 포인트가 있는 곳을 클릭하면 모든 열과 행이 모두 선택됩니다.

물론 필요한 부분만 적용할 때는 당연히 필요한 부분만 선택을 하는데요, 이렇게 선택하는 방법 중에서 셀에 블럭을 씌우는 것은 셀에만 영향을 주는 것이므로 행이라 열을 넓히거나 줄일 때는 셀이 아닌 행이나 열을 선택하고 불륵을 씌워야 합니다.

위는 셀주소[A3:D8]까지 블럭이 씌어진 것이고요..
행이나 열을 조절하기 위해서는 아래왁 같이..

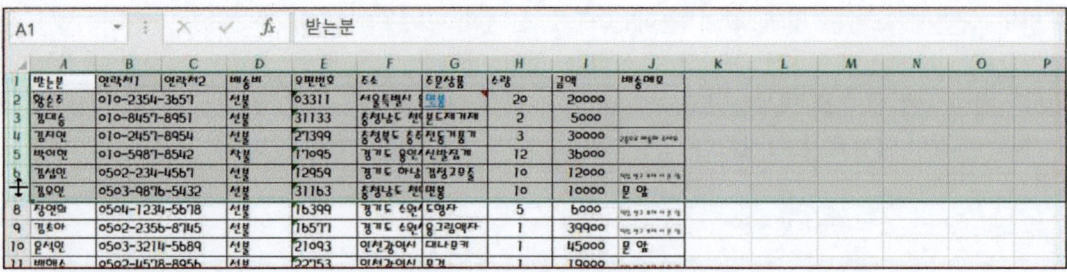

위의 1번 행을 클릭한채로 밑으로 드래그하면 계속하여 밑으로 드래그하는 만큼의 열이 선택 되고요..

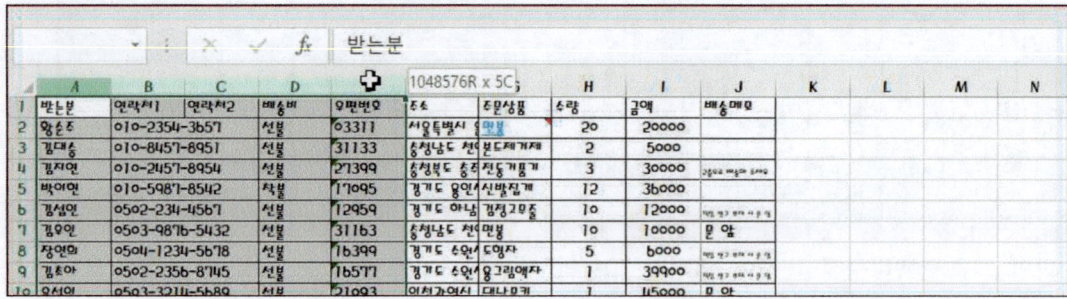

위 [A] 열을 클릭한 채로 우측으로 드래그하면 계속하여 우측으로 드래그하는 만큼의 열이 블 록이 씌워집니다.

이런식으로 일단 행부터, 1번행을 클릭하고 밑으로 드래그하여 데이터의 맨 밑에 있는 행까지 블록을 씌운 다음 어떤 행이든지 행번호에서 마우스 우측 버튼을 클릭하여 나타나는 팝업 메 뉴에서 [행 높이]를 클릭합니다.

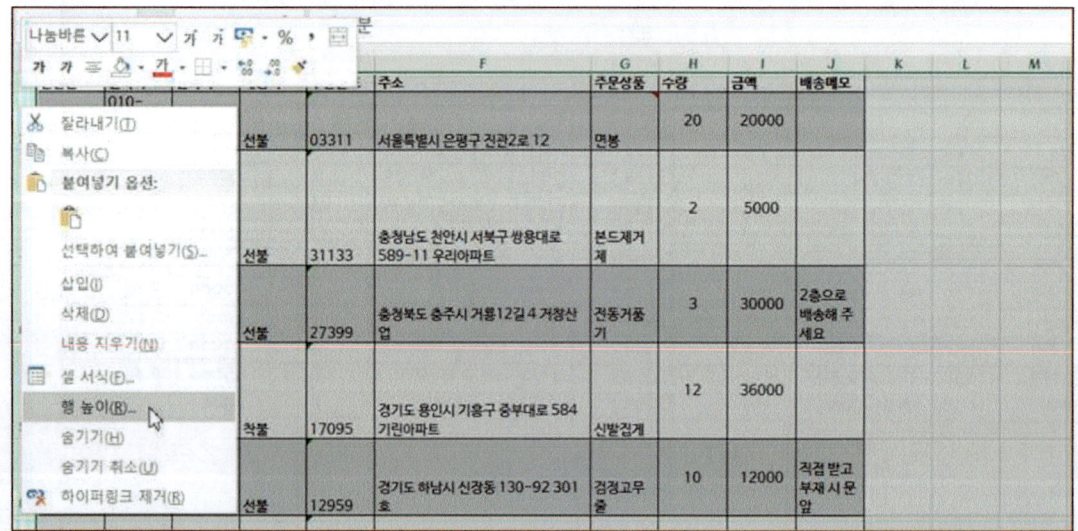

위의 마우스가 가리키는 [행높이]를 클릭하면 다음 대화상자가 나타납니다.

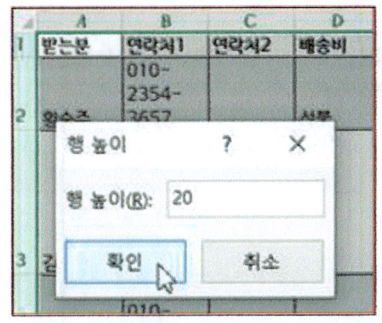

일단 대충 '20' 을 입력하고 [확인]을 클릭해 봅니다.

행 높이가 너무 작아서 주소가 다 나타나지 않습니다.
다시 행 번호에서 마우스 우측 버튼을 클릭하여 행 높이를 조절합니다.
이런 식으로 두어번 반복해야 정확하게 맞출 수가 있습니다.

이제 되었습니다만, 위의 화면을 보면 주소가 2줄로 입력된 셀은 보기가 좋지만, 한줄로 입력된 주소는 밑으로 치우져 있습니다.
즉, 아래 쪽으로 정렬되어 있습니다.

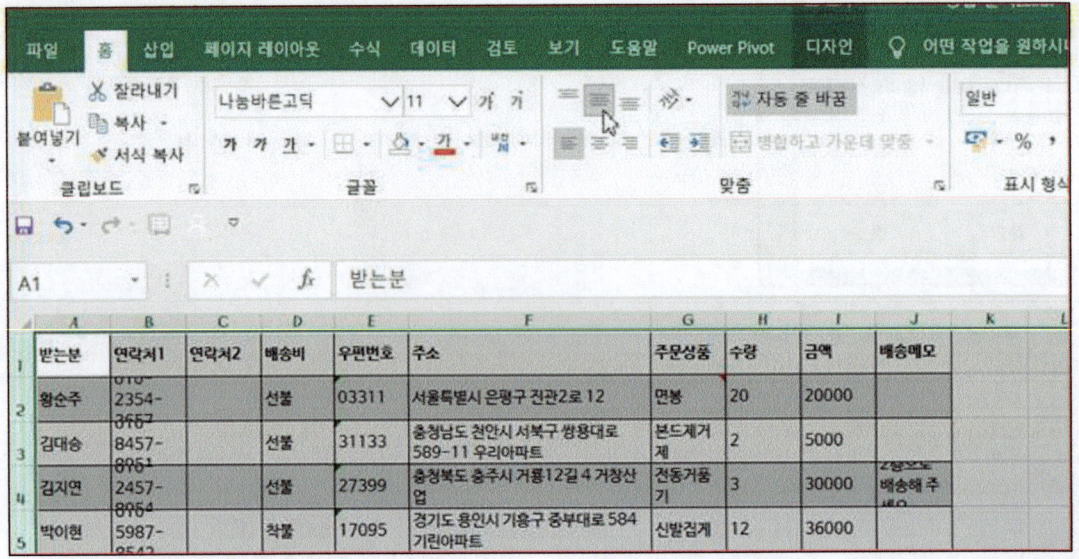

이것은 위의 화면 상단 가운데쯤에 있는 마우스 화살표가 가리키는 곳을 클릭하면 됩니다만, 그냥 클릭해서는 안 됩니다.

그 옆의 다른 정렬을 먼저 클릭하여 일단 다른 쪽으로 정렬을 한 다음, 다시 위의 마우스가 가리키는 곳을 클릭하면 위와 같이 한 줄로 입력된 주소도 해당 셀의 가운데 정확하게 정렬되어 보기좋게 됩니다.

그리고 위의 화면 맨 위의 타이틀(1행)이 모두 좌측으로 정렬되어 있습니다.

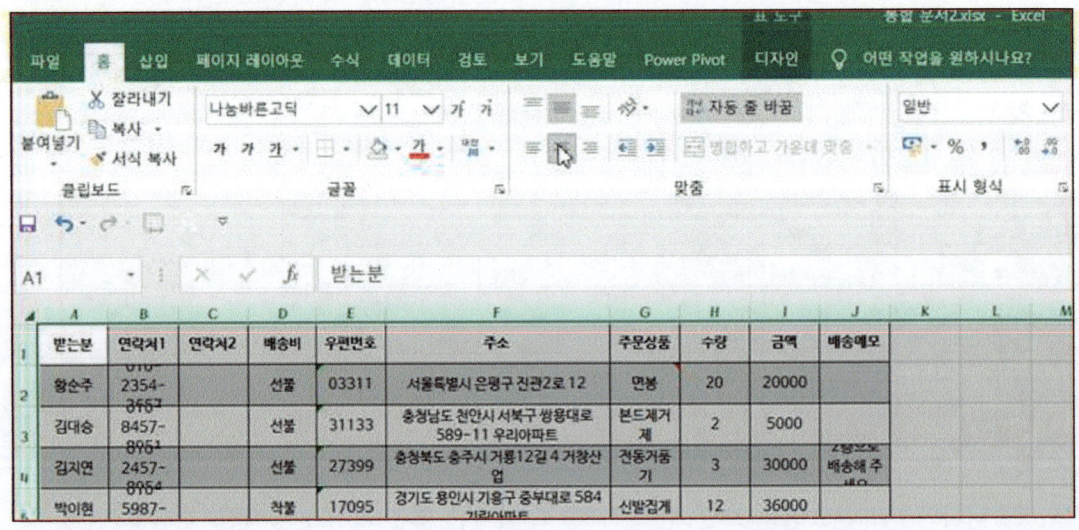

이것은 좌상단 꼭지점을 클릭하여 전체 선택을 하든지 데이터에 블럭을 씌우든지 열만 선택을 하든지, 여러 가지 방법을 사용하여 전체 선택을 한 다음, 위의 마우스가 가리키는 곳을 클릭하면 열도 가운데 정렬이 됩니다.

지금까지 설명한 방법 외에 아주 빠르게 행 높이나 열 너비를 조정하는 방법이 있습니다.

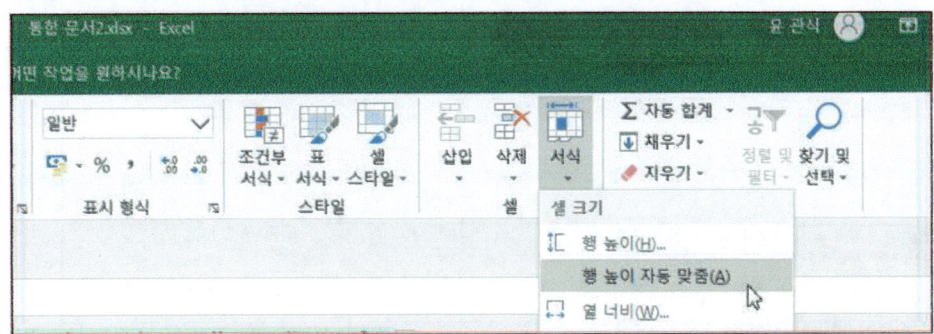

위의 마우스가 가리키는 [서식]-[행 높이 자동 맞춤]기능입니다.

위의 [자동 합계]는 이 책의 앞부분에서 이미 공부했고요, 채우기, 지우기는 그리 중요하지 않지만, 여러분은 모두 실습을 해 보시고요, 위는 [홈] 메뉴에 나타나는 메뉴들입니다.

위 화면 좌측에 있는 [표시 형식]에 있는 여러 가지 표시 형식은 조금 전에 공부했던 [셀 서식]에서 모두 지정할 수 있는 기능들입니다.

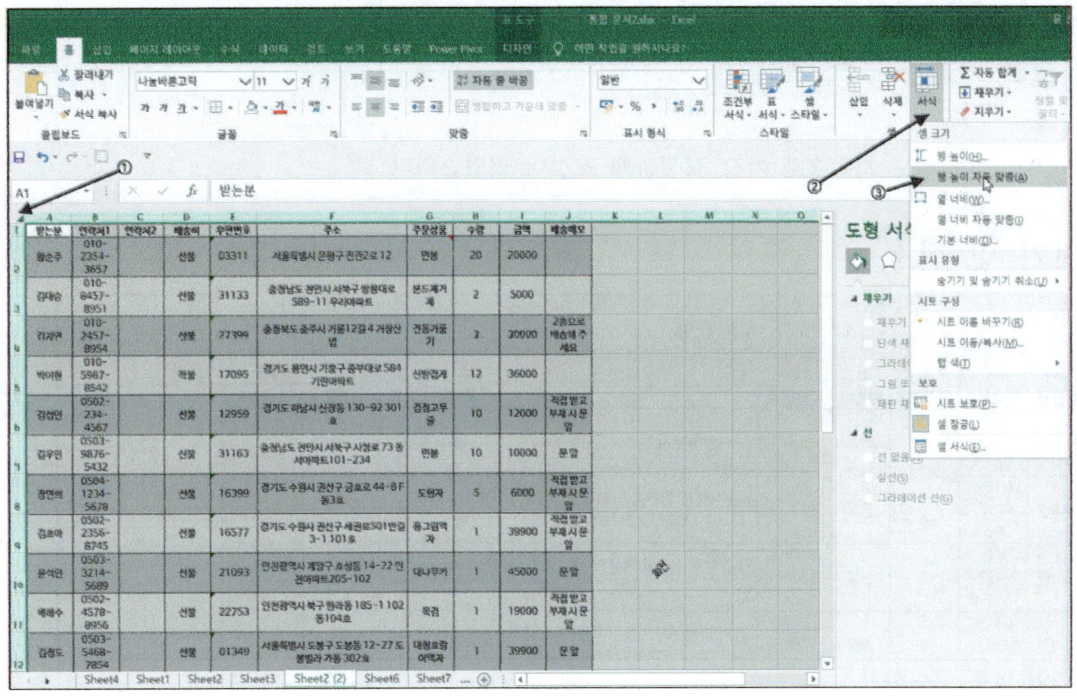

위의 ①의 꼭지점을 클릭하여 모든 셀을 선택한 다음, ②의 [서식]을 클릭하고 ③의 [행 높이 자동 맞춤]을 클릭하면 위와 같이 순식간에 행 높이가 자동으로 맞춰집니다.
만일 행은 그냥 두고 열 너비를 자동으로 맞추고 싶다면 위에서 [열 너비 자동 맞춤]을 클릭하면 됩니다.

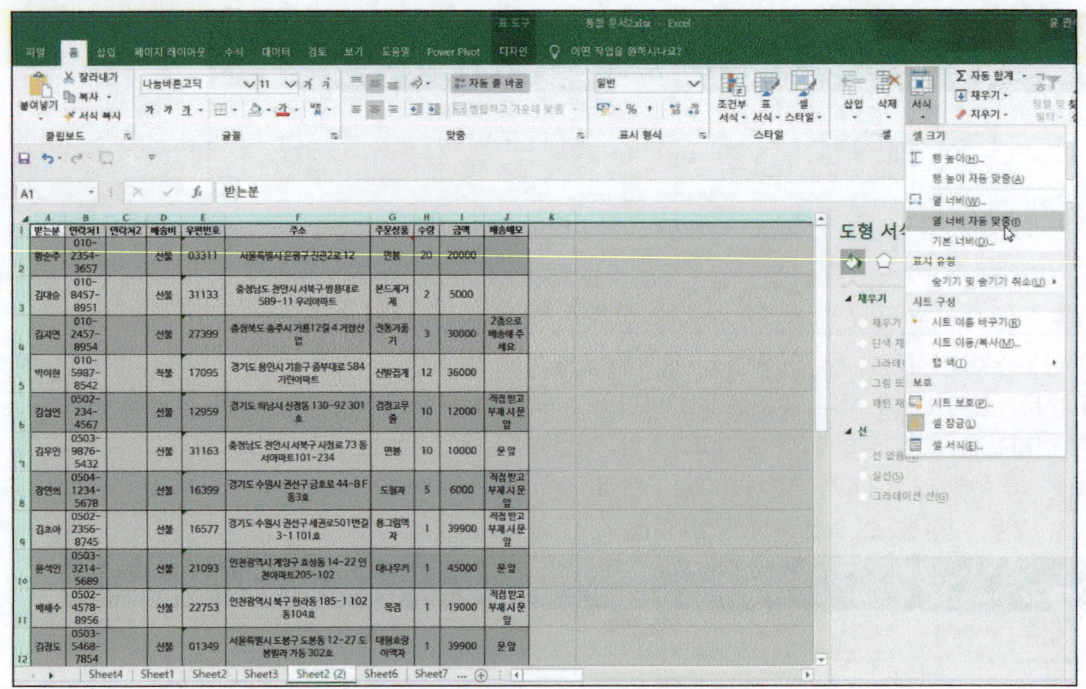

위와 같이 열 너비도 자동으로 가장 적절하게 조절이 되었습니다.

숨기기 및 취소

	A	B	C	D	E	F	G	H	I	J	K
1	받는분	연락처1	연락처2	배송비	우편번호	주소	주문상품	수량	금액	배송메모	
2	황순주	010-2354-3657		선불	03311	서울특별시 은평구 진관2로 12	면봉	20	20000		
3	김대승	010-8457-8951		선불	31133	충청남도 천안시 서북구 쌍용대로 589-11 우리아파트	본드제거제	2	5000		
4	김지연	010-2457-8954		선불	27399	충청북도 충주시 거룡12길 4 거창산업	전동거품기	3	30000	2층으로 배송해 주세요	
	박이현	010-5987-		착불	17095	경기도 용인시 기흥구 중부대로 584 기린아파트	신발집게	12	36000		

위의 [J] 열을 클릭하고..

아래 화면 우측 마우스가 가리키는 [숨기기]를 선택하면 선택한 열이 사라집니다.

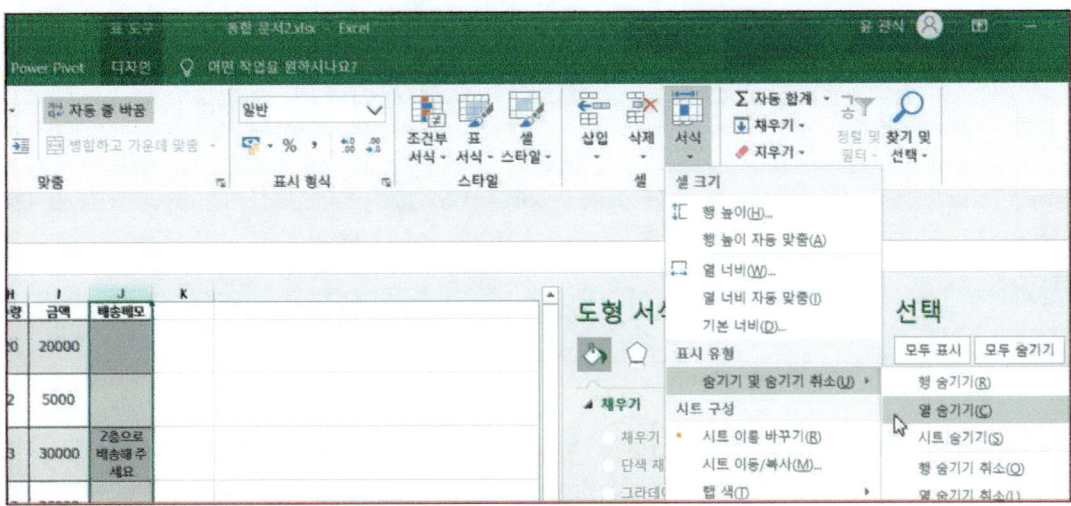

아래와 같이 열이 몽땅 사라져 버리는데요, 이 기능은 조심해서 사용해야 합니다.

A	B	C	D	E	F	G	H	I	K
받는분	연락처1	연락처2	배송비	우편번호	주소	주문상품	수량	금액	
황순주	010-2354-3657		선불	03311	서울특별시 은평구 진관2로 12	면봉	20	20000	
김대웅	010-8457-8951		선불	31133	충청남도 천안시 서북구 쌍용대로 589-11 우리아파트	본드제거제	2	5000	
김지연	010-2457-8954		선불	27399	충청북도 충주시 거룡12길 4 거창산업	전동거품기	3	30000	
박이현	010-5987-8542		착불	17095	경기도 용인시 기흥구 중부대로 584 기린아파트	신발집게	12	36000	
김섭인	0502-234-4567		선불	12959	경기도 하남시 신장동 130-92 301호	검정고무줄	10	12000	
김우인	0503-9876-5432		선불	31163	충청남도 천안시 서북구 시청로 73동 서아파트101-234	면봉	10	10000	

위와 같이 맨 우측에 있는 [배송 메모]열이 사라졌고요, 열 번호를 잘 보면 숨겼다는 것을 알 수 있습니다만, 사라지게 할 때는 그럴 필요가 있어서 숨겼지만, 나중에는 열이 사라진 것으로 착각을 하고 해당 열을 다시 입력하는 수가 있기 때문입니다.

매우 자주 일어나는 일이기 때문에 이 기능은 꼭 필요한 경우가 아니면 사용하지 않는 것이 좋습니다.

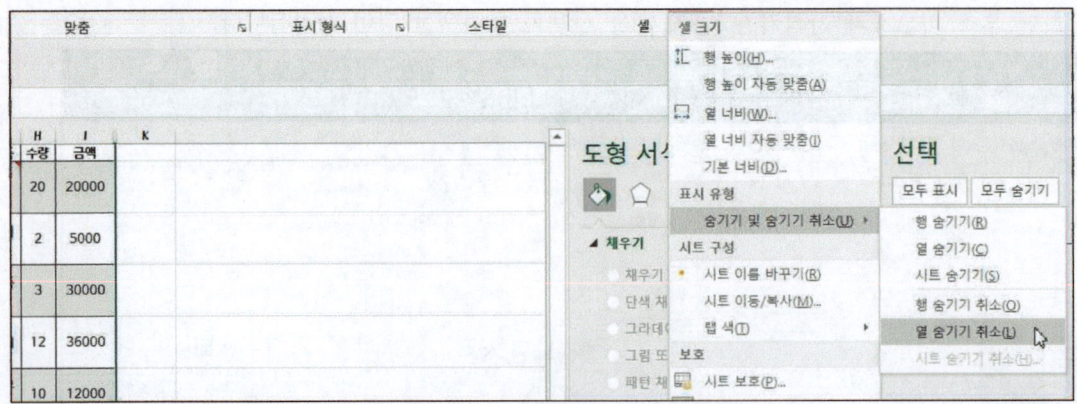

셀 내용 복사(복제), 줄 바꾸기

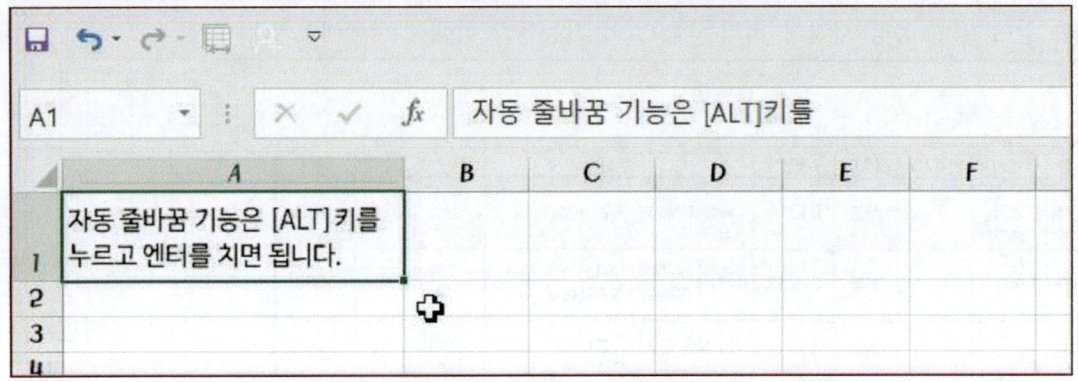

현재 위의 화면에 보이는 마우스 포인터는 일반적으로 엑셀에 나타나는 마우스 포인터입니다. 이것을 다음과 같이 셀의 하단 꼭지점으로 가져가면 작은 + 모양을 변합니다.

이렇게 마우스 버튼 모양이 작은 + 모양으로 바뀌었을 때 마우스 좌측 버튼이 아닌, 마우스 우측 버튼을 클릭하고 밑으로 내린 다음 마우스를 놓으면 메뉴가 나타나는데요..

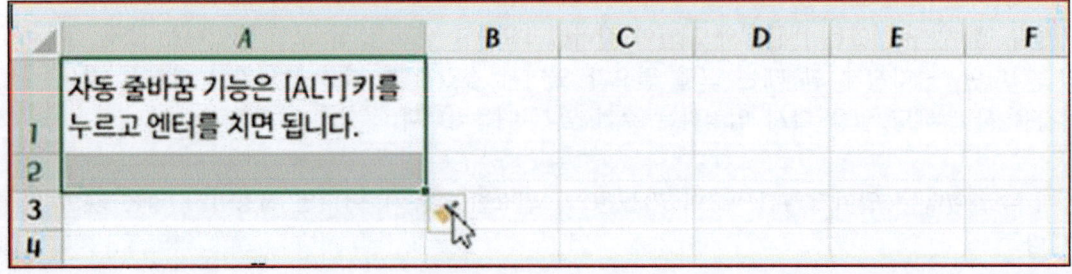

위는 현재 위의 [A1]셀의 우측 하단에 마우스를 가져가서 마우스 포인터가 작은 + 모양이 되었을 때 마우스 우측 버튼을 클릭하고 밑으로 드래그한 상태이고요, 이 때 마우스를 놓으면 아래 메뉴가 나타납니다.

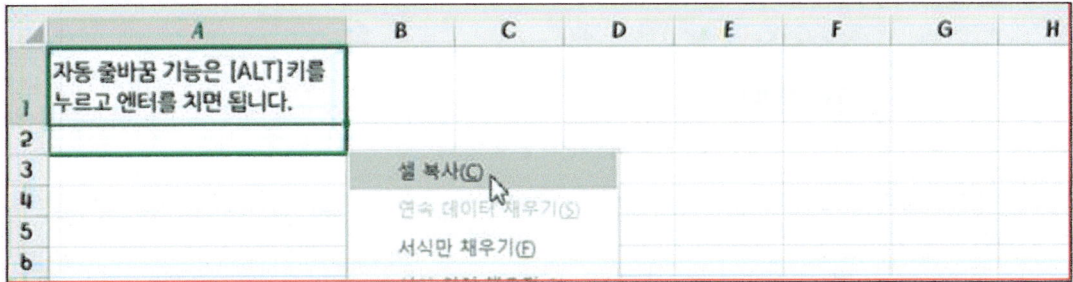

위에서 마우스가 가리키는 [셀 복사]를 클릭하면 [A1] 셀이 그대로 복사가 됩니다.
이 기능은 셀의 내용뿐만이 아니고 수식이나 서식도 복사할 수 있으며 결과 값도 수식에 따라 내용이 같거나 입력한 수치에 따라 결과가 달라지게 (합계 등이) 복사가 됩니다.

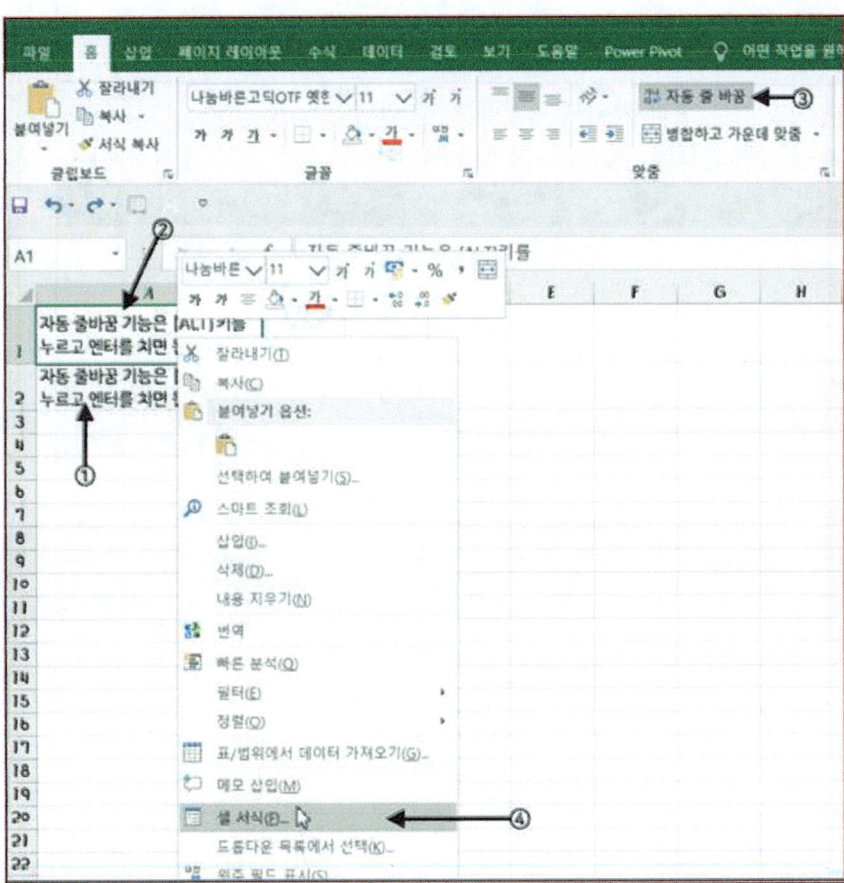

이 기능은 조금 뒤에 실습을 하기로 하고요, 지금은 셀 복사와 줄 바꾸기입니다.
좌의 ①은 복제된 셀이고요, ②가 원본 셀이고요, ②를 선택하고 ③을 클릭하면 ②의 셀이 원래대로 줄 바꿈이 되지 않고 가로로 길게 나타나고요, 또는 ④의 [셀 서식]을 클릭하면 다음 화면이 나타납니다.

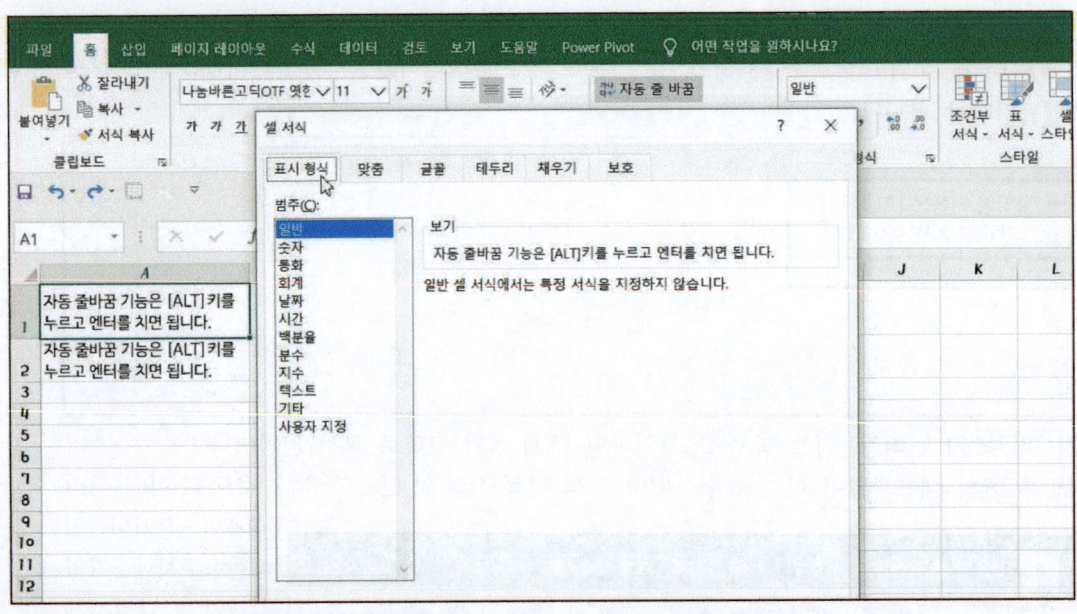

이것은 아주 중요한 내용이므로 정신 바짝 차리고 공부를 해야 합니다.
위의 셀 서식에서 마우스가 가리키는 [표시 형식]을 보면 현재 선택된 셀은 일반 형식이고요..

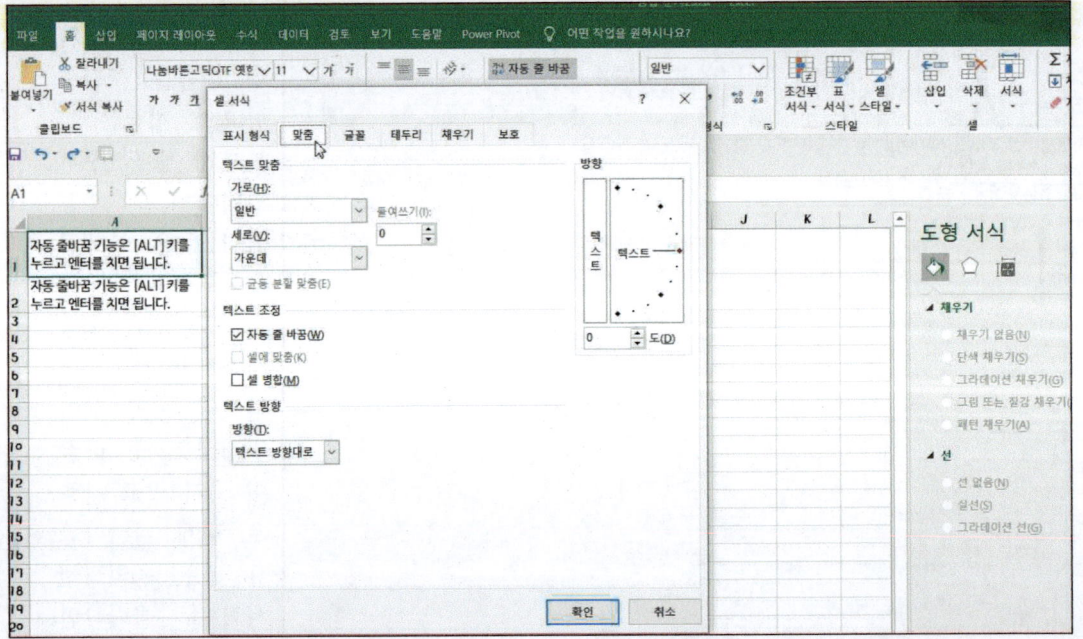

위의 마우스가 가리키는 [맞춤]탭을 클릭하면 중간쯤에 [자동 줄 바꿈]에 체크가 되어 있습니다.

여기서 체크를 해제하면 자동 줄 바꿈이 해제되는데요. 위의 셀 서식은 너무나도 중요한 내용이므로 여러분은 **빠짐없이** 모두 클릭하여 어떤 기능인지 반드시 확인하고 넘어가야 합니다.

지금 설명하면서 삽화를 삽입하는 것들은 모두 화면 캡쳐를 하여 포토샵 등에서 가공을 하여 다시 현재 문서에 맞는 크기로 삽입을 하는 등, 워드 프로그램과 컴퓨터 그래픽을 총 동원을 하는 것입니다.

누구나 책을 쓸 수는 있지만, 결코 아무나 할 수 있는 작업이 아니고요, 그러나 책을 집필하지는 않더라도 대학생이라면 각종 리포트, 졸업 논문, 석박사 과정이라면 학위 논문 등 책에 준하는 문서를 작성해야 하기 때문에 필자와 같이 책을 집필하는 방법을 알아야 합니다.

또한 지금 설명하는 방법으로 책을 집필하는 것이기 때문에 가끔씩 해당 화면에서 넘쳐 버리는 삽화는 다음 페이지로 넘어가기도 하는 것입니다.

위는 줄 바꿈을 하지 않은 것과 [Alt] 키를 누르고 줄 바꿈을 한 것을 비교하는 것입니다.

위의 [A1]셀은 줄 바꿈을 하지 않고 입력하여 가로로 길게 나타나는 것이고요, [A2]셀은 위 글씨 중에서 '누르고' 앞에서 [Alt]키를 누르고 엔터를 친 것입니다.

만일 [Alt]키를 누르지 않고 엔터를 치면 그냥 셀포인트가 밑으로 내려갑니다.

셀 포인터를 옮기는 방법은 여러 가지가 있는데요, 그냥 엔터를 치면 셀 포인터는 밑으로 내려가고요, 키보드의 화살표 키를 밑으로 눌러도 내려가고요, 키보드의 우측 화살표 키를 누르면 셀포인터는 우측으로 이동하고요..

그냥 엔터를 치지 않고 [Shift]키를 누르고 [Tab] 키를 누르면 셀 포인터가 좌측으로 이동을 하고요, 이것은 엑셀 2019에서도 동합니다.

참고로 방금 설명한 [Tab]키는 [Shift]키와 [Alt]키를 조합하면 거의 모든 응용 프로그램에서 커서를 다음으로 혹은 이전으로 옮기는 단축키 역할을 합니다.

필자가 하도 여러가지 서적을 집필하면서 하도 방대한 자료를 다루다보니 가장 걱정이 되는 것은 이 책과 같이 엑셀 프로그램 설명을 하면서 꼭 중요한 내용을 **빠뜨리게** 될까 봐 늘 걱정을 합니다.

물론 꼭 필요한 내용을 **빠뜨린** 경우에는 필자의 블로그에 반드시 올려 놓으므로 이 책으로 공부를 하다가 궁금한 사항은 필자의 블로그에 오시면 대부분 들어 있다고 보시면 됩니다.

조금 전에 셀 복사는 물론 서식이나 수식, 결과값 등도 같거나 다르게 복사가 된다고 했는데요, 엑셀은 스프레드 시트 프로그램이며 수치 계산 프로그램이기도 합니다.
문서 작성 보다는 수치 계산에 더욱 최적화된 프로그램이라는 뜻입니다.
물론 문서 작성도 여느 워드 프로세서 못지 않고요..

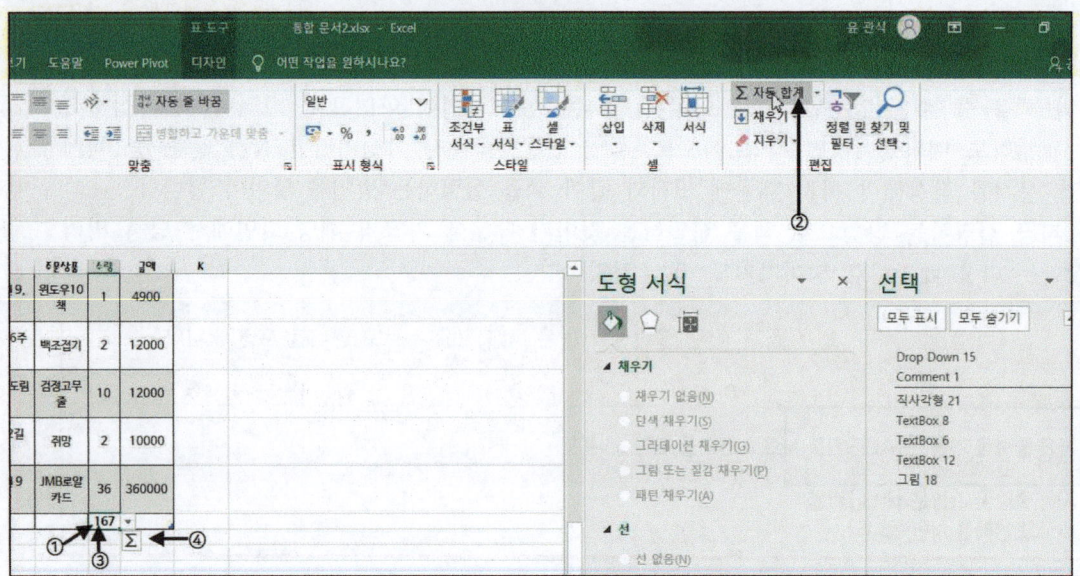

위의 ①이 가리키는 셀을 선택하고 ②의 **[자동 합계]**를 클릭하면 ③과 같이 합계 167이 구해지며 ④는 곧 사라집니다만, 자동 합계를 구했다는 표식입니다.

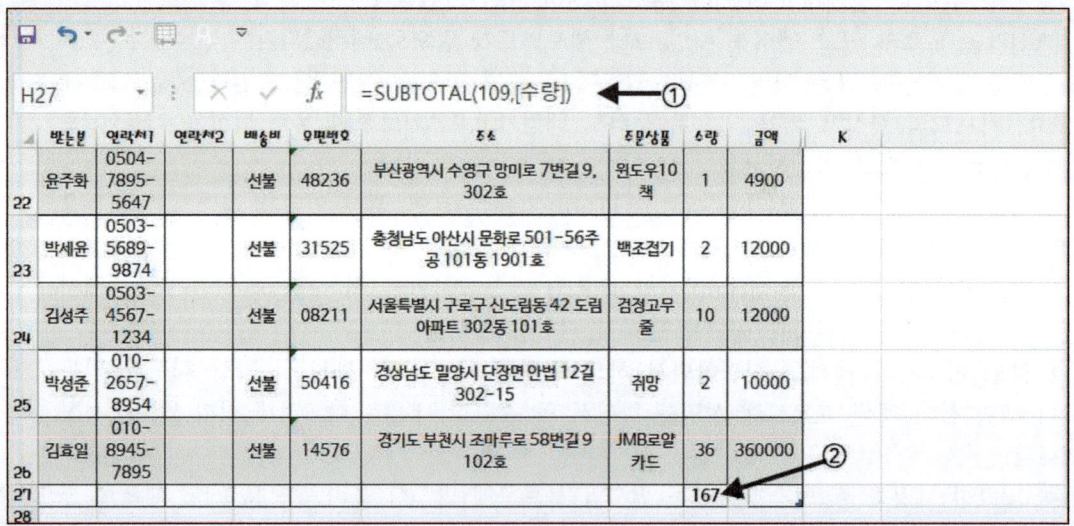

이 때 위의 화면 ①의 수식 입력줄을 보면 현재 선택된 셀, 즉, ②의 조금 전에 자동 합계를 구한 셀에 들어 있는 수식이 보입니다.

이것이 **수식(함수)** 이고요,
이번에는 위의 ②의 결과를 지우고 여기에 아래와 같이 타자를 합니다.
'=sum('
위와 같이 타자를 한 다음 바로 위의 숫자 36을 클릭하고, 위로 드래그를 하든지, 키보드의 [Shift]키를 누르고 해당 열의 맨 위의 숫자를 클릭하고) 이렇게 괄호를 닫으면 수식이 완성되며 엔터을 치면 합계가 구해집니다.

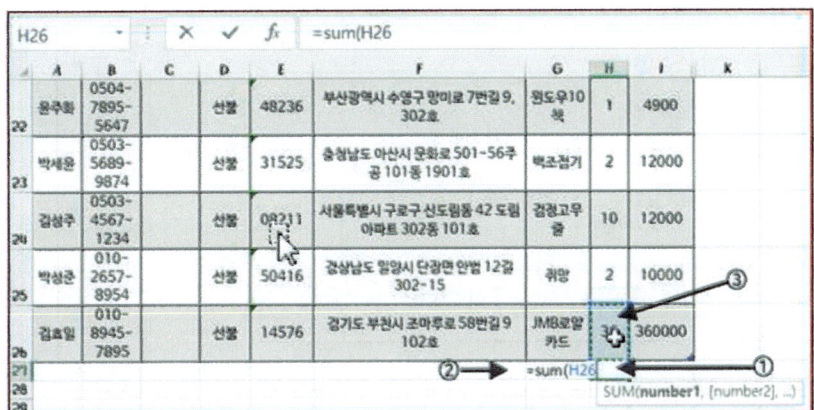

현재 위의 ①의 셀을 선택하고 ②의 수식 '=sum(' 까지 입력하고 ③의 셀을 클릭한 상태입니다.
현 상태에서 키보드의 [Shift]키를 누른채로 해당 열의 맨 위에 있는 숫자를 클릭합니다.

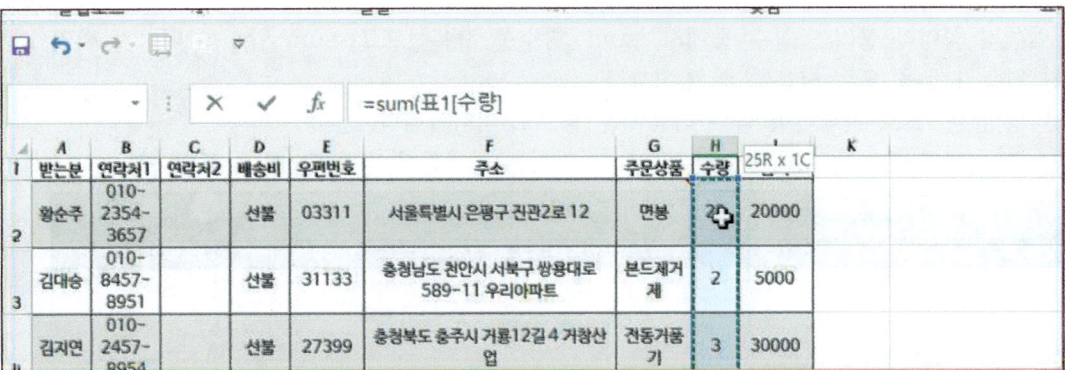

그리고 하단, 수식을 처음 입력한 곳을 보면 아래와 같이 나타납니다.

이전 버전에서는 위의 한글 [수량]이라는 글씨는 보이지 않았는데요, 엑셀 2019에서는 이렇게 열의 이름이 나타나네요. 위에서 마지막 우측 괄호를 닫아주고 엔터를 치면 아래와 같이 합계가 구해집니다.
반드시 괄호를 닫아야 합니다.
앞으로 함수의 고수가 되면 그야말로 머리 터지는 일이 허다하게 일어나는데요, 이 때 괄호와의 끊임없는 싸움을 해야 합니다.
컴활 1급 시험에 도전하려면 괄호가 20개 정도 들어가는 수식도 풀줄 알아야 합니다.

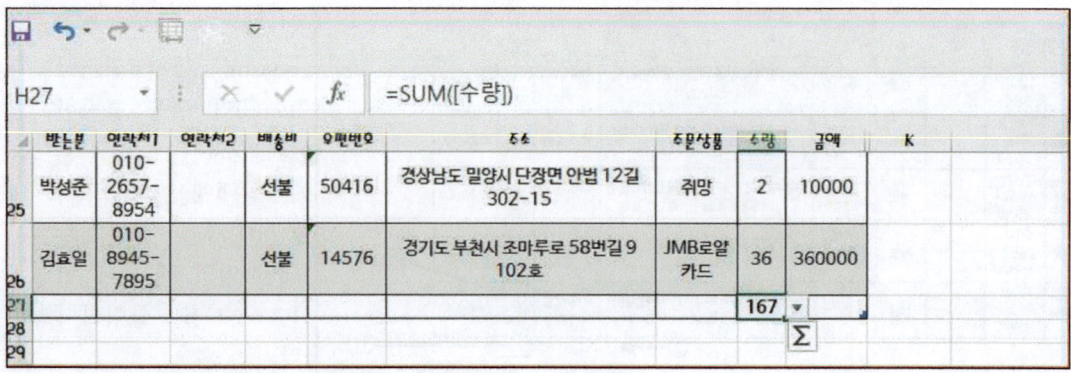

아까 자동 합계를 누른 것과 동일한 결과가 나타납니다.
방금 엑셀의 꽃이라 불리는 함수 중에서 'sum' 함수를 사용했고요, sum 함수는 더하기 빼기 곱하기 나누기 등을 모두 사용할 수 있고요..
수식은 항상 '=' 으로 시작하며 함수 다음에는 괄호로 시작합니다.
함수는 조금 뒤에 본격적으로 다루게 되므로 여기서는 필터까지 알아보도록 하겠습니다.

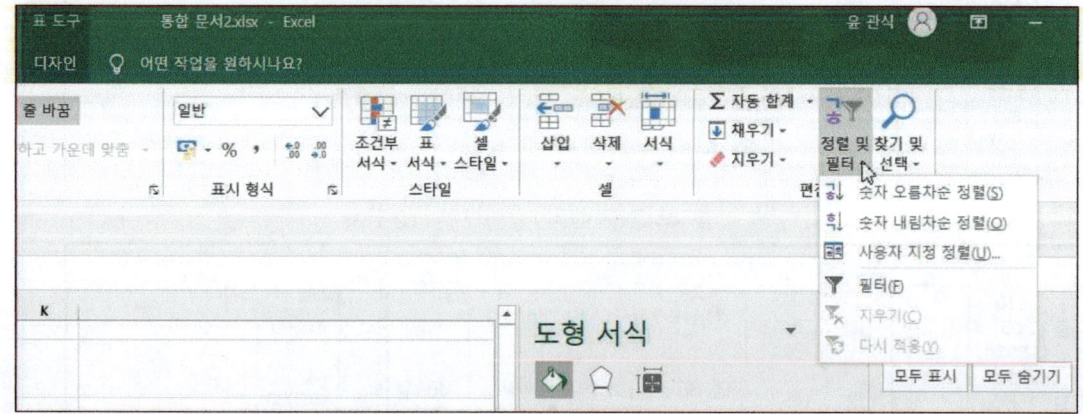

엑셀은 스프레드 시트 프로그램이며, 수치 계산 프로그램이며, 표 프로그램이며, 그래픽 프로그램이며, 통계 프로그램이며, 앞에서 공부한 여러가지 컴퓨터 그래픽도 가능한 프로그램이며 무엇보다 데이터베이스 프로그램이라고 할 수 있습니다.

물론 데이터가 많으면 엑셀은 도무지 버벅거려서 사용할 수 없으므로 데이터가 많아지면 따로 데이터베이스 프로그램을 사용합니다만, 엑셀만 가지고도 웬만한 중소기업은 충분히 커버가 되므로 위의 화면 우측 마우스가 가리키는 필터는 아주 중요합니다.
정렬은 한글의 경우 가나다라.. 순으로, 영문은 a,b,c.. 순으로 정렬하는 것을 말하며 오름차순은 작은 수에서 큰 수로, 내림차순은 큰 수에서 작은 수로 정렬을 하는 것을 말합니다.
일단 정렬부터 해 보겠습니다.

정렬 / 필터

필자는 오래 된 사업자이므로 예전에는 필자의 홈페이지나 상품 판매 화면에 사용하는 글꼴을 가지고도 고소를 당하는 등 막대한 심적 물적 압박과 손해를 보아서 지금도 필자의 홈페이지나 판매하는 상품 페이지에는 아무 글꼴이나 사용하지 않고 가능하면 네이버에서 무료로 배포하는 나눔 글꼴을 사용하는데요, 여러분도 혹시 사업자가 되면 웹상에서 쉽게 구할 수 있는 멋진 글꼴들도 함부로 사용할 수 없습니다.

여기 보이는 엑셀에 입력한 글꼴도 그래서 대부분 나눔 글꼴을 사용하는 것입니다.

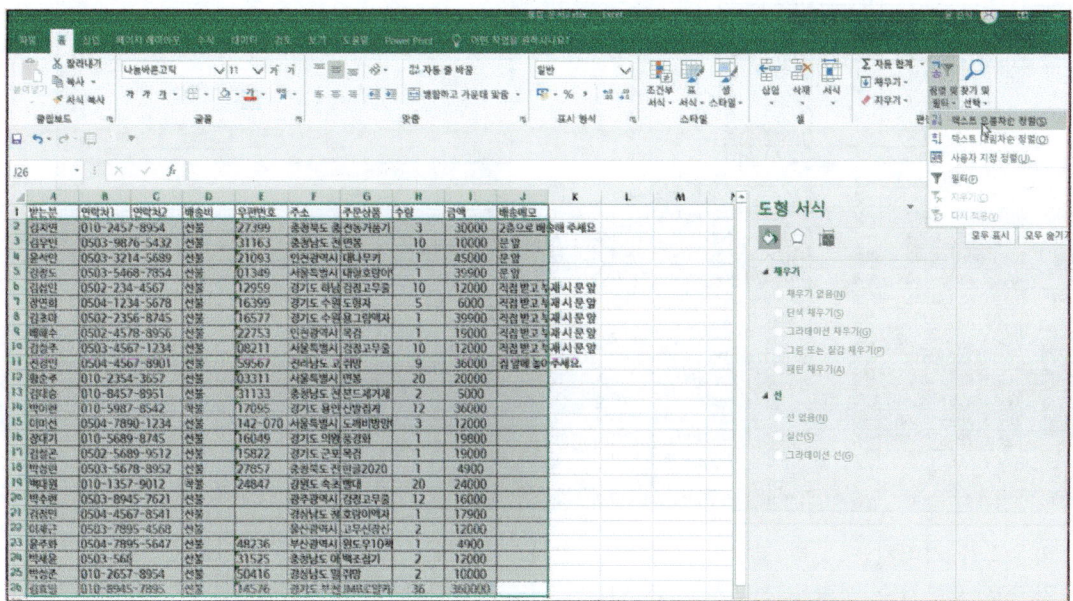

위는 화면에 있는 데이터에 블록을 씌우고 위의 화면 우측 상단 [정렬 및 필터]-[텍스트 오름차순 정렬]을 한 것인데요..
정렬은 되었지만, 도무지 어떤 기준으로 정렬이 된 것인지 알 수가 없습니다.

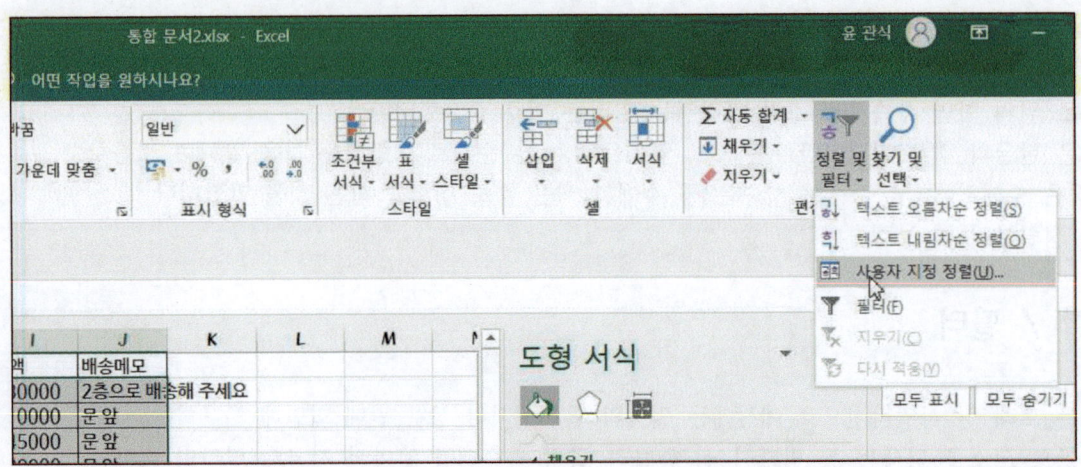

이 때 위와 같이 [사용자 지정 정렬] 기능을 이용하면 원하는 기준을 선택하여 정렬을 할 수 있습니다.

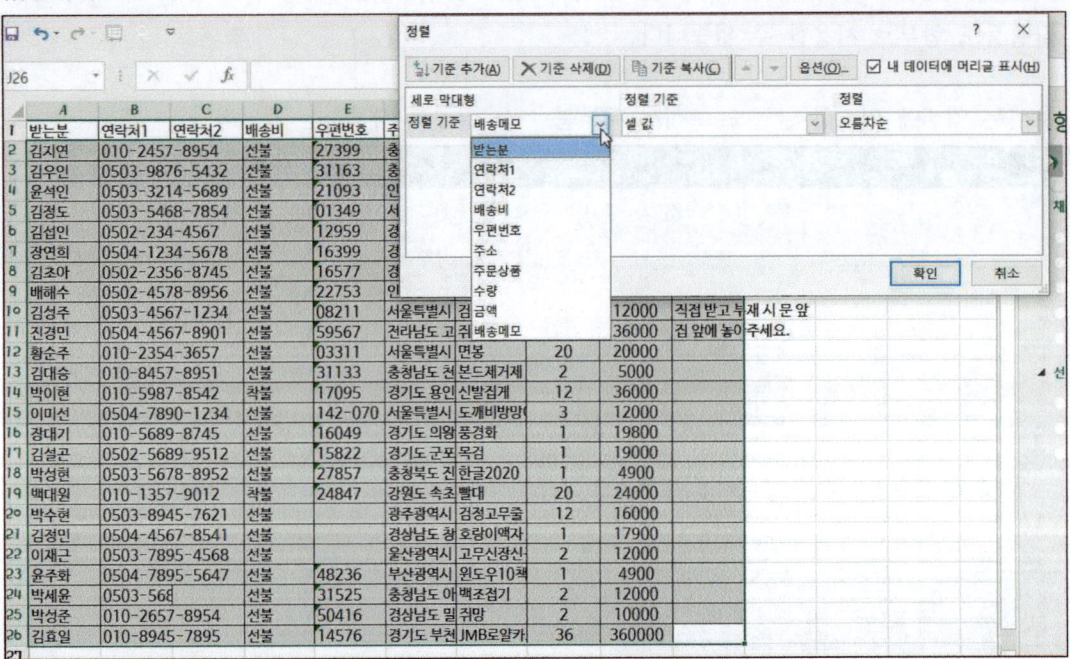

위의 마우스가 가리키는 곳을 클릭하고 원하는 항목, 여기서는 [받는분], 즉, 이름을 기준으로 기본 값으로 오름차순 정렬을 선택하고 [확인]을 클릭하면 위와 같이 이름순으로 순식간에 정렬이 됩니다.
금액순, 수량순, 어떠한 정렬이라도 선택하는대로 됩니다.
위는 오름차순 정렬이고요, 내림차순 정렬을 하면 이름은 한글의 하(히읗)가 위로 올라오며 김씨가 제일 밑으로 내려가고요..
금액이나 수량을 기준으로 정렬을 했다면 오름차순은 작은 수가 위로, 내림차순은 큰 수가 위로 오는 정렬이 됩니다.
이 때 필터 기능을 이용해서 원하는 항목만 나타나게 추출할 수도 있습니다.

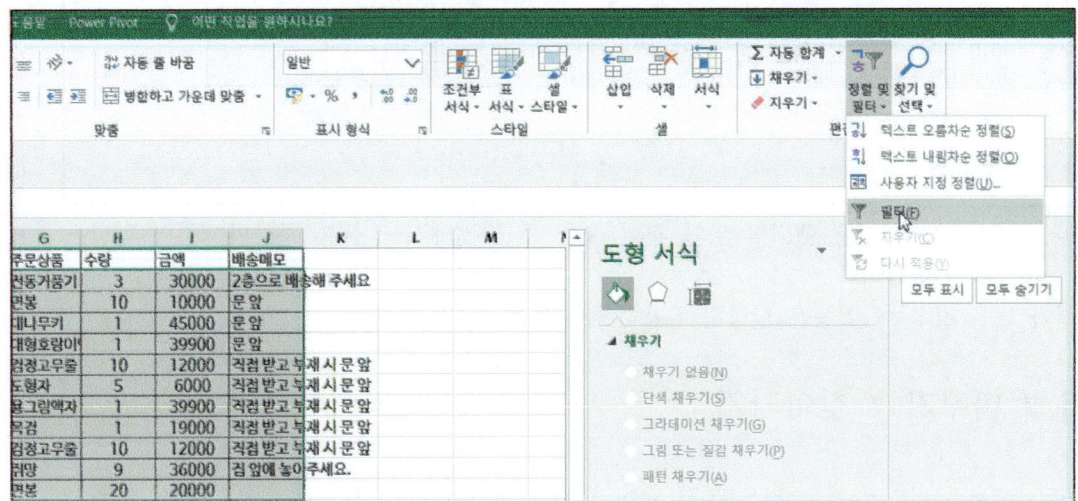

현재 여전히 모든 데이터에는 블럭이 씌워져 있고요, 정렬은 맨 위의 받는분.. 등등의 항목과는 상관 없이 이름을 기준으로 정렬을 한 것이기 때문에 맨 위의 열은 제외하고 블럭이 씌워진 상태이고요,

필터를 하기 위해서는 맨 위의 항목까지 모두 블럭을 씌우고, 위의 화면 우측 마우스가 가리키는 필터를 클릭하면 아래와 같이 나타납니다.

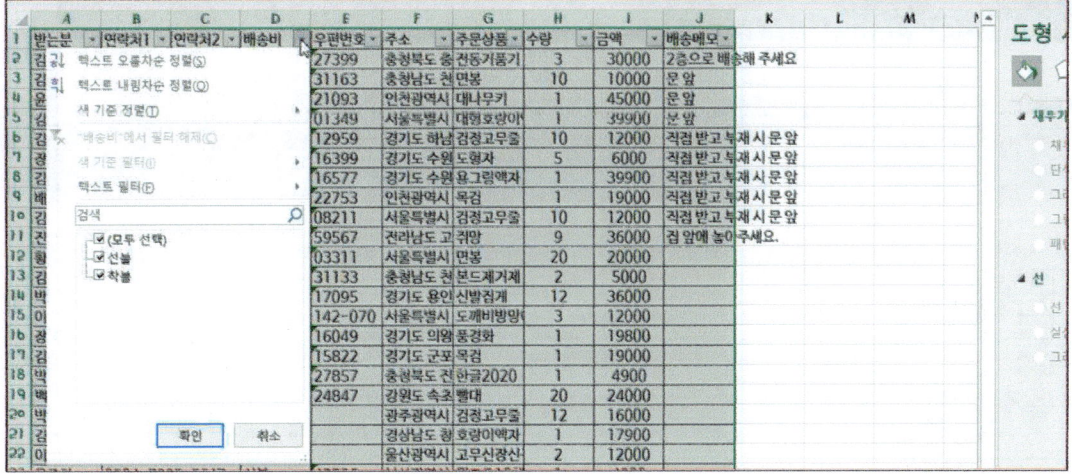

이제 필터링이 되었으므로 예를 들어 위의 마우스가 가리키는 배송비 항목을 클릭하면 선불만 혹은 착불만 선택해서 볼 수 있습니다.

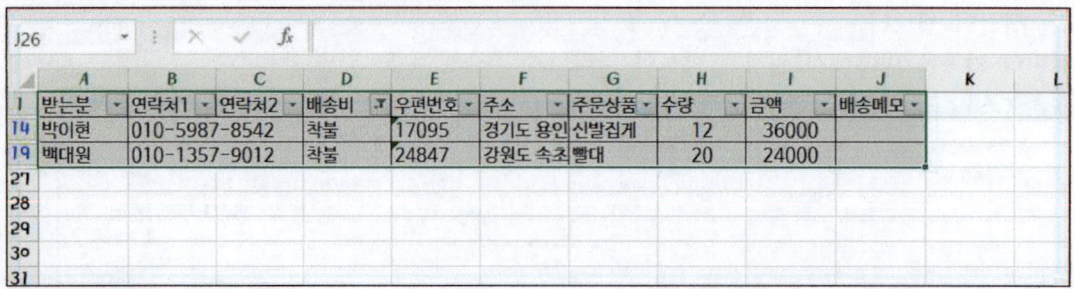

착불만 보이도록 필터링을 했더니 위와 같이 오늘 주문 건에서는 착불 주문이 2건이 있다는 것을 금방 알 수 있습니다.
데이터가 많을 경우 이 기능은 상당히 유용하게 사용할 수 있습니다.

찾기 / 바꾸기 / 찾아가기

엑셀 문서에서 데이터가 많을 경우 특정 단어 등을 입력하여 찾기 기능을 이용하면 쉽게 원하는 항목을 찾을 수 있고요..
바꾸기는 찾은 단어를 다른 문자로 바꾸는 기능이고요, 찾아가기는 페이지가 많을 경우 원하는 페이지로 금방 갈 수 있는 유용한 기능입니다.

다음 화면에 보이는 마우스가 가리키는 [찾기] 명령이 있는데요..

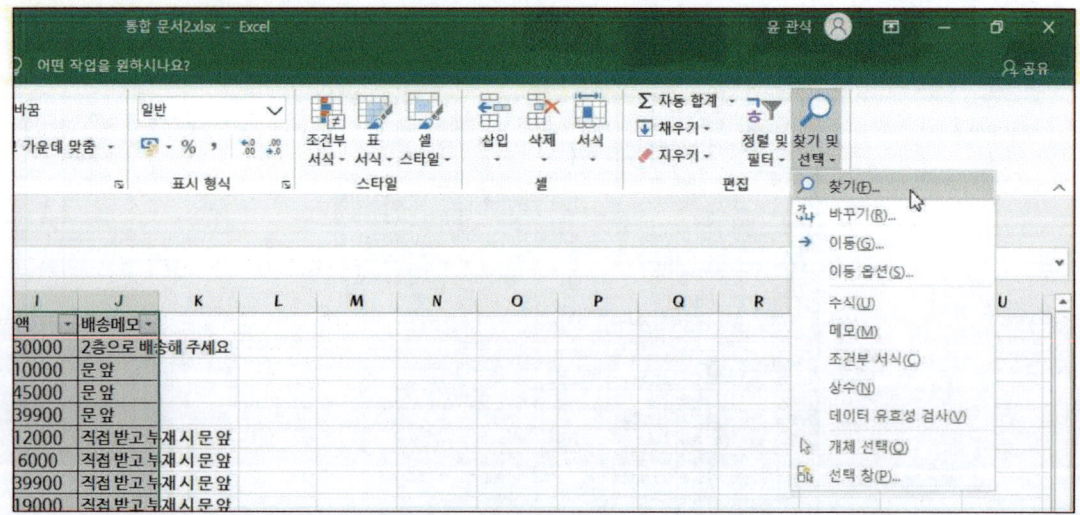

사실 위의 [찾기] 명령은 이렇게 복잡하게 실행하지 않고요, 만국 공통, 거의 모든 프로그램의 공통 찾기 단축키는 [Ctrl + F] 입니다.

대부분의 단축키는 [Ctrl], [Shift] 등의 키와 조합하여, 예를 들어 위에 보이는 찾기는 찾는다는 단어 즉, Fine의 앞자를 따서 [Ctrl + F] 이고요, 새 창을 여는 명령은 새 창이라는 New의 앞자를 따서 [Ctrl + N]이고요, 열기는 열다 Open의 앞자를 따서 [Ctrl + O]입니다.

이런 식으로 연상해서 기억하면 되기 때문에 자주 사용하는 단축키는 외워 두는 것이 좋고요, 여기서 찾기 명령도 위의 메뉴 방식보다는 단축키 [Ctrl + F] 명령을 내리면 아래 화면이 나타납니다.

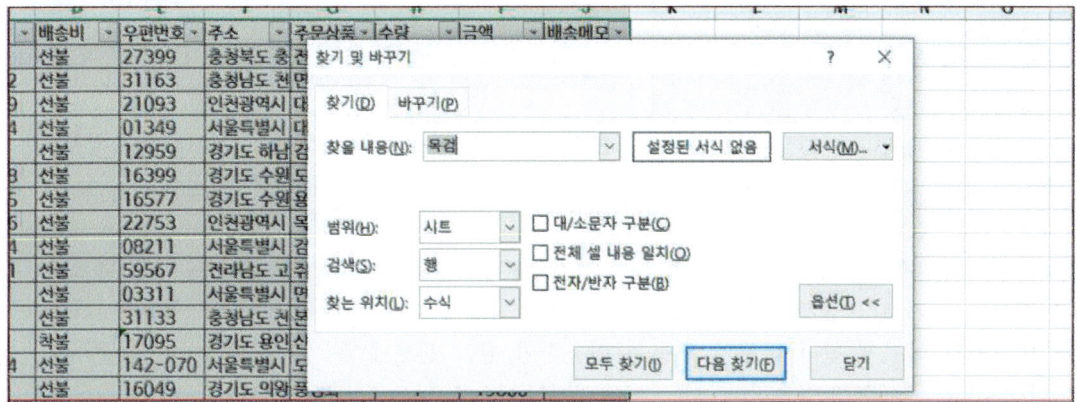

위에서 예를 들어 '목검'을 입력하고 [다음 찾기]를 클릭하면 즉시 찾아집니다.

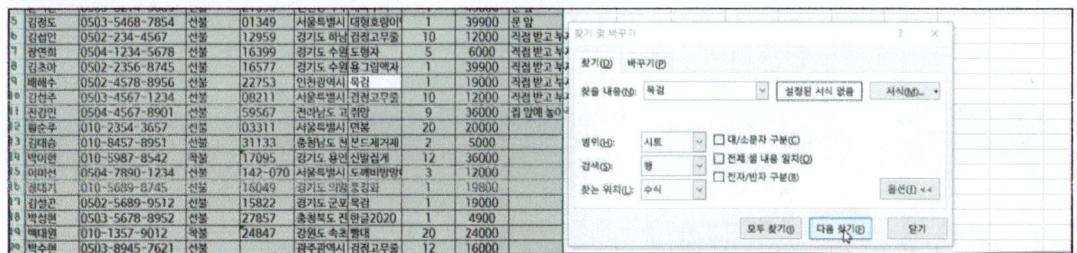

만일 찾은 단어를 다른 단어로 바꾸기를 원한다면 [바꾸기]탭을 클릭하고 바꿀 수 있습니다.

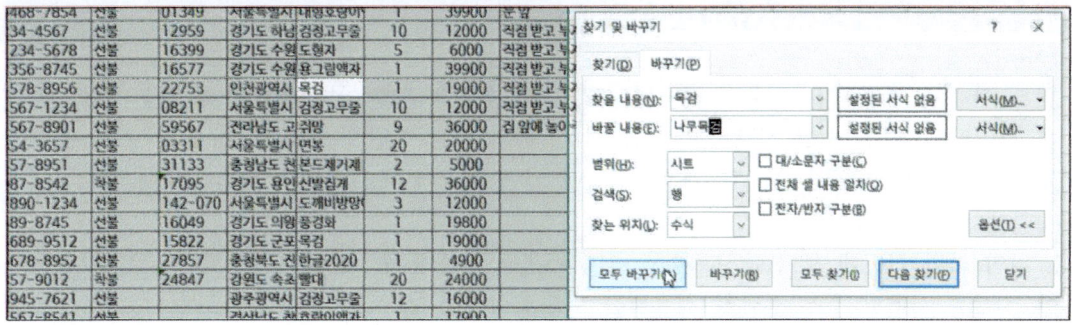

위와 같이 목검을 나무목검으로 바꾸도록 입력하고, 그냥 바꾸기를 클릭하면 한 단어만 바뀌므로 [모두 바꾸기]를 클릭하면 문서내의 모든 목검이 모두 나무목검으로 변경됩니다.

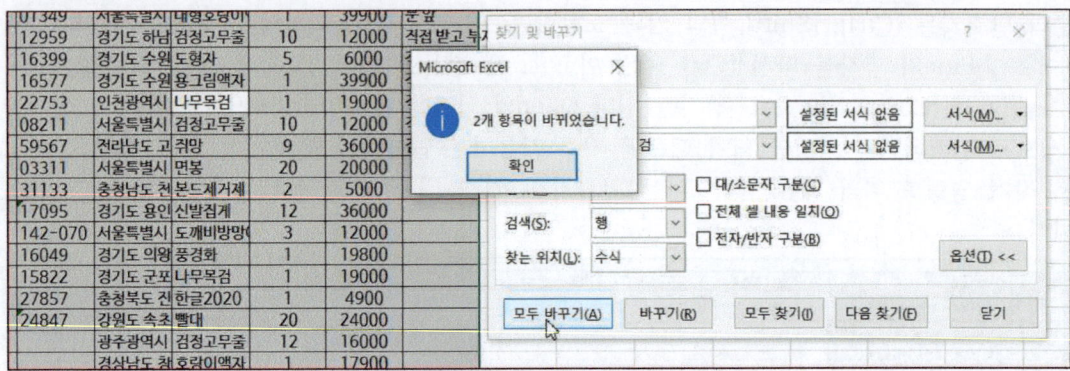

여기서는 실습용 예제이기 때문에 위와 같이 2번 바뀌었지만, 실무에서는 데이터가 많을 경우 20번 혹은 200번이나 2000번이 바뀔 수도 있습니다.

필자 역시 수많은 저서를 집필을 하기 때문에 자칫 잘 못 입력하는 단어가 있을 수 있는데요, 책은 집필하는 시간보다 교정 보는 시간이 더 걸리는 특수한 작업인데요, 교정을 볼 때 틀린 단어를 발견하면 이렇게 찾아 바꾸기 기능을 이용하여 원고 전체에 잘 못 입력된 단어를 제대로 된 단어로 교정할 수가 있습니다.

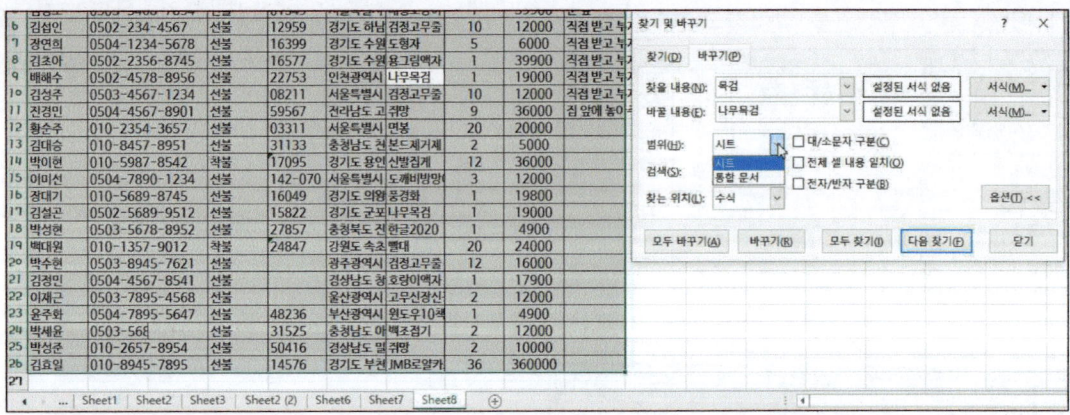

현재 위는 현재 시트에 있는 내용만 바꾸었는데요, 만일 위의 대화 상자에서 마우스가 가리키는 곳을 클릭하고 통합문서를 선택하고 바꿀 경우, 위의 화면 하단을 보면 현재 시트1부터 시트8까지, 모두 8개의 시트가 있고요, 모든 시트에 있는 목검이라는 단어가 모조리 나무목검으로 순식간에 변경됩니다.
참고로 위의 화면 하단에 보이는 시트수는 총 256개를 사용할 수 있습니다만, 실제로는 이렇게 많은 시트를 사용할 경우 웬만한 컴퓨터는 버벅거려서 사용하기 어렵기 때문에 가능한 시

트수도 작게, 행도 작게, 열도 작게 하는 것이 좋습니다.
그렇게 시트수를 많이 늘리는 것보다는 아예 통합문서를 새로 만들어서 적당한 수의 시트로 작업을 하는 것이 좋다는 얘기입니다.

수식 / 함수 / 함수 마법사

엑셀의 수식, 함수는 엑셀의 꽃이라고 불립니다.
다시 말해서 엑셀의 고수는 함수를 사용하기 위해서 엑셀을 사용하는 것입니다.
그러나 보통 수식이 뭔지도 모르고 엑셀을 사용하는 사람들도 많이 있습니다.
엑셀은 워낙 잘 만들어진 프로그램이기 때문에 꼭 함수를 사용하지 않더라도 일반적인 문서 작성 및 데이터베이스 등을 충분히 만들 수 있기 때문입니다.
그러나 데이터의 양이 많아져서 시스템이 버벅거릴 정도의 양이라면 함수를 몰라서는 다루기 어렵습니다.
엄청나게 많은 데이터에서 일일이 특정 항목을 검색하거나 추출하여 결과 값을 도출하는 등의 작업은 단순 엑셀 문서 작성과는 차원이 다르기 때문입니다.
앞에서 이미 '=sum(수량)' 의 'sum' 함수는 이미 실습을 해 보았습니다.
엑셀의 함수는 엑셀의 꽃이라 불릴 정도로 엑셀에 날개를 달아주는 마법과도 같은 존재이고요, 엑셀의 함수는 수 백개가 되지만, 실제로 사용하는 함수는 자신의 업무에 맞는 극히 제한된 함수만을 사용하는 것이 보통이고요, 이 모든 함수를 다 사용하는 사람은 없습니다.
그리고 엑셀 문서를 작성하는 것은 엑셀 초기 버전부터 이 책을 집필하는 엑셀 2019버전까지 거의 호환이 되지만, 함수는 오래된 구 버전과 호환이 되지 않습니다.
함수를 사용하지 않는 일반 문서라도 엑셀2003은 가능한 사용하지 않는 것이 좋고요, 엑셀 2007 이후 버전을 사용하는 것이 좋으며 특히 함수를 많이 사용한다면 가능한 최신 버전의 엑셀을 사용해야 합니다.
구 버전의 엑셀에 사용한 함수는 각종 해킹, 특히 앞으로 배우게 될 매크로 바이러스 등 보안에 취약하기 때문에 마이크로소프트사에 어쩔 수 없이 구버전과 신버전의 기본 기능은 대체로 동일하지만, 함수는 신 버전으로 올라가면서 자꾸 구 버전의 함수를 삭제하는 정책을 펴고 있습니다.
조금 전에 실습한 엑셀의 기초 함수 '=sum(수량)' 에 나오는 한글 (수량) 이라는 단어 역시 이전 버전에서는 볼 수 없었던 기능입니다.

함수는 너무나도 많고 너무나도 복잡하기 때문에 엑셀의 고수라도 복잡한 함수는 수식을 제대로 입력하기가 매우 어렵습니다.

그래서 엑셀에서는 함수 마법사라는 특별한 기능을 제공합니다.

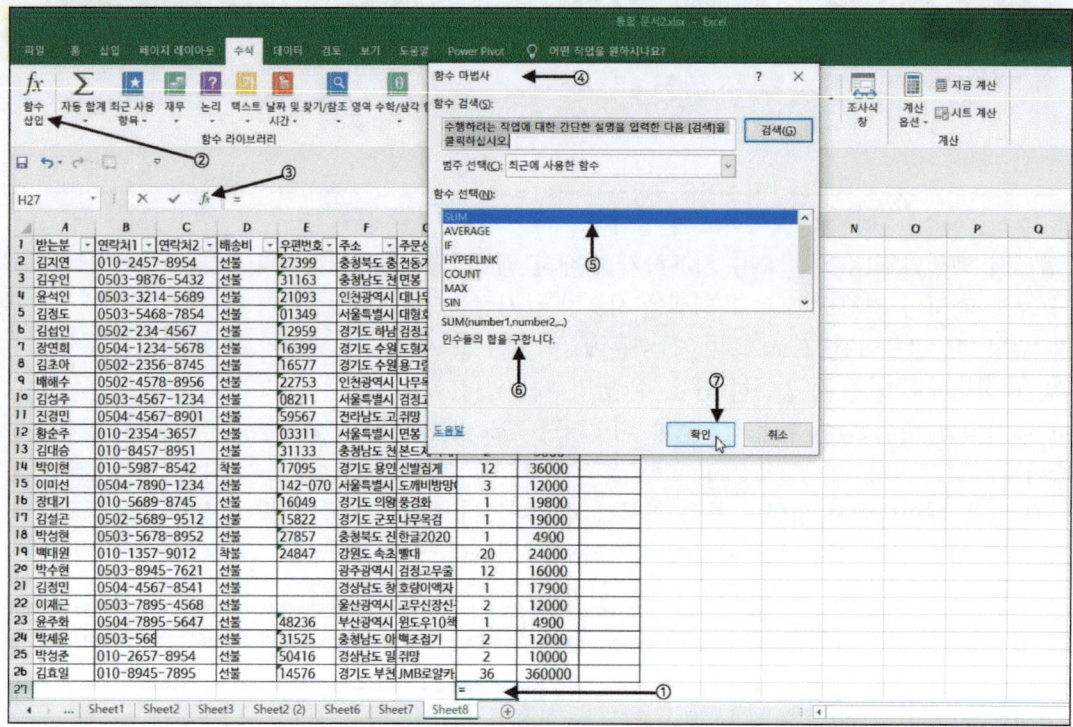

위의 ① 즉, 결과값을 구할 셀을 선택하고 ②를 클릭하거나 ③을 클릭하면 ④의 함수 마법사가 실행되며, 현재 ⑤의 함수를 선택했고요, 지금 선택한 함수는 ⑥의 [인수들의 합을 구하는 함수]라는 설명이 있고요, ⑦을 클릭하면 다음 화면이 나타납니다.

위의 화면은 아주 중요한 화면이므로 반드시 숙지를 해야 하고요, 사실 위의 함수 설명이 무슨 말인지 이해를 못할 때가 많이 있습니다만, 함수를 많이 사용 하다보면 대충 앞뒤 문구로 미루어 짐작할 수 있고요, 역시 함수를 많이 알고 있으면 혹시 모르는 함수가 나오더라도 응용하여 해결할 수가 있습니다.

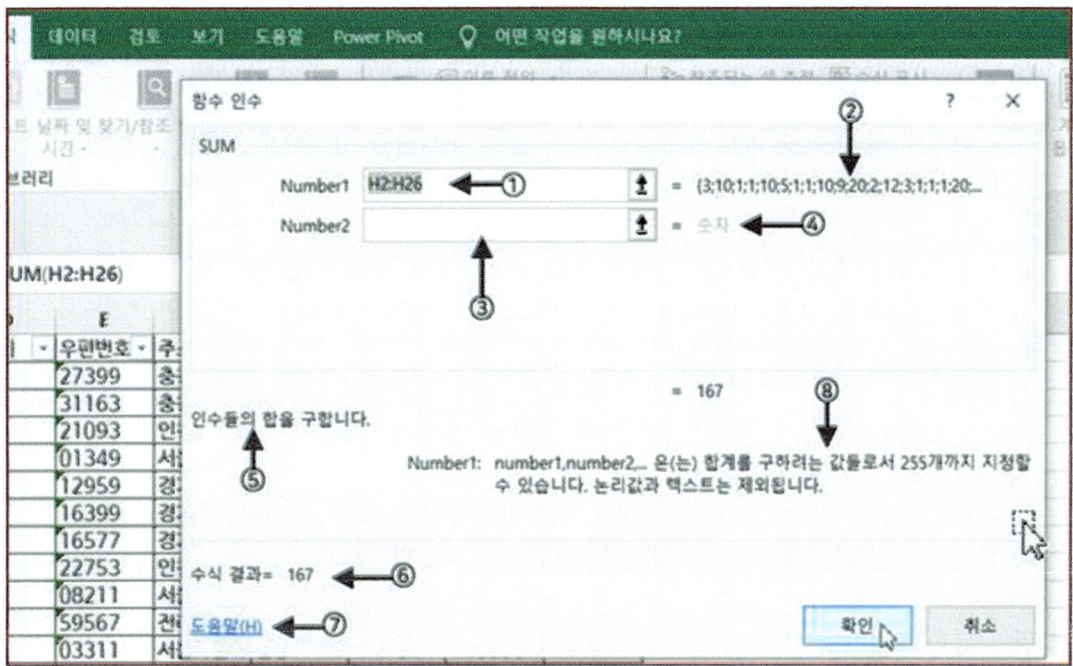

위의 함수 마법사에는 ① [Number1] 항목에 인수들이 선택되어 있고요, ②에 인수들이 보이는 것이고요, ③은 ④에 나타난 것과 같이 숫자만 입력할 수 있고요, ⑤는 현재 사용하는 함수에 대한 설명이고요, ⑥은 수식 결과값은 167이라고 나타났고요, ⑦은 잘 모를 때 클릭하여 도움말을 얻기 위함이고요, ⑧은 위의 ①과 ②에 입력하는 값에 대한 설명이고요, 위의 화면에서는 ③에 입력할 인수는 없으므로 바로 [확인]을 클릭하면 아래와 같이 결과값이 구해집니다.

이런 식으로 함수 마법사를 사용하면 아주 복잡한 함수도 처리할 수 있지만 컴활 1급 시험의 경우 예를 들어 괄호만 20개 정도씩 들어가는 복잡한 함수식을 풀어야 합니다.
컴활 2급 시험만 하더라도, 시험이므로 매번 동일한 함수을 출제하지 않고요, 수시로 함수를 바꾸어 출제를 하므로 가능한 많은 함수를 연습해야 합니다.
그러나 모든 함수를 다 기억할 수는 없으므로 위의 함수 마법사를 완벽하게 사용하는 방법을 숙지하는 것이 가장 좋은 포인트입니다.

가장 중요한 것은 위의 함수 마법사를 제대로 사용할 줄 알면 굳이 모든 함수를 모르더라도 위의 함수 마법사로 모두 해결이 가능하지만, 문제는 함수 마법사에 나오는 설명이 도무지, 도대체 무슨 뜻인지 모를 경우가 있습니다.

마이크로소프트코리아에서 영문 엑셀을 한국어로 번역을 하면서 한국인이 제대로 이해를 할 수 없게 번역을 하는 수가 있기 때문입니다.
마이크로소프트코리아에 근무할 정도면 영어는 미국인보다 잘하지만, 영어만 죽어라 공부를 해서 정작 모국어인 한국말에는 서툰 사람이 너무나 많기 때문입니다.

따라서 위의 함수 마법사에 나오는 설명은 한국말이더라도 한국인도 모르는 말들이 많이 나오므로 이 점을 감안하여 다시 한국어로 재 해석하는 지혜가 필요합니다.
일단 여기서 공부할 때도 필요하므로 2018년도 엑셀, 즉, 컴활 2급 기출문제를 풀어도록 하겠습니다.
이 책의 앞 부분에 있는 '네이버에 있는 필자의 블로그에 오시는 방법' 참조하여 필자의 블로그에 오시면 이 문제의 문제지 및 엑셀 파일을 올려 놓았습니다.
필자의 블로그에 오셔서 검색어 '엑셀 참고자료', '컴활2018년 기출문제'로 검색하여 다운로드하여 실습하시기 바랍니다.

┌───┐
│ 📁 2급F형문제지.pdf   ↓   │
│   │
│ 위의 문제지는 PDF 파일 형식이고요, 문제지에 암호가 있으므로 문제지를 먼저 열어야 다음 엑셀 문제를 풀 수가 있습니다. │
│   │
│ 📁 2급F형.xlsm   ↓   │
│   │
│ 문제 풀이는 필자의 저서 엑셀2019 책에 있으므로 필자의 저서 엑셀 2019 책을 구입하신 분들은 책의 설명을 보고 이 문제는 다운로드하여 직접 실습을 해 보시기 바랍니다. │
└───┘

위와 같이 필자의 블로그에 올려 놓았으므로 다운로드를 하여 실습을 하셔야 하는데요, 먼저 파일의 확장자가 지금 실습하는 엑셀 파일의 확장자와 다릅니다.

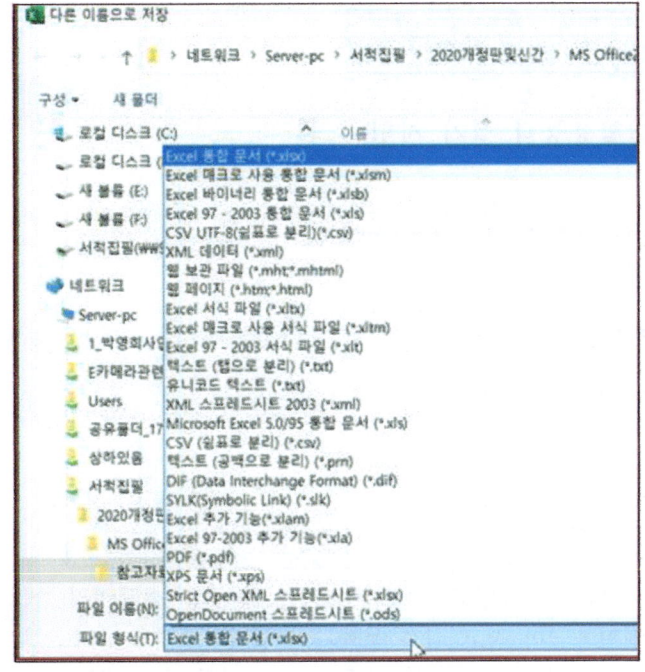

좌측과 같이 엑셀 통합문서로 저장을 하면 확장자가 .xlsx가 되는데요, 좌측 화면의 2번째 항목을 보면 Excel 매크로 사용 통합 문서는 확장자가 (*.xlsm) 이라고 보입니다.

매크로는 조금 뒤에 배우게 됩니다만, 일단 구글링을 한 정보를 봅시다.

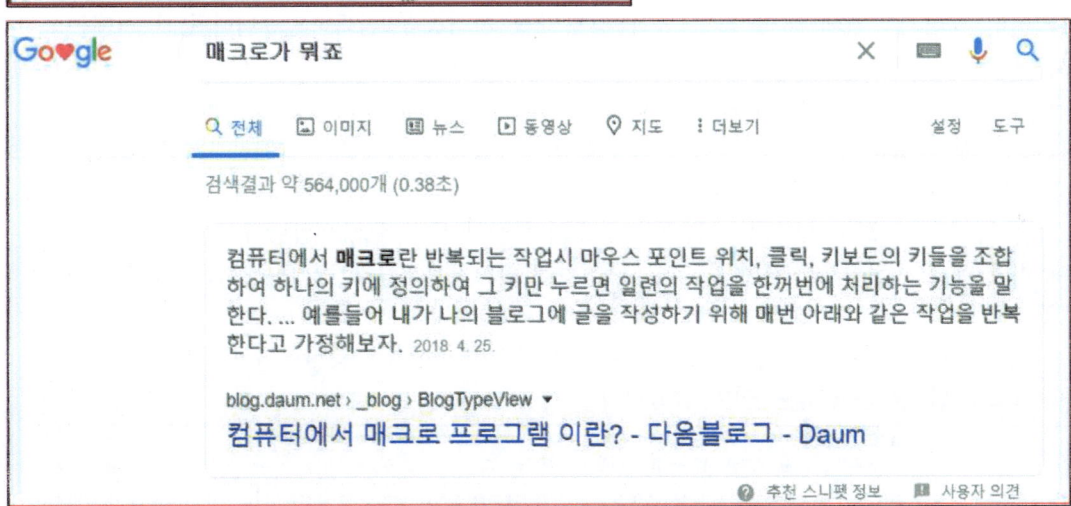

위의 설명은 참고만 하시고요, 이와 같이 매크로가 들어간 엑셀 문서의 확장자는 (*.xlsm)이고요, 엑셀 프로그램에서 바로 열립니다.

어차피 엑셀 프로그램에서 만든 문서이기 때문입니다.

일단 아래 문제지를 먼저 보세요..

이 책은 수험서가 아니기 때문에 필기문제는 다루지 않았고요, 또한 초보자를 위한 교재이기 때문에 컴활 2급 시험 문제를 다룹니다만, 컴활 2급이 결코 쉬운 문제가 아닙니다.

필자는 이미 수십 년 전에 이미 워드1급과 컴활 2급 자격증을 취득하였습니다만, 당시에는, 워드1급, 컴활 2급이 거의 사법고시에 준할 정도로 어려웠습니다.

당시에는 합격률이 고작 몇 %에 불과했습니다.

그 어려운 관문을 뚫고 필자는 당당히 자격증을 취득하였습니다만, 오늘날에는 너무나도 흔한 자격증이라 워드는 아예 2, 3급은 폐지되고 1급만 있고요, 컴활은 1급은 상당히 난이도가 높아서 다른 자격증 최고한 기사 혹은 기술사 정도의 실력이 있어야 가능합니다.

따라서 이 책에서는 컴활 2급 정도를 다룬다는 것을 아시고요, 위의 문제지에 있는 설명을 보면 엑셀 파일을 열 때 암호를 입력해야 열리게 되어 있습니다.

암호는 앞에서 파일 메뉴 설명할 때 [파일-[다른 이름으로 저장]을 클릭하여 나타나는 대화상자에서 암호를 입력하는 실습을 이미 했습니다.

위와 같이 2018년도 컴활2급 실기 문제는 엑셀 2010 버전으로 출제가 되었네요..
그러나 혹시 컴활 자격증을 준비하는 사람이라면 반드시 실기 시험에 나오는 엑셀 버전을 확인해야 하고요, 이 책은 엑셀2019를 기준으로 엑셀2010에서도 집필하는 것이므로 엑셀 2003 버전만 아니라면 어떠한 버전이라도 문제없이 사용할 수 있습니다.
문제지의 1번은 단순 데이터 입력이므로 여기서는 제외하고요, 시험장에 가면 몰라서 못 푸는 것 보다는 알지만, 시간이 부족하여 못 푸는 경우가 대부분입니다.
따라서 시험에 응시하려는 사람이라면 대충 알아서는 안 됩니다.
확실하게 알아야 제한 시간안에 생각할 겨를도 없이 일사천리로 시험 문제를 풀어야 간신히 제한 시간내에 답안을 완료할 수 있습니다.
따라서 적당히 해서는 안 되고요, 부단히 노력을 해야 합니다.

> 2. '기본작업-2' 시트에 대하여 다음의 지시사항을 처리하시오. (각 2점)
> ① [A1] 셀의 제목 문자열 앞 뒤에 특수문자 "◎"을 삽입하시오.
> ② [A1:F1] 영역은 '병합하고 가운데 맞춤', 글꼴 'HY견고딕', 글꼴 크기 17, 밑줄 '이중 밑줄', 행 높이 30, 셀 스타일 '강조색4'로 지정하시오.
> ③ [A4:A5], [A6:A7], [A8:A9], [A10:A11], [A12:A13] 영역은 '병합하고 가운데 맞춤'을 지정하시오.
> ④ [E4:F13] 영역은 '쉼표 스타일'을, [D4:D13] 영역은 사용자 지정 표시 형식을 이용하여 'mm月 dd日'로 표시하시오.
> ⑤ [A3:F13] 영역은 '모든 테두리(田)'를 적용한 후 '굵은 상자 테두리(☐)'를 적용하여 표시하시오.

위의 2번 문제를 보겠습니다.

[A1]셀은 아래 [기본작업-2]시트의 '상공 홈쇼핑 매출 현황' 글씨이며 이 글씨 앞 뒤로 특수문자, 위에 표시된 특수 문자를 넣어야 합니다.

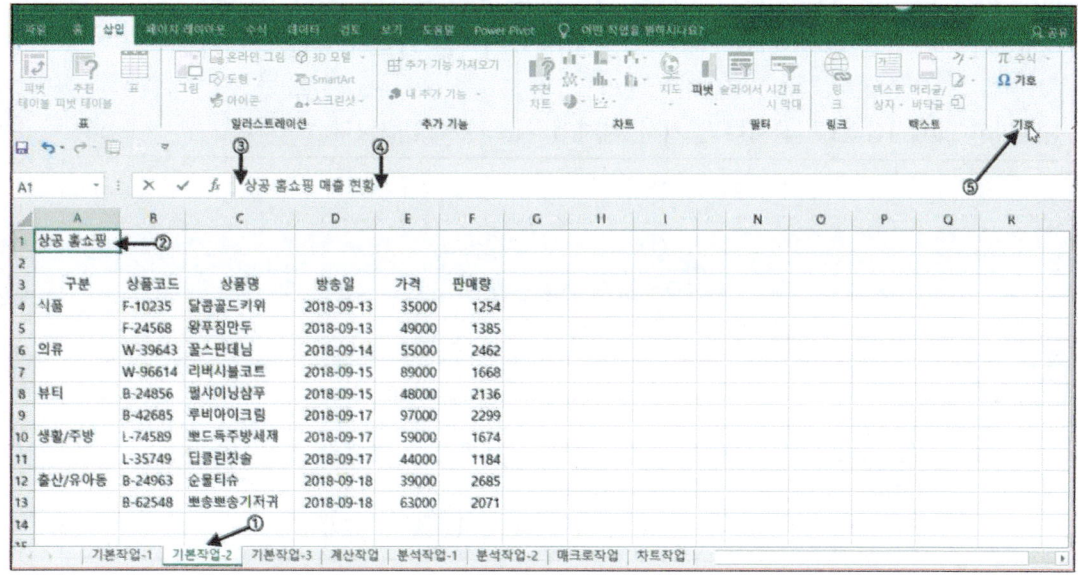

현재 문제에 제시된 ①의 [기본작업-2]시트이고요, ②의 글씨 앞뒤로 문자를 넣기 위하여 위에 보이는 수식 입력줄에 나타난 글씨의 앞뒤, 즉, ③과 ④를 클릭하고 여기에 문자를 넣으면 되는데요, 앞에서 배운 ⑤의 기호를 클릭해야 합니다.
지금까지 배운 모든 것을 총 동원해야 합니다.
위의 ⑤ 기호를 클릭하면 다음 [기호]가 나타납니다.

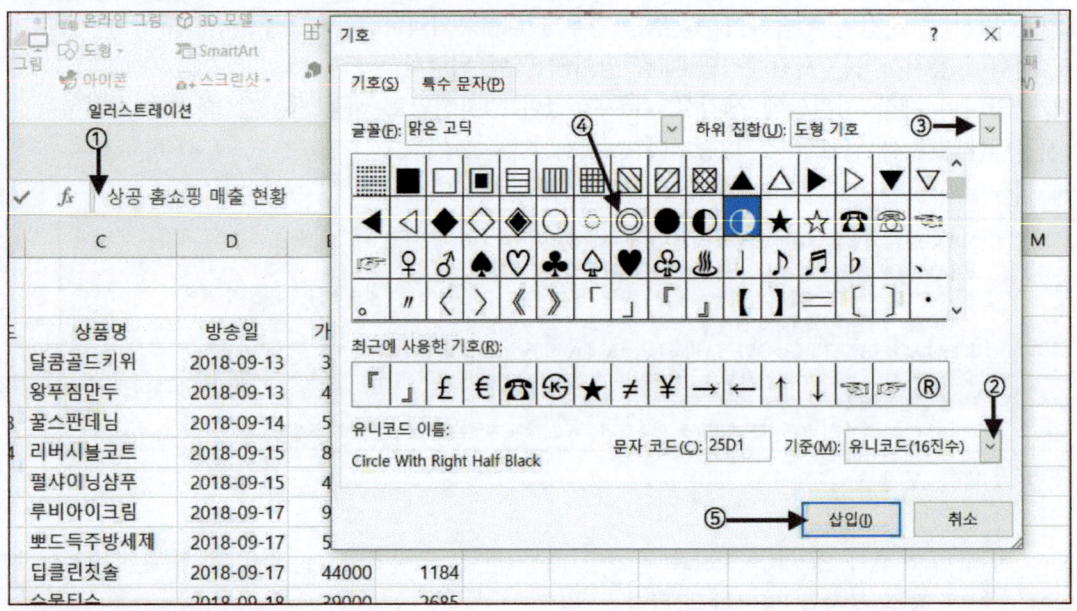

현재 위의 ①의 위치에 커서가 있는 상태이고요, ②를 클릭하여 [유니코드]를 선택하고요, ③을 클릭하여 [도형 기로]를 선택하면 ④의 화살표가 가리키는 기호가 문제제 제시된 기호입니다.
④를 선택하고 ⑤의 [삽입]을 클릭하면 커서 위치에 기호가 삽입됩니다.

위와 같이 기호가 삽입되었고요, 현재 ①의 위치에 커서가 있고요, 커서는 아무곳에 있어도 상관이 없고요, 만일 커서가 없다면 마우스로 클릭하면 되고요, 위와 같이 기호 뒤에 커서가 있을 때는 키보드의 [Shift]키를 누른채로 키보드의 [Home]키를 누르든지, 좌측 방향 화살표 키를 누르면 방금 삽입한 기호에 블록이 씌워집니다.

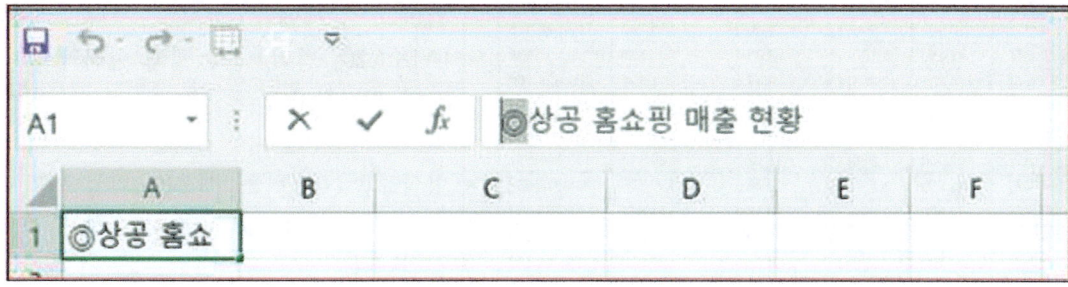

골치 아픈 사람은 그냥 간단히 마우스로 블록을 씌워도 됩니다만, 방금 설명한 방법은 만국 공통 거의 대부분의 프로그램에서 통용되는 방식이므로 알아두는 것이 좋습니다.
필자의 다른 저서 '한글2020' 책을 보시면 자세하게 나오고요, 위와 같이 기호에 블록을 씌운 다음 복사를 하여 문자 뒤에 붙여넣기를 하면 이 문제는 해결됩니다.

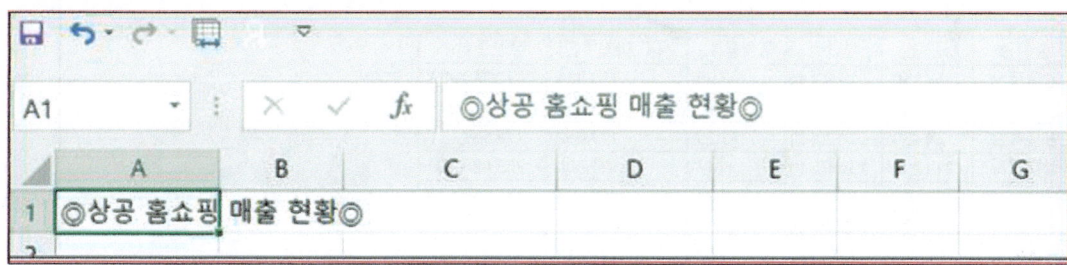

다음 문제는 **고급 필터** 문제입니다.
앞에서 기본 필터는 공부를 하였습니다만, 아직 고급 필터는 공부하지 않았습니다.

> 3. '기본작업-3' 시트에 대하여 다음의 지시사항을 처리하시오. (5점)
> '코스피 주요시세정보' 표에서 종가가 100,000 이상이면서 등락률이 1% 미만인 데이터를 고급 필터를 사용하여 검색하시오.
> ▶ 고급 필터 조건은 [A18:C20] 범위 내에 알맞게 입력하시오.
> ▶ 고급 필터 결과 복사 위치는 동일 시트의 [A22] 셀에서 시작하시오.
>
> 문제2 계산작업(40점) '계산작업' 시트에서 다음 과정을 수행하고 저장하시오.

이번에는 앞에서 배운 기본 필터와 다른 고급 필터를 이용하는 문제이고요,…
위의 문제에 제시된 [기본작업-3] 시트는 다음과 같습니다.

문제에는 위의 시트의 [A18:C20] 범위 내에서 지정하라고 했습니다.

위의 문제에 제시된 대로 [A18:C20] 범위 내의 셀에 아래와 같이 입력합니다.

아직 고급 필터는 배우지 않았지만, 지금 고급 필터 공부를 하는 것입니다.

문제에 제시된 것과 같이 [A17:B18] 범위 안에 종가가 10만원 이상, 그리고 등락률은 1% 미만인 데이터를 추출하기 위한 검색 조건을 입력하는데요..
①의 종가와 ②의 등락률은 타자를 쳐도 되지만, 오탈자가 나오면 안 되기 때문에 아예 ③의 종가와 ④의 등락률 셀을 복사를 하여 붙여 넣는 것이 좋습니다.

그리고 ⑤와 같이 10만원보다 큰 수 즉, 10만원과 같거나 많은 것을 뜻하는 수식을 입력하고 ⑥은 1% 미만이기 때문에 위와 같이 입력합니다.
그리고 [데이터]-[고급]필터를 클릭합니다.

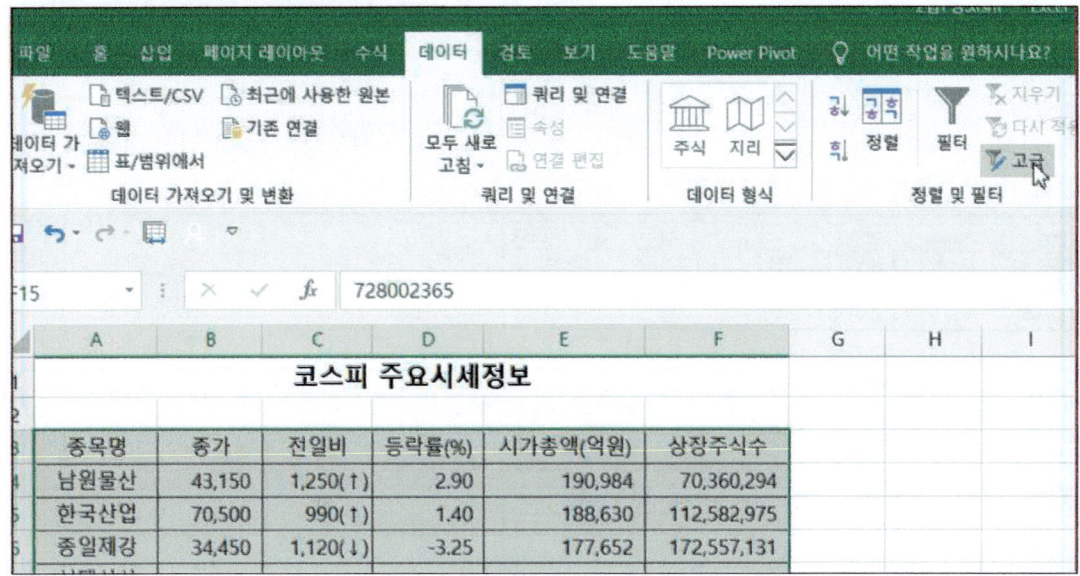

위의 마우스가 가리키는 고급 필터를 클릭하면 다음 필터 상자가 나타납니다.

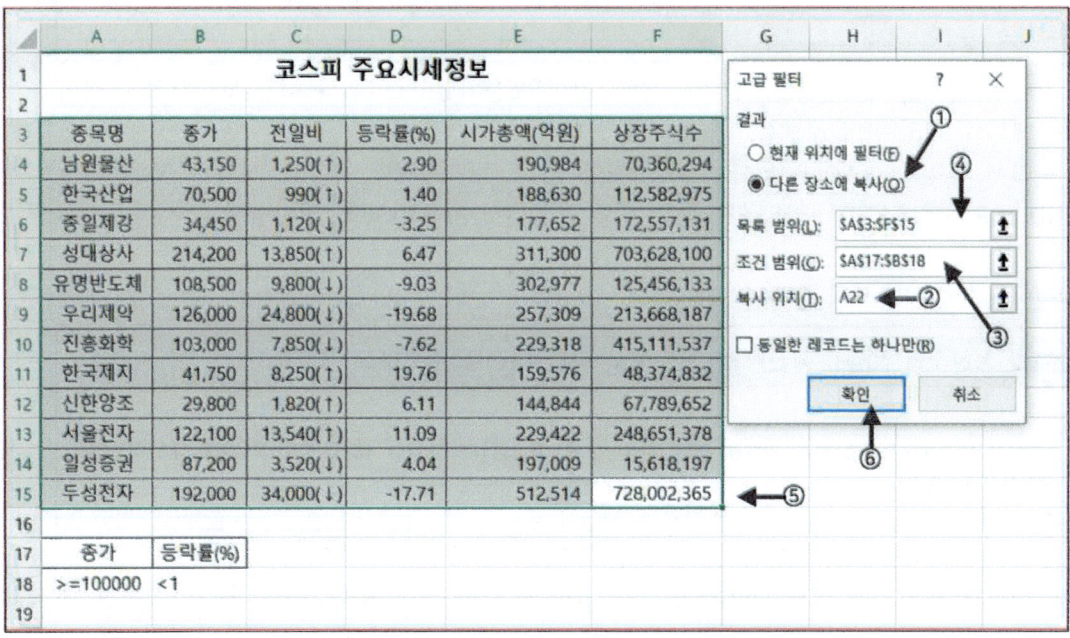

위의 결과 값은 ①의 [다른 장소에 복사]를 선택하고 ②의 문제지에 제시된 A22 셀을 입력하

고, ③의 조건 범위는 자동으로 [A17:B18]이 지정이 되었는데요, 위에 보면 [$A$17:$B$18]..
이렇게 셀 주소 앞에 $가 붙었습니다.
이것을 절대주소라고 하는데요, 위의 표에서 참조해야 하는 기준이 되는 값이므로 변하면 안 되므로 셀 주소가 절대로 변하지 않는 절대주소가 돼야 하는 것입니다.
④에 나타난 주소는 지워 버리고, ⑤의 데이터를 몽땅 블록을 씌우면 ④에 모든 데이터(데이터 맨 위의 항목이 반드시 포함되게 블록을 씌워야 합니다.)
이렇게 지정하고 ⑥의 [확인]을 클릭하면 위의 ②에 지정된 주소에서부터 고급 필터로 추출된 결과값이 나타납니다.

12	신한양조	29,800	1,820(↑)	6.11	144,844	67,789,652
13	서울전자	122,100	13,540(↑)	11.09	229,422	248,651,378
14	일성증권	87,200	3,520(↓)	4.04	197,009	15,618,197
15	두성전자	192,000	34,000(↓)	-17.71	512,514	728,002,365
16						
17	종가	등락률(%)				
18	>=100000	<1				
19						
20						
21						
22	종목명	종가	전일비	등락률(%)	시가총액(억원)	상장주식수
23	유명반도체	108,500	9,800(↓)	-9.03	302,977	125,456,133
24	우리제약	126,000	24,800(↓)	-19.68	257,309	213,668,187
25	진흥화학	103,000	7,850(↓)	-7.62	229,318	415,111,537
26	두성전자	192,000	34,000(↓)	-17.71	512,514	728,002,365
27						

위와 같이 문제지에 제시된 조건에 맞는 결과 값이 도출되었고요, 위의 실습을 하므로써 이미 데이터 메뉴의 고급 필터 공부를 하였습니다.
고급 필터에 사용되는 조건은 위와 같이 숫자의 많고 적음 뿐만이 아니고, 참과 거짓, 논리값인 AND, OR, 또는 AND + OR + = 등을 모두 혼합해서 사용할 수도 있습니다.

이번에는 함수를 사용하는 문제입니다.

문제2 계산작업(40점) '계산작업' 시트에서 다음 과정을 수행하고 저장하시오.

1. [표1]에서 판매량[D3:D11]이 판매량 평균 이상이면서 재고량[E3:E11]이 15 미만인 제품수를 [A13] 셀에 계산하시오. (8점)
   ▶ COUNTIFS, AVERAGE 함수와 & 연산자 사용

위의 문제에 제시된 [표1]은 다음과 같습니다.
다음의 [계산작업]시트에 있는 [표1]에서 판매량이 평균 이상, 그리고 재고량은 15 미만인 제품수를 [A13]셀에 나타내는 문제인데요, 위의 문제를 보면 사용할 함수가 정해져 있습니다.

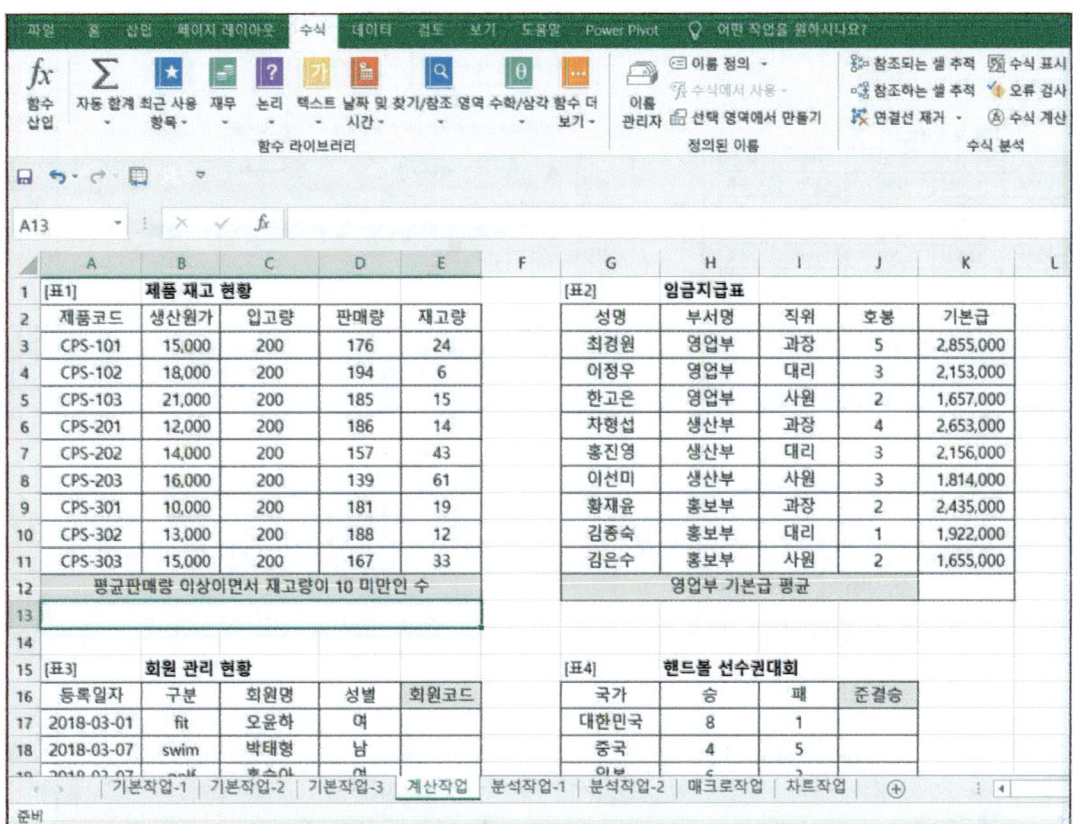

즉, COUNTIFS와 AVERAGE 함수와 & 연산자를 사용하라고 되어 있습니다.
어떻게 해야 할까요?

먼저 COUNTIFS 함수가 어떤 함수인지 알아야 하므로 일단 함수 마법사를 실행해 봅니다.

지금부터는 전혀 모르는 함수가 나와도 사용할 수 있어야 합니다.

만일 이 문제를 혼자 풀 수 있으면 이 책은 다 마스터 했다고 보아도 됩니다.
이 문제는 이 정도로 컴활 2급 자격증을 가진 사람에 준하는 실력이 있어야 풀 수 있는 문제이기 때문입니다.

일단 여기 설명대로 하나씩 해 보고 나중에는 혼자서 풀어보기 바랍니다.
우선 판매량의 평균을 구해야 하므로 평균을 구하는 함수 AVERAGE 함수를 먼저 사용해서 평균을 먼저 구해야 합니다.

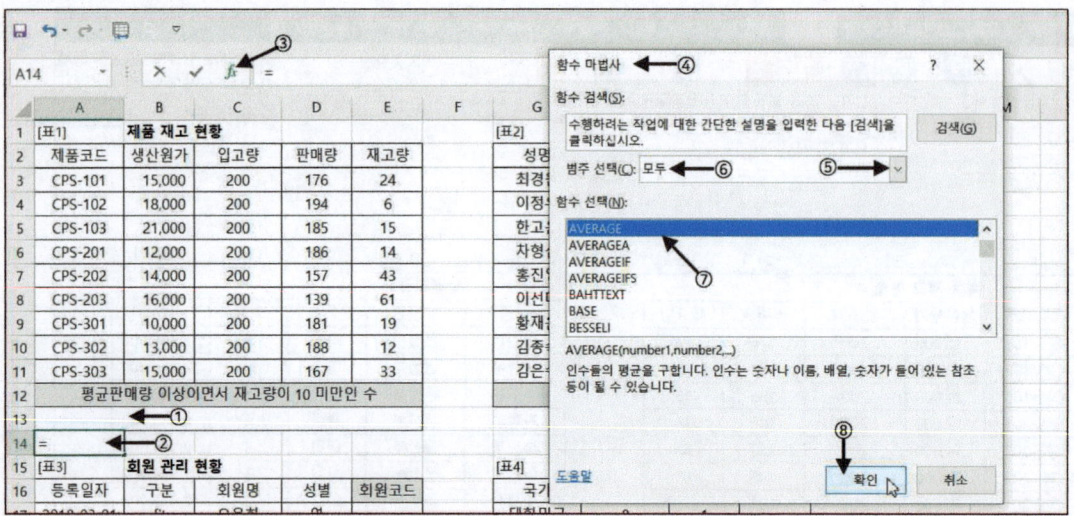

위의 ①은 정답을 입력해야 하는 셀이기 때문에 임시로 입력했다가 나중에 지워 버릴 ②번 셀을 선택하고 ③을 클릭하여 ④의 함수 마법사를 실행합니다.
그리고 ⑤를 클릭하여 ⑥의 모든 함수가 보이게 한 다음, ⑦의 AVERAGE 함수를 선택하고 ⑧의 [확인]을 클릭하면 다음 화면이 나타납니다.

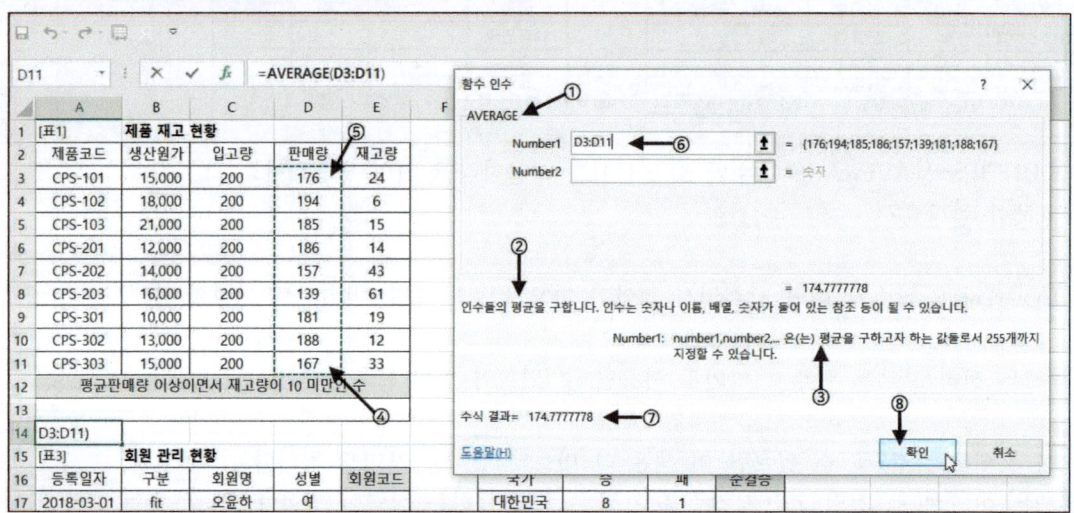

지금 실행하는 함수는 ①의 AVERAGE 함수이며 이것은 ②의 설명에 나온것과 같이 '인수들의 편균을 구합니다' 라고 보이며, ⑥의 Number1 에는 ③의 설명에 보이는 것과 같이 평균을 구하고자 하는 값들이라고 나옵니다.
커서를 ⑥에 두고 ④를 클릭한 채로 위로 ⑤까지 드래그하여 선택을 하면 ⑥에 선택한 셀들이 나타나며, ⑦과 같이 결과 값이 평균값이 즉시 나타나며, ⑧ 확인을 클릭하면 아래와 같이 결

과값이 보입니다.
이 때, 위의 수식 입력줄을 보면 다음 ②와 같이 보입니다.

현재 위의 ①의 셀에 들어 있는 수식은 ②의 수식 입력 줄에 나타나 있고요, 수식은 '=AVERAGE(D3:D11)' 이라고 나와 있으며 함수는 항상 '='으로 시작하고요, 그래서 위의 ②에 보이는 함수도 '='으로 시작되었고요..

그러나 다음에 다시 다른 함수를 사용하며 지금 구한 함수에 나타난 수식은 다른 함수의 인수로 사용할 것이므로 위의 함수에서 ③의 '='을 빼고 ④의 수식만 블록을 씌워서 [Ctrl + C] 명령으로 클립보드에 복사를 합니다.

그리고 아래 화면..

위의 ①과 같이 블록이 씌워진 옆을 한 번 클릭하여 ②의 블록이 해제되게 해야 ③에 셀렉션이 나타나지 않으며, 문제지에 제시된 셀에 정답을 입력하기 위하여 ④번 셀을 선택하고 ⑤의 함수 마법사를 클릭합니다.
다음 함수 마법사가 다소 어렵습니다만, 여러번 반복해서라도 반드시 익혀야 합니다.

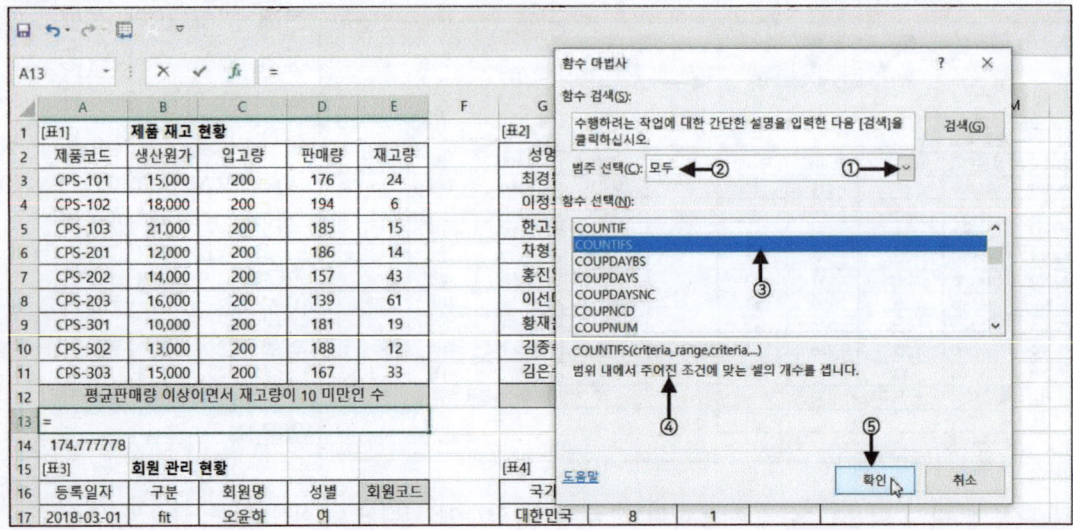

지금은 문제지에 제시된 함수를 사용하는 것이므로 그나마 쉽고요, 나중에 실무에서는 적절한 함수를 직접 선택해야 하므로 가능한 많은 함수 공부를 하는 것이 좋습니다.
지금은 문제지에 제시된 함수를 선택해야 하므로 위의 ①을 클릭하고 ②의 모든 함수를 보이게 한 다음, ③의 COUNTIFS 함수를 선택하면 ④와 같이 이 함수는 '범위 내에서 주어진 조건에 맞는 셀의 개수를 세는 함수라는 설명이 보입니다.

위와 같이 선택하고 ⑤ 확인을 클릭하면 다음과 같이 나타납니다.

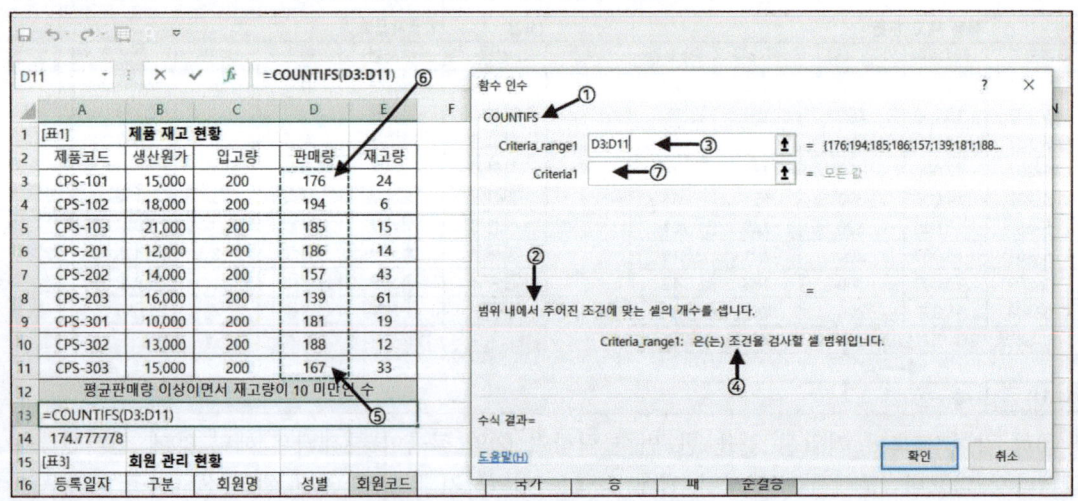

①의 COUNTIFS 함수는 ②의 '범위 내에서 주어진 조건에 맞는 셀의 개수를 세는 함수라는 친절한 설명이 또 다시 보이고요, ③에는 ④의 설명에 '조건을 검사할 셀 범위라고 나옵니다. ⑤를 클릭한 채로 위로 드래그하여 ⑥까지 블록을 씌우면 ③에 선택한 셀 범위가 나타납니다. 위와 같이 입력하고 다시 다음 조건에 주어진 수식을 입력하기 위하여 ⑦을 클릭하면 다음과 같이 나타납니다.

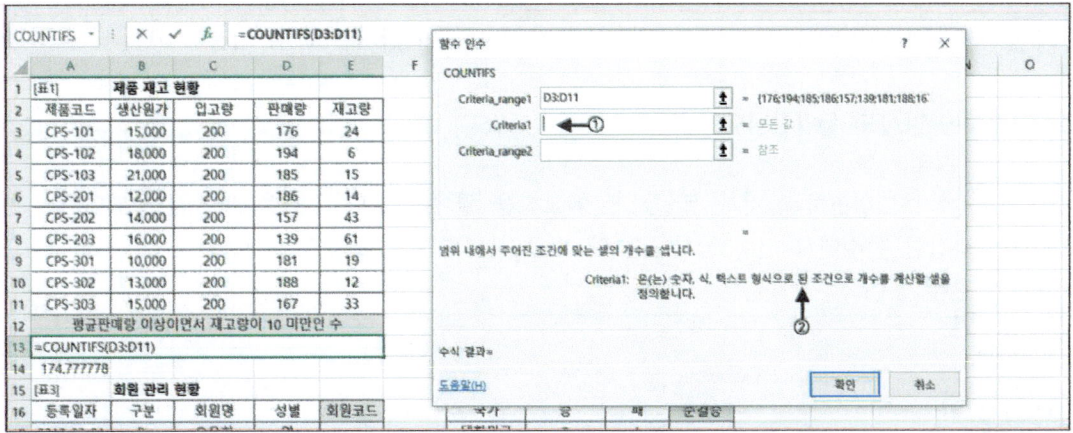

방금 선택한 위의 ①에는 ②와 같은 조건이 들어가야 한다고 나오는데요, 여기서는 아까 판매량의 평균을 구한 AVERAGE 함수의 결과 값에서 '='을 빼고 수식만 클립보드에 복사한 것을 붙여 넣습니다.

이런 식으로 엑셀의 함수 작업을 할 때는 좌측과 같이 메모장을 열어서 필요한 수식을 미리 복사해 두었다가 지금과 같이 필요할 때 붙여넣기를 해야 합니다.

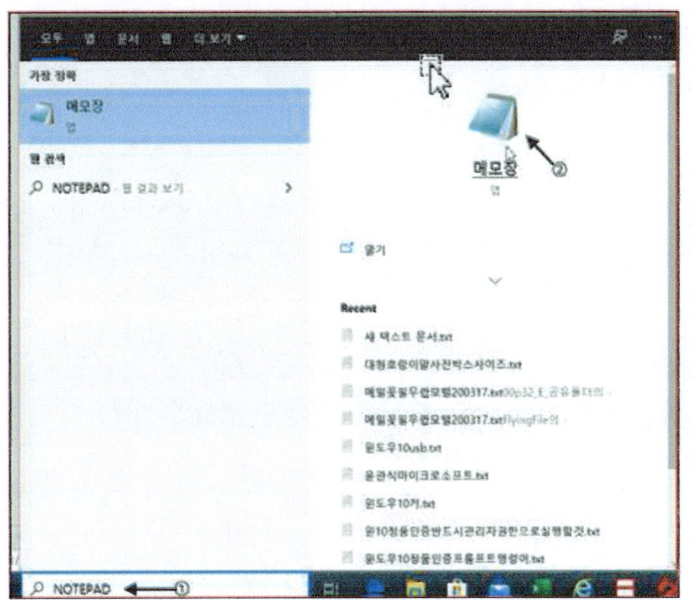

위는 윈도우10 화면이고요, 어차피 엑셀 2019는 윈도우10에서만 작동하며 이전 버전 사용자라면 약간 틀리지만 메모장을 실행시키는 방법은 동일합니다.

위와 같이 시작 옆에서 ①과 같이 'NOTEPAD' 를 입력하면 나타나는 ②의 메모장을 클릭하면 다음과 같이 메모장이 열립니다.

위의 메모장에 아까 판매량의 평균을 구한 수식을 붙여 넣고 지금 복사해서 사용합니다.

이것은 시험장에 가서도 동일합니다.

시험장에서도 여기서 설명하는 것과 동일하게 메모장을 열어서 일단 수식을 복사해 두었다가 지금과 같이 복잡한 함수에서 인수로 사용할 때 바고 붙여넣기를 하면 됩니다.
다시 다음의 원래 함수..

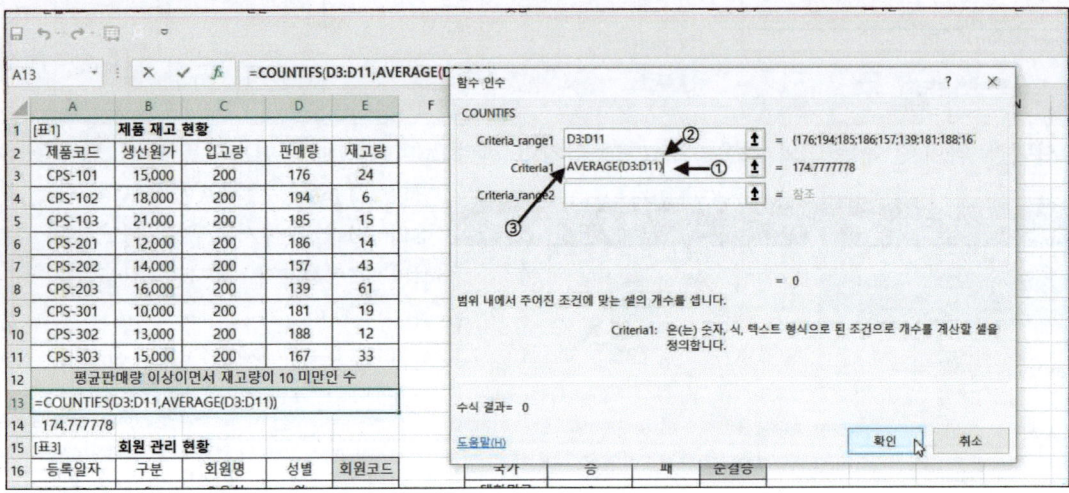

위의 ①에 아까 클립보드에 복사해 두었던 AVERAGE 함수의 수식만 붙여 넣으면 위와 같이 나타나고요, 커서는 ②의 위치에 있습니다.
이렇게 커서가 문단의 뒤에 있을 때는 만국 공통 거의 모든 프로그램의 공통 명령인 키보드의 [Home]키를 누르면 커서가 문단의 앞으로 가서 ③에 나타납니다.

이렇게 방금 붙여 넣은 AVERAGE 함수의 앞에 다음 연산자를 삽입해야 합니다.
문제지에 제시된 조건은 판매량 평균치 이상이고, 그리고 재고량이 15 미만인 수를 구하라는 문제이고요, 여기에 '그리고' 라는 논리 연산자가 등장합니다.
컴퓨터에 사용하는 연산자는 수학의 연산자와 거의 동일하며 그리고는 AND, 또는 OR, 만일에..는 IF 등의 연산자를 사용한다는 것을 기억하시기 바랍니다.

그리고 문제지에 제시된 판매량의 평균보다 같거나 많은... 이라는 것을 수식으로 표현하면
'>=' 이렇게 됩니다.
따라서 다음과 같이 방금 붙여 넣은 AVERAGE 수식의 앞에 이것을 직접 입력해야 합니다.

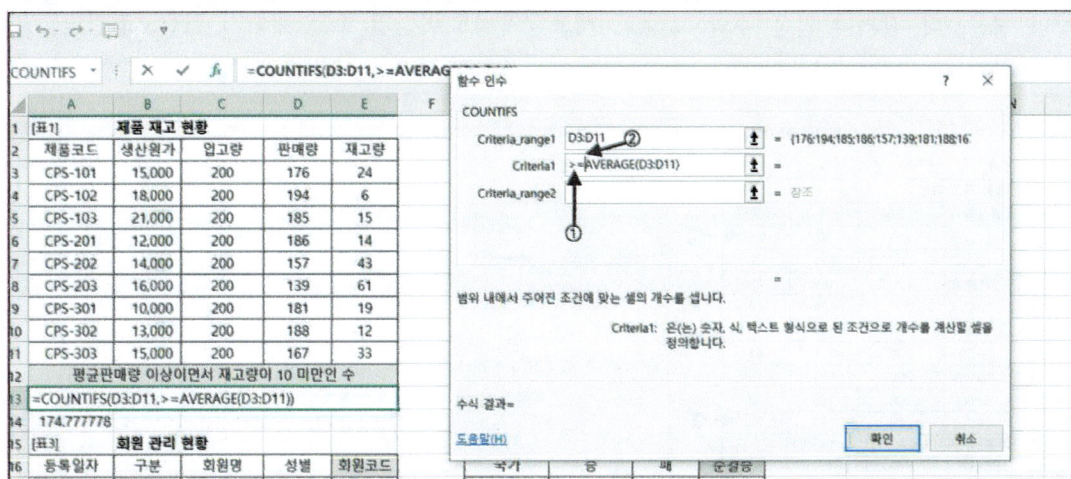

우의 ①과 같이 '>=' 을 입력하고, 그리고 커서는 ②의 위치에 있고요, 이곳에 다시 그리고라는 논리 연산자 &를 입력해야 합니다.

다음과 같이요..

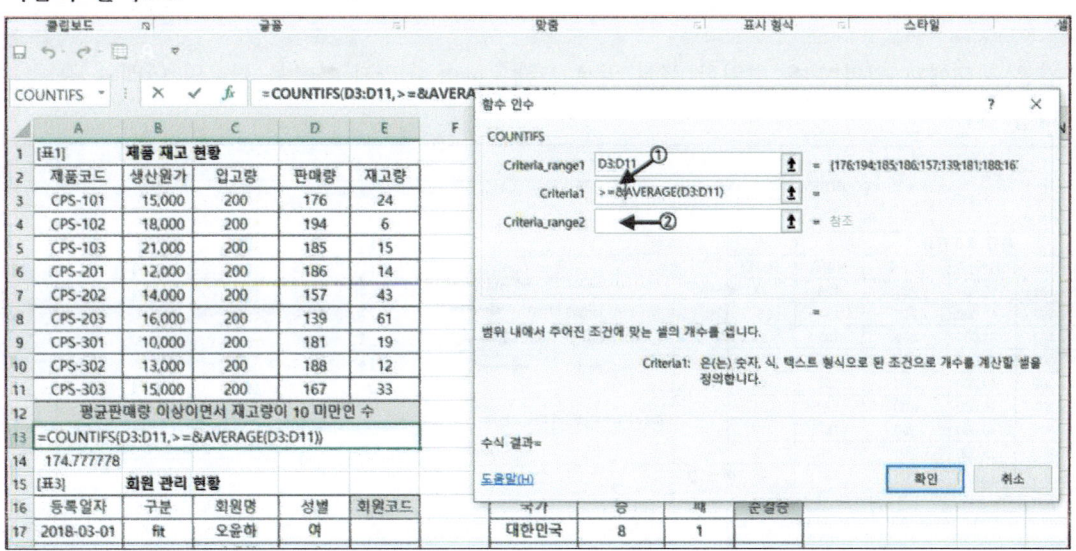

위의 ①과 같이 &를 입력하고 다음 조건을 입력하기 위하여 ②를 클릭하면 다음과 같이 변합니다.

">=&AVERAGE(D3:D11)' 이렇게 변하는데요..
여기서 따옴표를 수정을 해야 하는데요..
일단 위의 ②의 란에는 문제지에 제시된 '그리고' 연산자인 방금 입력한 & 연산자를 사용하여 판매량의 평균보다 같거나 많은 수와 그리고, 재고량이 15 미만인 수를 구하기 위한, 조건들을 만족하기 위한 인수들입니다.

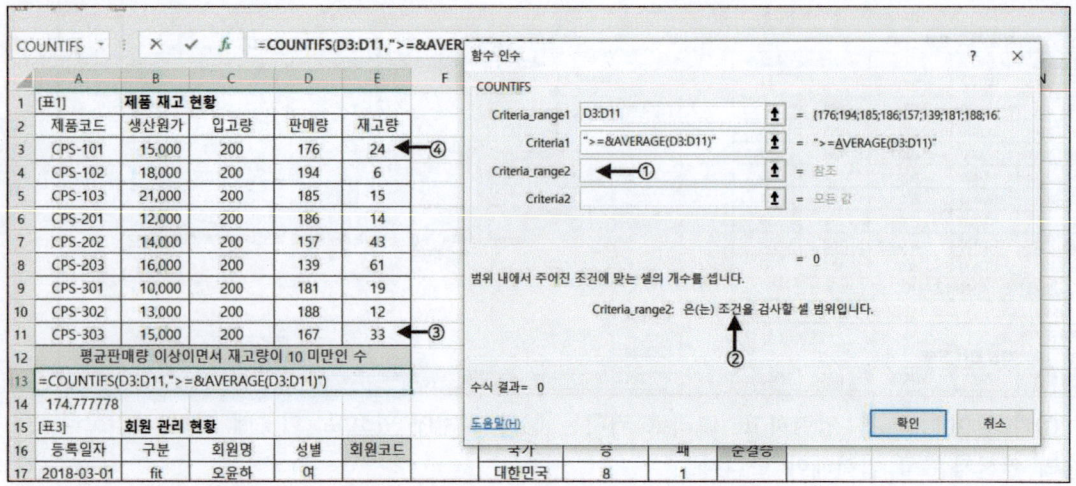

현재 위의 ①을 선택한 상태이고요, 이곳에는 ②와 같이 'Criteria_range2 는 조건을 검사할 셀 범위라고 나옵니다.

위와 같은 상태에서 위의 ③을 클릭한 채로 위로 드래그하여 ④까지 블럭을 씌우면 아래와 같이 나타납니다.

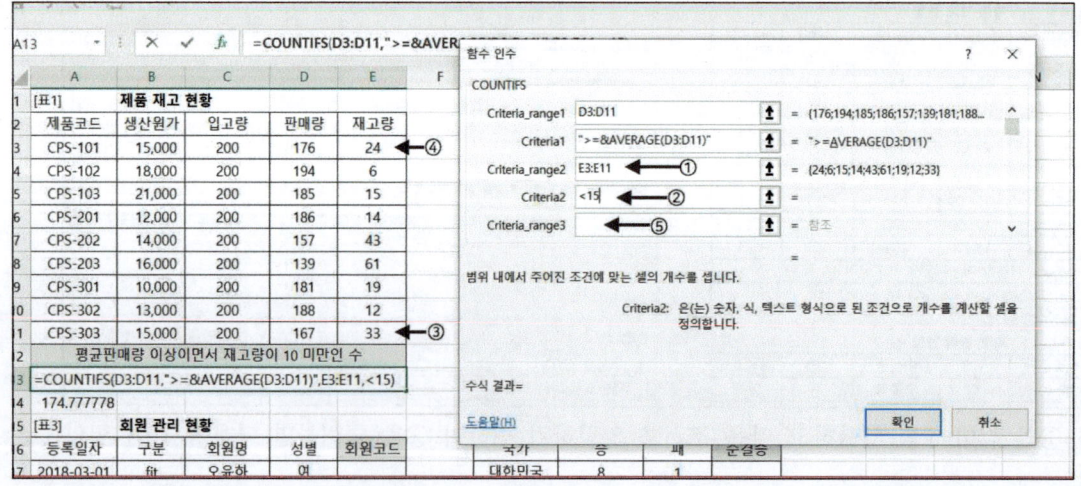

위는 조금 전에 위의 ③을 클릭 한 채로 위로 드래그하여 ④까지 블록을 씌워서 위의 ①에 나타난 것이고요, 여기서 위의 ②를 클릭하고 15 미만을 뜻하는 '<15' 를 직접 입력하고 ⑤는 필요는 없지만, 위의 ⑤를 클릭하면 다음과 같이 따옴표가 나타납니다.
엑셀의 함수의 고수가 되면 괄호와의 싸움을 해야 한다고 전에 언급했었는데요, 컴활 1급 시험에는 괄호가 무려 20개 정도 들어가는 문제도 나오고요..
지금은 괄호도 괄호이지만, 따옴표와 싸움을 해야 하고요..
엑셀 함수에 들어가는 괄호는 좌측 괄호가(( ) 10개라면 우측의 닫는 괄호( ))도 반드시 10개가 돼야 합니다.

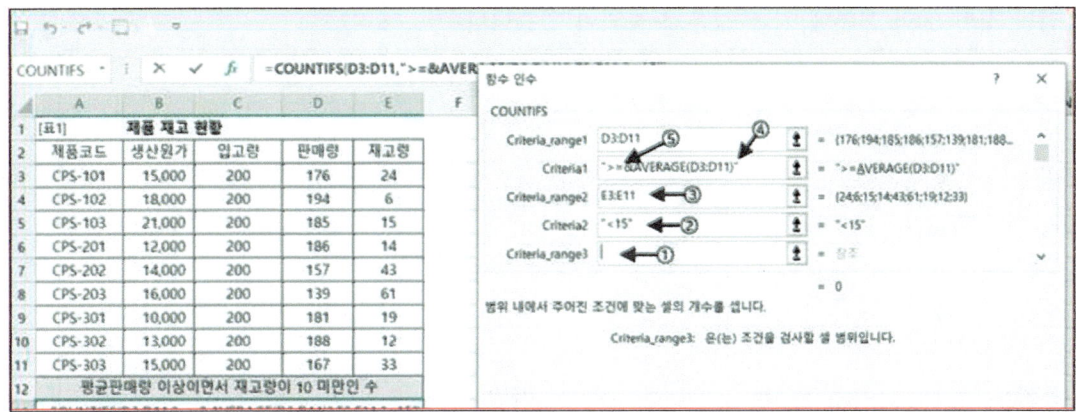

위는 위의 ①은 필요는 없지만, 위의 ①을 클릭했더니 ②와 같이 방금 입력한 수식에 따옴표가 자동으로 붙었습니다.
현재 ③의 조건을 구하기 위하여 & 연산자를 사용해서 ③ 이하를 입력한 것인데요, ③이하의 조건이 없다면 위의 ④번 따옴표의 위치가 맞습니다.
그러나 ③의 조건이 추가되었으므로 위의 ④의 따옴표는 위의 ⑤의 자리로 가야 합니다.

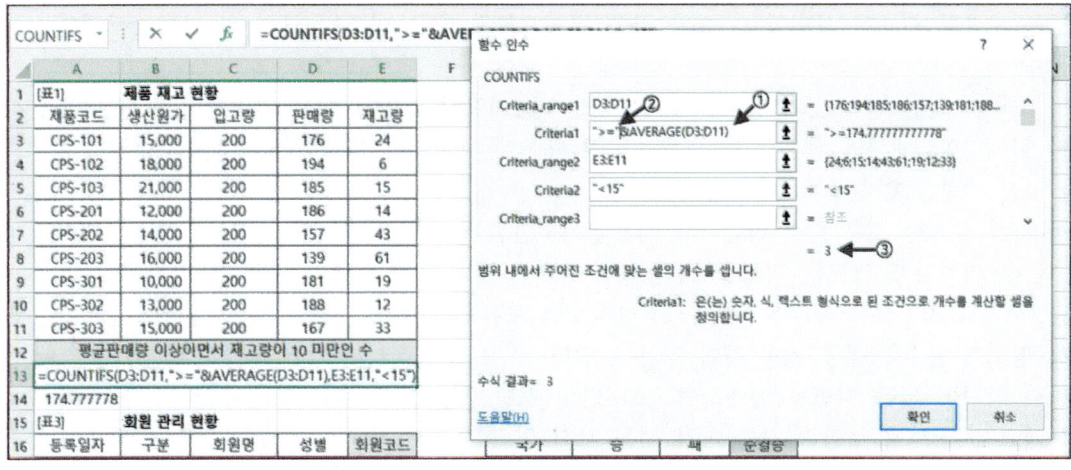

위와 같이 위의 ①의 자리에 있던 큰 따옴표를 지우고, ②의 자리에 큰 따옴표를 삽입했습니다.

여러분은 다소 어렵게 느껴지시겠지만, 만일 컴활 시험을 준비하는 사람이라면 이것을 반드시 숙지를 해야 합니다.

물론 실무에서 이런 자료를 다루지 않는다면 상관이 없지만, 실무에서도 복잡한 데이터는 반드시 함수가 필요하고요, 특히 자격시험을 준비하는 사람이라면 필수적으로 알아야 하는 것들입니다.

위에서 마지막으로 [확인]을 클릭하면 다음과 같이 결과 값이 구해집니다.

이미 위의 화면 ③의 부분에 결과 값은 도출되어 있습니다.

A13		×	✓	fx	=COUNTIFS(D3:D11,">="&AVERAGE(D3:D11),E3:E11,"<15")	← ②

	A	B	C	D	E	F	G	H	I	J	K
1	[표1]	제품 재고 현황					[표2]	임금지급표			
2	제품코드	생산원가	입고량	판매량	재고량		성명	부서명	직위	호봉	기본급
3	CPS-101	15,000	200	176	24		최경원	영업부	과장	5	2,855,000
4	CPS-102	18,000	200	194	6		이정우	영업부	대리	3	2,153,000
5	CPS-103	21,000	200	185	15		한고은	영업부	사원	2	1,657,000
6	CPS-201	12,000	200	186	14		차형섭	생산부	과장	4	2,653,000
7	CPS-202	14,000	200	157	43		홍진영	생산부	대리	3	2,156,000
8	CPS-203	16,000	200	139	61		이선미	생산부	사원	3	1,814,000
9	CPS-301	10,000	200	181	19		황재윤	홍보부	과장	2	2,435,000
10	CPS-302	13,000	200	188	12		김종숙	홍보부	대리	1	1,922,000
11	CPS-303	15,000	200	167	33		김은수	홍보부	사원	2	1,655,000
12	평균판매량 이상이면서 재고량이 10 미만인 수						영업부 기본급 평균				
13			3 ← ①								
14	174.777778 ← ③										
15	[표3]	회원 관리 현황					[표4]	핸드볼 선수권대회			
16	등록일자	구분	회원명	성별	회원코드		국가	승	패	준결승	

위의 ①은 문제지에 제시된 셀이고요, 결과 값은 3이라고 나왔고요, ②의 수식 입력줄에는 이 결과값을 도출한 함수가 보이고요, 결과 값을 구했으므로 ③은 이제는 필요 없으므로 삭제하면 됩니다.

함수의 고수가 되면 위의 ②의 함수를 함수 마법사를 사용하지 않고 직접 입력해서 구현할 수 있어야 합니다만, 엑셀의 함수는 너무나도 많기 때문에 제아무리 엑셀의 고수라도 모든 함수를 다 아는 사람은 없습니다.

따라서 가장 중요한 것은 함수 마법사를 사용할 줄 알면 된다는 점입니다.

다만, 함수 마법사에 나오는 설명을 이해하지 못하여 제대로 결과 값이 나오지 않는 경우가 있지만, 이렇나 경우에도 함수를 자주 사용하다보면 오류를 금방 발견할 수가 있습니다.

그래서 평소에 함수 공부를 많이 해야 하는 것입니다.

지금까지 상당히 많은 지면을 할애하여 2018년도 컴활 2급 실기 문제 중에서 한 개를 풀어 보았는데요, 지금까지 설명한 것을 여기 책을 보지 않고 혼자서 풀 수 있으면 이 책은 마스터를 했다고 보아도 무방합니다.
엑셀의 꽃으로 불리는 함수를 그것도 이중으로 함수를 사용 해 보았기 때문입니다.
그러나 함수는 해도 해도 끝이 없는 전쟁입니다.
절대로 자만하지 말고 꾸준히 정진해야 합니다.
이번에도 함수 문제입니다.

2. [표2]에서 부서명[H3:H11]이 '영업부'인 사원들의 기본급[K3:K11] 평균을 [K12] 셀에 계산하시오. (8점)
   ▶ 영업부 사원들의 기본급 평균은 백의 자리에서 반올림하여 천의 자리까지 표시
      [표시 예 : 12,345 → 12,000]
   ▶ DAVERAGE와 ROUND 함수 사용

위의 문제지에 제시된 [표2]는 다음과 같습니다.

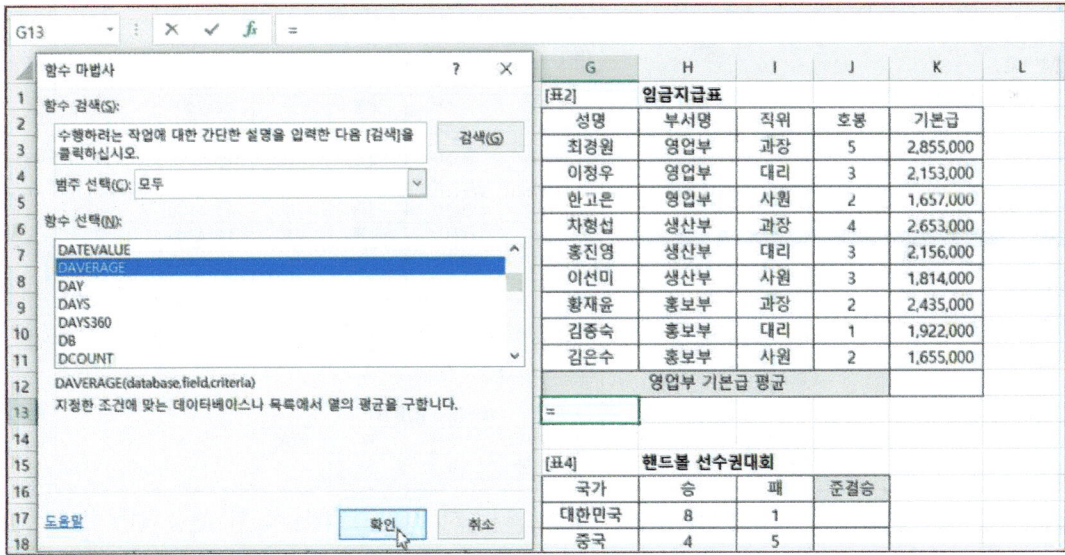

앞에서 평균은 AVERAGE 함수를 사용하여 간단히 구했지만, 여기서 구하는 것은 단순한 평균이 아니라, 백의 자리에서 반올림하여 백의 자리 이하는 000으로 표시되게 하라는 다소 까다로운 문제입니다.
또한 위에 DAVERAGE와 ROUND 함수를 사용하라고 명시되어 있습니다.

따라서 우선 DAVERAGE 함수와 ROUND 함수가 어떤 기능이 있는지 먼저 살펴보겠습니다.

위의 DAVERAGE 함수가 앞에서 사용한 평균을 구하는 함수 AVERAGE와 다른 점은 위와 같이 지정한 조건에 맞는 평균을 구하는 함수입니다.
다음에 ROUND 함수를 보겠습니다.

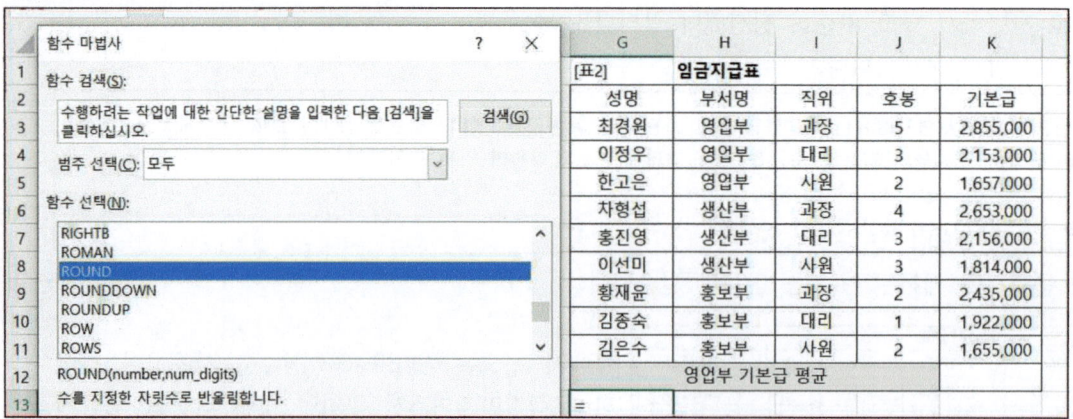

위와 같이 ROUND 함수는 지정한 자릿수로 반올림을 하는 함수라는 것을 알았습니다.
문제지에 제시된 문제는 부서가 영업부인 사원들의 기본급 평균을 구하고 이것을 백의 자리이하는 반올림을 한 다음, 백의 자리 이하는 000으로 표기를 하라는 것이었습니다.
따라서 일단 평균을 먼저 구하고 나중에 백의 자리 이하 처리를 해야 합니다.
따라서 먼저 아래와 같이 DAVERAGE 함수를 사용해서 부서가 영업부인 사람들의 기본급의 평균을 먼저 구해야 하는데요..

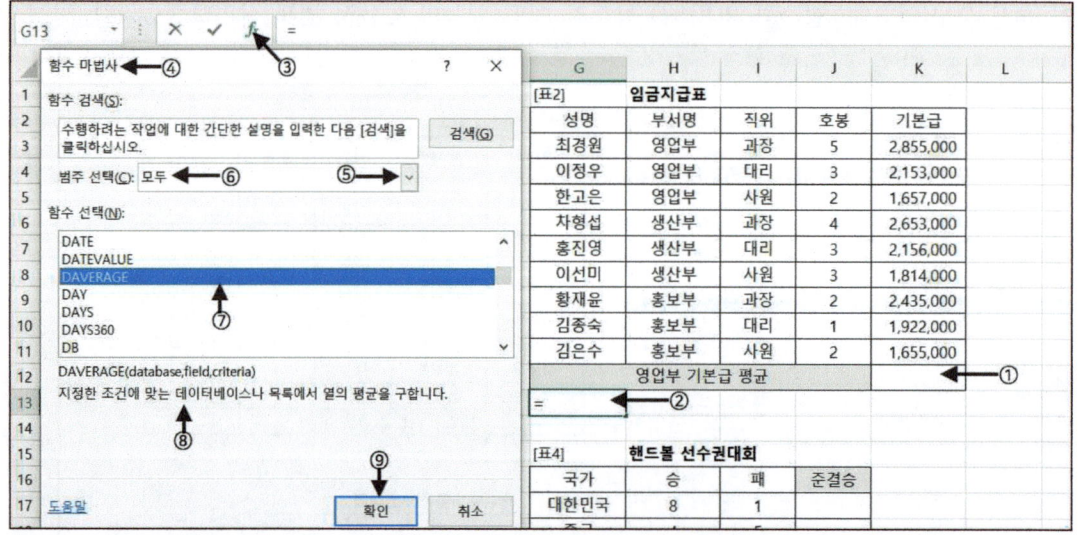

위의 ①은 문제지에 제시된 정답을 입력해야 하므로 나중지 지워도 되는 ②의 셀을 선택하고 ③을 클릭하여 ④의 함수 마법사를 열고 ⑤를 클릭하여 ⑥의 모든 함수가 보이도록 하고 ⑦의

DAVERAGE 함수를 선택하면 이 함수는 ⑧의, '지정한 조건에 맞는 데이터베이스나 목록에서 열의 평균을 구하는 함수라고 나옵니다.

위에서 ⑨ 확인을 클릭하면 다음과 같이 나타납니다.

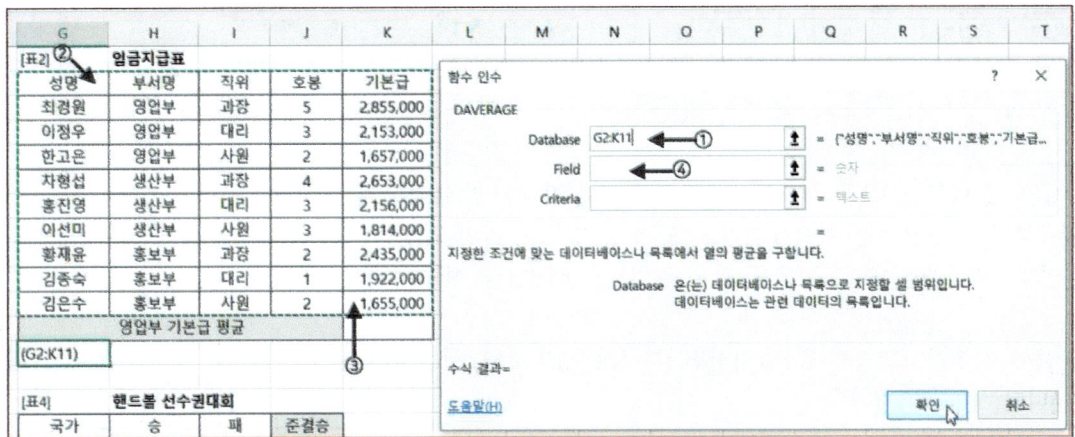

위의 ①을 클릭하여 이곳에 커서가 나타나게 한 다음, ②를 클릭한 채로 드래그하여 ③까지 블록을 씌우면 ①에 선택 범위가 나타나여 우측에 항목이 모두 보입니다.

위의 화면과 같이 지정하고 ④를 클릭하면 다음과 같이 나타납니다.

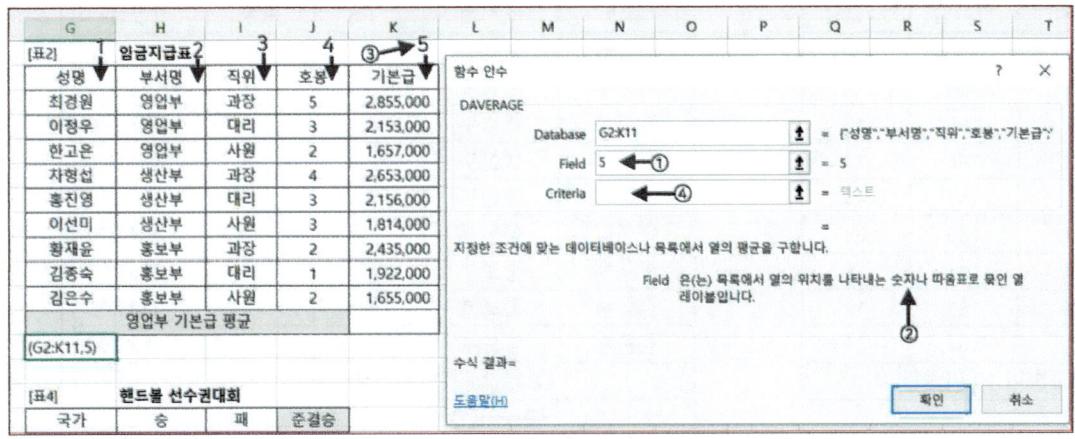

위의 ①을 클릭하면 ②에 설명이 나오는데요, 열의 위치를 나타내는 숫자라고 나옵니다.
이 때 위의 화면 좌측 상단을 보면 각 항목에 필자가 번호를 매겨 놓았는데요, 좌로부터 1, 2, 3, 4, 5이고요, 기본급을 나타내는 열은 5번째 열입니다.

그래서 위의 ①에는 숫자 5를 입력하고 ④를 클릭하면 다음과 같이 나타납니다.

엑셀2019를 배웁시다.　　　　　　　　　　　　　현대인의 필수 MS Office2019

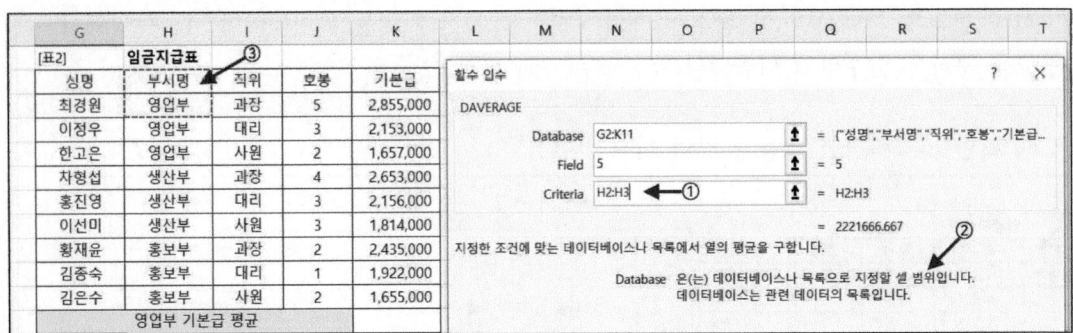

위의 ①을 클릭하면 ②의 설명에 '목록으로 지정할 셀 범위'라고 나오고요, 문제지에 제시된 조건은 부서가 영업부인 사람들이라고 되어 있으므로 위의 ①을 클릭하고 ③과 같이 '부서명 과 영업부' 셀 2개를 모두 블럭을 씌우면 위의 ①에 방금 선택한 셀 범위가 나타납니다.

위와 같이 지정하고 [확인]을 클릭하면 부서가 영어부인 사람들의 평균 급여가 아래와 같이 나타납니다.

위 ①에 부서가 영업부인 사람들의 평균 급여가 구해졌고요, ②를 보면 이 값을 구한 수식이 보이고요, ③의 '='을 빼고 수식만 복사를 하여 다시 ROUND 함수의 인수로 사용해야 하므로 아까와 같이 메모장에 붙여 넣어 넣습니다.
메모장을 열고 다음과 같이 붙여 넣습니다.

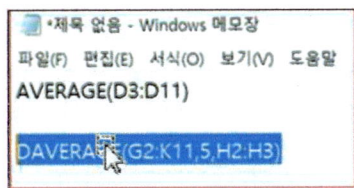

좌측의 메모장의 위에 보이는 것은 아까 문제를 풀 때 입력해 놓았던 함수이고요,...
밑에 블럭이 씌워진 것이 방금 복사를 하여 붙여 넣은 함수입니다.
엑셀의 함수는 너무 많아서 모든 함수를 다 알 수는 없으므로 이런 식으로 함수 마법사를 사용하며 하나씩 풀어나가면 됩니다.
이제 아까 처음에 알아보았던 ROUND 함수를 사용할 차례입니다.

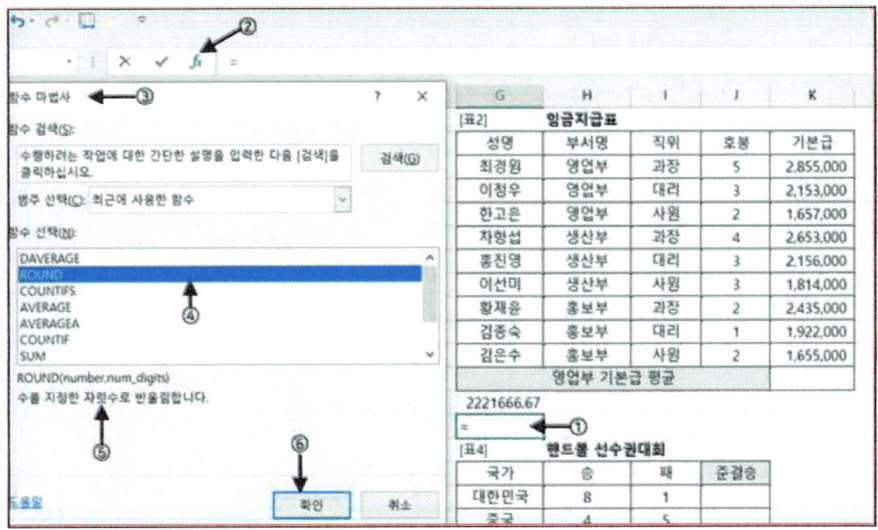

위의 ①의 위에 있는 셀은 방금 구한 부서가 영어부인 사람들의 평균 연봉이므로 위의 ①의 셀을 선택하고 ②를 클릭하여 ③의 함수 마법사를 열고 ④의 ROUND 함수를 선택하면 ⑤와 같이 수를 지정한 자릿수로 반올림하는 함수라고 나옵니다.
위의 화면에서 ⑥의 확인을 클릭하면 다음과 같이 나타납니다.

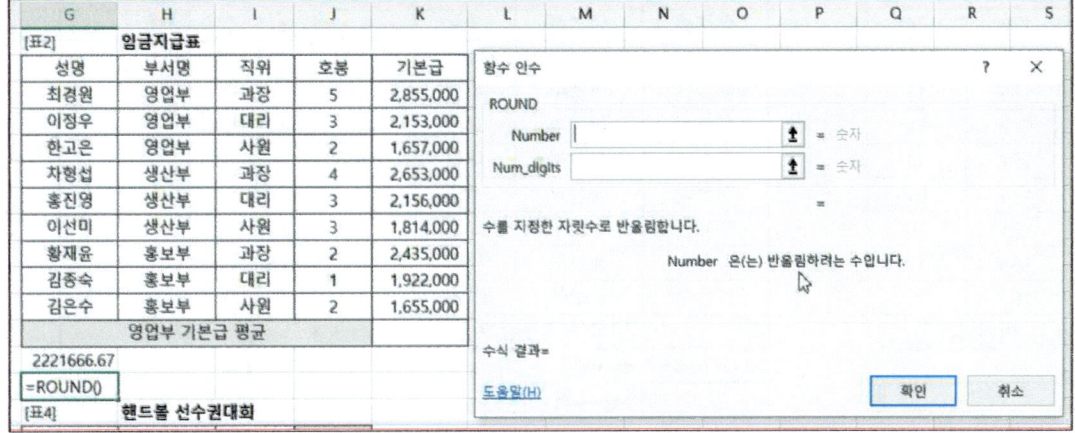

위의 Number은 반올림 하려는 수라고 나옵니다.
즉, 조금 전에 구한 부서가 영업부인 사원들의 평균 연봉이고요, 이것을 숫자로 입력하는 것이 아니라 아까 부서가 영업부인 사원들의 평균 연봉을 구한 수식을 복사해 놓은 메모장에서 수식을 복사하여 이곳에 붙여 넣습니다.

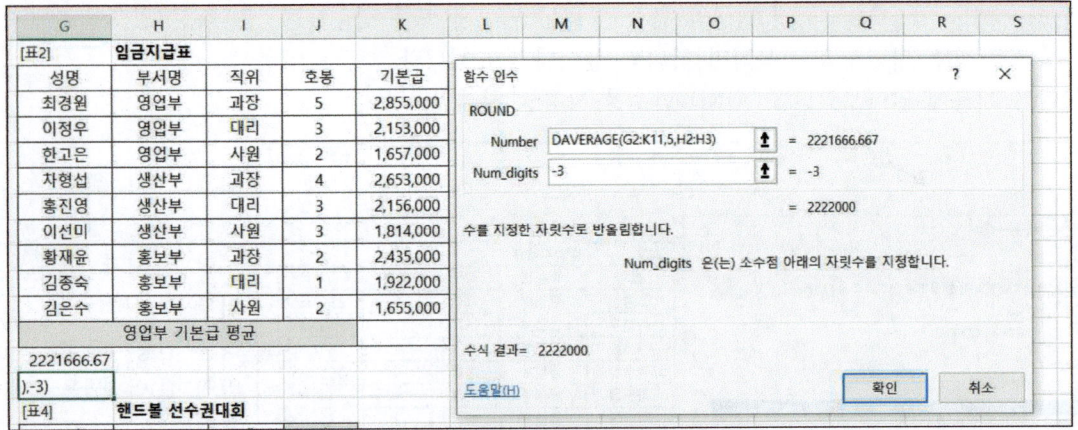

위의 Num_digits는 소수점 아래의 자릿수를 지정한다고 되어 있습니다.

위와 같이 -3을 입력했더니 자동으로 2222000으로 결과값이 나옵니다.
확인을 클릭하면 아래와 같이 나타납니다.

셀을, 셀값을 옮길 때는 셀의 가장자리에 마우스를 가져가서 아래와 같이 마우스 모양이 바뀌었을 때 클릭 드래그하여 옮기면 됩니다.

19	정재훈	홍보부	과장	2	2,435,000
12	김종숙	홍보부	대리	1	1,922,000
33	김은수	홍보부	사원	2	1,655,000
	영업부 기본급 평균				
	2221666.67				
	2222000				
[표4]	핸드볼 선수권대회				

물론 [Ctrl + C]-[Ctrl + V] 명령을 사용해도 됩니다.

그러나 위와 같이 이동하는 것이 일반적입니다.

다음 문제도 역시 함수 문제입니다.

함수는 너무나도 중요하므로 함수를 많이 다루는 것입니다.

3. [표3]에서 구분[B17:B26]의 첫 글자는 대문자로 변환하고, 등록일자[A17:A26]에서 일만 추출하여 회원코드[E17:E26]에 표시하시오. (8점)
▶ 표시 예 : 구분이 'fit'이고, 등록일이 '2018-01-01'인 경우 'Fit-1'로 표시
▶ PROPER, DAY 함수와 & 연산자 사용

위의 문제에 제시된 [표3]은 아래와 같습니다.

	A	B	C	D	E	F	G	H	I	J	K
15	[표3]	회원 관리 현황					[표4]	핸드볼 선수권대회			
16	등록일자	구분	회원명	성별	회원코드		국가	승	패	준결승	
17	2018-03-01	fit	오윤하	여			대한민국	8	1		
18	2018-03-07	swim	박태형	남			중국	4	5		
19	2018-03-07	golf	홍승아	여			일본	6	3		
20	2018-03-11	fit	김현수	남			싱가포르	2	7		
21	2018-03-15	golf	손진철	남			인도	3	6		
22	2018-03-15	swim	유관영	남			베트남	7	2		
23	2018-03-16	swim	임청아	여			홍콩	1	8		
24	2018-03-18	fit	김상호	남			쿠웨이트	5	4		
25	2018-03-23	golf	윤다희	여			카타르	6	3		
26	2018-03-30	swim	박신혜	여			이란	3	6		
27											

위의 [표3]에서 구분 항목에 있는 영문자의 맨 앞 문자를 대문자로 바꾸어야 하며, 등록일자의 날짜만 추출을 해야 합니다.

이전 작업과 동일한 수순이고요, 다만 함수만 다를 뿐입니다.
먼저 위의 문제에서 제시한 함 수 중에서 PROPER 함수부터 살펴 보겠습니다.

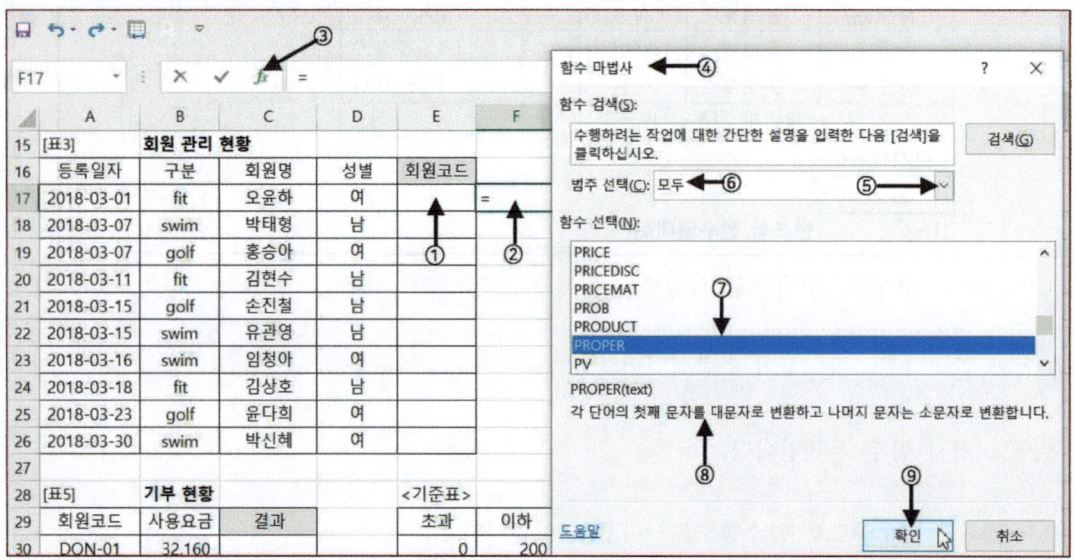

위의 ①은 정답이 들어갈 자리이므로 ②의 셀을 선택하고 ③을 클릭하여 ④의 함수 마법사를 열고 ⑤를 클릭하여 ⑥모든 함수를 나타나게 한 다음, ⑦의 PROPER 함수를 선택하면 ⑧에 첫 째 문자를 대문자로 변환하는 함수라는 설명이 보이고요, ⑨를 클릭하여 일단 함수 마법사를 실행합니다.

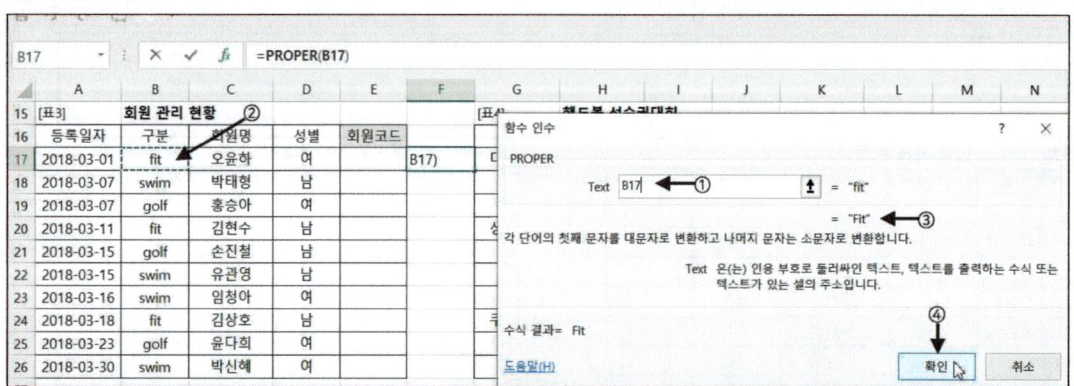

위의 ①을 클릭하고 ②의, 첫 문자를 대문자로 변환할 문자를 클릭하면 즉시 ③과 같이 첫 문자가 대문자로 변환된 결과가 미리 보여집니다.

위에서 ④를 클릭하여 일단 함수식을 완성합니다.
이번에는 위의 문제지에서 제시한 DAY 함수를 알아볼 차례입니다.

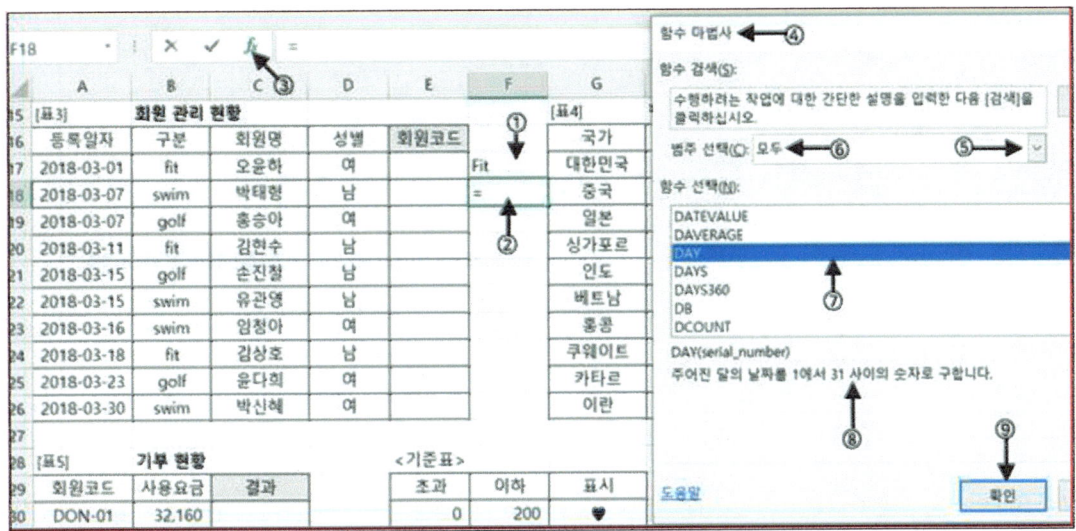

위의 ①은 조금 전에 PROPER 함수를 사용한 결과 값입니다.

따라서 이 값은 그대로 두고 지금은 위의 ②의 셀을 선택하고 ③을 클릭하여 ④의 함수 마법사를 열고 ⑤를 클릭하여 ⑥ 모두 보이게 하고, ⑦의 DAY 함수를 선택하면 ⑧과 같이 이 함수는 주어진 달의 날짜를 1에서 31 사이의 숫자로 구하는 함수라고 나옵니다. 위의 ⑨를 클릭하여 일단 함수식을 완성합니다.

아까 구한 PROPER 함수의 함수식과 지금 구한 DAY 함수의 함수식은 메모장을 열어서 저장을 해 놓는 것이 좋다고 얘기했고요..

지금 구한 2가지 함수를 연결하여 위의 문제지에 표시된 답안을 구해야 하므로 여기서는 PROPER 함수를 먼저 사용하고 DAY 함수는 PROPER 함수의 뒤에 들어가야 합니다.

그리고 이 두 함수 사이를 AND 연산자를 사용하여 "-"로 묶어서 표시하라고 문제지에 나와 있습니다.

어떻게 해야 할까요?

"-"는 화면에 보이는 그대로 입력하는, 함수가 아닌 단순 하이픈입니다.

따라서 두 수식 사이에 "-"는 화면에 보이는 그대로 입력하면 됩니다.

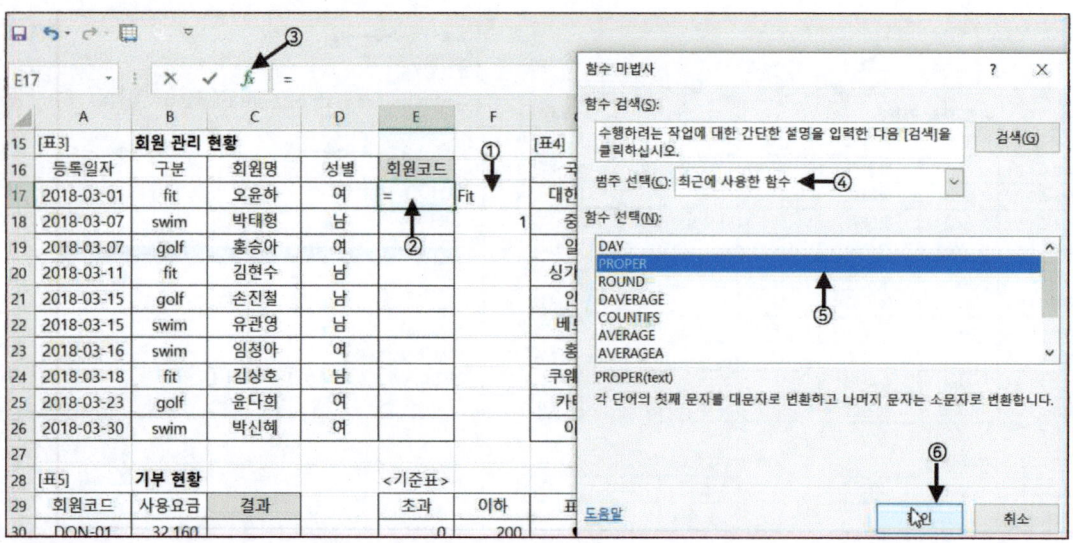

위의 ①은 아까 PROPER 함수가 어떤 함수인지 알아보려고 입력했던 것이며 잠시 후 지워 버릴 것입니다.

따라서 지금은 정답이 들어갈 ②의 셀을 선택하고 ③을 클릭하여 함수 마법사를 실행시키면, 이제는 조금 전에 테스트로 실행했던 함수들이 ④의 [최근에 사용한 함수]에 나타나므로 바로 ⑤의 PROPER 함수를 선택하고 ⑥을 클릭합니다.

조금 전에 실습한 것과 마찬가지로 아래와 같이 나타납니다.

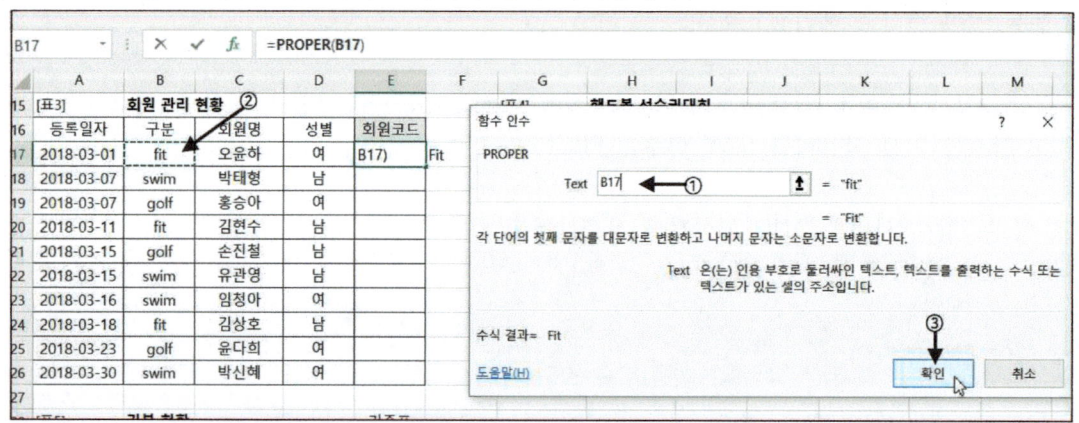

나타난 함수 인수 화면에서 ①을 클릭하여 커서를 이곳에 두고 ②를 클릭하면 즉시 결과가 구해지며 ③을 클릭하여 결과 값을 도출합니다.
그리고 아래와 같이 입력합니다.

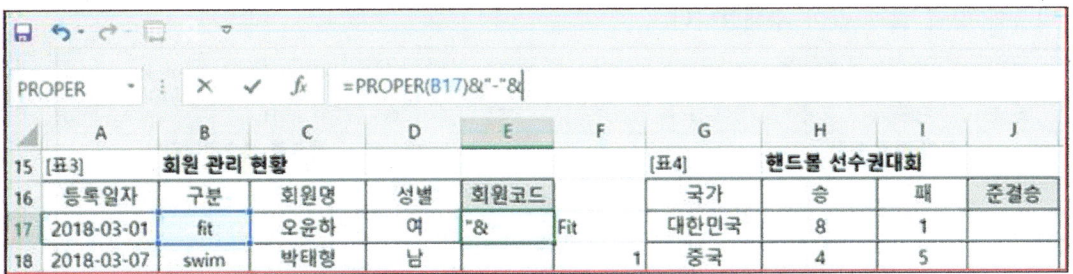

위와 같이 & 연산자와 "-"는 화면에 보이는 그대로 입력하고 위의 맨 마지막에 커서를 두고 다시 함수 마법사를 실행합니다.

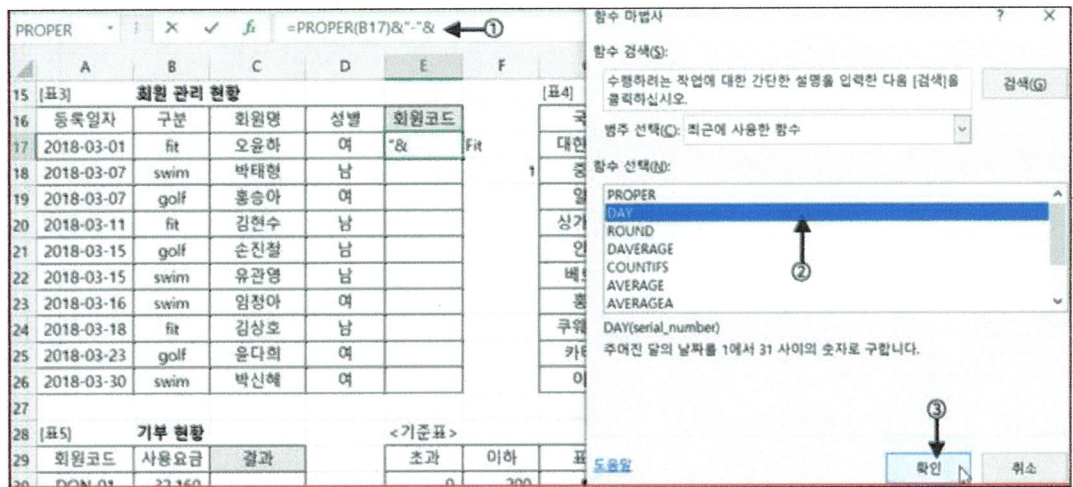

위와 같이 ①에 보이는 그대로 입력하고 ①의 위치에 커서를 두고 함수 마법사를 실행하여, 이번에는 위의 ②번 DAY 함수를 선택하고 ③을 클릭합니다.
매번 같은 동작이지만, 숙달 과정이라고 생각하고 계속하여 반복하는 것이 좋습니다.

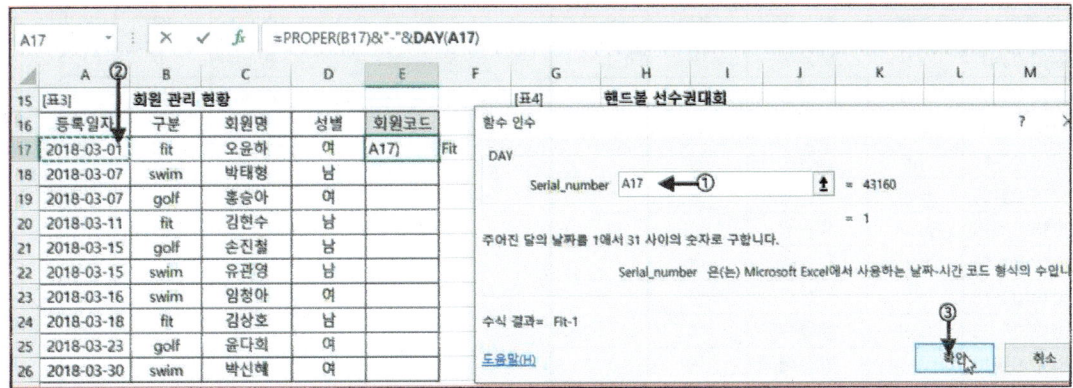

위의 ①을 클릭하고 이번에는 날짜의 데이를 구해야 하므로 ②의 날짜를 클릭하고 ③을 클릭

하면 다음과 같이 결과 값이 구해집니다.

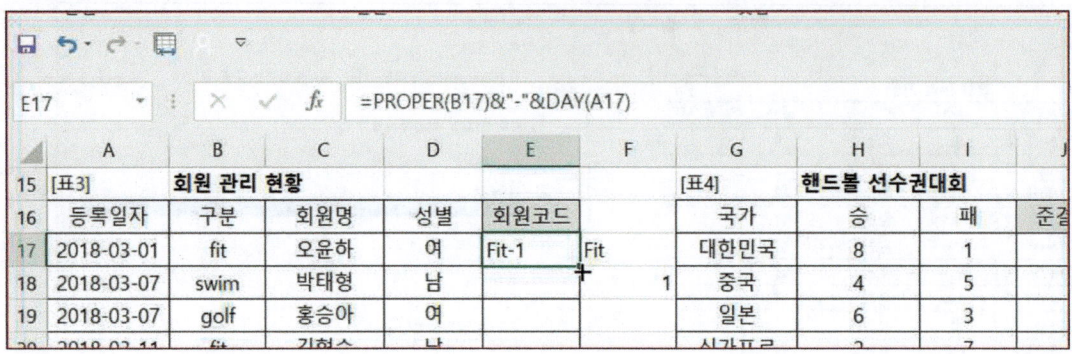

이 때 위의 마우스 모양을 잘 보세요. 평소에는 위와 같은 마우스 모양이지만, 다음과 같이 현재 결과 값이 도출된 셀의 우측 하단으로 가져가면 작은 + 모양으로 변합니다.

위와 같이 [E17]셀의 우측 하단으로 마우스를 가져가서 마우스 포인트가 위의 화면에 보이는 것처럼 작은 + 표시로 변했을 때 마우스 우측 버튼을 클릭한 채로 밑으로 끝까지 드래그합니다.(주의 : 마우스 왼쪽 버튼이 아니라 마우스 우측 버튼을 클릭 드래그해야 합니다.)

위와 같이 마우스 우측 버튼을 클릭 드래그하여 마지막 셀에서 마우스를 놓으면 위에 보이는 메뉴가 나타나며 여기서 [서식 없이 채우기]를 선택하면 아래와 같이 모든 셀에 채우기가 됩니다.

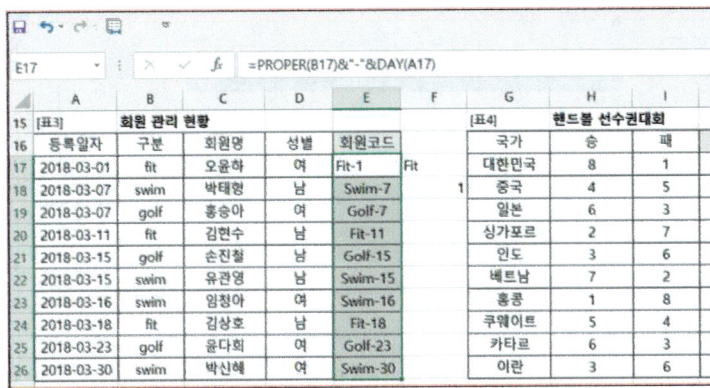

이제 [E17]셀만 가운데 정렬을 하고 [F17] 셀과 [F18] 셀은 연습으로 입력한 것이므로 삭제하면 됩니다.

다음은 IF와 LARGE 함수 문제입니다.

4. [표4]에서 승[H17:H26]수가 높은 4개국은 '진출', 나머지는 공백으로 준결승[J17:J26]에 표시하시오. (8점)
▶ IF와 LARGE 함수 사용

위의 문제에 제시된 [표4]는 다음과 같습니다.

	G	H	I	J
15	[표4]	핸드볼 선수권대회		
16	국가	승	패	준결승
17	대한민국	8	1	
18	중국	4	5	
19	일본	6	3	
20	싱가포르	2	7	
21	인도	3	6	
22	베트남	7	2	
23	홍콩	1	8	
24	쿠웨이트	5	4	
25	카타르	6	3	
26	이란	3	6	

IF 함수는 만일에 ~하면 ~하라는, 즉, 주어진 조건이 참이면 어떻게 하고 거짓이면 어떻게 하라는 등의 조건문에 들어가는 함수이며, 각종 프로그래밍을 할 때 아주 많이 사용되는 조건문입니다.

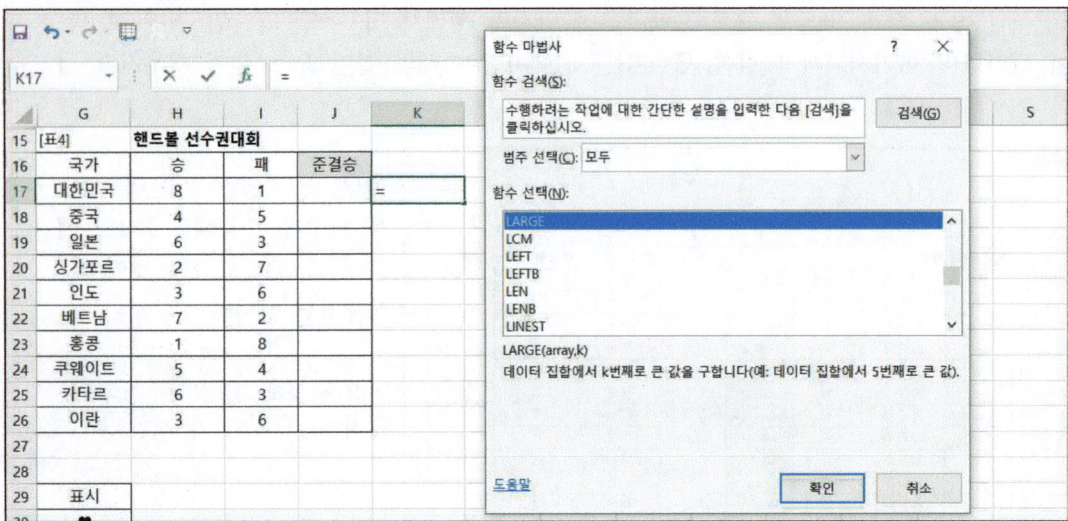

LARGE 함수는 위에 보이는 것처럼 데이터의 집합에서 몇 번 째로 큰 값을 구합니다.
먼저 LARGE 함수를 이용하여 4번째로 큰 값을 구해 보겠습니다.

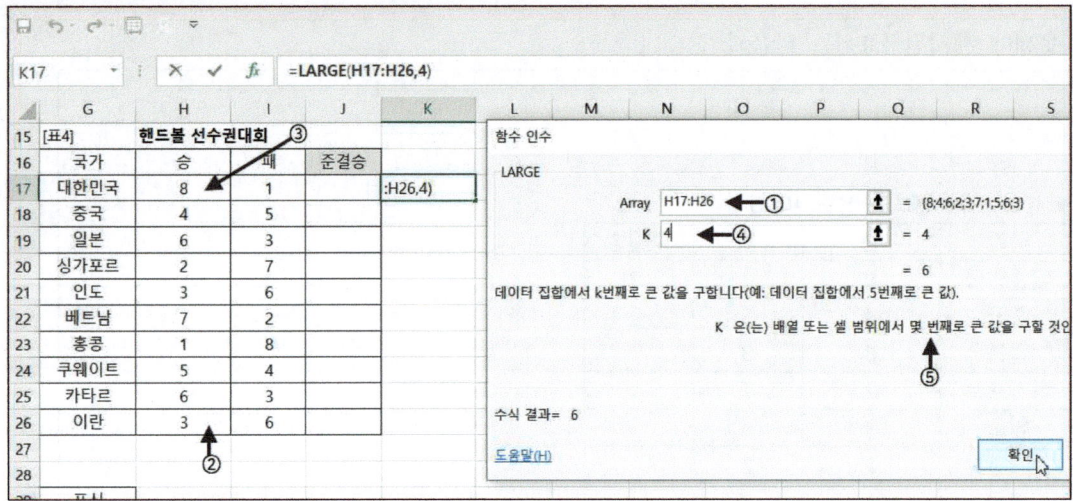

위의 LARGE 함수에서 ①을 클릭하여 이곳에 커서를 두고 ②를 클릭한 채로 위로 드래그하여 ③까지 블록을 씌우고, ④를 클릭하면 ⑤에 몇 번째로 큰 값을 구할 것인지 써 넣으라고 나옵니다.

승수가 높은 4개국을 가려야 하므로 4번째로 승 수가 많은 나라를 구해야 하므로 위 ④에 '4'를 입력하고 [확인]을 클릭하여 결과 값은 '6', 즉, 일본이라는 것을 구했습니다.

이렇게 함수를 2개 이상 혹은 연산자 등을 사용하여 문제를 풀어야 할 때는 먼저 어떤 순서로 문제를 풀 것인지 구상을 해야 합니다.

지금은 이렇게 먼저 승수가 높은 4개국을 구하기 위하여 4번째로 승수가 높은 나라를 먼저 구하고.. 이것을 인수로 사용을 하고..
그리고 IF 함수를 써서 만일에 조금 전에 구한 4번째 값보다 크면(참-Ture) '진출'이라고 표기를 하고 그렇지 않으면(거짓-Flase), 공백(공백은 " " 이렇게 표기를 합니다.)으로 합니다.

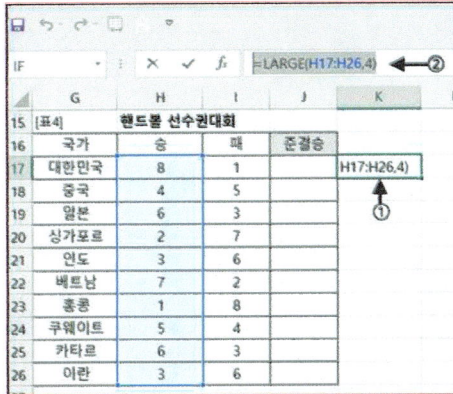

따라서 지금 구한 값의 수식만 다음에 나오는 IF 함수의 인수로 사용해야 합니다.
현재 위의 ①의 [K17]셀에 4번째로 승수가 많은 결과를 구하는 함수가 들어 있고요, 위의 수식 입력줄 ②에 수식이 나타나며, 이번에는 '='포함 모든 수식을 복사를 합니다.
메모장에 붙여 넣을 것 없이 위와 같이 ②의 수식을 몽땅 복사를 한 다음 ②의 빈 공간을 한 번 클릭해서 블록을 해제를 해줍니다.
그리고 다음의 IF 함수를 실행을 합니다.

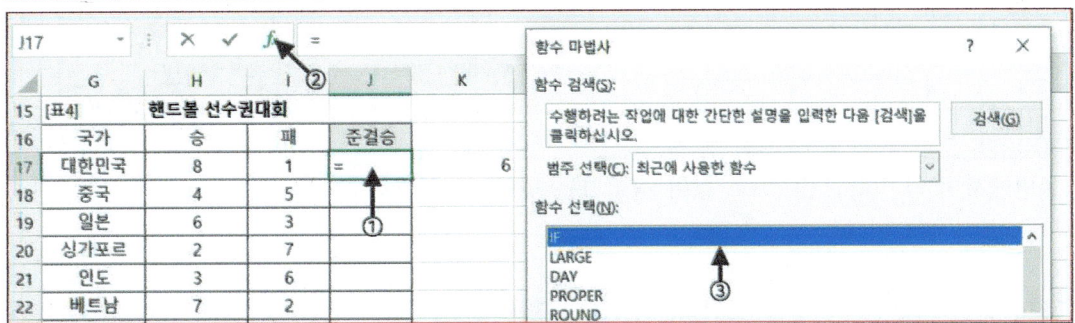

현재 승 수가 4번째로 높은 결과 값의 수식이 클립보드에 기억되어 있는 상태이고요, 현 상태에서 위의 ①번 정답이 들어갈 셀을 선택하고 ②를 클릭하여 함수 마법사를 실행을 하고 ③의 IF 함수를 선택하고 [확인]을 클릭하면 다음 화면이 나타납니다.

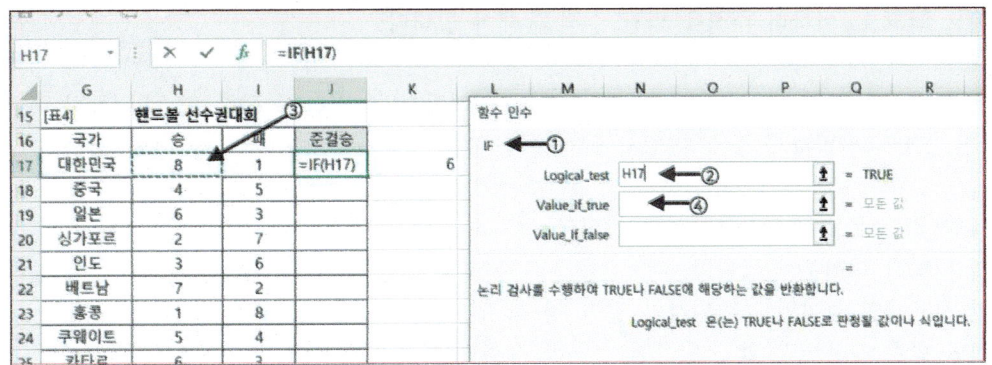

현재 위의 ① IF 함수이므로, 만일에..입니다.

즉, ②의 값이 만일에 승수가 4번째 이상이면.. 에 만족해야 하므로 ②를 클릭하여 커서를 이곳에 두고 ③의 셀을 클릭합니다.

즉, ③의 8승이, 다음에 나오는 조건과 비교해서... 이므로
위의 ④를 클릭하고 다음과 같이 입력합니다.

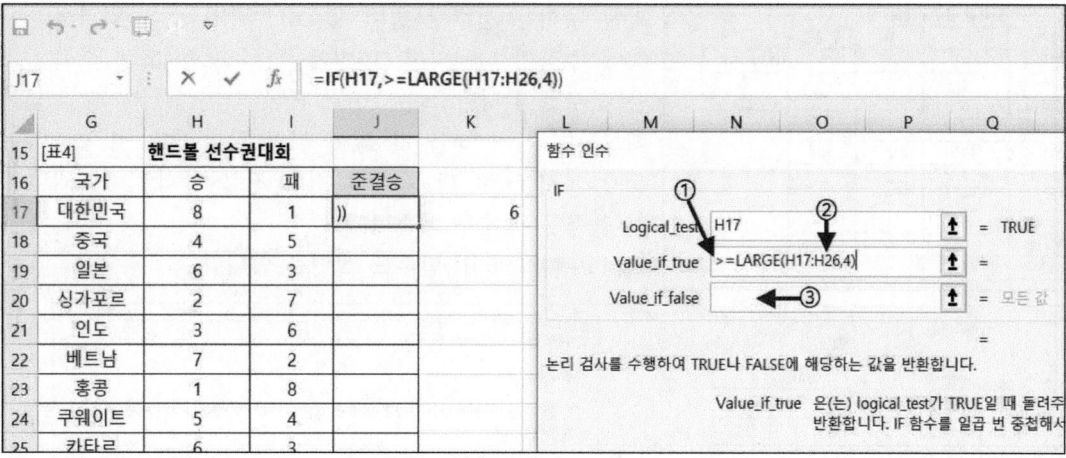

위의 화면에서 ②의 Value_if_true 값이 들어가는 곳에 현재 클립보드에 기억되어 있는 수식을 그대로 붙여 넣습니다.

그리고 이 값보다 크면.. 이라는 조건식, 즉, ①의 ">"를 입력하고 ③을 클릭하면 다음과 같이 큰 따옴표가 저절로 붙는데요, 이것은 나중에 수정을 해야 합니다.

지금은 위의 ③에 아무것도 넣지 말던지 문제지에 제시된 '진출'만 입력을 합니다.
나중에 입력해도 되고요, 어차피 수식을 약간 수정을 해야 합니다.

간단한 함수는 대개 함수 마법사에서 100% 완벽하게 처리되지만, 약간 복잡한 함수나 특히 논리 함수 등은 100% 완벽하게 함수 마법사에서 결과 값을 구할 수 있는 경우가 거의 없습니다.
반드시 괄호나 따옴표 등을 수정을 해 줘야 합니다.
엑셀의 함수가 이래서 어려운 것입니다.
함수 마법사만 사용하면 그야말로 마법사와 같이 척 척 된다면 얼매나 좋을까요?
그러나 기본적인 함수 사용법만 알고 있으면 간단한 수정만 하면 되므로 문제 없습니다.

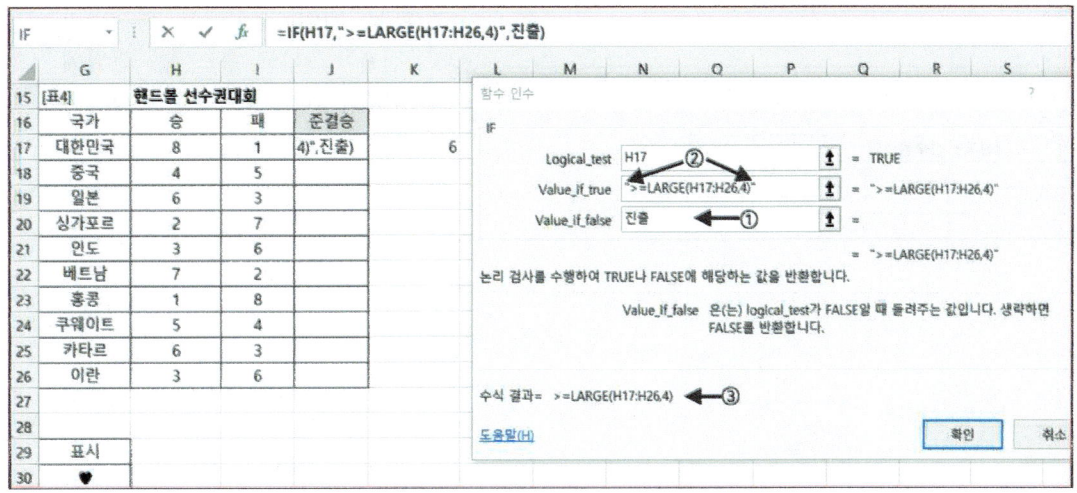

위의 ①을 클릭하는 순간 ②와 같이 자동으로 큰 따옴표가 붙으며 ①의 트루, 홀스, 항목에는 입력하지 않고 나중에 입력해도 됩니다만, 일단 위와 같이 문제지에 제시된 '진출'을 입력하고요, 위의 ③을 보면 결과값이 이상하게 함수식이 보입니다.

즉, 결과값이 완전하지 않다는 것을 알 수 있습니다.

그러나 에러 메시지는 없습니다.

따라서 잘 못 한 것은 없다는 것으로 이해를 하고 [확인]을 클릭하면 다음과 같이 나타납니다.

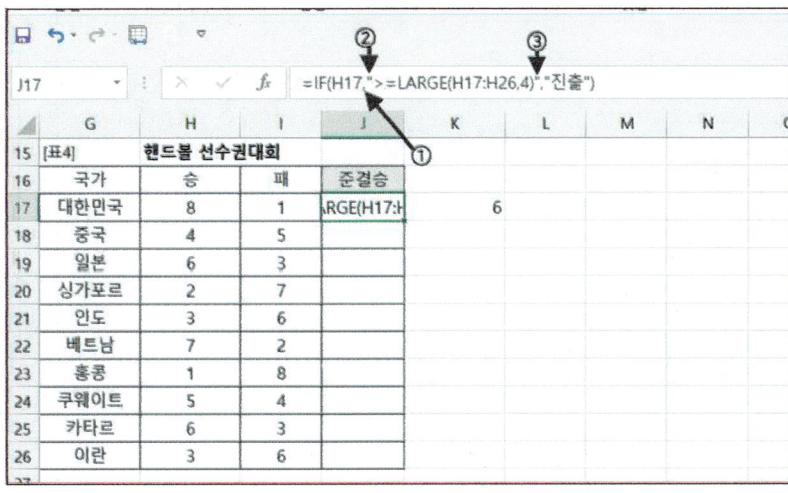

현재 수식 자체는 문제가 없습니다.

위의 수식 입력줄에 나타는 것을 그대로 읽고 해석을 해 보면 만일(IF), 승 수가 4번째 이상이면(LARGE 함수식), "진출"을 표시하라는 것으로 수식 자체는 잘 못 된 곳이 없지만, 위의 ①번 ",' 와, ②번 "와 ③번의 " 따옴표가 잘 못 되었습니다.

지금 지적한 것을 모두 지웁니다.

그러면 다음과 같이 당장에 결과 값이 정상으로 나옵니다.

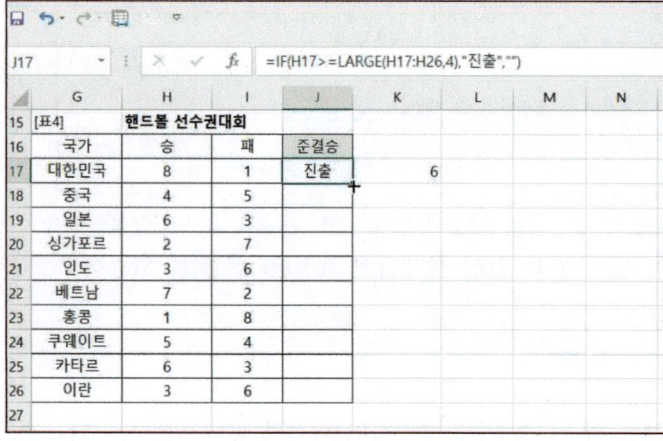

이에 위의 수식에서 마지막의 "진출" 그리고 홀스 즉, 만일에 (IF) 거짓이면, 공백을 출력해야 하므로 공백을 뜻하는 ""를 입력해야 합니다.
그리고 그 사이는 다시 ','로 구분을 해 줘야 합니다.

이제 제대로 되었습니다.
위의 결과 값이 들어간 [J17]셀의 우측 하단에 마우스를 가져가서 작은 + 모양이 되었을 때 마우스 우측 버튼을 클릭하고 밑을 드래그하여 마지막까지 내린 다음 마우스를 놓고 [서식 없이 채우기]를 클릭하면 됩니다.

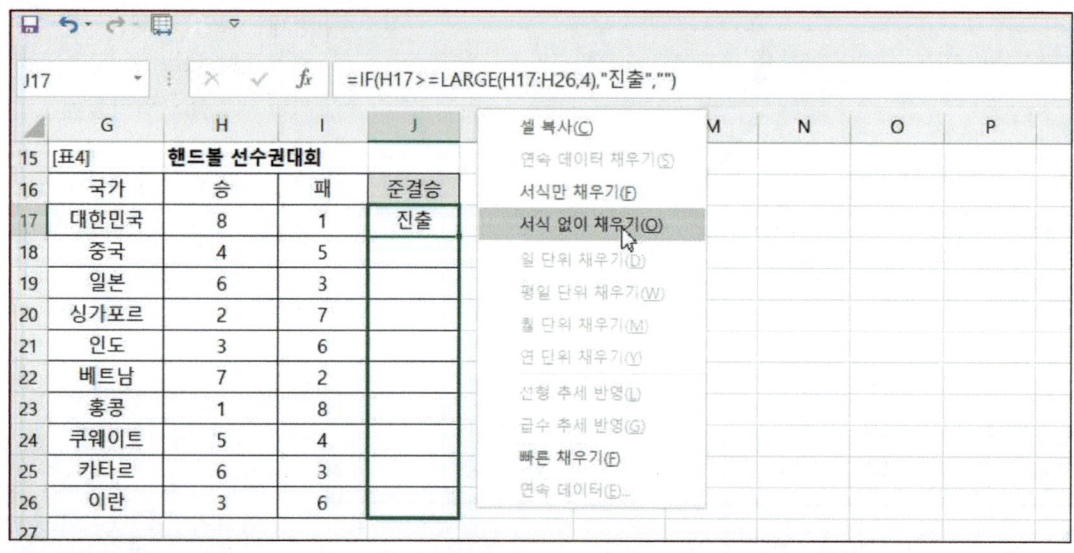

위의 마우스가 가리키는 [서식 없이 채우기]를 클릭하면 아래와 같이 결과 같이 거짓이면 그냥 공백으로 출력됩니다만, 또 문제가 있습니다.
아래를 보세요..

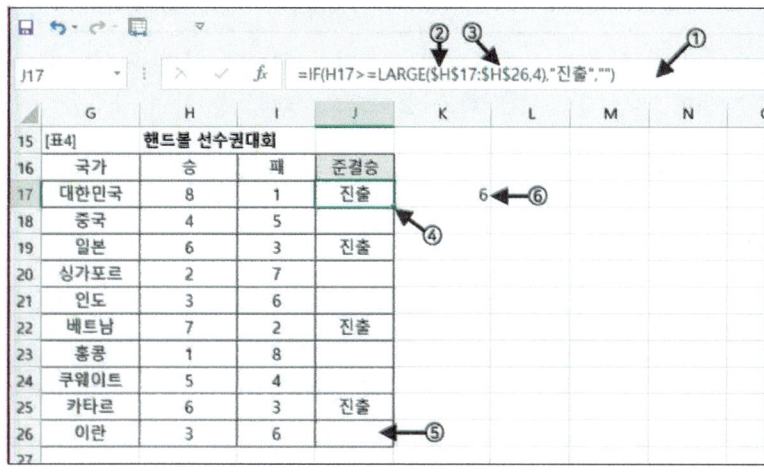

좌측의 ① 이하는 오류가 납니다.
이는 위의 ②번과 ③의 셀 주소가 상대 주소이기 때문입니다.
상대 주소는 변하는 주소입니다.
처음 수식을 입력할 때 기준이 되었던 [H17:H26] 범위의 주소가 바뀌면 결과가 바뀌기 때문에 이 주소는 바뀌지 않는 절대 주소라야 하는 것입니다.
그래서 위의 ②번과 ③번 화살표를 정확하게 그려 넣었는데요, 바로 이곳을 각각 선택하고 키보드의 [F4]를 누르면 상대 주소가 절대 주소로 바뀌게 됩니다. 다음과 같이요..

좌측의 ②와 ③과 같이 절대 주소로 바꾼 다음에는 반드시 ①의 빈 공간을 한 번 클릭해 줘야 다음에 선택하는 셀이 자유롭게 됩니다.
이제 ④번 부분에 마우스를 가져가서 마우스 포인트가 작은 + 모양이 되었을 때 클릭 드래그하여 조금 전과 같이 ⑤의 마지막까지 드래그한 다음 마우스를 놓으면 나타나는 메뉴에서 [서식 없이 채우기]를 선택하면 위와 같이 정답이 구해집니다.
이제 ⑥은 필요 없으므로 삭제하면 됩니다.
다음은 VLOOKUP 함수와 MOD 함수를 사용하는 문제입니다.

---

5. [표5]에서 사용요금[B30:B38]을 1,000으로 나눈 나머지와 기준표[E30:G34]를 이용하여 결과[C30:C38]를 표시하시오. (8점)
  ▶ 기준표 의미 : 사용요금을 1,000으로 나눈 나머지가 0~200이면 "♥", 200~400이면 "♥♥", 400~600이면 "♥♥♥", 600~800이면 "♥♥♥♥", 800~999이면 "♥♥♥♥♥"임
  ▶ VLOOKUP과 MOD 함수 사용

위의 문제지에 제시된 [표5]는 다음과 같습니다.

숨기기 / 숨기기 취소

아래 화면을 보면 필자가 이 책의 설명을 하면서 삽화로 삽입하는 가정에서 행번호와 열번호가 보이도록 아래 ①의 [G]행 좌측의 행을 모두 숨겨 놓았습니다.
그래서 아래 [G]열의 좌측은 보이지 않고 [G]열부터 보이는 것입니다.

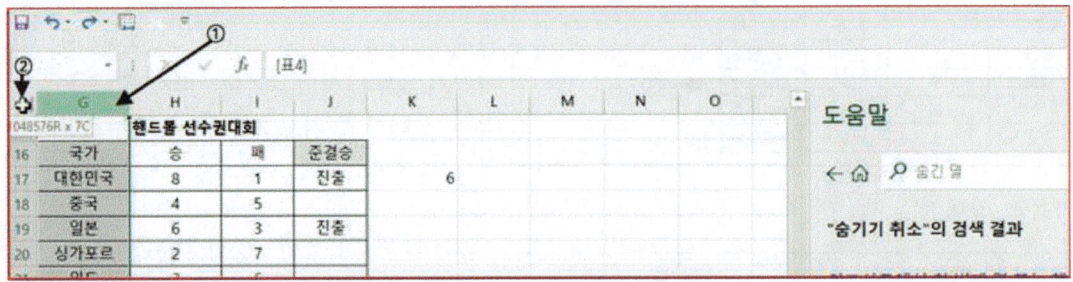

이 때 열 중간에서 숨김을 했으면 숨김열 좌측과 우측에서 드래그하여 선택을 하면 되지만, 위는 [G] 열 좌측을 모두 숨겼기 때문에 위의 ①을 클릭하고 ②쪽으로 드래그를 하여 블록을 씌우고(육안으로는 [G]열만 블릭이 씌워진 것처럼 보입니다.)

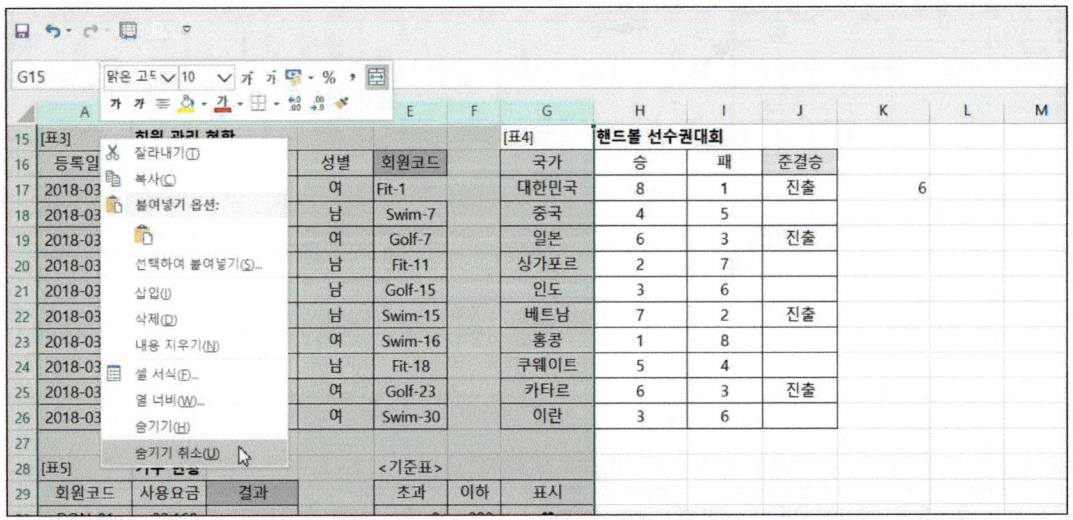

블록이 씌워진 [G] 열에 마우스를 대고 마우스 우측 버튼을 클릭하여 나타나는 메뉴에서 위의 마우스가 가리키는 [숨기기 취소]를 클릭하면 감춰 놓았던 열이 보이게 됩니다.
만일 숨김 처리를 하고 싶다면 위의 메뉴에서 [숨기기]를 클릭하면 되고요..
열을 숨기고 싶다면 원하는 열을 선택하고 위와 동일한 방법을 사용하면 됩니다.

다시, [표5]는 다음과 같습니다.

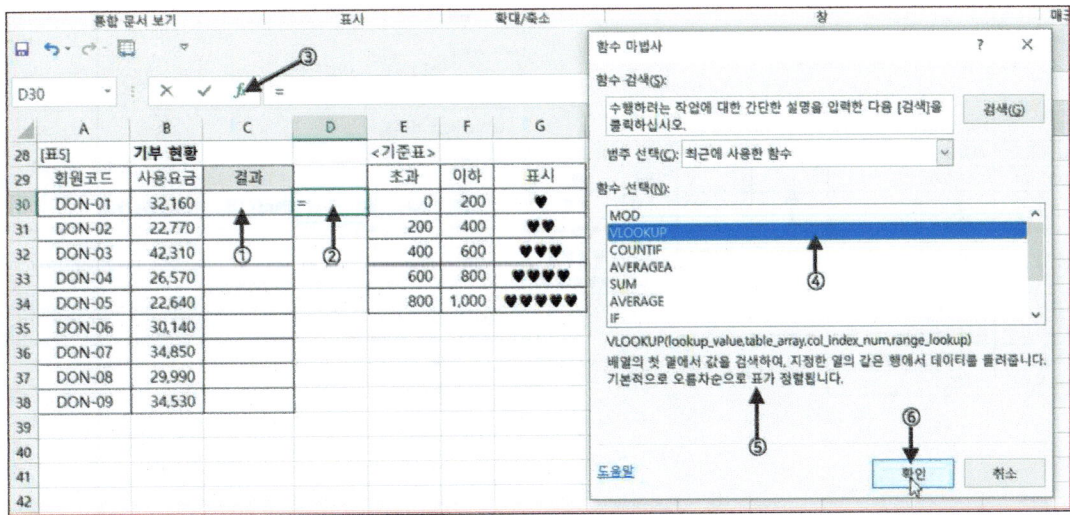

5. [표5]에서 사용요금[B30:B38]을 1,000으로 나눈 나머지와 기준표[E30:G34]를 이용하여 결과[C30:C38]를 표시하시오. (8점)
   ▶ 기준표 의미 : 사용요금을 1,000으로 나눈 나머지가 0~200이면 "♥", 200~400이면 "♥♥", 400~600이면 "♥♥♥", 600~800이면 "♥♥♥♥", 800~999이면 "♥♥♥♥♥"임
   ▶ VLOOKUP과 MOD 함수 사용

위의 문제를 풀어야 하며 문제지에 제시된 VLOOKUP 함수와 MOD 함수를 사용하라고 되어 있으므로 먼저 이 함수는 어떤 함수이며 어떻게 사용하는지 알아야 합니다.
다음과 같이 먼저 VOLOOKUP 함수를 먼저 알아보겠습니다.

위의 ①은 정답이 들어갈 셀이므로 여기는 피하고 우선 나중에 지워도 되는 ②의 셀을 선택하고 ③을 클릭하여 함수 마법사를 호출을 해서 ④의 VLOOKUP 함수를 선택하면 ⑤에 설명이 나오고요, 일단 ⑥의 [확인]을 클릭합니다.

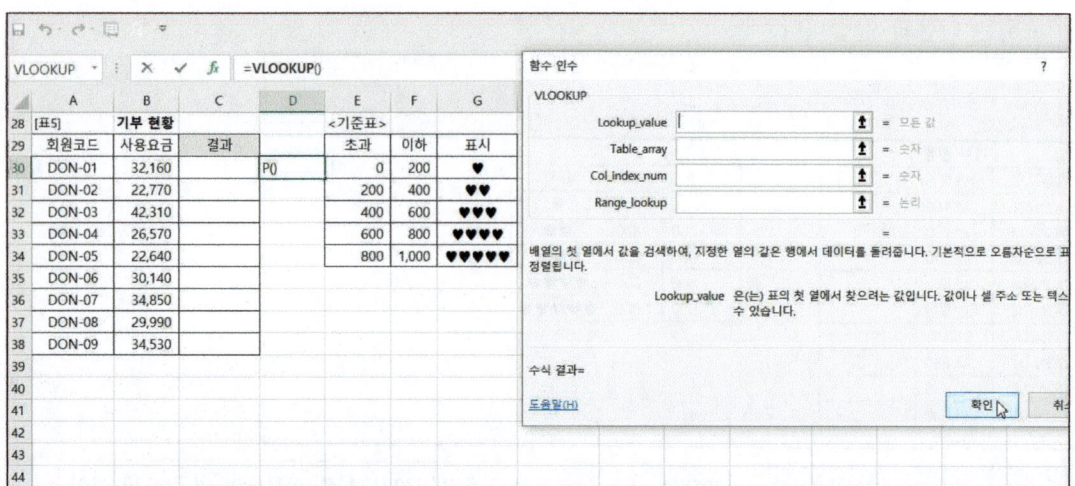

위의 VLOOKUP 함수의 첫 번째 입력 란에는 '표의 첫 열에서 찾으려는 값입니다.' 라고 나오는데요, 문제지에 제시된 문제는 위의 사용 요금을 1000으로 나눈 나머지 값이 들어가야 합니다.

따라서 이 문제는 먼저 사용 요금을 1000으로 나눈 값을 먼저 구해야 합니다.

위의 VLOOKUP 함수는 아무렇게 나 입력하고 나중에 수정을 하든지 아니면 일단 지금은 닫고 MOD 함수를 이용하여 먼저 요금을 1000으로 나눈 값을 먼저 구해야 합니다.

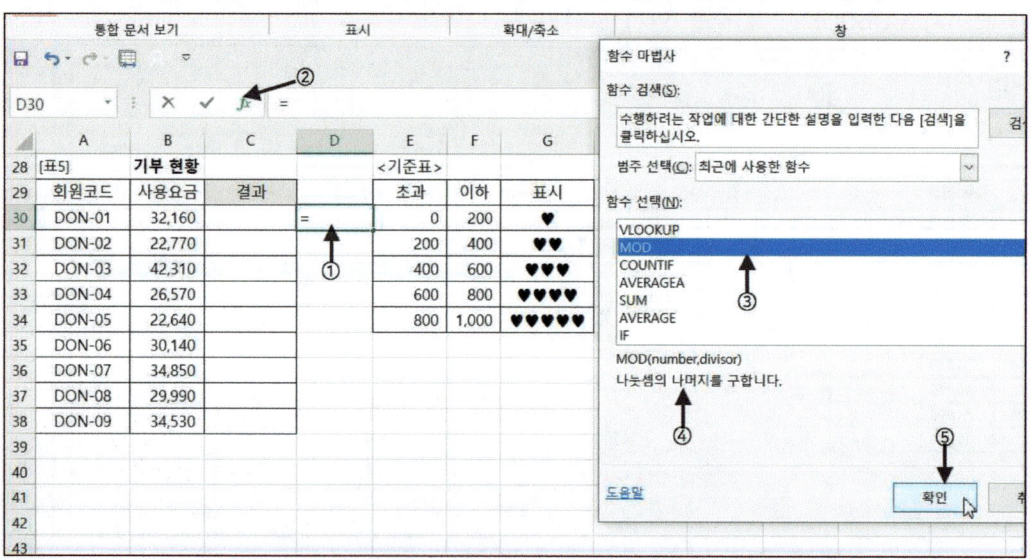

아까와 마찬가지로 위의 ①의 셀을 선택하고 ②를 클릭하여 함수 마법사를 호출 한 다음 ③의 MOD 함수를 선택하면 ④와 같이 나눗셈의 나머지를 구하는 함수라는 설명이 나오고요, ⑤의 [확인]을 클릭하여 함수를 실행합니다.

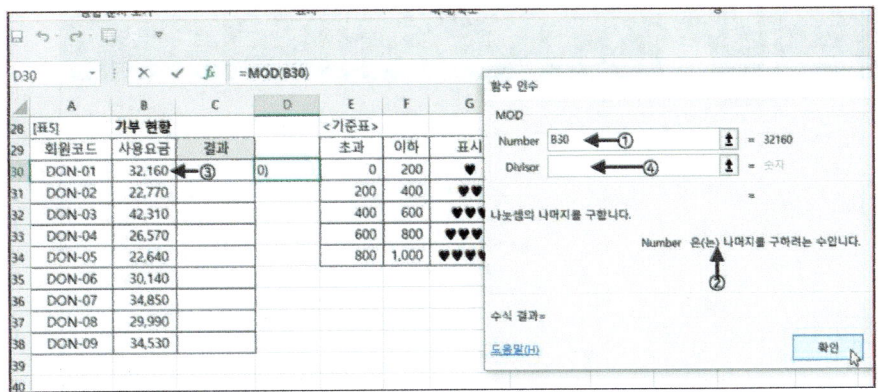

위의 ①에는 ② 와 같이 나머지를 구하려는 수라고 나옵니다. ③을 클릭하면 ①에 나타나고요, 이렇게 한 다음, ④를 클릭하면 다음 화면이 나타납니다.

문제지에 사용 요금을 1000으로 나눈 값이라고 되어 있으므로 위의 ①에 1000을 입력하고 ②의 [확인]을 클릭합니다.

다음과 같이 결과 값이 구해집니다.

이제 방금 구한 MOD 함수를 VLOOCKUP함수의 인수로 사용해야 하므로 함수 앞에 잇는 '='는 빼고 수식만 복사를 합니다.

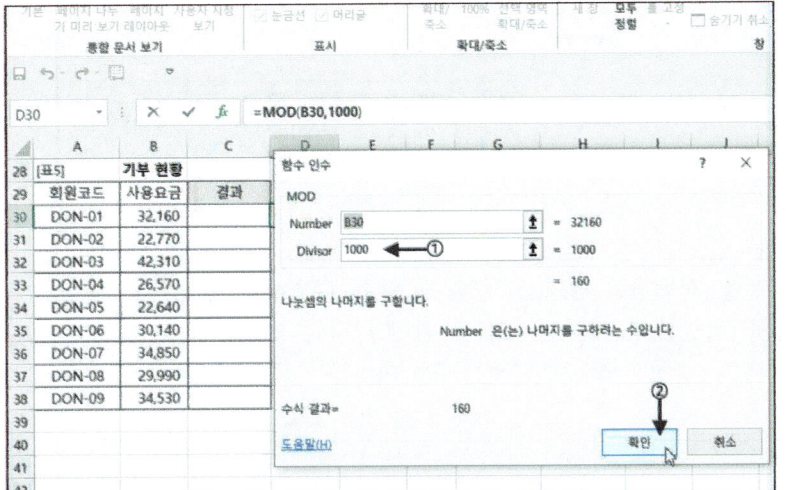

다음 ①과 같이 수식만 복사를 하고 ②의 빈 곳을 한 번 클릭해서 블록을 해제를 해야 다음에 선택하는 셀이 자유롭게 됩니다.

앞의 설명 참조하여 ①의 주소를 복사를 한 다음, ③의 셀을 선택하고 함수 마법사를 클릭하여 VLOOKUP 함수를 실행합니다.

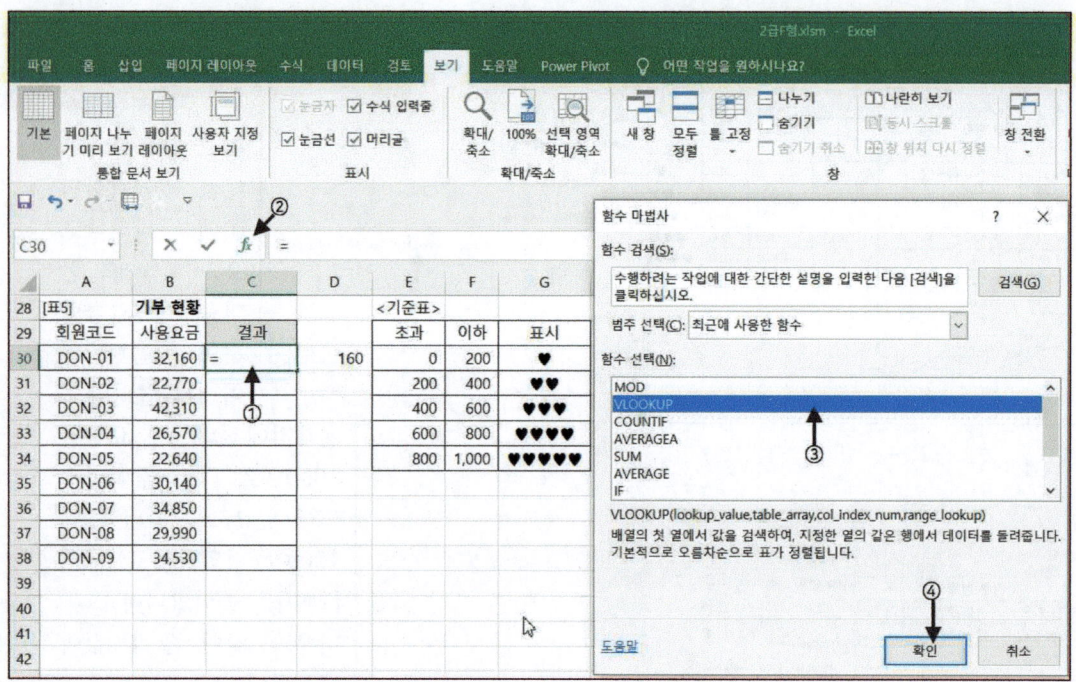

앞의 설명과 같이 위의 ①의 셀을 선택하고 ②를 클릭하여 함수 마법사를 실행하고 ③의 VLOOKUP 함수를 선택하고 ④의 [확인]을 클릭하면 다음과 같이 나타납니다.
함수를 찾는 방법은 앞에서 여러번 실습하였으므로 이제부터는 여러분 스스로 찾을 수 있어야 합니다.

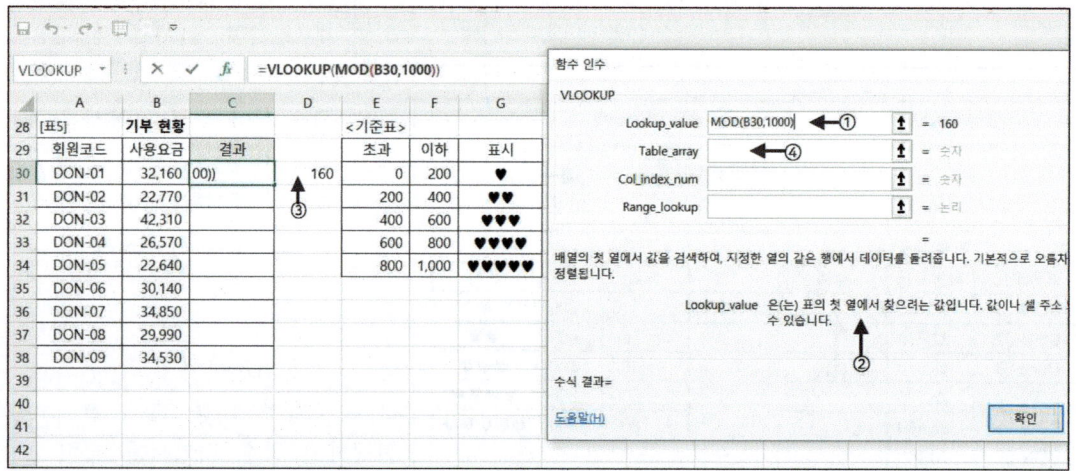

위의 VLOOKUP 함수에서 ①의 항에는 ②와 같이 표에서 찾으려는 값이라고 나오며, 이 값은 아까 ③의 셀에 미리 MOD 함수를 실행하여 위의 사용요금에서 [B30]셀의 숫자를 1000으로

나눈 나머지 값이고요, 이 때 클립보드에 복사해 놓은 MOD 함수의 수식만 ①에 입력을 하면 됩니다.
그리고 위의 ④를 클릭하면 다음과 같이 나타납니다.

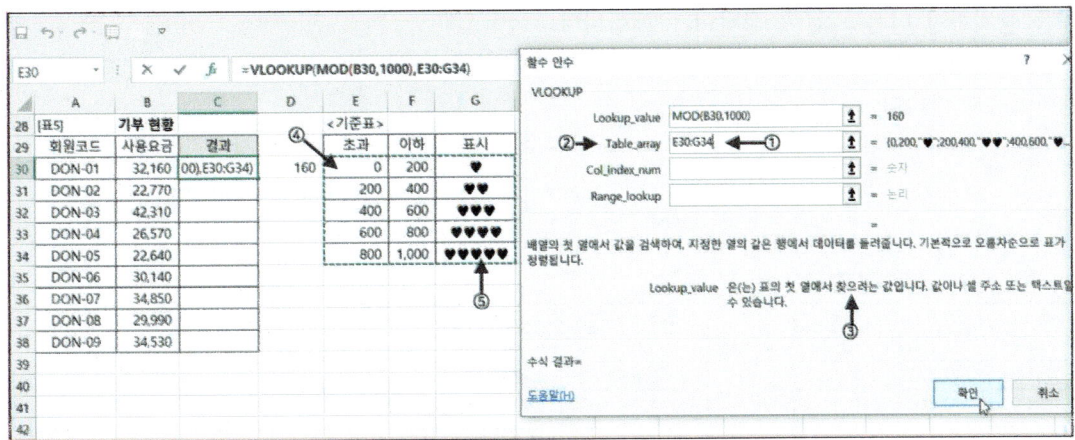

위의 ①은 ②에 보이는 'Table_array' 이며, 이것은 ③의 설명과 같이 좌측의 <기준표>를 의미하는 것입니다.
그러나 여기서는 수식으로 입력해야 하므로 위의 ④를 클릭 한 채로 드래그하여 ⑤까지 블럭을 씌우면 위 ①에 셀 주소 범위가 나타나는데요..
이 주소는 좌측 [표5]의 기부 현광에서 참조해야 하는 기준이므로 주소가 변하면 안 됩니다.
따라서 이 주소는 절대 주소라야 합니다.
따라서 위와 같이 ①에 <기준표>의 셀 주소를 입력한 다음, 키보드의 [F4]를 눌러서 절대 주소로 변환을 해야 합니다.

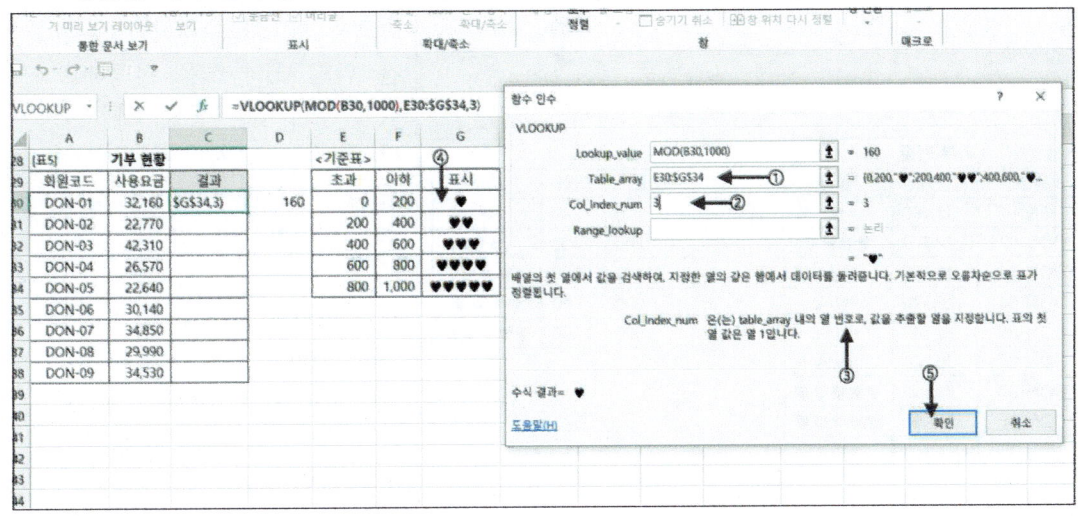

위와 같이 ①의 주소를 절대 주소로 변경을 하고 ②를 선택하면 여기에는 ③의 설명과 같이 찾으려는 값이며 표의 첫 열 값은 1이라고 나옵니다.
즉, 위의 ④를 선택해야 하며 위의 ④는 3번째 열이므로 위의 ②에 숫자 '3'을 입력하고 ⑤의 [확인]을 클릭하면 다음과 같이 정답이 구해집니다.
이런 문제는 별로 까다롭지 않은 문제이지만, 함수를 자주 사용하지 않으면 제대로 풀 수 없는 문제이기도 합니다.

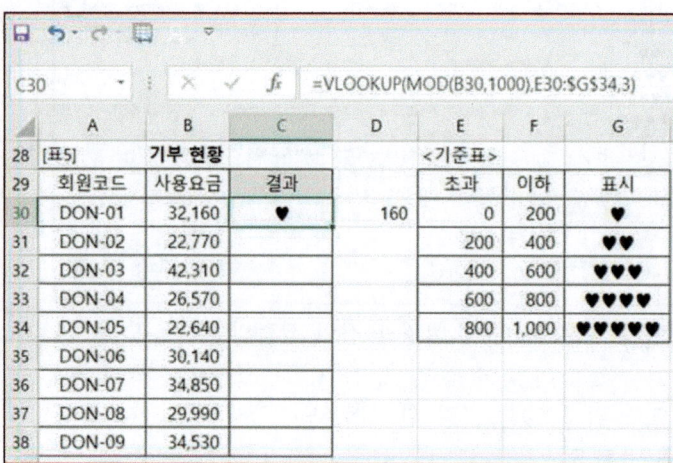

따라서 엑셀을 사용하는 동안 끊임없이 함수를 사용하는 것이 좋습니다.
이렇게 평소에 함수를 자주 사용하다보면 어려운 문제를 만나더라도 여러가지 함수를 응용하여 문제를 해결할 수가 있는 것입니다.
위는 현재 [C30] 셀만 값이 구해진 것이므로 앞에서 여러 번 실습을 한 것과 같이 [C30]셀의 우측 하단에 마우스를 가져가서 마

우스 포인터 모양이 작은 + 모양으로 변했을 때 마우스 우측 버튼을 클릭 드래그하여 밑에 있는 [C38] 셀까지 드래그하면 모든 결과 란에 해당되는 하트 표시가 나타나게 됩니다.
그런데 아래 결과 값을 보니 오류가 납니다.

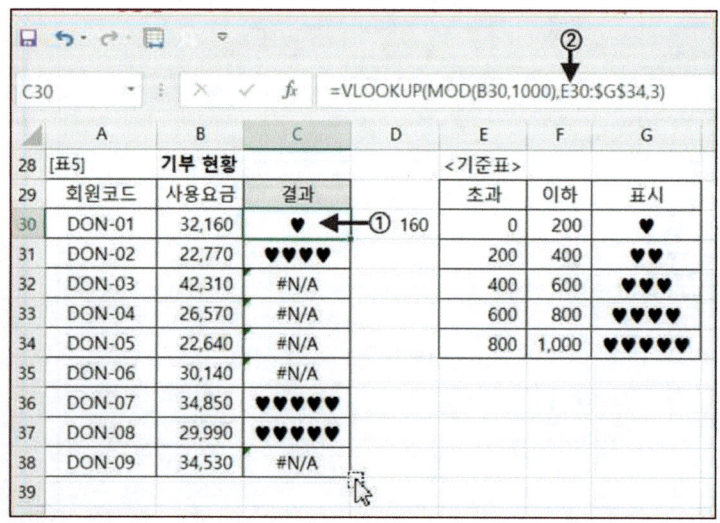

그래서 맨 처음 수식이 들어간 위의 ①의 셀을 선택하고 위의 수식 입력 줄을 보니 아까 함수 마법사에서 무언가 잘 못하여 ②의 주소가 절대주소로 변환이 안 되었습니다.

지금 발견하였으므로 정확하게 위의 ②번 부분을 클릭하여 선택하고 키보드의 [F4]를 누르면 이 주소가 절대 주소로 바뀌게 됩니다.

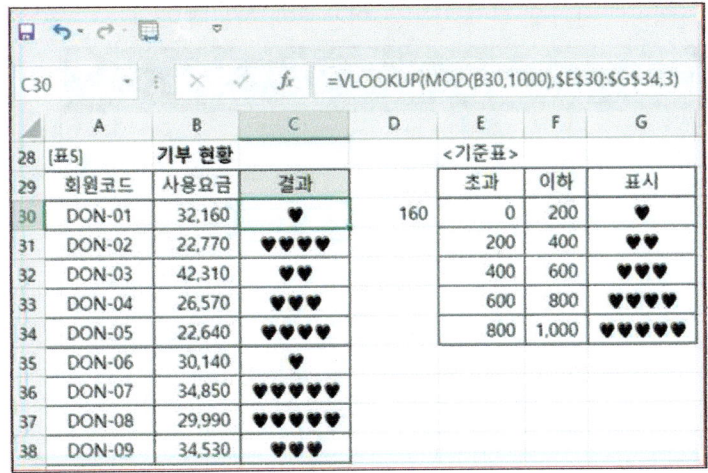

그리고 다시 [C30]셀의 우측 하단 모서리 부분으로 마우스를 가져가서 마우스 포인터가 작은 + 모양이 되었을 때 마우스 우측 버튼을 클릭 드래그하여 하단까지 채우고 [서식 없이 채우기]를 선택하면 위와 같이 제대로 된 정답이 채워지게 됩니다.

다음은 분석 작업입니다.

1. '분석작업-1' 시트에 대하여 다음의 지시사항을 처리하시오. (10점)
   '자동차 할부금 납입표'는 할부원금[B6], 이율(년)[B7], 납입기간(월)[B8]을 이용하여 월납입액[B9]을 계산한 것이다. [데이터 표] 기능을 이용하여 이율(년)과 납입기간(월)의 변동에 따른 월납입액의 변화를 [D13:I21] 영역에 계산하시오.

위의 문제지에 제시된 [분석작업-1] 시트는 다음과 같습니다.

	A	B	C	D	E	F	G	H	I
1	자동차 할부금 납입표								
2									
3	차량종액	₩ 35,000,000							
4	계약금	₩ 1,000,000							
5	인도금	₩ 9,000,000							
6	할부원금	₩ 25,000,000							
7	이율(년)	6.0%							
8	납입기간(월)	60							
9	월납입액	₩ 483,320							
10									
11					납입기간(월)				
12				30	36	42	48	54	60
13			3.0%						
14			3.5%						
15			4.0%						
16			4.5%						
17		이율(년)	5.0%						
18			5.5%						
19			6.0%						
20			6.5%						
21			7.0%						

이번 문제는 아직 배우지 않은 엑셀의 [데이터]-[가상 분석]기능을 이용해야 하는데요..

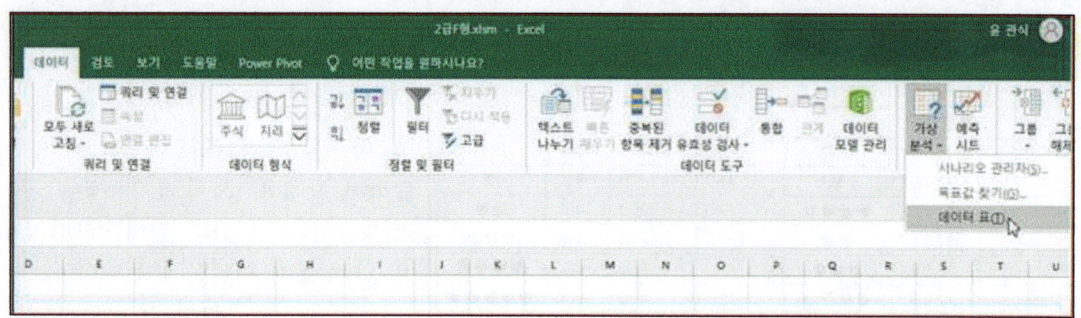

위에 보이는 엑셀의 가상 분석 기능을 이용하면 쉽게 설명해서, 미래를 예측할 수 있습니다. 엑셀의 가상 분석은 위에 보이는 시나리오, 목표값 찾기, 데이터 표, 그리고 여기는 아직 보이지 않는 해 찾기 등이 있으며 모두 엑셀의 고급 기능들입니다.

컴활 2급 실기 시험에 이 문제가 나오므로 이 책에서도 다루지 않을 수가 없습니다.

일단 현재 문제지에 제시된 아래의 [분석 시트]를 보면 ①에 이미 수식이 들어가 있습니다.

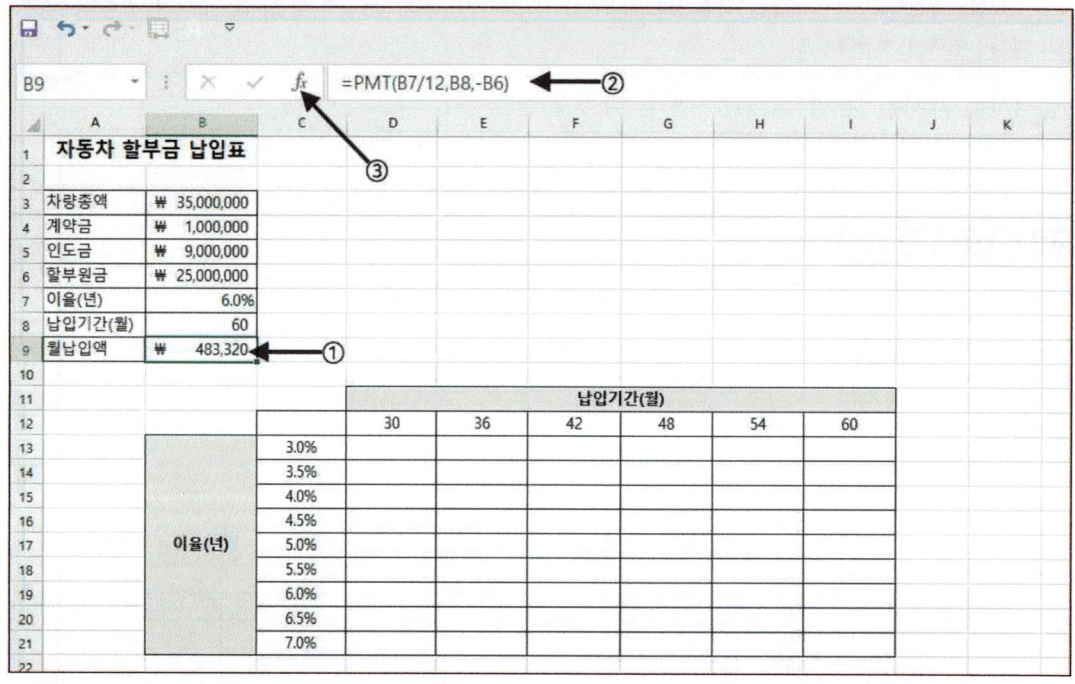

위의 ①의 셀을 클릭하면 ②와 같이 PMT 함수를 사용했다는 것을 알 수 있습니다.

그렇다면 일단 PMT 함수가 어떤 기능이 있는 것인지 위의 ③을 클릭하면 현재 사용된 함수 마법사가 실행됩니다.

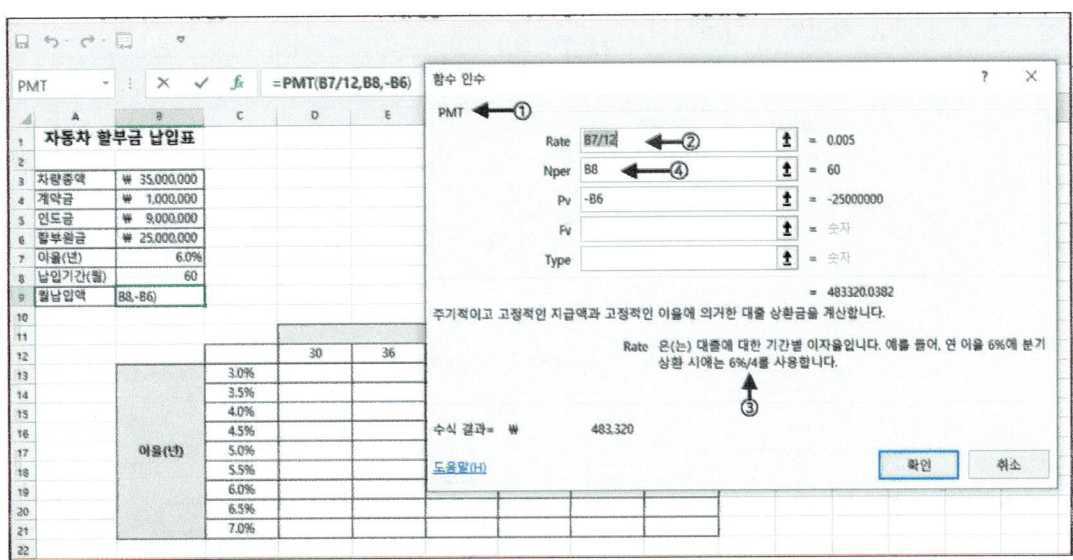

위의 ①의 PMT 함수는 ③의 설명에 대출에 대한 이자율이며, 예를 들어 분기별 이자일 경우에는 6%/4 라고 되어 있으며 6%는 위의 좌측 [자동차 할부금 납입표]의 이율을 예를 든 것이고요, 위의 ③의 설명은 분기일 경우이고요, 여기서 구하고자 하는 것은 년 이율이므로 ②와 같이 12로 나누었습니다.

즉, 이율이 들어 있는 셀이 [B7] 이므로 위의 ②에 'B7/12' 로 입력한 것입니다.

다음 위 ④번 Nper는 다음 화면을 참조하세요..

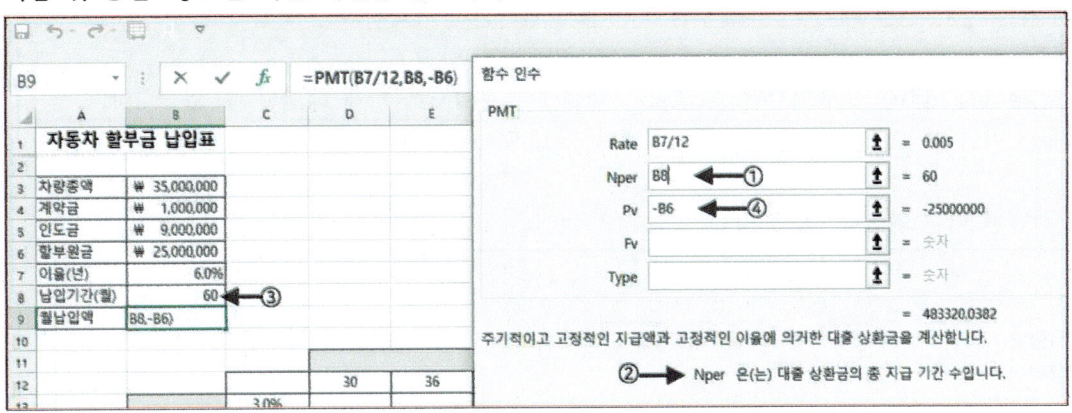

위의 ①은 ②의 설명과 같이 할부 개월수입니다.

할부 개월수는 위 ③의 60개월이며 ④를 선택하고 ③의 [B8] 셀을 클릭한 것입니다.

위 ④를 클릭하면 다음 화면이 나타납니다.

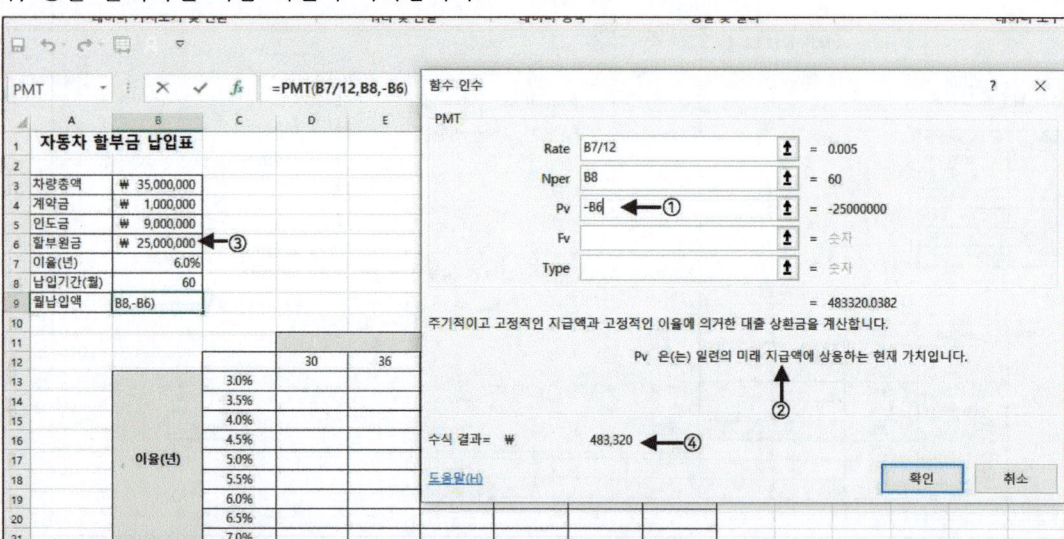

위의 ①은 ②의 설명에 '미래 지급액에 상응하는 현재 가치'라고 나와 있는데요, 즉, 현재 남아 있는 할부금 총액 즉, 위 ③의 2500만원이며, 위 ①을 클릭하고 ③의 셀 즉, [B6]을 클릭한 것인데요, 이렇게 그냥 클릭하면 결과 값이 마이너스로 구해집니다.
그래서 60개월동안 할부금을 내면 계속 잔액이 줄어들게 되므로 위 ①의 앞에 마이너스(-)를 붙인 것이며, 그래야 ④의 결과 값이 올바르게 나타납니다.
사실 지금 장황하게 설명한 PMT 함수는 이미 제출된 문제에 사용된 수식이고요, 여기서는 공부하는 입장이므로 PMT 함수에 대한 설명을 한 것이고요, 현재 문제지에 제시된 문제는 할부 개월수와 이율이 변할 때마다 월 할부금이 어떻게 변하는지 예측하라는 것입니다.

사실 엄청나게 어려운 문제이지만, 엑셀이기 때문에 너무나 간단하게 해결할 수 있습니다.
엑셀에는 아까 설명한 가상 분석이라는 마법이 있기 때문입니다.

일단 간단한 다음 연습을 해 봅시다.

	A	B	C	D	E	F	G	H	I	J
1	저금액	10			저금액 증가시 총액 예측					
2	장려금	1.2								
3										

우리 아이 저축하는 습관을 들이도록 10원을 저금할 때마다 장려금을 2원씩 주기로 하였습니다.

그렇다면 저금액이 20원 30원... 100원까지 많아지면 장려금 포함 총액은 어떻게 될까요?

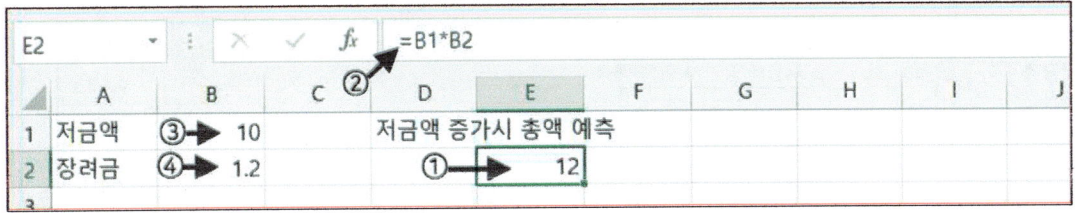

우선 위와 같이 위의 ① [E2] 셀에 저금액*장려금의 수식을 입력하는데요, 먼저 ②의 '='을 입력하고 마우스로 ③의 [B1]셀을 클릭하고 '*'입력하고 다시 ④의 [B2]셀을 클릭하면 위와 같이 ①의 [E2] 셀에 12라는 결과 값이 나타나며 이 셀에는 위의 2의 수식이 들어 있습니다. 그리고 아래와 같이 입력합니다.

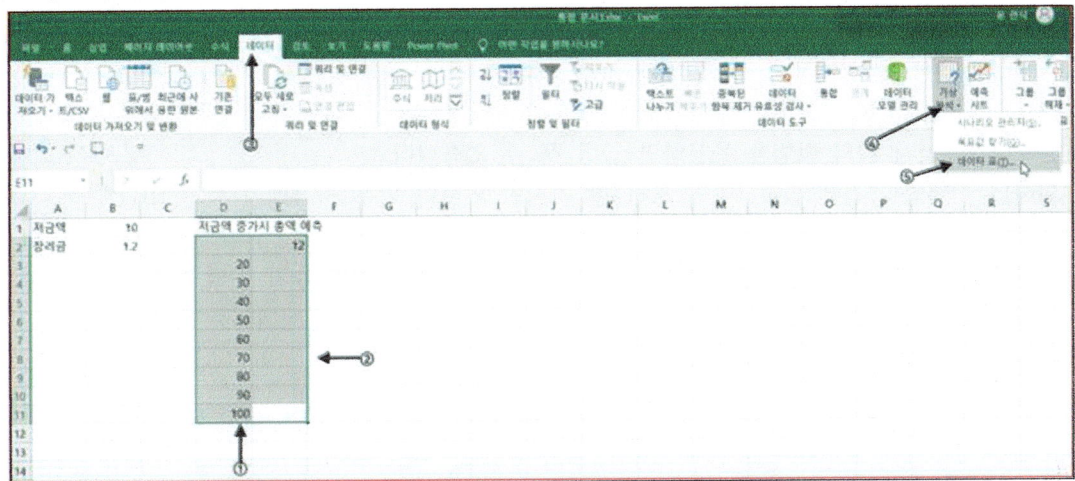

위의 ①과 같이 20원, 30원.. 100원까지 입력하고 ②와 같이 블록을 씌우고 ③의 [데이터] 메뉴의 ④ [가상 분석]-⑤ [데이터 표] 클릭하면 아래와 같이 나타납니다.

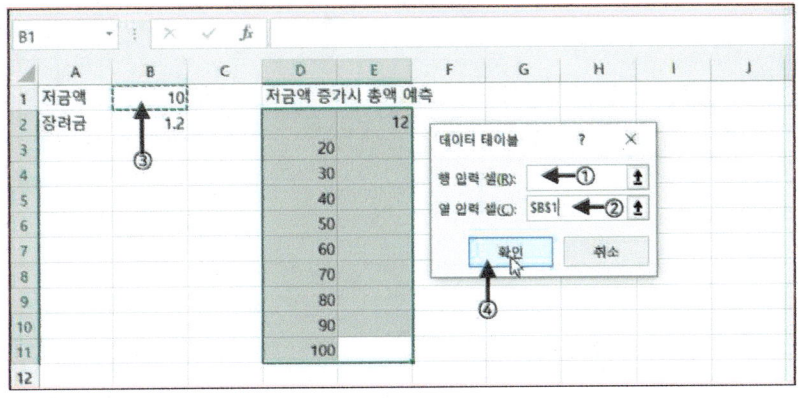

위의 현재 연습하는 것은 ①의 행의 조건은 없습니다.
지금은 ②의 열 조건만 있으므로 ②를 선택하고 ③의 저금액 10원을 클릭하면 ②에 절대 주소로 나타나며 이 때 ④를 클릭하면 다음과 같이 나타납니다.

엑셀2019를 배웁시다.   현대인의 필수 MS Office2019

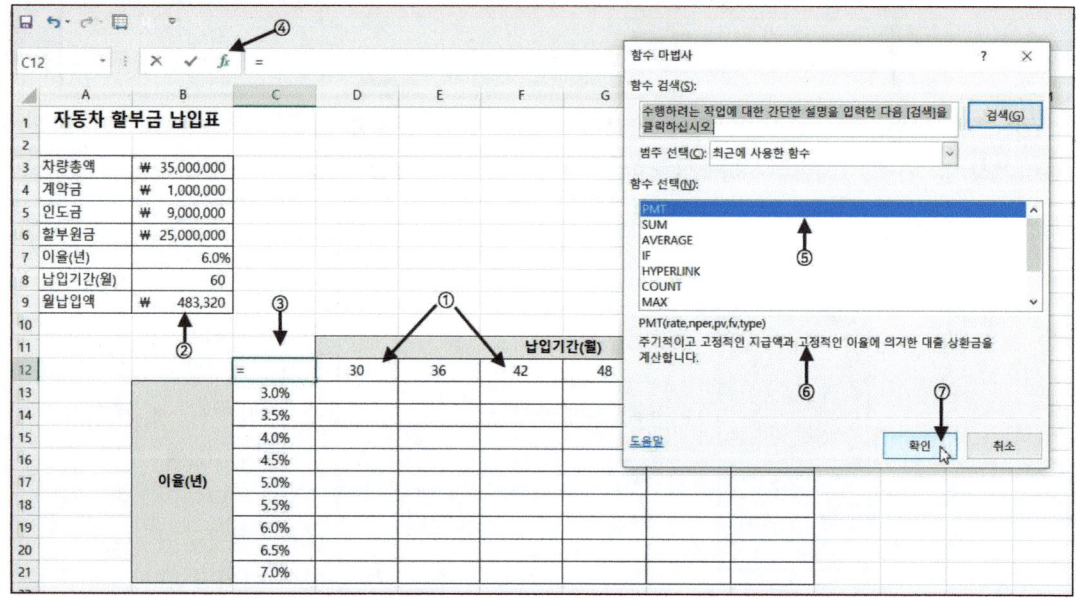

이것이 엑셀의 가상 분석이고요, 지금 위에서 연습을 한 것은 조건이 [B1]셀의 10원 한 가지 뿐이었지만, 현재 2018년도 컴활 실기 2급 시험 문제제 제출된 문제는 열과, 행의 2가지 조건이 있으며 이 역시 위의 방법을 응용하면 금방 풀 수 있습니다.

일단 위에너는 행의 조건은 없고, 열의 조건 한 가지만 있으며 열은 저금액이 적인 [B1]셀 뿐이었습니다.

따라서 아래 기출 문제에는 ①의 할부 개월수에 따른.. 의 행의 조건이 추가 되었습니다.

따라서 위의 연습으로 열만 가지고 가상 분석을 한 것을 아래의 기출 문제에서는 행까지 추가하여 분석을 해야 합니다.

위의 ①이 있는 [D13:I21]의 표에 가상 분석을 하기 위해서는 ③의 셀에 현재 기준으로 되어 있는 월 납입액이 들어 있어야 합니다.
이것은 이미 문제지에 제시되어 있고요, 위의 ②번 셀에 이미 PMT 함수를 사용한 수식이 들어 있습니다.
사실 이것은 문제지에 이미 PMT 함수를 사용했고, 이것을 기초로 분석을 하는 것이기 때문에 실제로는 쉬운 문제입니다.
실무에서는 아무 조건도 없이 자신이 알아서 적절한 함수를 사용해야 하기 때문에 시험보다 실제로는 실무가 더 어려운 것입니다만, 여기서는 일단 PMT 함수가 문제지에 제시되어 있기 때문에 위의 ②의 셀을 복사해서 붙여 넣어도 됩니다만, 연습 삼아 직접 PMT 함수를 풀어보겠습니다.
위의 ③의 셀을 선택하고 ④를 클릭하며 함수 마법사를 열고 ⑤의 PMT 함수를 선택하면 ⑥의 설명에 '주기적이고 고정적인 지급액과 고정적인 이율에 의거한 대출 상환금을 계산하는 함수'라고 나와 있습니다.
이것이 문제지에 제시된 PMT 함수라는 것을 알았으니 다행입니다만, 만일 PMT 함수에 대한 언급 없이 이 문제를 풀라고 한다면 자신이 직접 PMT 함수를 선택해야 하기 때문에 평소에 가능한 많은 함수를 풀어 보아야 하는 것입니다.
그래야 혹시 여러분이 컴활 자격증을 취득하여 취업 등을 한 이후에도 실무에서 어려움없이 문제들을 풀어나갈 수가 있는 것입니다.
위에서 ⑦을 클릭하여 PMT 함수를 실행시키면 다음과 같이 나타납니다.

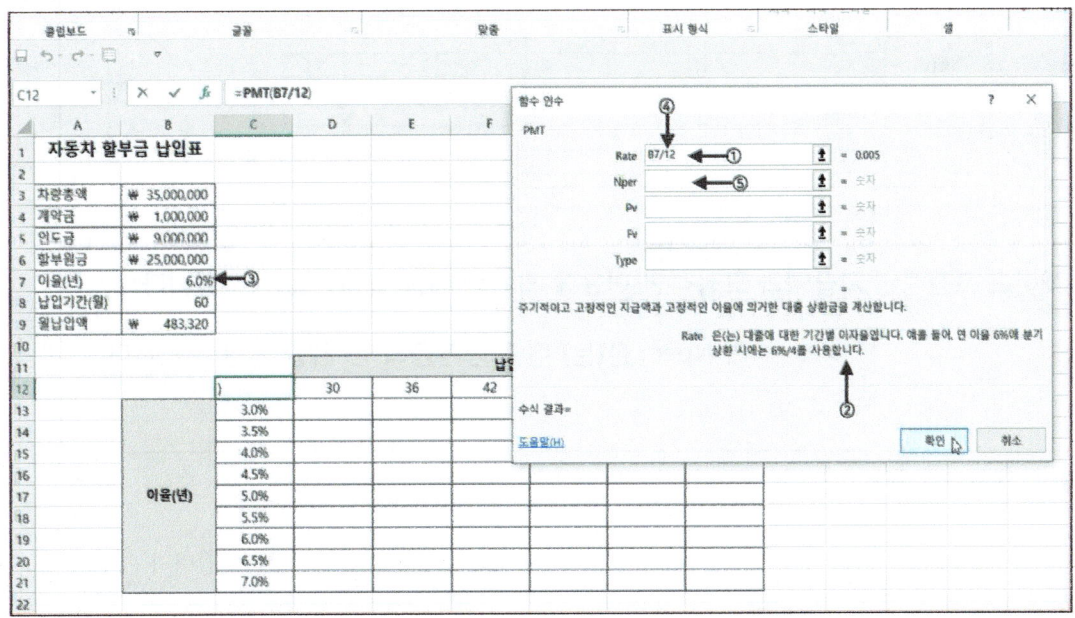

위의 ①에는 ②의 설명과 같이 예를 들어 분기 상환시에는 이율/4 라고 나와 있습니다만, 여기서 풀어야 하는 것은 매월 납입액을 구하는 것이므로 년으로 계산해서 12개월로 나누어야 연 이율에 대한 월 이율이 나옵니다.

그래서 위의 ①에는 ③의 이율이 들어 있는 [B7]셀을 클릭하고, 그리고 ④와 같이 나누기 12(/12)를 입력합니다.

그리고 ⑤를 클릭하면 다음과 같이 나타납니다.

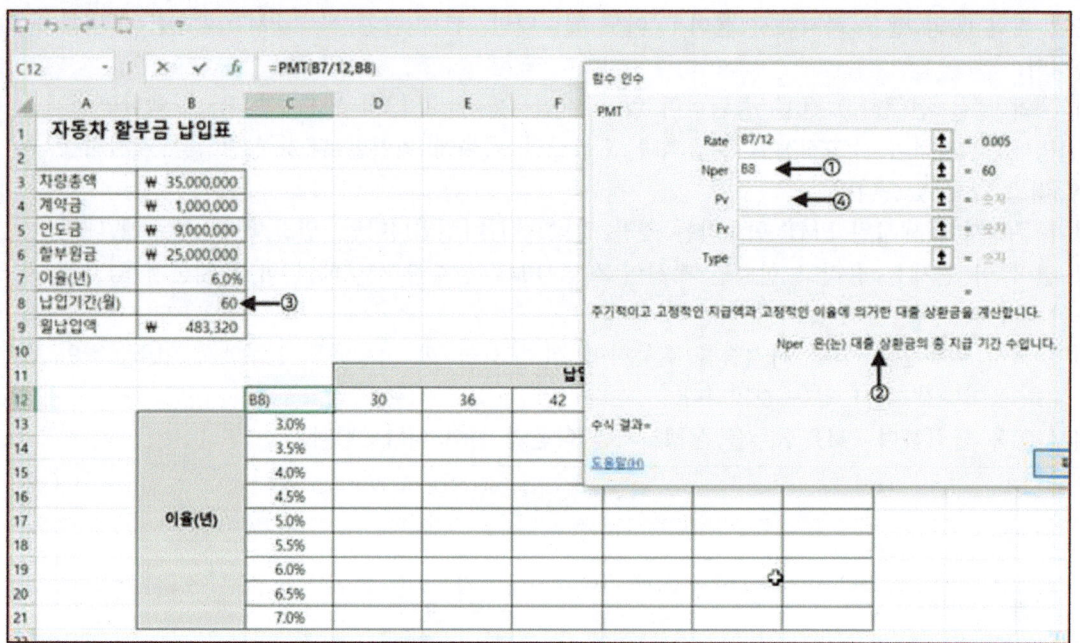

위의 ①에는 ②의 설명에 '대출 상환금의 총 지급 기간 수입니다.' 라고 나옵니다.

> 주기적이고 고정적인 지급액과 고정적인 이율에 의거한 대출 상환금을 계산합니다.
>
> Nper 은(는) 대출 상환금의 총 지급 기간 수입니다.

즉, 할부 개월수입니다.

위의 ①을 선택하고 할부 개월 수가 들어 있는 ③의 [B8]셀을 클릭하여 ①에 입력하고 ④를 클릭하면 다음과 같이 나타납니다.

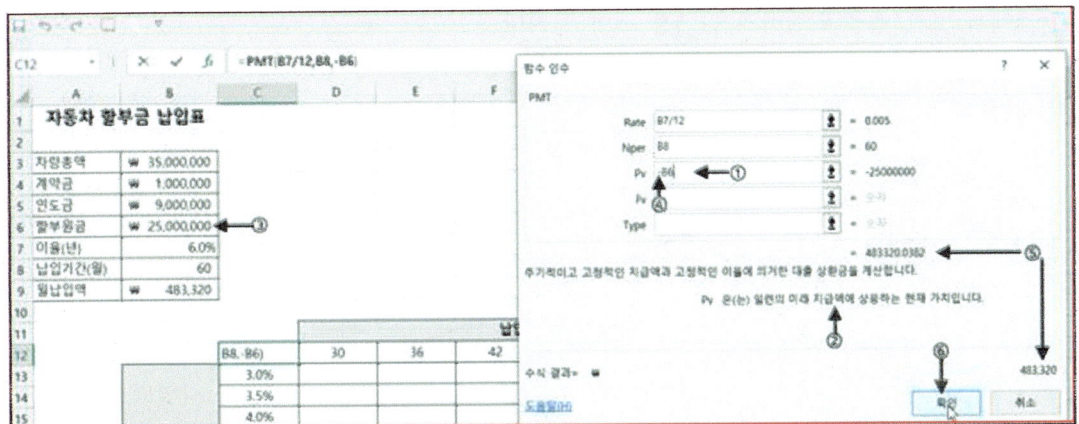

위의 ①에는 ②의 설명에 '일련의 미래 지급액에 상응하는 현재 가치입니다.' 라고 나옵니다. 이것은 즉, 현재 남아 있는 할부 잔액입니다.

위의 ①에는 할부 원금이 들어 있는 ③의 [B3]셀을 클릭하는데요, 반드시 ④와 같이 마이너스 (-)를 붙여 줘야 합니다. 매달 할부금을 납부하면서 계속 줄어드니까요..

이렇게 하면 이미 ⑤에 결과값이 나타나며 ⑥을 클릭하면 결과값이 구해집니다.

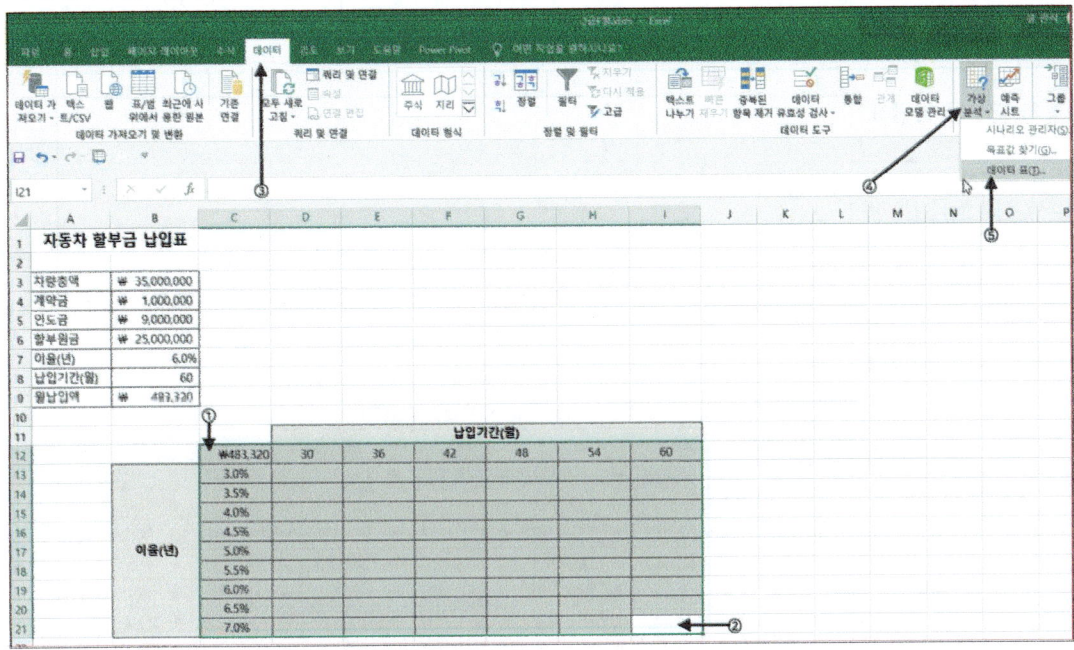

위의 ①에 PMT 함수 결과 값이 입력되었습니다.

위의 ①부터 ②까지 드래그하여 몽땅 블록을 씌운 다음, ③의 데이터 - ④의 가상 분석 - ⑤의 데이터를 클릭하면 다음과 같이 나타납니다.

다음 단계에서 열과 행을 확실하게 이해를 해야 합니다.

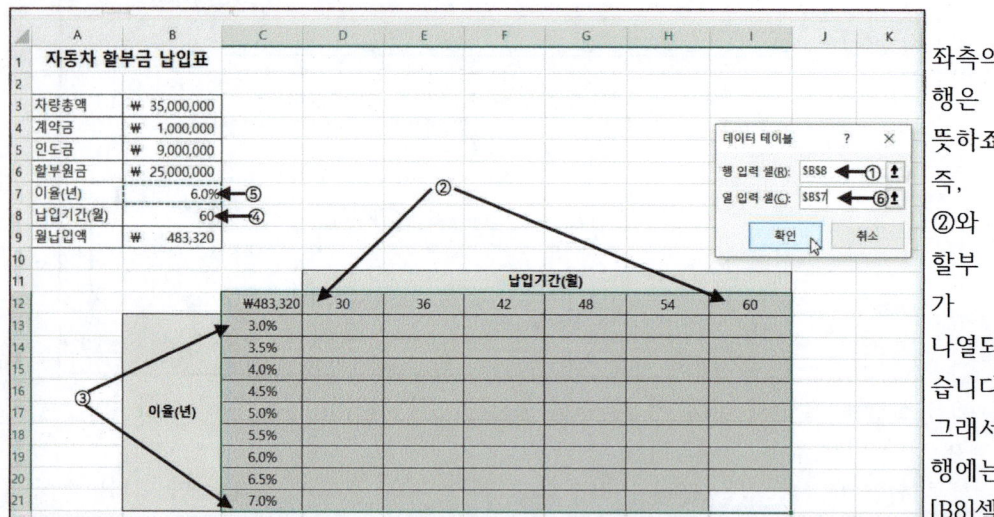

좌측의 ①의 행은 가로를 뜻하죠..
즉, 좌측의 ②와 같이 할부 개월수가 가로로 나열되어 있습니다.
그래서 ①의 행에는 ④의 [B8]셀을 선택하고 ⑥은 열 입력 셀이라고 되어 있고요, 위의 ③의 열에 이율이 들어 있습니다.
따라서 ⑥에는 ⑤의 이율이 들어 있는 [B7]셀을 클릭하여 선택하고 [확인]을 클릭하면 다음과 같이 정답이 구해집니다.

	A	B	C	D	E	F	G	H	I
	자동차 할부금 납입표								
	차량총액	₩ 35,000,000							
	계약금	₩ 1,000,000							
	인도금	₩ 9,000,000							
	할부원금	₩ 25,000,000							
	이율(년)	6.0%							
	납입기간(월)	60							
	월납입액	₩ 483,320							
						납입기간(월)			
			₩483,320	30	36	42	48	54	60
			3.0%	₩ 866,015	₩ 727,030	₩ 627,778	₩ 553,358	₩ 495,493	₩ 449,217
			3.5%	₩ 871,537	₩ 732,552	₩ 633,307	₩ 558,900	₩ 501,051	₩ 454,794
			4.0%	₩ 877,081	₩ 738,100	₩ 638,867	₩ 564,476	₩ 506,648	₩ 460,413
			4.5%	₩ 882,647	₩ 743,673	₩ 644,456	₩ 570,087	₩ 512,283	₩ 466,075
	이율(년)		5.0%	₩ 888,234	₩ 749,272	₩ 650,076	₩ 575,732	₩ 517,958	₩ 471,781
			5.5%	₩ 893,843	₩ 754,898	₩ 655,726	₩ 581,412	₩ 523,670	₩ 477,529
			6.0%	₩ 899,473	₩ 760,548	₩ 661,405	₩ 587,126	₩ 529,422	₩ 483,320
			6.5%	₩ 905,125	₩ 766,225	₩ 667,115	₩ 592,874	₩ 535,211	₩ 489,154
			7.0%	₩ 910,798	₩ 771,927	₩ 672,855	₩ 598,656	₩ 541,039	₩ 495,030

자동차 할부 판매 대리점에서는 필수로 알아야 하는 프로그램이 아닐 수 없습니다.
또한 증권사나 은행 또한 엑셀의 가상 분석은 반드시 필요한 기능이고요, 나아가 정부 기관, 선거 등의 사무를 보는 곳에서도 반드시 필요한 기능이라고 할 수 있습니다.
다음 문제는 아직 배우지 않은 기능을 이용해야 하므로 다소 까다로운 문제입니다만, 문제지에는 이미 정답이 입력되어 있습니다.

그러나 문제지는 엑셀이 아니므로 정답만 표기되어 있을 뿐 정답을 구하는 방법이 사용된 수식이 보이지 않습니다.
즉, 문제의 정답은 아래 문제지에 제시된 정답을 구하는 수식을 구하는 것입니다.

> 2. '분석작업-2' 시트에 대하여 다음의 지시사항을 처리하시오. (10점)
> [부분합] 기능을 이용하여 '도시락 판매 현황' 표에 <그림>과 같이 구분별로 '입고량', '판매량', '재고량'의 합계와 '총판매액'의 최소값을 계산하시오.
> ▶ 정렬은 '구분'을 기준으로 내림차순으로 처리하시오.
> ▶ 합계와 최소값은 위에 명시된 순서대로 처리하시오.

구분	도시락명	열량(kcal)	판매가	입고량	판매량	재고량	총판매액
			도시락 판매 현황				
일반	불고기덮밥	512	4,500	100	87	13	391,500
일반	등심돈까스	486	4,700	120	107	13	502,900
일반	제육볶밥	481	5,200	150	145	5	754,000
일반	김치볶음밥	414	4,000	150	149	1	596,000
일반	오므라이스	375	4,800	100	89	11	427,200
일반	삼겹살구이	577	5,800	120	118	2	684,400
일반 최소값							391,500
일반 요약				740	695	45	
스페셜	명품한정식	623	7,800	60	45	15	351,000
스페셜	일품오리구이	397	6,300	70	64	6	403,200
스페셜	한우갈비구이	504	8,000	50	42	8	336,000
스페셜	황제해물찜	582	7,600	70	64	6	486,400
스페셜 최소값							336,000
스페셜 요약				250	215	35	
건강	쇠고기미역국	460	4,200	120	112	8	470,400
건강	건강현미정식	389	4,600	100	92	8	423,200
건강	곤드레나물밥	426	6,300	100	93	7	585,900
건강 최소값							423,200
건강 요약				320	297	23	
전체 최소값							336,000
총합계				1,310	1,207	103	

위의 좌측의 기호들은 아직 배우지 않은 그룹 기능이고요, 이렇게 하기 위해서는 우선 위의 문제지에 제시된대로 내림차순으로 먼저 정렬을 해야 합니다.
다시 말해서 아래 문제를 위의 문제지에 있는대로 먼저 정렬을 하고 구분별로 그룹화를 해야 합니다.

아래는 문제입니다.

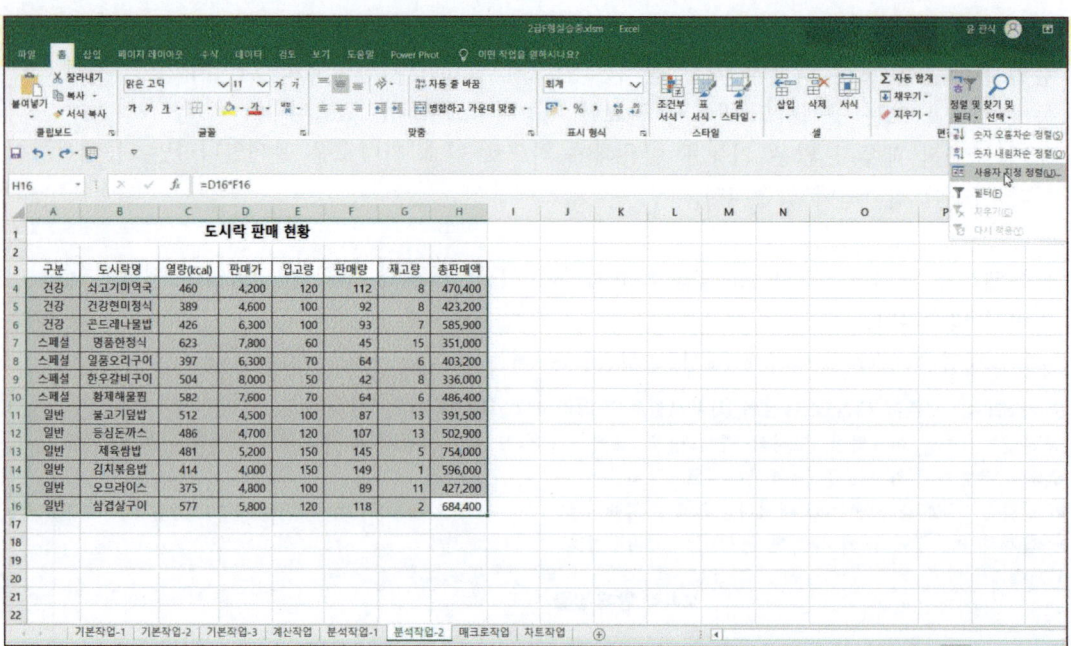

위는 문제지에 제시된 정답이 없는, 실제 엑셀로 풀어야 하는 엑셀 문제이고요, 위와 같이 데이터에 블록을 씌우고(블록이 씌워진 부분을 잘 보세요.), 홈 메뉴를 클릭하고 위의 화면 우측에 보이는 [정렬 및 필터]-[사용자 지정 정렬]을 클릭하면 아래와 같이 나타납니다.

단순히 문제지만 보았을 때는 복잡한 것 같지만, 정작 아래와 같이 아주 간단한 문제입니다.

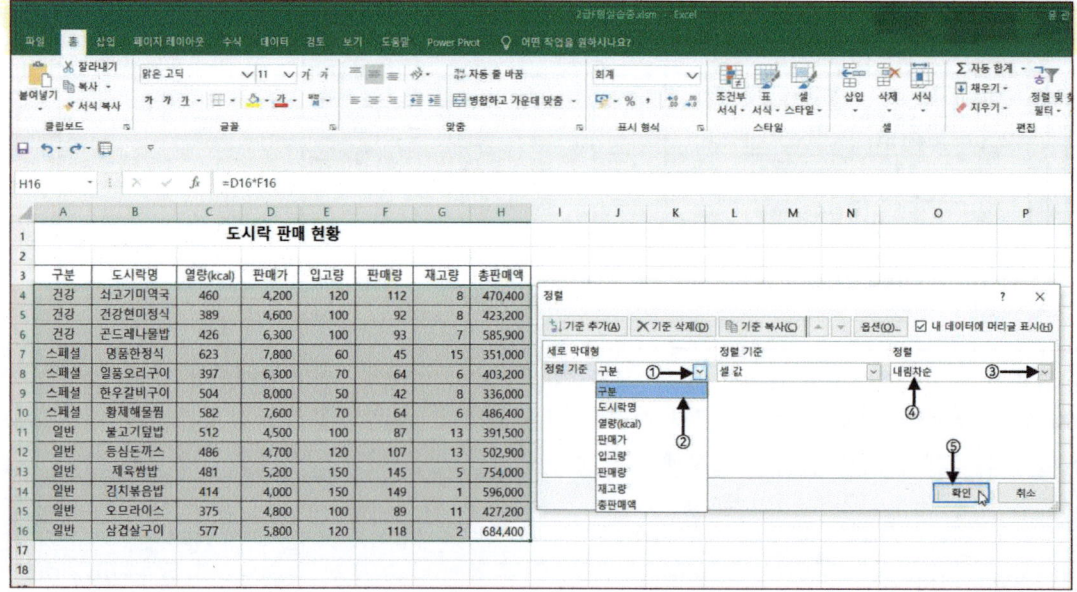

위의 표에서 [구분]을 기준으로 정렬을 해야 하기 때문에 위의 ①을 클릭하고 ②의 '구분'을 선택하고, 문제지에 내림차순으로 정렬을 하라고 했으므로 ③를 클릭하고 ④의 '내림차순'을 선택하고 ⑤ 확인을 클릭하면 다음과 같이 [구분]을 기준으로 내림차순으로 정렬이 되어 나타납니다.

아래와 같이 셀을 삽입하고 문제지와 똑같이 입력해야 합니다.(띄어 쓰기 등이 똑같아야 합니다.)

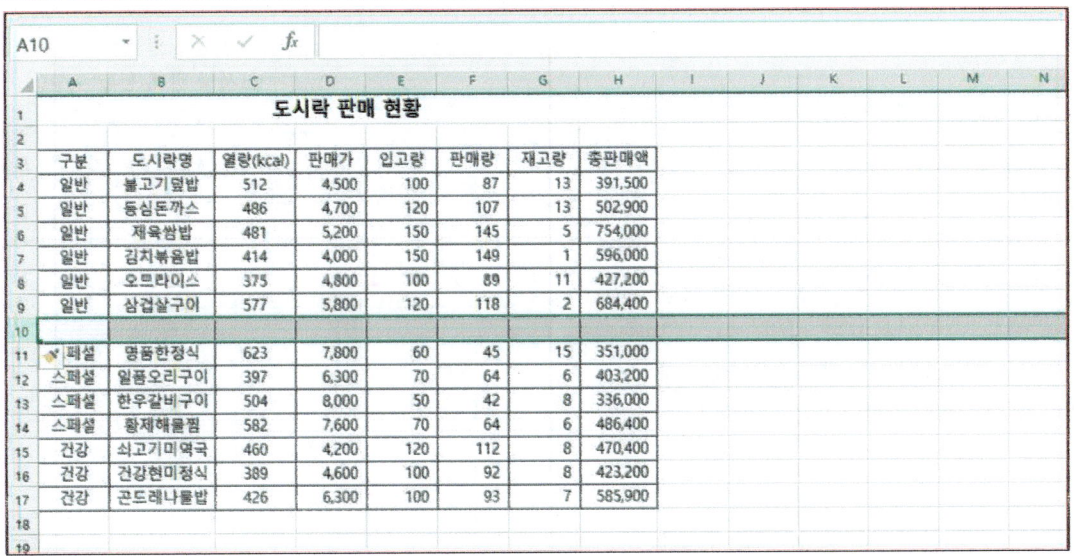

위와 같이 일반의 마지막 다음에 있는 스페셜 중에서 맨 위의 스페셜이 있는 행 번호에 마우스를 대고 마우스 우측 버튼을 클릭하여 삽입을 클릭하면 방금 선택한 행의 위쪽으로 새로운 행이 하나 삽입됩니다.

위와 같이 행을 삽입하면 선택한 행의 위쪽에, 열을 선택하고 삽입을 하면 선택한 열의 좌측에 열이 삽입됩니다.

참고로 많은 행이나 열을 삽입하고자 한다면 아래와 같이 하면 됩니다.
아래와 같이 원하는만큼의 행이나 열에 블럭을 씌우고 마우스 우측 버튼을 클릭하여 나타나는 부메뉴에서 [복사]를 합니다.

그리고 붙여넣고 싶은 행이나 열을 선택하고 마우스 우측 버튼을 클릭하여 [복사한 셀 삽입]을 하면 선택한 행은 위쪽으로, 열은 좌측으로 복사한 행이나 열이 삽입됩니다.

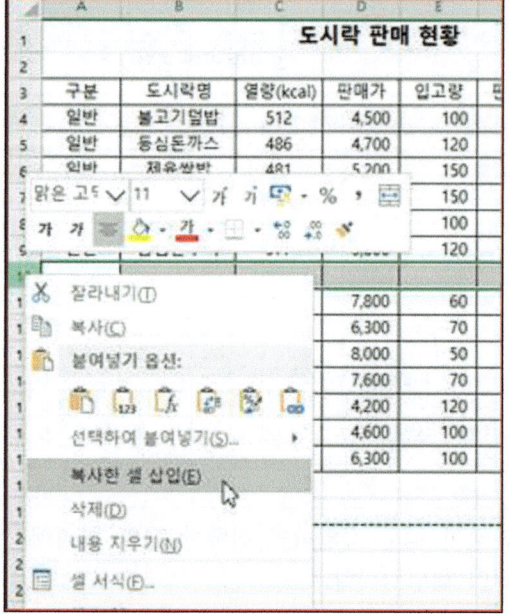

필요없는 행이나 열은 이와 반대로 필요없는 열이나 행을 블럭을 씌우고, 일련의 행이나 열을 선택할 때는 그냥 마우스로 클릭 드래그하여 블럭을 씌우면 되지만, 서로 떨어져 있는 행이나 열을 선택할 때는, 만국 공통, 거의 모든 프로그램에서 공통으로 사용하는 방법, 즉, [Ctrl] 키를 누르고 선택을 하면 한 개씩, [Shift]키를 누르고 선택을 하면 선택한 범위만큼 선택됩니다.

지금은 아래와 같이 각 항목의 밑에 2개씩의 새로운 행을 삽입하고 문제지와 똑같이 입력합니다.

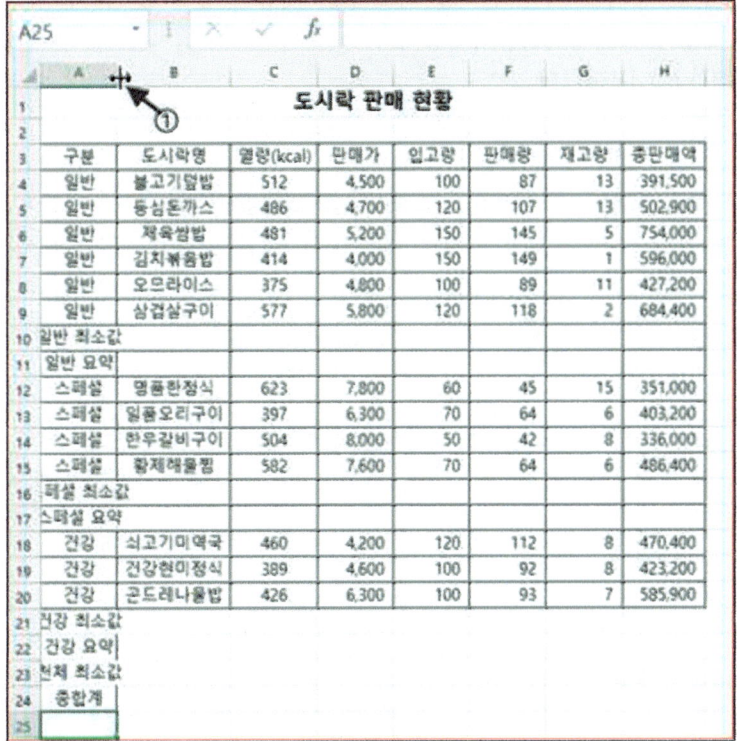

방금 입력한 글씨들이 길어서 셀 안에 다 나타나지 못합니다.
즉, 셀의 넓이가 작습니다.

이 때는 위의 ①과 같이 열과 열 사이(행은 행과 행 사이)에 마우스를 가져가면 위의 ①과 같이 마우스 포인터 모양이 바뀌게 됩니다.

이 때 클릭 드래그하면 원하는 넓이로 조절할 수 있습니다.
글씨에 굵은 효과를 줘야 하므로 약간 넉넉하게 충분히 넓게 해 줍니다.

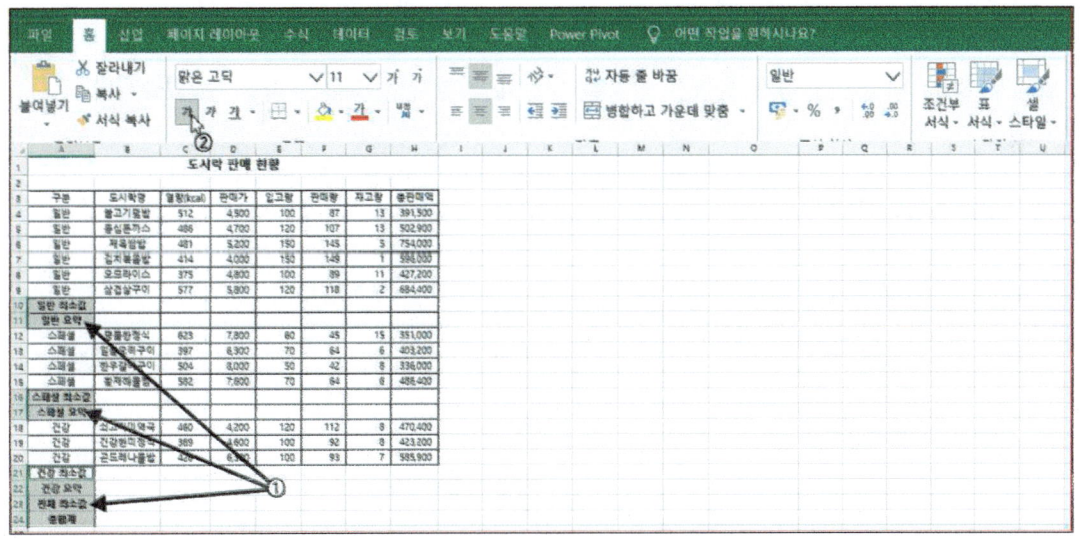

위의 ①과 같이 선택을 하는데요, 방금 설명한 방법, 하나씩 클릭하든지, 위는 [Ctrl]키를 누르고 선택한 것이며 이렇게 복수 선택하는 방법을 직접 연습해 보시기 바랍니다.

위와 같이 따로 하든, 위와 같이 복수로 선택을 하든 선택을 하고 [홈] 메뉴의 ②를 클릭하면 위와 같이.. 문제지에 표시된 것과 똑같이 글씨가 굵게 나타납니다.
문제지에는 아래와 같이 이미 정답이 나와 있습니다.

	A	B	C	D	E	F	G	H
1			도시락 판매 현황					
2								
3	구분	도시락명	열량(kcal)	판매가	입고량	판매량	재고량	총판매액
4	일반	불고기덮밥	512	4,500	100	87	13	391,500
5	일반	등심돈까스	486	4,700	120	107	13	502,900
6	일반	제육쌈밥	481	5,200	150	145	5	754,000
7	일반	김치볶음밥	414	4,000	150	149	1	596,000
8	일반	오므라이스	375	4,800	100	89	11	427,200
9	일반	삼겹살구이	577	5,800	120	118	2	684,400
10	일반 최소값							391,500
11	일반 요약				740	695	45	
12	스페셜	명품한정식	623	7,800	60	45	15	351,000

위와 같이 예를 들어 총판매액의 일반 최소값은 이미 391,500이라고 나와 있고요, 일반 요약에서 입고약의 합은 740이라고 모든 정답은 이미 나와 있습니다.
문제는 이 정답을 어떻게 구했는지 구현하라는 것입니다.
혹시 엑셀의 함수를 잘 모르더라도 최대값은 MAX, 최소값은 MIN 이라는 것 쯤은 누구나 알고 있을 것입니다.
따라서 최소값을 구해야 하므로 함수 중에서 MIN이라는 단어가 들어간 함수를 찾으면 되는 것을 추측할 수 있습니다.
그리고 앞에서 함수 처음 설명할 때 합계를 구할 때는 SUM 함수를 사용하는 실습을 하였습니다.
다시 말해서 SUM 이라는 단어가 들어간 함수를 사용해야 한다는 것도 추측할 수 있습니다.

그러나 문제지에 제시된 것은 이렇게 무조건 최소값을 구하는 것이 아니라 [부분합]기능을 이용하라도 되어 있습니다.

그래서 부분합에 사용하는 함수가 어떤 것인지 엑셀의 도움말을 보겠습니다.

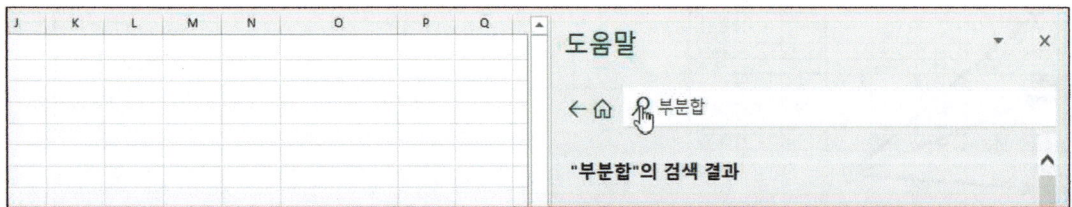

엑셀 화면에서 키보드의 [F1]을 누르면 위와 같이 도움말이 나타나여 검색어 '부분합'을 입력하고 위의 손가락이 가리키는 돋보기를 클릭하면 부분합에 대한 도움말이 나타납니다.

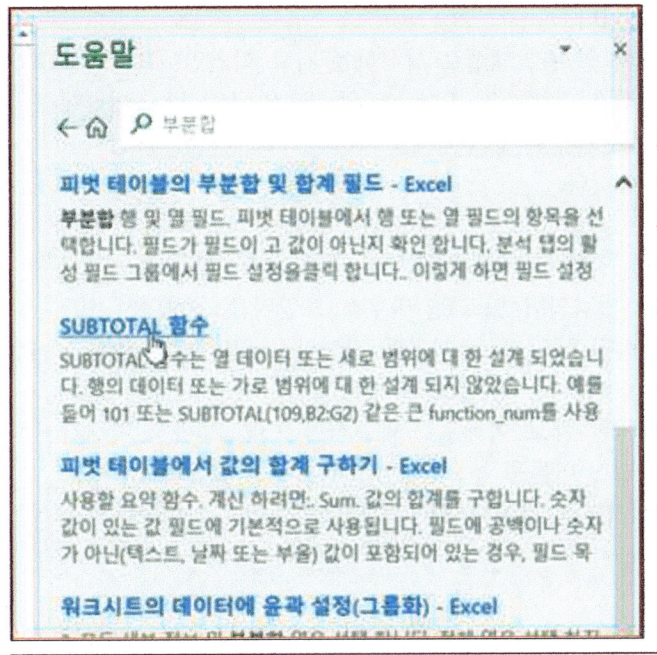

위의 도움말에는 여러 가지 설명이 있지만, 일단 피벗 테이블은 아니라는 것을 이 책의 앞부분에서 피벗 테이블 실습을 했으므로 알 수 있고요, 가장 적절한 도움말은 위의 손가락이 가리키는 SUBTOTAL 함수라는 것을 어렵지 않게 짐작할 수 있습니다.

위의 손가락이 가리키는 SUBTOTAL 함수를 클릭하면 다음 설명이 나타납니다.

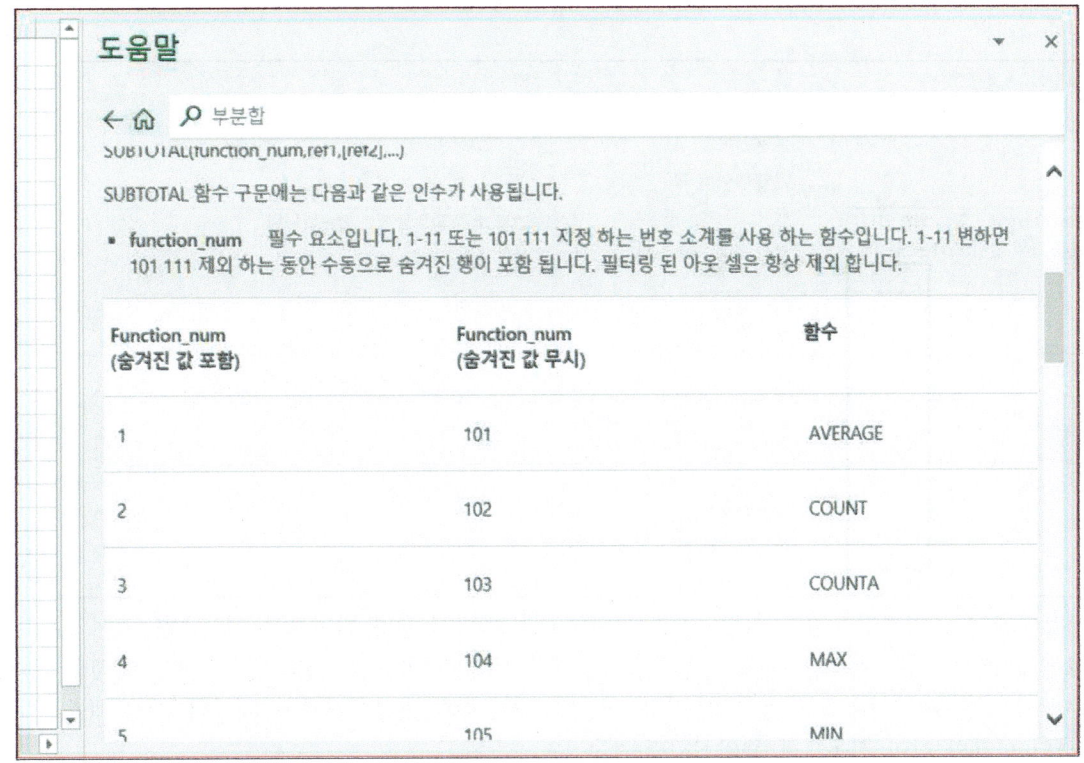

위는 엑셀의 도움말을 요약하면 아래와 같습니다.
아래는 지금 이 책의 설명에 사용하기 위하여 필자가 엑셀로 작성하는 자료 화면인데요..

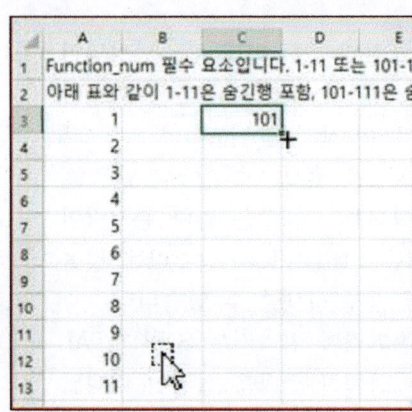

위의 좌측 1, 2, 3, 4, 5, 6, 7, 8, 9, 10, 11.. 이렇게 입력한 것과 같이 우측에도 101, 102...111까지 입력하려고 합니다.

이 때 일일이 이렇게 입력하지 않아도 위의 [C3]셀에 101이 입력되어 있고요, 마우스 포인터를 움직여서 101이 입력된 셀의 우측 하단에 가져가서 위와 같이 마우스 포인터가 작은 + 모양으로 변했을 때 마우스 우측 버튼을 클릭한 채로 아래로 드래그하여 13번 셀까지 가져가서 마우스 버튼을 놓으면 아래 메뉴가 나타납니다.
여기서 [연속 데이터 채우기]를 선택하면 자동으로 연속된 일련 번호가 채워집니다.

이것은 엑셀의 [셀 서식]에서 지정하는 양식을 사용하면 다양한 방법으로 자동 채우기를 할 수 있습니다.

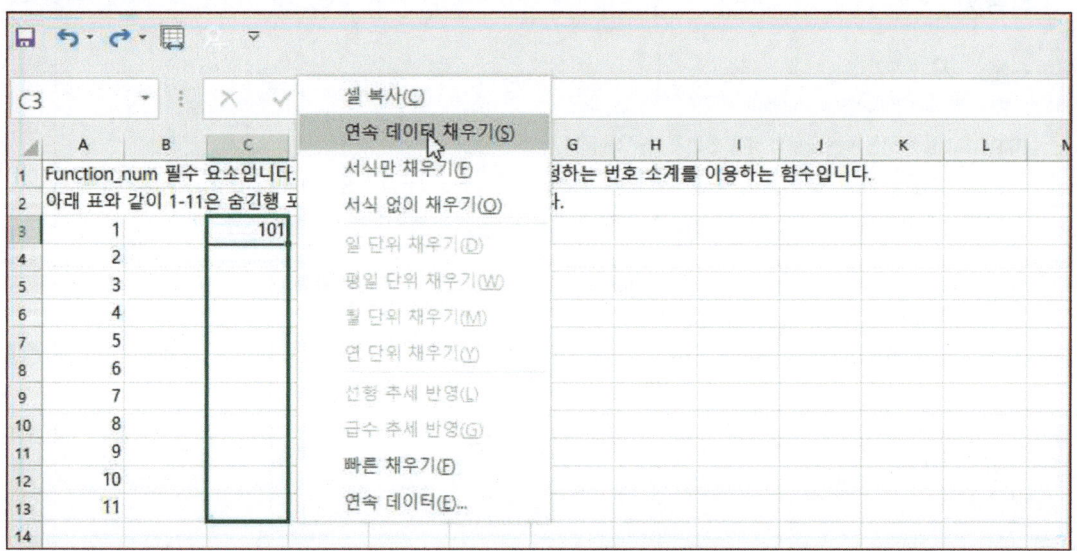

위와 같이 101이 입력되어 있는 [C3] 셀을 선택하고 [C3]셀의 우측 하단으로 마우스를 가져가서 마우스 포인터가 작은 + 모양으로 변했을 때 마우스 우측 버튼을 클릭 드래그하여 아래로 내려서 [C13]셀에서 마우스를 놓으면 위의 메뉴가 나타나며 여기서 [연속 데이터 채우기]를 선택하면 아래와 같이 자동으로 채워집니다.

1	101	AVERAGE
2	102	COUNT
3	103	COUNTA
4	104	MAX
5	105	MIN
6	106	PRODUCT
7	107	STDEV
8	108	STDEVP
9	109	SUM
10	110	VAR
11	111	VARP

구문
SUBTOTAL(Function_num, ref1,[ref2]...)
SUBTOTAL 함수 구문에는 다음과 같은 인수가 사용됩니다.

Function_num 필수 요소입니다. 1-11 또는 101-111 사이의
아래 표와 같이 1-11은 숨긴행 포함, 101-111은 숨긴행 제

이렇게 방금 [연속 데이터 채우기] 실습을 했고요.. 만일 날짜를 입력하고 연속 채우기를 하면 날짜가 연속을 채워지며, 요일을 입력하고 연속 채우기를 하면 요일이 연속으로 채워집니다.

위에 보이는 것과 같이 엑셀 문서에 있는 표에 숨긴 행이 없을 때는 1-11을, 숨긴 행이 있을 때는 101-111 을 입력해야 하며, 위의 우측 함수 설명에 보면 합계를 구하는 함수인 SUM은 9, 109이며, 최소값을 구하는 MIN 함수는 5와 105입니다. 그리고 현재 문제를 풀어야 할 엑셀 표에는 숨긴 행이 없습니다.

따라서 다음의 SUBTOTAL 함수에서 위의 표에 보이는 상수(인수) 중에서 9와 5를 사용해야 한다는 것을 알 수 있습니다.

지금까지 이 문제를 풀기 위한 대체적인 개요 및 방법에 대해서 알아 보았고요, 지금까지 알아본 것을 토대로 이제부터는 실제 문제를 풀 차례입니다.

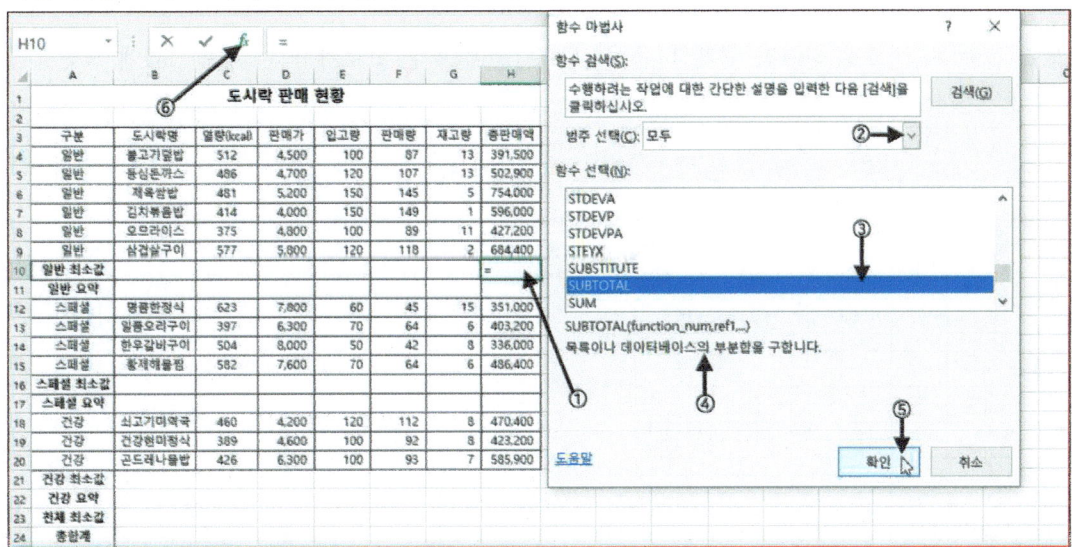

위의 일반의 일반 최소값을 구하기 위하여 ①의 셀을 선택하고 ⑥을 클릭하여 함수 마법사를 열고 ②를 클릭하여 모두, ③의 SUBTOTAL 함수를 선택하면 ④의 설명에 부분합을 구하는

함수라고 나옵니다.
위와 같이 지정하고 ⑤를 클릭하면 다음 화면이 나타납니다.

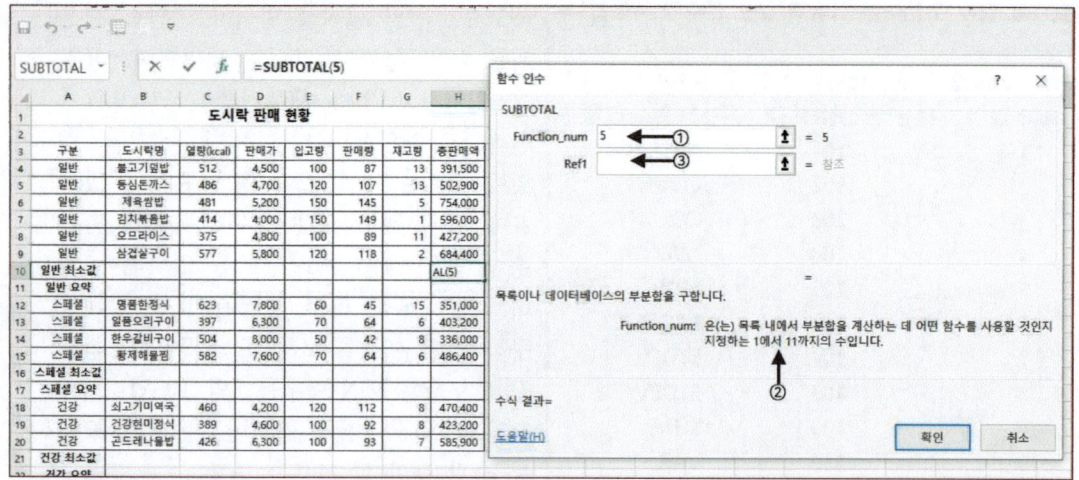

위의 ②를 보면 SUBTOTAL 함수에 대한 설명이 나와 있고요, ①의 Function_num에는 위에서 SUBTOTAL 함수의 상수 중에서 숨긴 행이 없을 경우 최소값인 MIN의 상수는 5라고 나와 있으므로 위와 같이 ①에는 5를 입력하고 ③을 클릭하면 다음 화면이 나타납니다.

처음에는 난감했지만, 이렇게 진행하니 매우 쉽다는 것을 알 수 있습니다.

아무래도 컴활 2급이므로 비교적 쉽게 나옵니다만, 나중에 엑셀 고수가 되어 컴활 1급에 도전하면 시험 문제가 매우 어렵게 나옵니다.

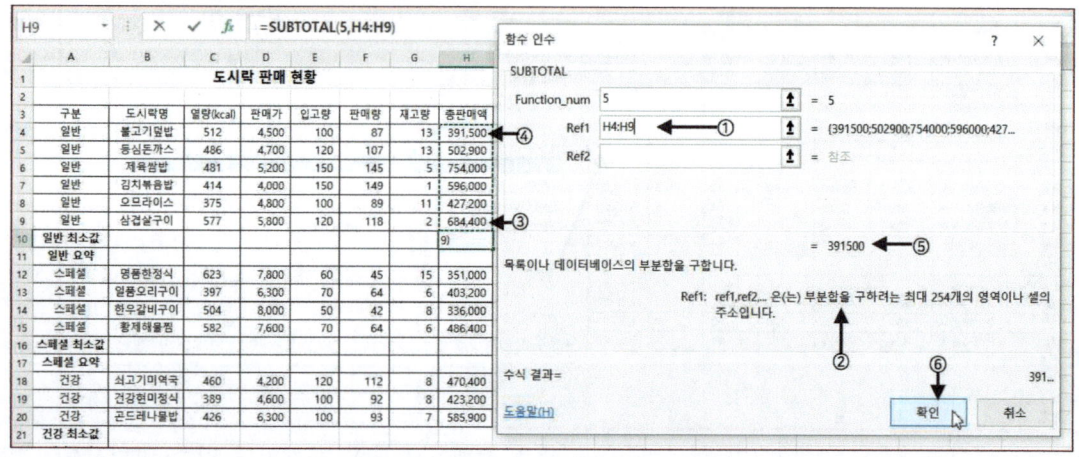

위의 ①을 클릭하니 ②의 설명에 부분합을 구하려는 데이터라고 나옵니다.

위의 ①을 클릭하여 선택하고 ③을 클릭한 채로 위로 드래그하여 ④까지 블록을 씌워서 선택을 하면 즉시 ⑤에 결과 값이 나타납니다.

위와 같이 지정하고 ⑤를 클릭하면 위 일반 최소값이 구해지며 자연히 해당 셀에 지금 사용한 수식이 입력되어 나타납니다. 아래와 같이 일반, 스페셜, 건강의 모든 최소값을 SUBTOTAL 함수를 이용하여 구합니다.

좌측 일반 요약 등의 부분합 역시 위와 동일하게 SUBTOTAL 함수를 사용하여 구할 수 있는데요, 다만, SUBTOTAL 함수에 사용하는 상수(인수)가 다릅니다.

아래 설명을 참조하세요.

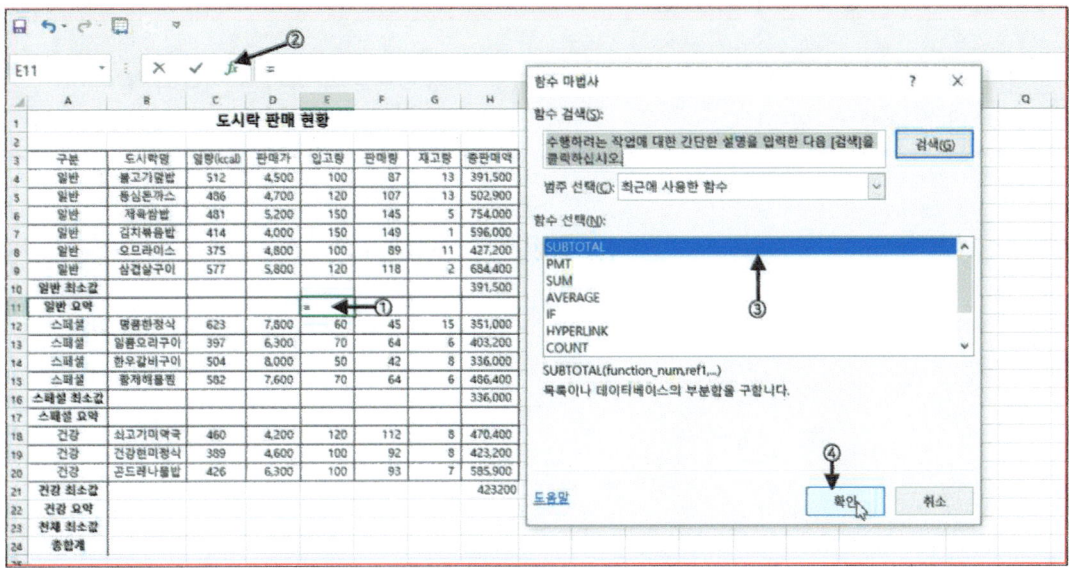

위의 일반 요약을 입력할 ①의 셀을 선택하고 ②를 클릭하여 함수 마법사를 열고 ③의 SUBTOTAL 함수를 선택하고 ④를 클릭합니다.

다음 화면이 나타나는데요..

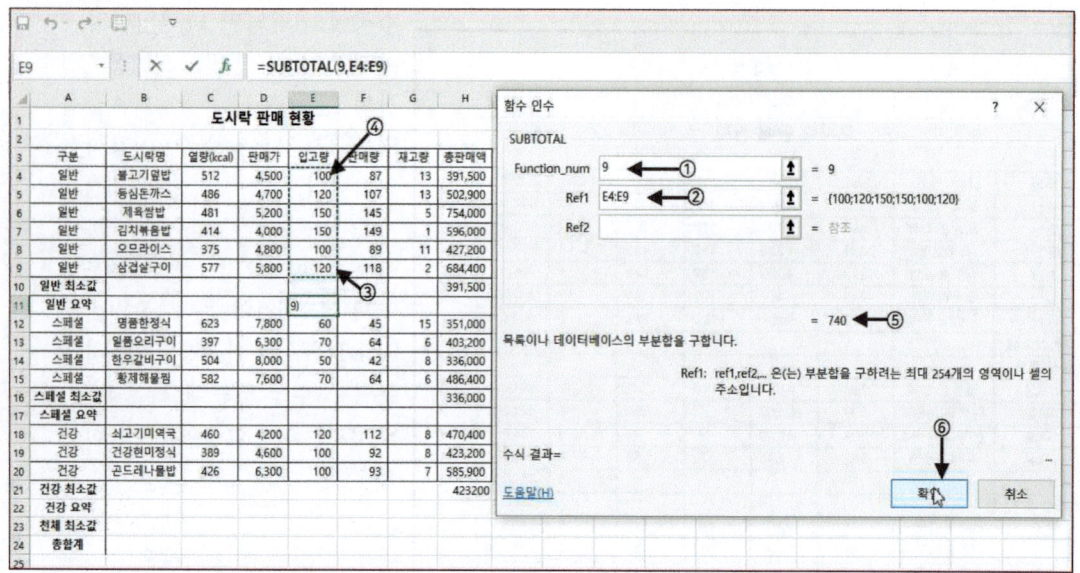

위 ①에는 아까는 최소값을 구하기 위하여 5를 입력했지만, 지금은 부분합을 구해야 하므로 ①에 9를 입력하고, ②에는 ③을 클릭한 채로 위로 드래그하여 ④까지 블록을 씌우면 해당 범위의 주소가 나타나며 ⑤에 즉시 결과 값이 미리보기되어 나타납니다.

⑥을 클릭하여 결과를 입력하고, 이제 하나의 결과 값을 구했으므로 나머지는 아래와 같이 채우기 핸들로 쉽게 구할 수 있습니다.

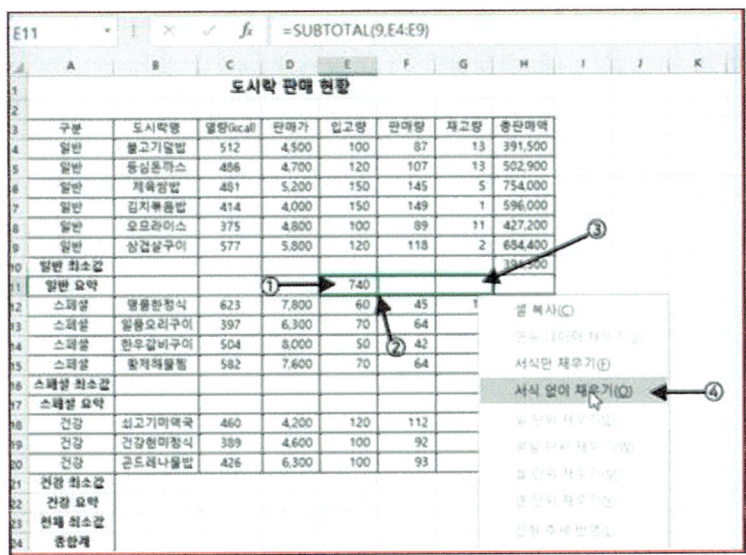

①의 결과 값이 구해졌으므로 위의 ①의 셀의 우측 하단 ②에 마우스를 가져가면 마우스 포인터 모양이 작은 + 모양으로 변하며 이 때 마우스 우측 버튼을 클릭하고 ③까지 드래그한 다음 마우스를 놓으면 나타나는 메뉴에서 ④의 [서식 없이 채우기]를 선택하면 나머지 셀에도 모두 결과 값이 자동으로 채워집니다.
이 방법으로 나머지 모은 요약 값을 입력합니다.

그리고 아래의 총 합계를 구해야 합니다.

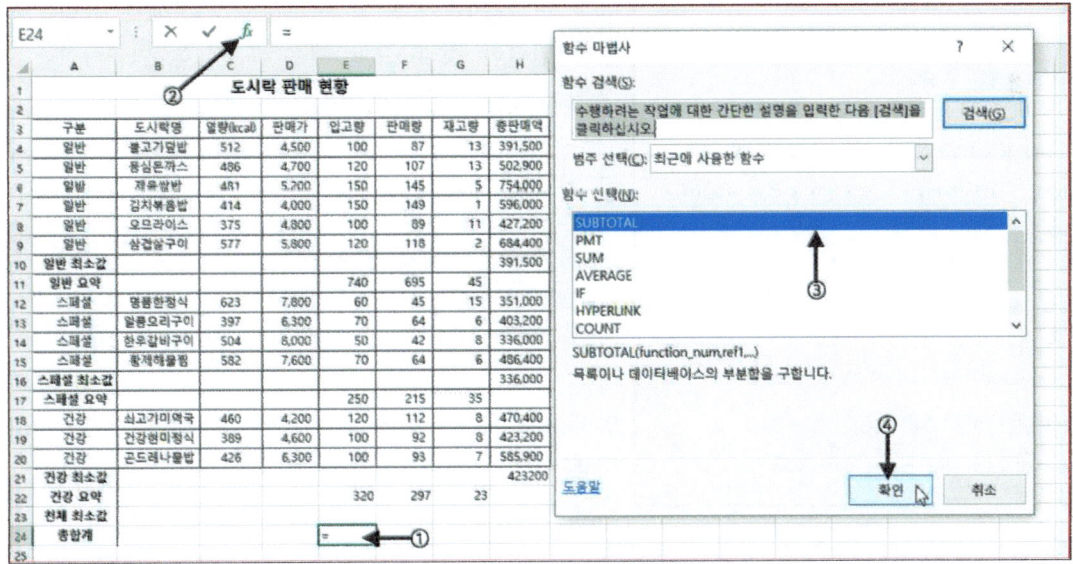

위의 ①의 총합계를 구하기 위하여 위의 ①의 셀을 선택하고 ②를 클릭하여 함수 마법사를 열고 ③의 SUBTOTAL 함수를 선택하고 ④의 [확인]을 클릭하면 다음 화면이 나타납니다.

합계를 구해야 하므로 다음 ①에도 9를 입력합니다.

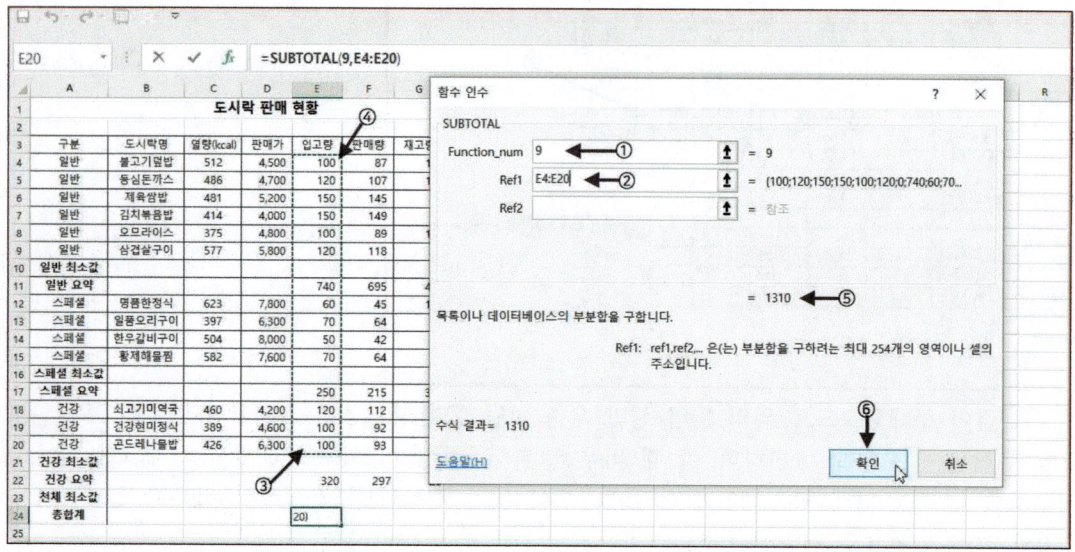

아까 위에서 엑셀의 도움말 화면에서 본것과 같이 합계를 구하는 함수는 SUM이며 숨긴 행이 없으므로 위의 ①에는 9를 입력하고 ②에는 ③을 클릭한 채로 ④까지 드래그하여 선택을 하면 ⑤에 즉시 결과 값이 도출됩니다.

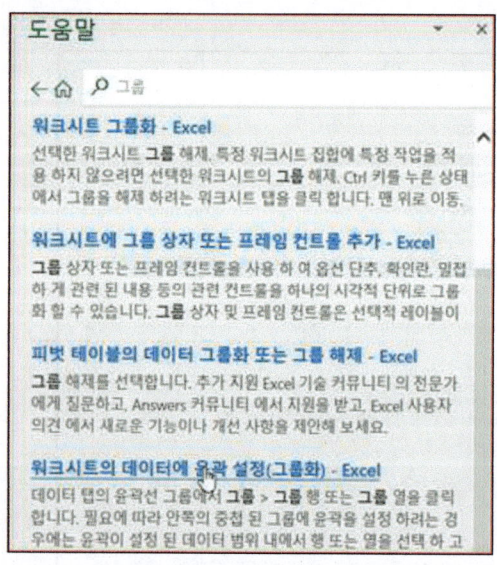

⑥을 클릭하여 결과 값을 구하고 위쪽에서 요약 값을 입력한 것과 같이 채우기 핸들을 이용하며 모든 총합계를 구해서 아래와 같이 입력합니다.
이번 문제는 사실상 쉬운 문제입니다만, 아직 끝난 것이 아닙니다.
계속하여 아래 설명을 보셔야 합니다.
현재 문제지에 제시된 모습을 보면 [구분] 항목별로 그룹과 개요가 나타나 있습니다.
이것까지 만들어야 문제 풀이가 완성되는 것입니다.
먼저 그룹을 만들어야 하는데요, 그룹이 무엇인지 엑셀 화면에서 [F1]키를 눌러서 도움말을 호출합니다.

위의 도움말 검색어에 '그룹'을 입력하고 돋보기를 눌러서 검색한 결과에서 위의 손가락이 가리키는 [워크 시트의 데이터에 윤곽 설정(그룹화)]를 클릭합니다.

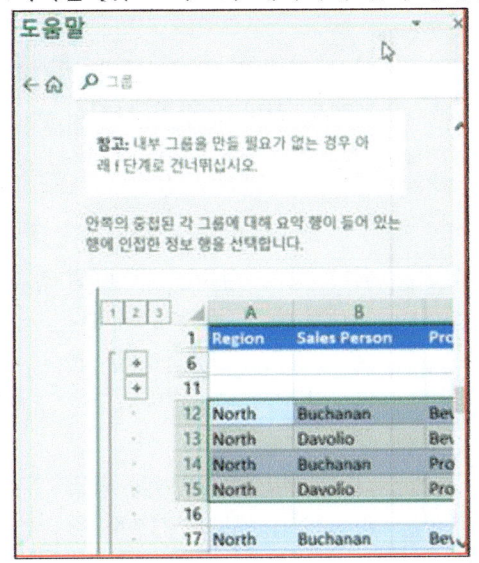
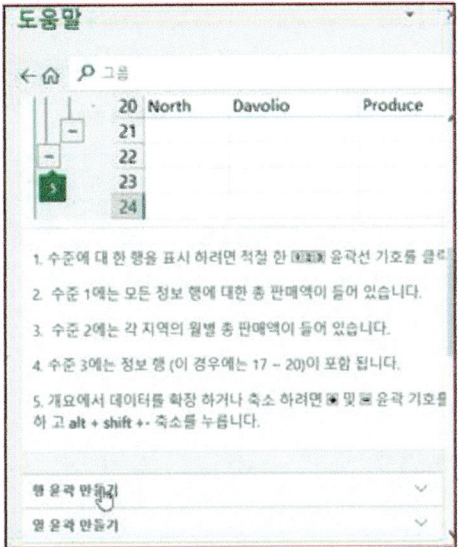

대충 읽어 보고 위의 손가락이 가리키는 행 윤곽 만들기를 클릭합니다.(문제지에 행으로 그룹과 개요가 만들어져 있으므로..)
사실 별것도 아닌 것이 도움말은 엄청 길게 되어 있습니다.
암튼 모르면 도움말을 참조해야 하므로 도움말을 참조하시고요, 표에 보이는 데이터를 항목별로 그룹화를 하고 한 눈에 알아볼 수 있도록 개요를 만드는 것입니다만, 이렇게 복잡하게 설명을 해 놓았네요..

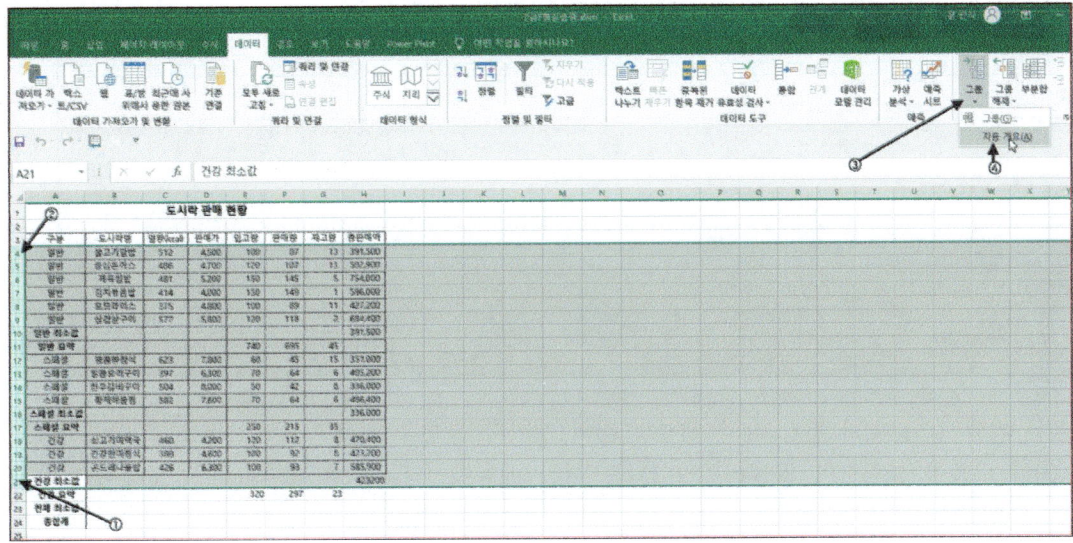

위의 ①이 가리키는 행에서부터 ②가 가리키는 행까지 블록을 씌운 다음, ③의 [그룹]-④의

[자동 개요]를 클릭하면 아래와 같이 [구분]에 나타난 여러 행의 전체적인 개요가 나타납니다.

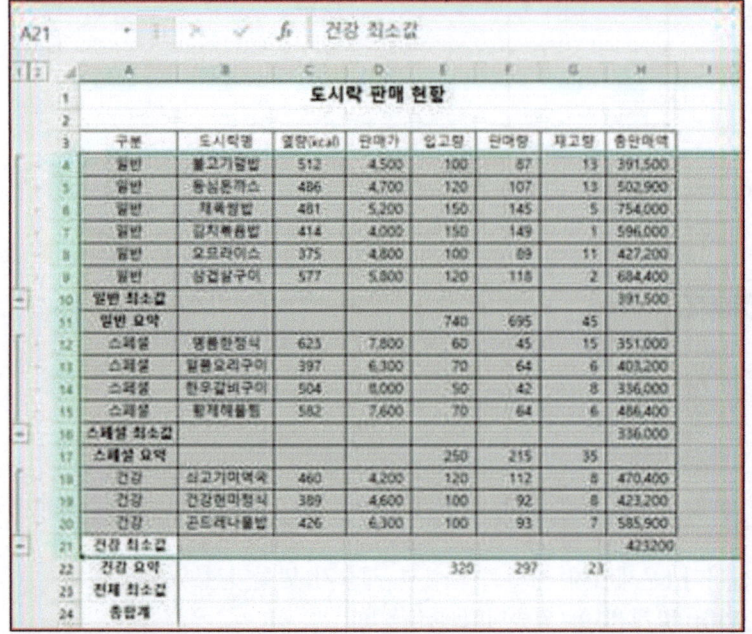

사실 간단한 문제입니다만, 설명도 상당히 많이 차지하네요..

위와 같이 개요는 그냥 알아보기 쉽게 좌측에 나타나는 일종의 표시(기호)일 뿐입니다.

그리고 이번에는 아래 화면과 같이 [건강 요약]부터 위쪽으로 블록을 씌웁니다.

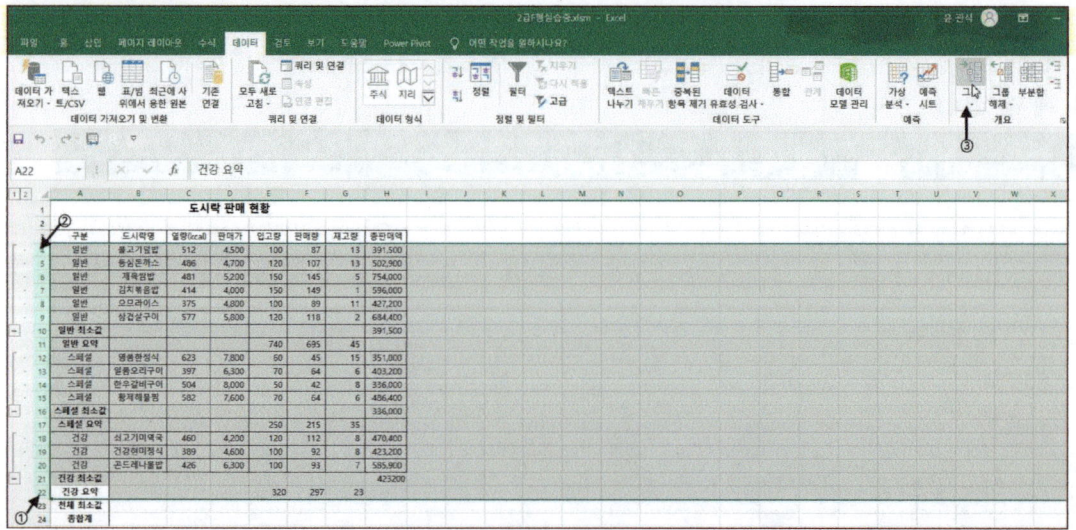

이번에는 위와 같이 ①의 건강 요약 행부터 ②의 행까지 블록을 씌우고 ③의 [그룹]을 클릭하거나 ③의 그룹을 클릭하여 또 다시 나타나는 하위 메뉴에서 [그룹]을 클릭하면 아래와 같이 항목별 그룹이 생성됩니다.
설명이 길어도 어찌 되었든 마무리는 해야 하므로 이 문제의 끝까지 보셔야 나중에 이런 문제

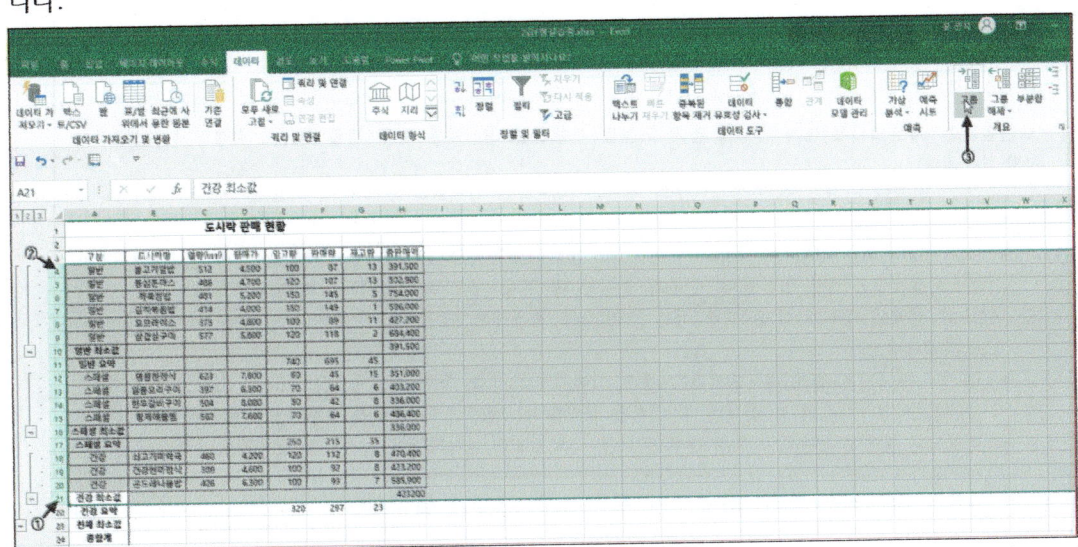

가 나와도 해결할 수 있습니다.

위와 같이 항목별로 그룹화가 되었고요, 이번에는 좌측과 같이 다시 [건강 요약]행부터 위로 블럭을 씌우고 다시 그룹화 해 줍니다.

어려운 문제는 아니지만, 행을 선택하는 범위가 매번 다르므로 행의 범위를 유심히 살펴서 그대로 해야 합니다.

이번에는 위와 같이 ①의 [건강 최소값]에서부터 ②의 행까지 블럭을 씌우고 위의 ③의]그룹]을 클릭하거나 [그룹]-[그룹]을 클릭하면 아래와 같이 나타납니다.

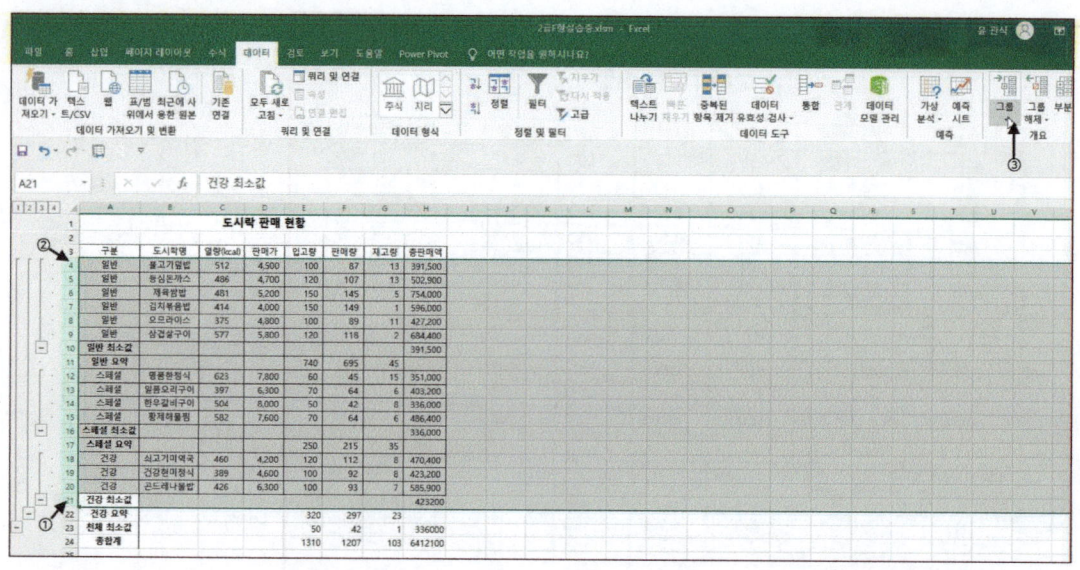

매크로

이제 그 유명한, 말도 많고 탈도 많은 엑셀의 매크로 문제입니다.
이 책은 이미 계획했던 페이지를 훌쩍 넘었는데요, 매크로까지만 다루고 마치겠습니다.

> 문제4 기타작업(20점) 주어진 시트에서 다음 작업을 수행하고 저장하시오.
>
> 1. '매크로작업' 시트의 [표]에서 다음과 같은 기능을 수행하는 매크로를 현재 통합 문서에 작성하고 실행하시오. (각 5점)
>   ① [F4:F9] 영역에 장소별 화재 발생건수의 평균을 계산하는 매크로를 생성하고, 매크로 이름을 '평균'으로 지정하시오.
>   ▶ [개발 도구] → [삽입] → [양식 컨트롤]의 '단추(▭)'를 동일 시트의 [B11:C12] 영역에 생성하고, 텍스트를 "평균"으로 입력한 후 단추를 클릭할 때 '평균' 매크로가 실행되도록 설정하시오.
>   ② [A3:F3] 영역에 채우기 색을 '표준 색 - 주황'으로 적용하는 매크로를 생성하고, 매크로 이름을 '채우기'로 지정하시오.
>   ▶ [도형] → [기본 도형]의 '모서리가 둥근 직사각형(▢)'을 동일 시트의 [D11:E12] 영역에 생성하고, 텍스트를 "채우기"로 입력한 후 도형을 클릭할 때 '채우기' 매크로가 실행되도록 설정하시오.
>   ※ 셀 포인터의 위치에 상관없이 현재 통합 문서에서 매크로가 실행되어야 정답으로 인정됨

위의 문제를 풀기 위해서는 우선 매크로가 무엇인지 알아야 합니다.
엑셀 화면에서 [F1]키를 누르고 매크로를 검색합니다.

위와 같이 매크로는 자주 사용하는 작업을 자동화 하는 것인데요, 엑셀의 고수들은 VBA를 이

용하여 온갖 못 된 짓을 하는 사람들이 있기 때문에 매크로에 심각한 악성 코드를 심어서 배포하는 수가 있습니다.
그래서 모르는 매크로는 무조건 실행하지 않는 것이 좋고요, 엑셀의 기본 설정 역시 기본 값은 매크로 실행 금지입니다.
따라서 매크로를 실행하기 위해서는 옵션에서 매크로가 실행되도록 해야 하며, 회사 동료나 믿을 수 있는 매크로만 실행을 해야 합니다.
원래 매크로는 오랜 시간이 걸리는 작업을 쉽게 하기 위하여 자동으로 실행되도록 하는 기능입니다만, 마이크로소프트사에서 그토록 보안에 신경을 써도 근본적으로 매크로를 없애지 않는한 악의적인 매크로를 막을 방법은 사실상 없습니다.
무조건 모르는 매크로는 실행하지 않는 것이 상책이며, 매크로 뿐만이 아니고 요즘 이메일을 통한 가상 화폐 채굴기 들 온갖 악성 코드가 기승을 부리므로 이메일 역시 모르는 이메일은 무조건 클릭하지 않는 것이 상책입

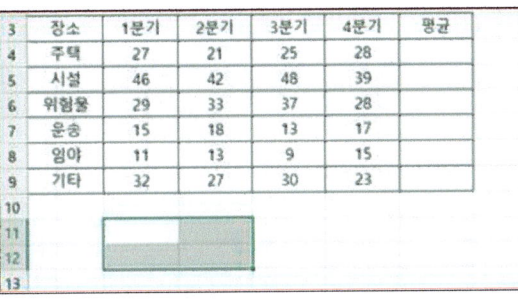

니다.
이보다 더욱 중요한 것은 항상 바탕 화면 우측 트레이에 항상 바이러스 백신 프로그램이 상주해야 하며 항상 실시간 검사사 실행중이어야 합니다.
그래서 혹시 모를 악성 코드 등을 방지할 수가 있는 것입니다.
[개발 도구]-[삽입]-[양식 컨트롤]의 단추를 지정하여 위의 블록이 씌워진 곳에 [평균]이라는 이름의 단추를 만들고 이 단추를 누르면 평균 값이 구해지는 매크로를 만들라는 문제인데요..
매크로는 일종의 기록입니다.
포토샵에도 이런 기능이 있는데요, 작업하는 과정을 액션으로 녹화를 하여 나중에 해당 액션을 실행시키면 자동으로 수행되는 기능이고요, 엑셀의 매크로도 비슷한 기능입니다.
그리고 방금 위에 언급한 [평균]이라는 버튼을 만들어야 하는데요, 아직 이런 작업을 한 번도

하지 않았다면 [개발 도구]탭이 아예 보이지 않아서 문제를 풀 수가 없습니다.
이 때는 파일 메뉴-[옵션]을 클릭해서.. 아래 설명대로 해야 메뉴에 [개발 도구]가 나타납니다.

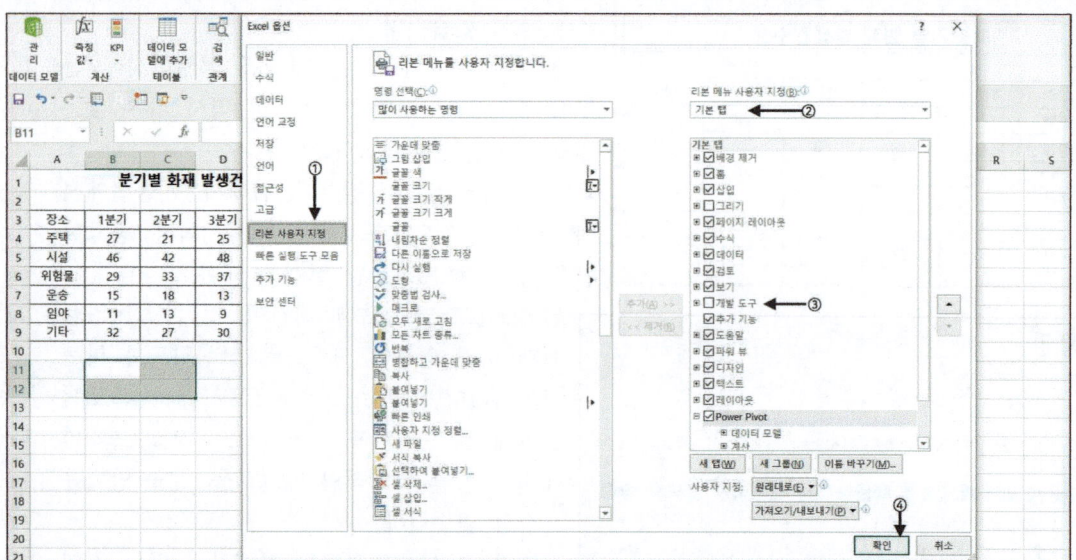

위의 ①의 [리본 사용자 지정]을 클릭하고 ②의 기본 탭에서 ③의 개발 도구 앞에 체크를 하고 ④의 [확인]을 클릭하면 메뉴에 [개발 도구]가 보이게 됩니다.
이제 개발 도구 메뉴가 나타납니다.

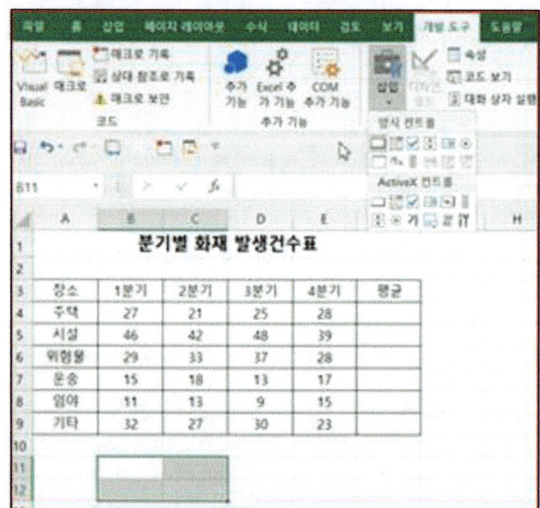

여러분도 이제 엑셀의 고급 사용자가 되는 것입니다.
위의 [개발 도구]-[삽입]-[[양식 컨트롤]에서 마우스가 가리키는 버튼을 클릭하면 아래와 같이 작은 + 모양이 나타납니다.

위의 블록을 씌워 놓은 부분이 문제지에 제시된 버튼이 들어갈 위치이므로 이곳에 위에 나타는 작은 + 모양의 마우스 버튼을 클릭 드래그하여 사각형 모양을 만들면 다음 화면이 나타납니다.

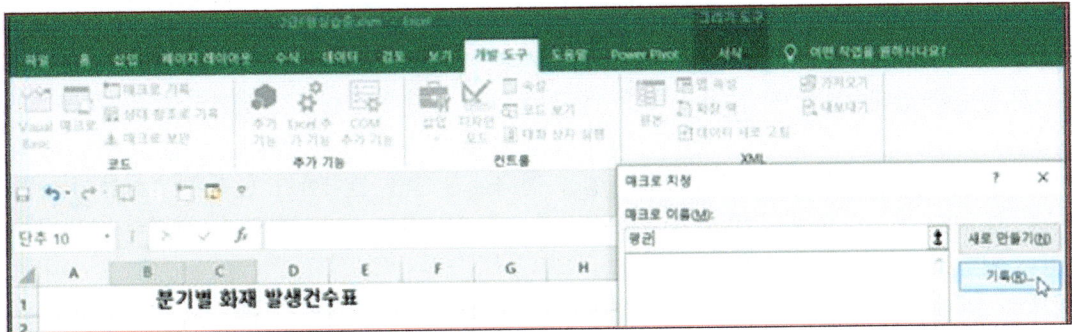

문제지에 단추 이름을 평균으로 하라고 했으므로 위와 같이 '평균'을 입력하고 [기록]을 클릭하면 다음 화면이 나타납니다.

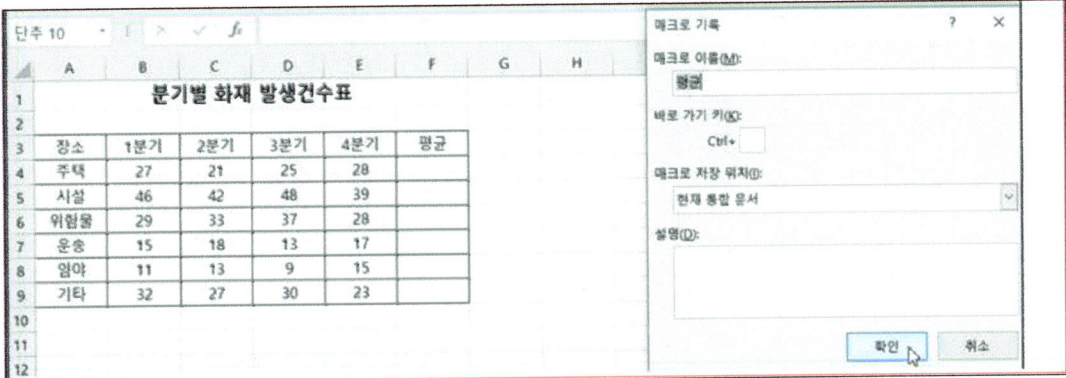

단축키를 넣으라는 지시는 없으므로 위의 화면에서 그냥 [확인]을 클릭합니다.

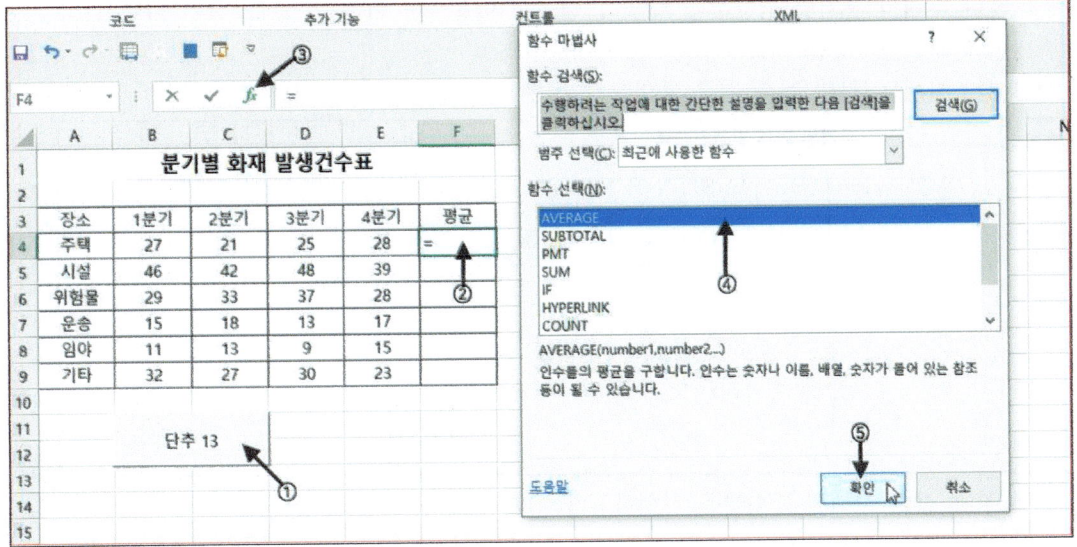

위의 ①의 매크로 단추가 만들어졌습니다.(이름은 나중에 평균으로 수정하면 되고요..)
이제 위의 ①의 매크로 버튼을 누르면 평균이 구해지는 매크로를 만들어야 하므로(현재 위에서 기록을 클릭한 상태이므로 지금 하는 모든 동작은 기록 중지를 클릭하기 전까지 모두 기록됩니다.)
문제지에 제시된 평균을 구하기 위하여 ②의 셀을 선택하고 ③을 클릭하여 함수 마법사를 실행시키고, 평균을 구해야 하므로 ④의 AVERAGE 함수를 선택하고 ⑤의 [확인]을 클릭하면 다음과 같이 자동으로 평균이 구해집니다.
평균이므로 [B4:e4]셀이 자동으로 입력되어 평균값이 미리보기 되어 나타납니다.

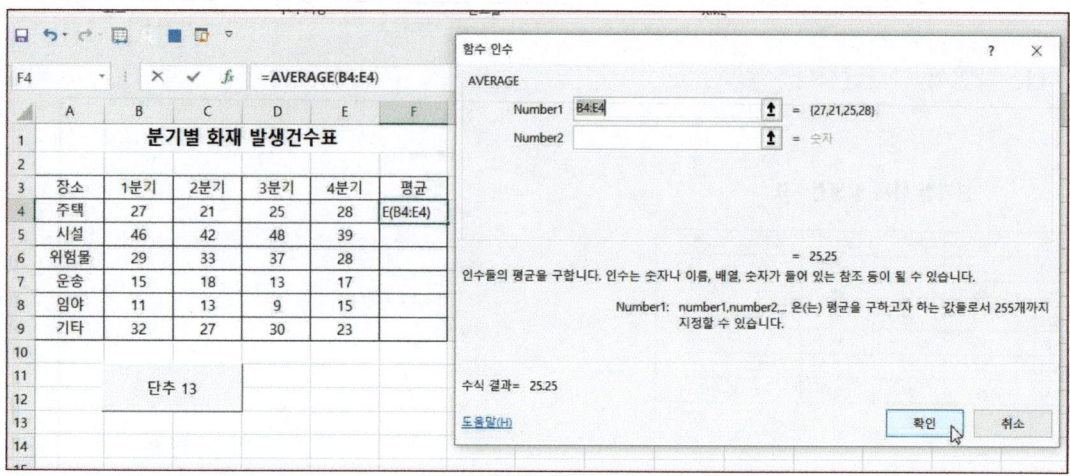

위의 화면에서 일단 [확인]을 클릭하여 주택의 분기별 평균값을 구합니다.
그리고 나타난 주택의 분기별 평균값을 채우기 핸들을 이용하여 아래로 드래그하여 나머지 평균도 한꺼번에 구할 수 있습니다.
아래 설명 참조하세요.(현재 계속 기록 중이므로 다른 행동을 하면 안 됩니다.)

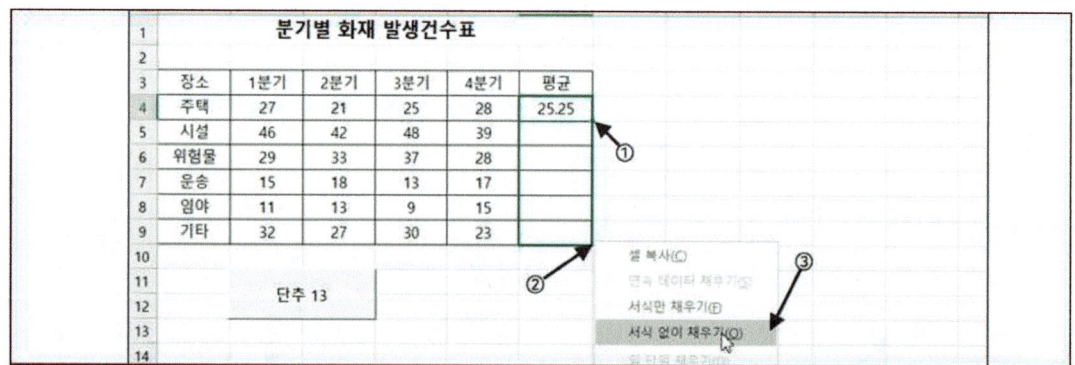

위의 주택 평균 값이 구해진 [F4]셀을 선택하고 [F4]셀의 우측 하단 ①의 지점에 마우스를 가져가서 마우스 모양이 작은 + 모양으로 바뀌었을 때 마우스 우측 버튼을 클릭한 채로 아래로

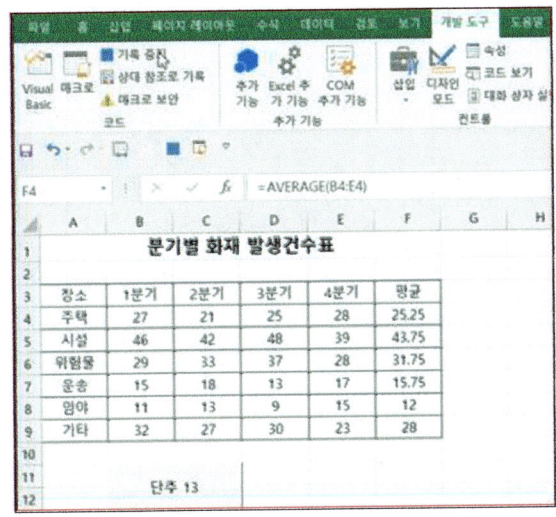

드래그하여 ②에서 마우스를 놓으면 나타나는 메뉴에서 ③의 [서식 없이 채우기]를 선택하면 좌측과 같이 모든 항목의 평균이 구해집니다.

좌측의 화면 좌측 상단 마우스가 가리키는 [기록 중지]를 클릭하면, 위의 [단추 13]을 누르면 자동으로 평균을 구하는 매크로가 만들어집니다.

이제 [단추 13]에 마우스를 대고 마우스 우측 버튼을 클릭하면 아래 화면이 나타나는데요, 매크로 버튼의 이름을 변경해야 하므로 [이름 바꾸기].. 머 이런 메뉴가 나타나야 하지만, 이름 바꾸기라는 메뉴는 없고, 대신 [텍스트 편집]이라는 메뉴가 나타납니다.

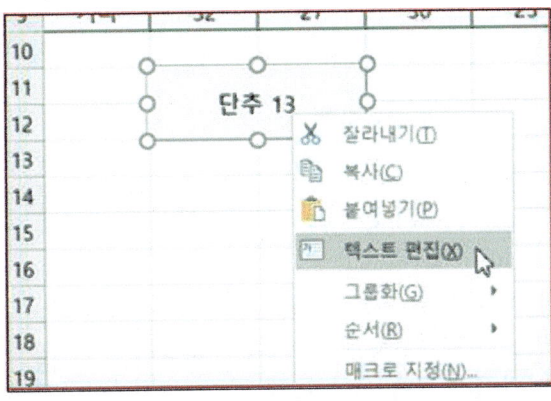

[텍스트 편집]을 클릭하면 매크로 버튼의 이름을 변경할 수 있습니다.

문제지에 제시된 [평균]으로 수정합니다.

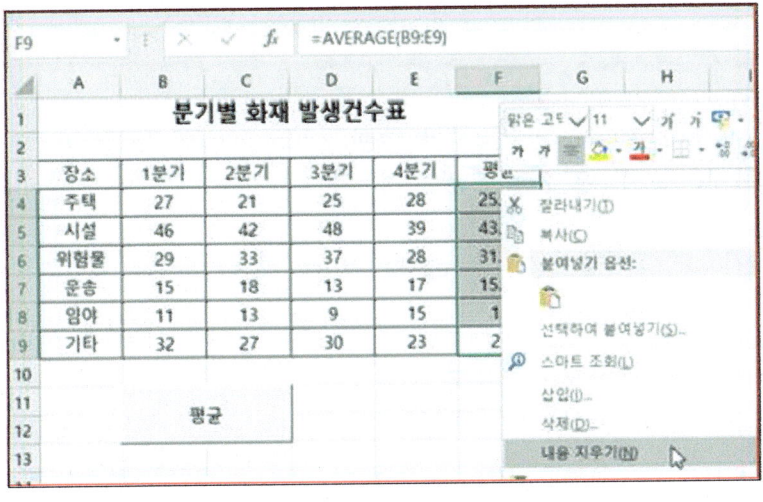

평균 값을 모두 블록을 씌워서 선택하고 마우스 우측 버튼을 클릭하여 나타나는 메뉴에서 [내용 지우기]를 클릭하여 모두 지워 버리고 방금 만든 [평균] 매크로 버튼을 클릭하면 평균값이 자동으로 구해집니다.

	A	B	C	D	E	F	G
1			분기별 화재 발생건수표				
2							
3	장소	1분기	2분기	3분기	4분기	평균	
4	주택	27	21	25	28		
5	시설	46	42	48	39		
6	위험물	29	33	37	28		
7	운송	15	18	13	17		
8	임야	11	13	9	15		
9	기타	32	27	30	23		
10							
11			평균				

실제로 되는지 직접 확인해 보시기 바랍니다.

이상 엑셀2019의 모든 내용을 전부 다루지는 못하였지만, 엑셀의 고급 기능인 매크로 기능까지 다루었습니다.

어차피 엑셀의 고급 기능인 엑세스나 쿼리 등은 단지 엑셀의 고수가 되어 사용할 수 있는 것이 아닙니다.

그러나 이 책 뿐만이 아니고, 필자는 지금껏 수십권 이상의 많은 책을 집필하였고요, 모든 책의 부족한 부분은 필자의 블로그에 보충 설명을 올려놓는 형식으로 집필을 하고 있습니다.
따라서 이 책에서 부족한 내용은 네이버에 있는 필자의 블로그에 오셔서 검색하여 읽어보시기 바랍니다.

필자의 네이버 아이디 : arm1895
(인터넷창, 웹브라우저 주소표시줄에 '가나출판사.kr' 혹은 '가나출판사.com' 입력하고 엔터를 쳐서 필자의 홈페이지에 오셔도 필자의 블로그에 오실 수 있는 링크가 있습니다.)

잘 모르시는 분은 전화는 하지 마시고요, 문자를 주시기 바랍니다.(010-6273-8185)

감사합니다.

저자 윤 관식

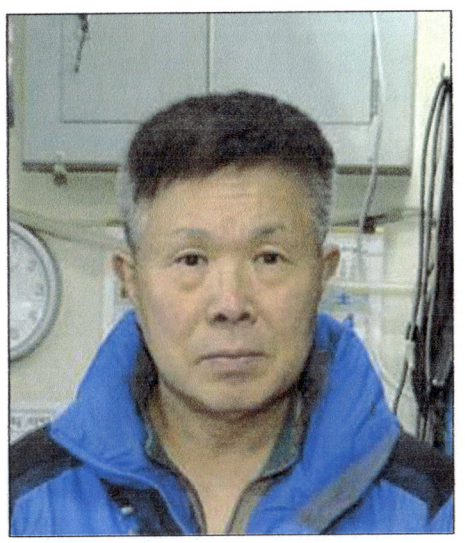

<필자 약력>
1. 한국방송통신대학교 미디어 영상학과 4년 수료
2. 컴퓨터 자격증 다수 보유
3. 컴퓨터 관련 서적 및 사진, 그래픽 등 각종 서적 수십 권 이상 집필
4. 현 가나출판사 운영

제목 : MS엑셀2019
가격 : 20,000원
발행일 : 2020. 09. 18.
발행처 : 가나출판사
대표 : 윤관식
충남 예산군 응봉면 신리길 33-4
Tel : 010-6273-8185
팩스 : 02-6442-8185
Home : 가나출판사.kr
Email : arm1895@naver.com